Neue Bibliothek der Sozialwissenschaften

Reihe herausgegeben von

Jörg Rössel, Universität Zürich, Zürich, Schweiz

Uwe Schimank, Universität Bremen, Bremen, Deutschland

Georg Vobruba, Universität Leipzig, Leipzig, Deutschland

Die Neue Bibliothek der Sozialwissenschaften versammelt Beiträge zur sozial-wissenschaftlichen Theoriebildung und zur Gesellschaftsdiagnose sowie para-digmatische empirische Untersuchungen. Die Edition versteht sich als Arbeit an der Nachhaltigkeit sozialwissenschaftlichen Wissens in der Gesellschaft. Ihr Ziel ist es, die sozialwissenschaftlichen Wissensbestände zugleich zu konsolidieren und fortzuentwickeln. Dazu bietet die Neue Bibliothek sowohl etablierten als auch vielversprechenden neuen Perspektiven, Inhalten und Darstellungsformen ein Forum. Jenseits der kurzen Aufmerksamkeitszyklen und Themenmoden präsentiert die Neue Bibliothek der Sozialwissenschaften Texte von Dauer.

Weitere Bände in der Reihe http://www.springer.com/series/12541

Jan Delhey · Emanuel Deutschmann ·
Monika Verbalyte · Auke Aplowski

Netzwerk Europa

Wie ein Kontinent durch
Mobilität und Kommunikation
zusammenwächst

 Springer VS

Jan Delhey
Otto-von-Guericke-Universität
Magdeburg
Magdeburg, Deutschland

Emanuel Deutschmann
Universität Göttingen
Göttingen, Deutschland

Monika Verbalyte
Otto-von-Guericke-Universität
Magdeburg
Magdeburg, Deutschland

Auke Aplowski
Otto-von-Guericke-Universität
Magdeburg
Magdeburg, Deutschland

ISSN 2626-2908   ISSN 2626-2916   (electronic)
Neue Bibliothek der Sozialwissenschaften
ISBN 978-3-658-30041-8   ISBN 978-3-658-30042-5   (eBook)
https://doi.org/10.1007/978-3-658-30042-5

Die Deutsche Nationalbibliothek verzeichnet diese Publikation in der Deutschen Nationalbibliografie; detaillierte bibliografische Daten sind im Internet über http://dnb.d-nb.de abrufbar.

Lektorat: Cori Antonia Mackrodt
Springer VS ist ein Imprint der eingetragenen Gesellschaft Springer Fachmedien Wiesbaden GmbH und ist ein Teil von Springer Nature.
Die Anschrift der Gesellschaft ist: Abraham-Lincoln-Str. 46, 65189 Wiesbaden, Germany

Vorwort

Mehrere Institutionen und Personen haben uns auf verschiedene Weise bei der hier vorgelegten Studie und der Erstellung des Buchmanuskripts unterstützt. Dieses Buch ist im Rahmen der Forschungsgruppe „Europäische Vergesellschaftungsprozesse" (FOR 1539) entstanden, die dankenswerterweise von 2012 bis 2018 von der Deutschen Forschungsgemeinschaft finanziell gefördert wurde. Wir danken ferner den Beteiligten der Forschungsgruppe, allen voran Martin Heidenreich als Sprecher, für wichtiges Feedback und zahllose Anregungen, die wir über die Jahre erhalten haben. Ein weiterer Dank geht an die Welttourismusorganisation, insbesondere Jacinta Garcia Mora, für die freundliche Bereitstellung der Daten zu Reisen. Jan Kercher vom Deutschen Akademischen Austauschdienst (DAAD) hat uns wichtige Hinweise zur Studierendenmobilität gegeben.

Teile der in diesem Buch präsentierten Analysen haben wir bei verschiedenen Tagungen und Konferenzen vorgestellt: in der Wissenschaftswerkstatt des DAAD, auf dem 39. Kongress der Deutschen Gesellschaft für Soziologie, der Horizontal-Europeanization-Konferenz am Wissenschaftszentrum für Sozialforschung Berlin (mit Theresa Kuhn als Diskutandin unseres Projekts), dem European Consortium for Political Research, der European Conference on Social Networks, der CES Conference of Europeanists, der Konferenz der European Sociological Association, der ECPR Standing Group European Union Conference (mit Adrian Favell als Diskutant), der Konferenz der Deutschen Gesellschaft für Netzwerkforschung und der Frühjahrstagung der Sektion Netzwerkforschung der DGS. Wir danken den vielen Kolleg*innen aus Europa und der ganzen Welt, die mit ihren Nachfragen und Kommentaren unser Projekt besser gemacht haben. Ein spezieller Dank geht an Stefanie Börner und Christian Schneickert für Ihre Anregungen zum Schlusskapitel.

Danken möchten wir schließlich allen, die an der Buchpublikation beteiligt waren. Jörg Rössel, Uwe Schimank und Georg Vobruba für Ihre Entscheidung, unser Buch in die Reihe „Neue Bibliothek der Sozialwissenschaft" aufzunehmen; Cori Antonia Mackrodt vom Verlag Springer VS für die Betreuung von Verlagsseite; und Holger Heiland für das aufmerksame Lektorat. *Last but not least* geht ein großer Dank an unsere studentischen Mitarbeiter Martin Diedrich und Jonas Lohmüller, die uns beim Erstellen des Manuskripts sowie beim Anlegen der Internetpräsenz auf http://network-europe.eu/ unterstützt haben. Auf dieser Website finden sich ein umfangreicher Online-Anhang zum Buch sowie eine Fülle weiterer Abbildungen und Karten, die im Buch keinen Platz mehr gefunden haben. Interessierte Leser*innen sind herzlich eingeladen, das Netzwerk Europa dort noch genauer zu erkunden.

Magdeburg/Göttingen   Jan Delhey
im März 2020   Emanuel Deutschmann
                                                          Monika Verbalyte
                                                            Auke Aplowski

Inhaltsverzeichnis

Abbildungsverzeichnis

Tabellenverzeichnis

Europa als Netzwerk: eine neue Perspektive auf einen alten Kontinent

Dieses Buch ist eine Einladung, Europa mit neuen Augen zu sehen. Nicht als politisches Projekt oder Wirtschaftsgemeinschaft, und auch nicht als Mosaik von sozialstrukturell und kulturell unterschiedlich gestrickten Gesellschaften. Sondern als einen Verdichtungsraum grenzüberschreitender Verbindungen aller Art, die zwischen den Ländern Europas und ihren Bevölkerungen bestehen: das *Netzwerk Europa*. Ziel dieses Buches ist es, das soziale Zusammenwachsen Europas – ganz Europas, nicht nur der Europäischen Union – anhand von Strömen der Personenmobilität und Kommunikation zu untersuchen. Nicht den Einzelpersonen und ihrem „doing Europe" gilt dabei unser Augenmerk, sondern den aggregierten Strömen transnationaler Aktivität und dem Netzwerk, das sich daraus ergibt. In welchem Umfang haben sich diese Ströme über die Zeit verstärkt? Welche Ungleichheitsstruktur weisen sie auf? Und schließlich: Sind die europäischen Länder heute so stark *untereinander* verbunden, dass sie im weltweiten Geschehen zu einem eigenständigen kontinentalen Verflechtungsraum zusammengewachsen sind? Auf diese Fragen gibt unser Buch Antworten.

Das soziale Zusammenwachsen Europas untersuchen wir für 37 europäische Länder und mit einem für eine sozialwissenschaftliche Arbeit recht langen Zeithorizont von mehr als einem halben Jahrhundert. Als Untersuchungsgegenstände dienen uns Migration, Studierendenaustausch, Tourismus und Telefonie. Dabei spüren wir auch den sozialen Kräften nach, die eine europäische Vergesellschaftung begünstigt haben. Eines unserer zentralen Argumente ist, dass sich der Möglichkeitsraum für grenzüberschreitende Aktivitäten der Bürger*innen in den letzten Jahrzehnten kontinuierlich ausgeweitet hat. Dies gilt insbesondere *innerhalb* Europas und ganz speziell innerhalb der Europäischen Union (EU), weil diese sich zu einer intern weitgehend „grenzenlosen" Staatengemeinschaft entwickelt hat. Die politische Vereinigung des Kontinents, so

© Springer Fachmedien Wiesbaden GmbH, ein Teil von Springer Nature 2020
J. Delhey et al., *Netzwerk Europa*, Neue Bibliothek der Sozialwissenschaften,
https://doi.org/10.1007/978-3-658-30042-5_1

werden wir zeigen, hat eine geografisch weitgehend kongruente transnationale
Vergesellschaftung zumindest befördert. In diesem einleitenden Kapitel werden
wir unsere neue Perspektive, Europa als Netzwerk, Schritt für Schritt entwickeln.
Wir beschreiben das Paradigma der „horizontalen Europäisierung" (Mau 2015;
Heidenreich 2019) und den von uns favorisierten Verflechtungsansatz, erläutern
dann die von uns konkret untersuchten transnationalen Aktivitätsströme sowie
die leitenden Fragestellungen und skizzieren abschließend den konzeptionellen
Rahmen der Untersuchung.

1.1   Die Ausgangssituation

Von der europäischen Gesellschaft zur Vergesellschaftung

Für die Soziologie war die europäische Integration schon immer ein sperriger
Untersuchungsgegenstand. Sie erschien, so ein Beobachter augenzwinkernd, erst
auf der Party, als sie schon fast vorbei war (Favell 2017, S. 193). Die Politikwissenschaft hatte es bedeutend einfacher, weil das europäische Projekt in erster
Linie ein *politisches* Projekt ist. Zwei Entwicklungsrichtungen waren und sind
dabei zu beobachten: die Übertragung von immer mehr staatlichen Befugnissen
auf die europäische Ebene, vor allem an die EU, und die Beitritte von immer
mehr Ländern zur Staatengemeinschaft (s. Abb. 1.1). In beiden Dimensionen,
Vertiefung und Erweiterung, ist Europa seit der Gründung der Montanunion mit
sechs Mitgliedern vorangekommen. Soviel Integration wie heute war wohl noch
nie – auch wenn der große Hunger nach weiteren Integrationsschritten derzeit
gestillt scheint und mit dem Brexit erstmals ein Mitgliedsland die Staatengemeinschaft wieder verlassen hat.
    Für die Soziologie hingegen war lange unklar, wie der Zugriff auf „Europa"
aussehen soll (vgl. Schäfers 1999; Immerfall 2000; Bach 2001). Traditionell
beschäftigt sie sich mit den verschiedenen Ländern in vergleichender Perspektive,
wobei Unterschiede und Gemeinsamkeiten herausgearbeitet und erklärt werden
(exemplarisch: Immerfall 1995; Therborn 2000; Gerhards 2007; Hradil und
Immerfall 2013). Die Möglichkeit eines „europäischen Sozialmodells" in
Abgrenzung von Gesellschaftsentwürfen in anderen Weltregionen ist dabei ein
wichtiger interpretatorischer Fluchtpunkt (Kaelble 2000; eher kritisch Alber
2006). Zwar gab es eine Reihe von Arbeiten, die den bürokratischen Herrschaftsverband der EU mit dem Handwerkszeug der politischen Soziologie erhellend
untersucht haben (z. B. Bach 1999; Lepsius 2000); auch wurde versucht, den
Einfluss der politischen Integration im Allgemeinen und von EU-Politiken im

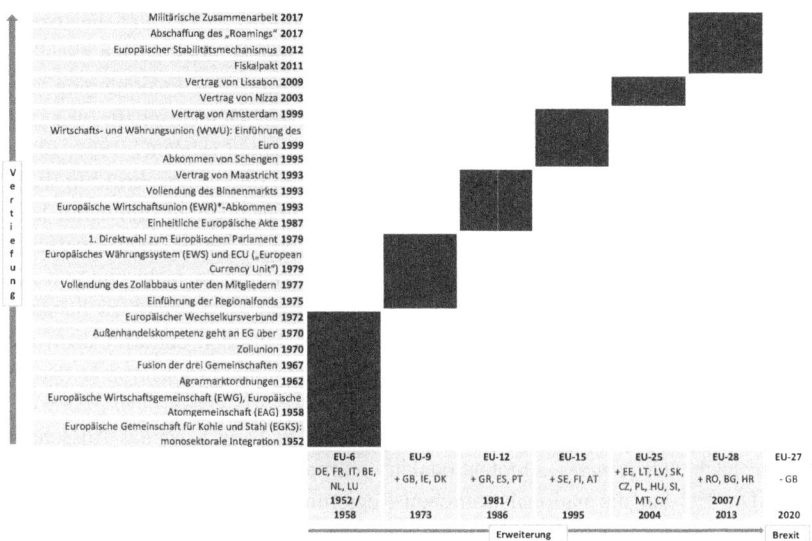

Abb. 1.1 Die Entwicklung der Europäischen Union.

Notiz: Adaptierte und ergänzte Version einer ähnlichen Abbildung von der Bundeszentrale für politische Bildung (2009). *EWR-Mitglieder: Island, Norwegen, Schweiz. Weitere europäische Länder in unseren Analysen: Albanien, Belarus, Bosnien und Herzegowina, Mazedonien, Serbien, Moldawien, Ukraine

Besonderen auf die nationalstaatlichen Gesellschaften zu bestimmen, beispielsweise in Hinsicht auf soziale Ungleichheiten (Heidenreich 2003; Beckfield 2009; Heidenreich 2015). Im eigentlichen Sinne gesellschaftliche Analysen, die über die komparative Perspektive hinaus systematisch über Stand und Entwicklung des *sozialen Zusammenwachsens* Europas informieren, waren aber lange Mangelware.

Ein Grund für dieses Fremdeln war, dass sich ein wichtiger soziologischer Grundbegriff für „Gesamteuropa" als problematisch erwiesen hat: der *Gesellschaftsbegriff*. Dieser ist auf das Erfolgsmodell des modernen Nationalstaats zugeschnitten, in dem sich – zumindest in Europa – kulturelle Homogenisierung, Massendemokratie und Sozialstaat auf historisch einmalige Weise verbunden haben (Flora 2000; Rokkan 2000). Gibt es also eine europäische Gesellschaft, im Singular? An *diesem* Maßstab gemessen musste und muss die Antwort negativ ausfallen. Europa ist immer noch kulturell heterogen und plurilingual (Gerhards 2007; Welzel 2013), das Demokratiedefizit vieler EU-Institutionen noch nicht behoben (Tömmel 2008; Abels und Wilde 2016; Büttner 2019) und die sozial-politische Kompetenz der EU zwar gestärkt, doch immer noch gering (Schäfer 2005, S. 128 ff.; Dietz et al. 2015, S. 200 ff.). Kurzum: Die Fusionierung von Demos und Ethnos, von politischer und kultureller Gemeinschaft, war auf europäischer Ebene weder zur Jahrtausendwende gegeben (Delanty 1998; Flora 2000) noch ist sie es heute (Recchi 2019).[1] Und weil auch Fortschritte in diese Richtung nicht auszumachen seien, sei das Glas immer noch zu dreiviertel leer, wie jüngst Recchi leicht resignierend bemerkt hat (ebd.). Um die oben angeführte Beobachtung Favells passend zu ergänzen: Die Soziologie ist nicht nur spät zur Party gekommen, sie scheint auch recht wenig Grund zum Feiern zu haben – womit sie sich ja inzwischen in guter Gesellschaft befindet, entdeckt doch die politikwissenschaftliche Zunft gerade Europa als *Desintegrationsprojekt* (Rosamond 2016; Patberg 2019).

Doch ist damit soziologisch alles gesagt? Wie realistisch ist das Ausschauhalten nach der *einen* „supranationalen" europäischen Gesellschaft eigentlich? Die EU hat die nationalstaatlichen Regierungen ergänzt und nicht ersetzt und wird sie auch in absehbarer Zukunft nicht ersetzen. So wurde schon vor der Osterweiterung spekuliert: „Instead of a Westphalian super-state we will probably have a neo-medieval empire characterized by overlapping authorities, divided sovereignty, diversified institutional arrangements and multiple cultural identities" (Zielonka 2003, S. 13). Und trotzdem besteht Konsens darüber, dass sich Europa *politisch* tief greifend integriert hat. Könnte – müsste – Ähnliches nicht auch für die soziale Integration Europas gelten? Keine europäische Gesellschaft, die die nationalstaatlichen Gesellschaften ersetzt, aber dennoch europäische *Vergesellschaftung?* Denn *dass* sich etwas abspielt, ist offensichtlich: Dafür sprechen die gewachsenen systemischen Verflechtungen in diversen sozialen Feldern, von der Wirtschaft bis zur Wissenschaft. Dafür spricht auch das „doing Europe" breiterer Schichten der Bevölkerung, nicht nur der Eliten, in den verschiedensten Spielarten: „shopping across borders, buying property abroad, handling a common currency, looking for work in a foreign city, taking holidays in new countries, buying cheap airline tickets, planning international rail travel, joining cross-national associations" (Favell 2005, S. 1115). All das ist millionenfacher Alltag für die Europäer*innen. Selbst – oder gerade – die derzeit mit Wucht aufbrechenden politischen Spannungen zwischen

---

[1]Natürlich ist diese Fusionierung auch bei Nationalstaaten zu einem Gutteil eine vorgestellte und damit sozial konstruierte Fusionierung.

kosmopolitisch-international orientierten „Anywheres" und national-lokal ver-
wurzelten „Somewheres" (Goodhart 2017) sind ein Beleg für die lange Zeit aus-
geblendete „europäische Gesellschaftsdynamik" (Beck und Grande 2004, S. 150),
die man eben dann nicht auf dem soziologischen Radar hat, wenn dieser stur auf
den nationalstaatlichen Gesellschaftsbegriff ausgerichtet ist.

Was also tun, um diese Gesellschaftsdynamik – wir bevorzugen den Begriff
Vergesellschaftung – einzufangen, wie wir es mit diesem Buch vorhaben? Die
Soziologie ist hier in besonderem Maße zur Kreativität aufgefordert – und sie ist
in den vergangenen Jahren kreativ gewesen. Ein Ergebnis des kollektiven Brain-
stormings ist das Paradigma der „horizontalen Europäisierung" (Delhey 2004a;
Heidenreich et al. 2012; Mau 2015; Heidenreich 2019; Recchi 2019). Dieses
Paradigma zeichnet aus, dass es den „anspruchsvollen" und institutionenfixierten
Gesellschaftsbegriff in der Regel durch „niederschwelligere" Konzepte ersetzt:
durch das soziale Feld, insofern gesellschaftliche Funktionssysteme und ihre
kollektiven Akteure angesprochen werden (Fligstein 2008; Heidenreich 2019),
oder den sozialen Raum (Heidenreich 2019). Letzterem begegnet man in verschiedenen Varianten, so auch im Plural (Rumford 2001), als transnationalem
Raum (Pries 1996) oder als europäischem Gesellschaftsraum (Beck und Grande
2004, Kap. 4). Weiterhin ist das neue Paradigma eher trans- als supranational
ausgerichtet, leuchtet mit dem soziologischen Suchscheinwerfer also vor allem
das aus, was *zwischen* den Gesellschaften passiert (daher das „horizontal"),
weniger die Wirkung der EU oder anderer supranationaler Institutionen auf
die einzelnen Gesellschaften. Und schließlich geht es davon aus, dass transnationale Prozesse die nationalstaatlichen Gesellschaften nicht ersetzen, sondern
eher komplementieren. Mit diesem Paradigma ist es auch möglich, die soziale
Integration Europas in relativer Unabhängigkeit von der politischen Vereinigung
zu konzeptualisieren.

Ansätze der horizontalen Europäisierung: ein Überblick

Inhaltlich lassen sich verschiedene Ansätze unterscheiden, wie „horizontale
Europäisierung" ausbuchstabiert wird (s. auch Immerfall 2000; Bach 2001; Trenz
2005; Heidenreich 2019). Ohne Anspruch auf Vollständigkeit wollen wir drei
von ihnen vorstellen: den regulativen, den kosmopolitisch-konstruktivistischen

und den Verflechtungsansatz, den wir selbst favorisieren. Wir klammern somit Ansätze aus, die auf *subjektive Vergemeinschaftung* abheben.[2]

Europäisierung als einheitliche Regulierung. Der *regulative Ansatz* schließt unmittelbar an die EU und ihre Politik an, indem die soziale Integration Europas wie folgt definiert wird: „the EU would be socially integrated if its component societies had lost the geographical and legal boundaries to their social institutions and social practices, and functioned instead as ‚a single social area'" (Threlfall 2003, S. 124). Zentrales Kriterium ist, ob die EU von der Warte der rechtlichen Regelungen aus betrachtet wie „ein Land" funktioniert (die Erwähnung der Praktiken in der Definition bringt allerdings eine gewisse Interpretationsunsicherheit mit sich; müssen Regelungen *und* Praktiken angeglichen sein?). Ein neueres Beispiel ist das von der EU durchgesetzte Verbot zusätzlicher Roaming-Gebühren für Mobiltelefonie bei der Nutzung im EU-Ausland (s. Kap. 6). Solche Vereinheitlichungen erfolgen selten in einem Rutsch, sondern sind meist das Ergebnis eines langwierigen Prozesses, der mit Politik- und Rechtskonvergenz beginnt (die erste Integrationsstufe nach Threlfall) und durch immer tiefere Eingriffe Brüssels schließlich in „single social areas" (die vierte und höchste Integrationsstufe) mündet. Je mehr Arbeits- und Lebensbereiche regulativ einheitlich ausgestaltet sind, umso stärker ist nach diesem Konzept Europa sozial zusammengewachsen. Offen bleibt, inwieweit sich auch die Lebenswelten und Praktiken der EU-Bürger*innen miteinander verschränken. Die „single social areas" könnten theoretisch auch leere regulative Hüllen bleiben. Anwendbar ist dieser Ansatz nur auf soziale Räume, die bereits einer gemeinsamen Regulierung unterliegen, sodass er vor allem für EU-Europa geeignet ist, weniger für Europa insgesamt.

Europäisierung als Anerkennung von Differenz. Der *kosmopolitisch-konstruktivistische Ansatz* (Delanty 1998; Rumford 2001; Beck und Grande 2004; Delanty und Rumford 2005; Beck und Delanty 2006) begreift Europa als „Gesellschaften-Mosaik" (Beck und Grande 2004, S. 277). Hier geht es gerade nicht um Vereinheitlichung, sondern um die produktive Anerkennung von Andersheit und Differenz. Europäisierung besteht dann in der Durchsetzung genau dieses kosmopolitischen Modus, mit (europäischer) Vielfalt umzugehen. Es geht „darum, die nationalen Gesellschaften zu europäisieren, das heißt, zu

---

[2]Zu den Ansätzen der subjektiven Gemeinschaft zählen etwa europäische Identität (z. B. Kohli 2000; Bruter 2005), transnationales Vertrauen (Delhey 2004b, 2007b), Verbundenheit (Deutschmann et al. 2018) oder Solidarität (Gerhards et al. 2019).

öffnen, füreinander durchlässig, verständlich zu machen, *ohne* die partikulare Vielfalt, einschließlich ihrer Borniertheiten und Provinzialitäten, zu annullieren" (Beck und Grande 2004, S. 197). Der angelsächsische Zweig dieses Paradigmas hebt noch stärker als der deutsche auf die diskursive Konstruktion und Dekonstruktion von Gemeinsamkeiten und Unterschieden in postnationalen Arenen der Öffentlichkeit ab (vgl. Rumford 2001). Die europäische „Wissensgesellschaft" (Delanty 1998) sei als diskursiv-virtuelle Gemeinschaft zu verstehen, die maßgeblich von sozialen Bewegungen wie zum Beispiel „Pulse of Europe" getragen wird. Wiewohl intellektuell spannend ist die Umsetzung dieses Ansatzes in ein empirisches Programm nicht selbstevident und wohl allenfalls exemplarisch möglich. Auch werden Deskription und Präskription vermischt, was die wissenschaftliche Anwendung nicht einfacher macht.

Europäisierung als intergesellschaftliche Verflechtung. Der dritte Ansatz, den wir selber favorisieren, ist der *Verflechtungsansatz*. Ihm geht es weder um Vereinheitlichung noch Differenzanerkennung, sondern um den Austausch zwischen Ländern beziehungsweise Gesellschaften. Dieser Austausch kann prinzipiell alles umfassen, von Kapital, Gütern und Dienstleistungen über Personen bis hin zu kulturellen Artefakten, Informationen und Meinungen. Der Verflechtungsansatz setzt am direktesten die Prämisse um, nach der sich „Europäische Integration, soziologisch verstanden, […] auf die Integration von Gesellschaften beziehen [muss]" (Immerfall 2000, S. 487; ähnlich Delhey 2004a). Europäische Vergesellschaftung bemisst sich folglich an der Austauschdichte zwischen den Ländern des Kontinents, sodass grenzüberschreitende Prozesse in den Mittelpunkt rücken: Sind die Länder eng miteinander verflochten, ist Europa soziologisch gesehen integriert, denn seine Teile (die einzelnen Länder) bilden dann – mehr oder weniger – ein Ganzes, ein Beziehungsgeflecht. Fehlt dieser Austausch, existieren die Länder nur nebeneinander her wie ein getrenntlebendes Ehepaar. Zwischengesellschaftliche Verbindungen spielen auch in Becks und Grandes Vision eines kosmopolitischen Europas eine gewisse Rolle, hier gedacht als „Vernetzung und Vermischung nationaler Gesellschaften, nationaler Wirtschaften, nationaler Bildungssysteme, nationaler Familien usw." (Beck und Grande 2004, S. 151). Radikaler als die anderen Paradigmen setzt der Verflechtungsansatz auf horizontale Prozesse, auf die „Öffnung des nationalen Containers an den Seiten" (ebd.) – im Gegensatz zur Vertikalität, die sowohl dem politischen Einigungsprozess (vgl. Radaelli 2003) als auch dem soziologischen Ansatz der regulativen Integration von Threlfall (s. oben) innewohnt. Gesellschaftliche Verflechtungen lassen sich nicht „von oben" politisch-administrativ verordnen, wohl aber erleichtern oder erschweren (vgl. Delhey 2005).

Der Verflechtungsansatz hat einen berühmten Vorläufer in den politik-wissenschaftlichen Regional Integration Studies der 1950er und 60er Jahre: die sogenannte *transaktionalistische Integrationstheorie,* die vor allem mit dem Namen Karl Deutsch verbunden ist (Deutsch 1960; Deutsch et al. 1966). Inter-nationale Transaktionen wie Handel und Direktinvestitionen, aber auch Brief-verkehr, Tourismus und kultureller Austausch galten als Indikatoren für den Stand der internationalen beziehungsweise regionalen Integration und damit das Potenzial für politische Fusionen (Haas und Schmitter 1964; Nye 1968; s. auch Deutschmann 2017 für einen Überblick). Die Grundüberlegung war, dass Nationen, die Austausch pflegen, ihre ureigensten Interessen nur kooperativ erreichen können, sodass Transaktionen aller Art den Grundstein für eine zwischenstaatliche Sicherheitsgemeinschaft („security community") legen, in der Krieg keine Option mehr ist. Bei fortgesetztem und intensiviertem Austausch erwachse zunächst bei den Eliten, dann der Bevölkerung ein Gemeinschafts-gefühl („sense of community") zwischen den beteiligten Ländern, sodass die politische Unterstützung für Zusammenarbeit und schließlich die Bildung einer Staatengemeinschaft wächst. Die *Regional Integration Studies* konnten seinerzeit aber nur ein sehr unvollkommenes Bild des internationalen Austauschgeschehens und seiner politischen Auswirkungen zeichnen, es fehlten damals schlicht die Daten.

Wir verorten uns mit diesem Buch im Camp derjenigen, die das Zusammen-wachsen Europas über transnationale Verflechtungen untersuchen. Anders aber als seinerzeit der politikwissenschaftliche Transaktionalismus betrachten wir die Vergesellschaftung Europas durch Austausch nicht als eine „background condition" für sich daraus möglicherweise ergebende politische Vereinigungs-schritte; sie ist unser eigentliches Untersuchungsobjekt. Ja, wir drehen sogar den Spieß um und betrachten die politische Einigung Europas und die ihr ent-springende Regulierung von Transaktionen als eine maßgebliche „background condition" für das soziale Zusammenwachsen des Kontinents.

Zur weiteren Eingrenzung des Gegenstands knüpfen wir an die bewährte Unterscheidung von systemischer und sozialer Integration an (Lockwood 1964), die sich auch auf Austauschbeziehungen anwenden lässt. *Systemischer* Natur sind sie dann, wenn Funktionssysteme länderübergreifend miteinander ver-zahnt werden. So sind Handels-, Produktions- und Investitionsverflechtungen Beispiele für eine volkswirtschaftliche Verzahnung, die in Europa – wie in anderen Weltregionen auch – über die Jahre immer enger geworden ist (Kim und Shin 2002; de Benedictis und Tajoli 2011; Davis und Gift 2014). Auch für das Wissenschaftssystem ist eine Europäisierung nachgewiesen worden (Gerhards

und Rössel 1999; Gengnagel et al. 2019). *Sozialer* Natur sind Austauschbeziehungen dann, wenn sie letztlich der Bevölkerung zugerechnet werden
können. Als Resultat tausendfach ausgeübter individueller Handlungen bewirken
die Ströme transnationaler Aktivität eine makrosoziale Verflechtung zwischen den
Bevölkerungskollektiven. Wir beschränken uns in diesem Buch auf das *soziale*
Zusammenwachsen Europas, das wir konsequent aus der strukturellen Makro-
perspektive untersuchen. Selbstredend führen diese Verflechtungen auf der mikro-
sozialen Ebene zu vielfältigen Wechselwirkungen (vgl. Simmel 1908a) zwischen
Individuen und sozialen Gruppen unterschiedlicher Nationalität, die bei uns aber
nicht im Zentrum stehen.

Mit diesem Programm rücken wir augenscheinlich in unmittelbare Nähe
zum Forschungszweig der *sozialen Transnationalisierung* (vgl. insbesondere
Mau 2007; Roose 2010; Delhey et al. 2015; Kuhn 2015; Recchi et al. 2019a).
Wie häufig üben die Menschen bestimmte transnationale Praktiken aus? Wer
übt sie aus, und wie wirken sie sich auf politische Einstellungen und Identitäten
aus? Dies sind die Kernfragen, die bevorzugt mit bevölkerungsrepräsentativen
Umfragen untersucht werden, bisweilen auch mit biografischen Interviews.
Eine wichtige Erkenntnis betrifft den sozialen Gradienten: Zwar ist Transnationalisierung keineswegs nur eine Sache der Eliten; gleichwohl ist das „doing
Europe" bei den oberen Berufs-, Bildungs- und Einkommensschichten sehr viel
ausgeprägter als bei den unteren (vgl. z. B. Salmońska und Recchi 2019), weshalb „Europa" als Klassenprojekt mit hohem Konfliktpotenzial gilt (Fligstein
2008). Ein anderer sozialer Gradient betrifft das Alter, denn die Jüngeren
sammeln als „Generation easyjet" systematisch mehr transnationale Erfahrungen
als die Älteren (vgl. Delhey et al. 2015). Nur wo umfangreiche finanzielle
Ressourcen erforderlich sind, zum Beispiel beim Grunderwerb im Ausland,
dreht sich dieses Altersmuster um. Ein weiteres Ergebnis betrifft den Nexus von
Handeln und sozialem Bewusstsein: Mit der eigenen Transnationalisierung geht
auch eine stärker ausgeprägte Identifikation der Bürger*innen mit Europa und der
EU einher sowie eine größere Unterstützung der politischen Vereinigung (Kuhn
2015). Allerdings haben sich nicht alle Praktiken als gleichermaßen identitäts-
formend erwiesen (Pötzschke und Braun 2019).

Das vorliegende Buch doppelt diesen Forschungszweig aber keineswegs,
sondern ergänzt ihn dort, wo er notwendigerweise an seine Grenzen stößt.
Am wichtigsten: Wir nehmen Europa *als Ganzes* in den Blick, die umfrage-
basierte Transnationalisierungsforschung hingegen Individuen. Gesellschaftliche Verhältnisse spielen bei letzterer allenfalls als Kontextmerkmale für
individuelle Transnationalisierung eine Rolle, die dann komparativ erkundet

werden. Nur selten wird das Umfragematerial aggregiert, um Unterschiede im Transnationalisierungs- beziehungsweise Europäisierungsgrad von Regionen (Roose 2010) oder Ländern (Delhey und Deutschmann 2016) herauszuarbeiten. Aber selbst die Aggregation von Umfragedaten hat ihre Limitationen: Will man Europa als Ganzes *und als Netzwerk* erkunden, muss man den Strömen transnationaler Aktivität auf einer *Land-zu-Land-Basis* nachgehen – ein Format, das Umfragen nur selten liefern.[3] Wenn sie es tun, dann oftmals nur für ein einziges Ausgangsland (z. B. für Deutschland, Mau 2007) oder für einige wenige Länder (z. B. beim EUCROSS-Projekt, Recchi et al. 2019a). Dementsprechend können die bislang vorliegenden Kartografien der sozialen Transnationalisierung (Mau 2010; Savage et al. 2019) auch nur einen kleinen Ausschnitt des Netzwerks Europa zeigen.

Weiterhin – und mit dem vorigen Problem zusammenhängend – bietet die Umfrageforschung nur selten die Möglichkeit, den geografischen Radius der sozialen Transnationalisierung *exakt* zu bestimmen – beschränkt er sich auf Europa, oder geht er darüber hinaus? In eigenen Vorarbeiten zu dieser aus theoretischer Sicht so wichtigen Frage haben wir Indizien für eine Europäisierung gefunden (Delhey und Deutschmann 2016; Deutschmann 2017), doch ist auch hier die Netzwerkanalyse die bessere Methode. Schließlich liefern die Umfragen zur sozialen Transnationalisierung in der Regel nur Momentaufnahmen; selbst dem Eurobarometer mit seiner langen Laufzeit mangelt es bei diesem speziellen Thema an inhaltlicher Konstanz im Fragenprogramm. Auch in diesem Punkt heben wir die Forschung mit einem Untersuchungszeitraum von 1960 bis 2017 und der Verwendung von Prozessdaten auf ein neues Level.

Natürlich hat unsere große Flughöhe auch ihren Preis. So können wir die Motivationen und Absichten, die die Menschen zu grenzüberschreitender Aktivität bewegen, nicht mehr erkennen; sie zu analysieren würde eine ganz andere Herangehensweise erfordern, bevorzugt qualitative Interviews (Favell 2008a; Favell und Recchi 2009). Ebenso wenig können wir über Bevölkerungssegmente – Bildungsschichten, Generationen – und deren transnationale Vergesellschaftung Aussagen machen, denn in unseren Daten sind die nationalen Bevölkerungen nicht weiter „zerlegbar" (vgl. Kap. 2). Auf der Habenseite steht ein Blick auf Europa, den es in dieser Art noch nicht gegeben hat.

---

[3]Am ehesten noch bei Aspekten der subjektiven Vergemeinschaftung, im Eurobarometer gelegentlich zum transnationalen Vertrauen (z. B. Delhey 2007b) und zur transnationalen Verbundenheit (Deutschmann et al. 2018 und Kap. 7 dieses Buches).

Von der Netzwerkmetapher zum Netzwerk Europa

Das Thema Verflechtungen legt es schon sprachlich nahe, Europa als *Netzwerk* zu fassen, als Netzwerk von Gesellschaften und ihren Bevölkerungen, und nicht als Sozialraum, was die Alternative wäre. Das Netzwerkkonzept macht ganz unmittelbar auf Verbindungen aufmerksam und impliziert eine prinzipielle Offenheit nach außen: „Netzwerke sind offene Strukturen, und in der Lage, grenzenlos zu expandieren und dabei neue Knoten zu integrieren" (Castells 2003, S. 528 f.). Mit einem Sozialraum hingegen assoziiert man Abgeschlossenheit, denn auch wenn Räume Fenster und Türen haben, kann man diese schließen. Natürlich kann auch ein Netzwerk empirisch deutlich von anderen Elementen oder Netzwerken abgegrenzt sein; zumeist werden seine Grenzen aber probabilistischer Natur sein, markiert durch eine Austauschdifferenz. Wenn wir im Folgenden dennoch bisweilen von Europa als Raum sprechen, dann entweder, um die sozialstrukturelle Heterogenität zu betonen (z. B. das Wohlstandsgefälle im Sozialraum Europa) oder um den Geltungsbereich institutioneller Regelungen kenntlich zu machen (z. B. EU-Europa als Raum der Personenfreizügigkeit). Sobald es um Verflechtungen geht, sprechen wir von einem Netzwerk.

Natürlich sind wir nicht die ersten, die für Europa eine Netzwerkperspektive vorschlagen. In der Politikwissenschaft sehen manche in „policy networks" ein Governance-Modell für Europa (Börzel 2005). Andere beschreiben die EU selbst als eine neuartige Mischung aus einem supranationalen Staat und einem Interdependenznetzwerk nationalstaatlicher Akteur*innen (Hirst und Thompson 1999). Die postmodern-inspirierte Politikwissenschaft geht noch einen Schritt weiter und spricht von der EU als einem „network state" (Jessop 2004) oder einer „network polity" (Axford und Huggins 2000):

> „The deterritorialization of the functions of governments and the growth of trans-border communities and networks in Europe point towards a post-national polity. This emergent polity displays elements of new governance, but its most characteristic feature is that it is a post-modern space of flows, of communities without unity, increasingly pluralistic open, and founded on networks" (ebd., S. 184).

Diese Definition wie auch die weitere Beschreibung der „network polity" verlässt aber schon genuin politikwissenschaftliches Gelände, indem neben Einfluss-Netzwerken und politischer Mobilisierung auch jeder andere grenzüberschreitende Austausch und wechselseitige diskursive Bezugnahmen eingeschlossen werden (ebd., S. 187) – und damit viele Dinge, die wir soziologisch

unter Vergesellschaftung fassen. Auffällig ist weiterhin die normative Auf-
ladung: „The ideal network has many of the attributes of an ideal community:
complementarity, commitment, accomodation between participants, reciprocity
and trust" (ebd.). Sicher: Im Vergleich zu einem Herrschaftsverband ist ein als
Netzwerk organisiertes politisches System potenziell weniger hierarchisch.
Gleichwohl können auch in einem Netzwerk einige wenige mächtige
Akteur*innen dominieren. So bestimmen sich nach der Weltsystemtheorie
Zentrum, Semiperipherie und Peripherie der globalen Ökonomie aufgrund der
Rollen, die die Länder im – ungleichen – ökonomischen Austausch einnehmen
(Hopkins und Wallerstein 1982); obgleich ein Netzwerk, scheint die Weltöko-
nomie von einer „ideal community" doch weit entfernt.

In der Soziologie hat das Netzwerkkonzept spätestens seit Castells
Monumentalwerk über die „Netzwerkgesellschaft" (1996) an Popularität gewonnen. Castells hebt vor allem auf die netzwerkartige Organisation
vielfältiger sozialer Prozesse ab, die durch die neuen weltumspannenden
Informationstechnologien strukturdominant geworden sei. Netzwerke finden sich
überall:

> „Es sind Aktienmärkte und die sie unterstützenden fortgeschrittenen Dienst-
> leistungszentren im Netzwerk der globalen Finanzströme. Es sind nationale
> Ministerräte und Europäische Kommissare in dem politischen Netzwerk, das die
> Europäische Union regiert. Es sind Koka- und Mohnfelder, Geheimlabors, geheime
> Landebahnen, Straßenbanden und Finanzinstitutionen zur Geldwäsche im Netz-
> werk des Drogenhandels [...]. Es sind Fernsehsysteme, Unterhaltungsstudios,
> Computergrafik-Milieus, Nachrichtenteams und mobile Geräte, mit denen innerhalb
> des globalen Netzwerkes der Nachrichtenmedien Signale erzeugt, übertragen und
> empfangen werden [...]" (Castells 2003, S. 528).

Wie aus diesem Zitat ersichtlich, stülpt Castells das Netzwerkkonzept recht
beliebig sehr verschiedenen Phänomenen über (Westermayer 2003). Zudem ver-
nachlässigt er Machtunterschiede und geografische Strukturierungen, sodass die
Frage Europäisierung oder Globalisierung nicht das zentrale Thema ist. Inhaltlich
beschäftigt sich Castells vor allem mit systemischen Netzwerken der Wirtschaft,
weniger mit solchen, die sich aus sozialen Austauschprozessen ergeben.

In der Europasoziologie findet sich bislang ein vorwiegend metaphorischer
Rückgriff auf das Netzwerkkonzept, so beim kosmopolitisch-konstruktivistischen
Paradigma (z. B. Delanty 1998). Die Idee von Europa als Netzwerk wird
nur angerissen und leitet auch nicht systematisch die Empirie an. In letzter
Konsequenz trifft dies auch auf Manns (1998) Arbeiten zu, der Gesellschaft
ansonsten in sehr erhellender Weise als sich überlappende, großflächige Netzwerke

mit unterschiedlicher geografischer Reichweite fasst, von lokal über national bis global. Eines dieser Netzwerke sei nun Europa, von ihm kurz *Euro* genannt. Die zentrale Frage sei, wie wichtig quantitativ und qualitativ das europäische Netzwerk im Verhältnis zu den anderen Netzwerken ist, weshalb es gelte, seine interne Kohärenz und Schließung gegenüber den anderen Ebenen zu analysieren: „This may seem rather complicated but is necessary, since all these networks may impinge significantly upon life in the continent of Europe" (Mann 1998, S. 187). Diese Abgrenzung zwischen europäischer und globaler Verflechtung wird auch bei uns ein wichtiges Untersuchungsthema sein. Inhaltlich befasst sich Mann wie Castells mit *systemischen* Netzwerken, die durch Ideologie, Ökonomie, Militär und Politik begründet werden. Deren Beschreibung fällt dann aber sehr freihändig und unempirisch aus. Konsequent wäre es, europäische – oder globale – Vergesellschaftung nicht nur mit dem Bild des Netzwerks zu *veranschaulichen*, sondern als Netzwerk *zu konzipieren* und mit den entsprechenden Methoden *zu untersuchen* (vgl. allgemein zu dieser Forderung Wellman 1997; Christopoulos 2008).

Dies ist genau das, was wir mit diesem Buch vorhaben. Wir gehen von den nationalstaatlich verfassten Gesellschaften als „Knotenpunkten" aus und bestimmen das Netzwerk Europa über die zwischen diesen Länderknoten bestehenden Verbindungen, insofern diese auf transnationale Aktivitäten der Bevölkerung zurückgehen. Konkret untersuchen wir die Ströme von Migration, Auslandsstudium, Reisen und Telefonie. Die ersten drei stehen für Personenmobilität: *Migration* als die längerfristige Verlagerung des Lebensmittelpunkts von einem Land in ein anderes; das *Auslandsstudium* als das Absolvieren einer Hochschulausbildung im Ausland; und *Tourismus* als das kurzfristige Bereisen eines anderen Landes zu privaten oder geschäftlichen Zwecken. Alle drei Mobilitätsformen setzen die physische Überschreitung von Ländergrenzen voraus, unterscheiden sich aber hinsichtlich des Zeithorizonts (wie gerade charakterisiert), der rechtlich-administrativen Hürden und der sozialen Selektivität. Während man heutzutage ohne oder mit geringem Behördenaufwand in viele andere Länder reisen kann, ist der dauerhafte Aufenthalt sehr viel restriktiver geregelt; üblicherweise kann man nicht „einfach so" in ein anderes Land ziehen, um dort zu arbeiten, zu studieren oder seinen Lebensabend zu genießen – es sei denn, wir reden über EU-Europa (dazu später mehr, insbesondere in Kap. 3). Bei der sozialen Selektivität ist der Kontrast zwischen Reisen und Auslandsstudium am größten: Während sich heutzutage zwar keineswegs alle, aber doch viele Europäer*innen eine Urlaubsreise ins Ausland leisten können (Opaschowski 2002; Mau 2007), ansonsten aber die sozialen Barrieren gering sind, kommt ein Auslandsstudium eben nicht für alle infrage. Die *Telefonie* als Beispiel für *kommunikative Verflechtung* schließlich setzt nicht zwingend voraus, dass die am Gespräch Beteiligten selbst physisch eine Grenze überschreiten (Staple 1993, S. 53), „mobil" ist aber in jedem Fall die Mitteilung. Auch der Telefonie wohnt eine gewisse soziale Selektivität inne (nicht jede*r besitzt ein Telefon), die aber im heutigen Mobilfunkzeitalter zumindest in Europa kaum mehr der Rede wert ist, was noch vor wenigen Jahren anders war (dazu mehr in Kap. 6). Der Blick auf mehrere Aktivitäten hat den Vorteil, ein vollständig*eres* Bild – von vollständig wollen wir nicht reden – der transnationalen Vergesellschaftung in Europa zu zeichnen, und erlaubt es, Unterschiede und Gemeinsamkeiten der Netzwerke herauszuarbeiten.

Weil wir *ganz Europa* sowie seine Einbindung in das weltweite Austauschgeschehen über mehrere Jahrzehnte (ab 1960) untersuchen wollen, sind wir auf vorhandene, gleichermaßen globale wie langfristige Datensammlungen angewiesen, deren Inhalte in Form von Prozessdaten anfallen. Insofern ist unsere Auswahl der transnationalen Aktivitäten auch der Datenverfügbarkeit geschuldet. Natürlich ist das Repertoire der Praktiken sehr viel breiter (vgl. das EUCROSS-Projekt, Recchi et al. 2019a) und umfasst auch Phänomene der sogenannten Inlands-Transnationalisierung (Mau 2006; Fernández et al. 2016) und der virtuellen Transnationalisierung (Salamonska und Recchi 2019) – etwa, wenn man am Wohnsitz ein ausländisches Restaurant besucht oder auf dem heimischen Sofa sitzend eine ausländische Fernsehserie im Originalton schaut. Die meisten dieser transnationalen Aktivitäten fliegen jedoch unterhalb des Radars der offiziellen Registrierung.

Die empirische Netzwerkliteratur wächst rasant, verschiedenste Aspekte des internationalen Austauschs sind mittlerweile untersucht worden – meist allerdings zum globalen Austausch und ohne Europafokus, zudem mit unterschiedlichsten Erkenntnisinteressen, die sich nur selten auf Vergesellschaftung im hier verwendeten Sinne beziehen, sofern überhaupt ein soziologischer Erklärungsanspruch besteht. Die Zahl der Netzwerkuntersuchungen *für Europa* ist schon deutlich übersichtlicher. Für systemischen Austausch gibt es sie zu Handelsbeziehungen (Choi und Ahn 1997; Krapohl und Fink 2013), zwischenstaatlichen Kreditbeziehungen (Matesanz und Ortega 2015), Wissenstransfers (Maggioni und Uberti 2007; Heller-Schuh et al. 2011) und Verwaltungszusammenarbeit (Lahusen 2019). Auch zu „unseren" sozialen Aktivitätstypen – Migration (DeWaard et al. 2012; Windzio et al. 2019), Auslandsstudium (Shields 2016; Vögtle und Windzio 2016), Reisen (van Nuffel et al. 2010; Cardillo et al. 2013; Provenzano und Baggio 2017; Provenzano et al. 2018) und Telefonie (Choi und Ahn 1996) – liegen Studien vor. Die subjektive Vergemeinschaftung Europas wurde ebenfalls netzwerkanalytisch untersucht, so das aus dem Abstimmungsverhalten beim Eurovision Song Contest generierte Freundschaftsnetzwerk (Dekker 2007; Charron 2013) oder das Gefühl der transnationalen Verbundenheit (Deutschmann et al. 2018) – ein Thema, auf das wir im Schlusskapitel näher eingehen. Keine der genannten Studien teilt aber unser übergeordnetes Erkenntnisinteresse: ob Europa langfristig sozial zusammengewachsen ist. Insofern bietet unser Buch etwas genuin Neues.

1.2 Fragestellung und Forschungsagenda

Unser Erkenntnisinteresse gilt dem Zusammenwachsen Europas als Netzwerk der grenzüberschreitenden Vergesellschaftung. Unser Blick auf Europa – und die Welt – ist ein makrostruktureller: Wir untersuchen die zwischengesellschaftliche Aktivitätsströme, *nicht* das „doing Europe" von Einzelpersonen oder bestimmten sozialer Gruppen und die daraus erwachsenden transnationalen Lebenswelten (dazu Pries 1996). An jede der vier Aktivitäten, die uns als Beispiele dienen, tragen wir ein identisches Set von Forschungsfragen heran, deren Beantwortung Auskunft gibt, (1.) wie eng das Netzwerk Europa geknüpft ist, (2.) welche Ungleichheitsstruktur es kennzeichnet und (3.) inwieweit Europa in den weltweiten Aktivitätsströmen als kontinentales Konglomerat erkennbar ist. Eine vierte Forschungsfrage zielt auf die Ähnlichkeit der vier Austauschnetzwerke ab. Im Folgenden erläutern wir diese unterschiedlich komplexen Forschungsfragen.

Leitfrage 1: Der Umfang der innereuropäischen Vergesellschaftung. Zunächst interessiert uns, wie viel grenzüberschreitende Vergesellschaftung eigentlich stattfindet. Dazu quantifizieren wir die Aktivitätsströme in ihren je eigenen „Währungen": Wie viele Migrant*innen, internationale Studierende und Reisen registriert und wie viele Telefonminuten gezählt werden. Vor allem interessiert uns, ob und wie stark diese transnationalen Aktivitätsströme über die Zeit angeschwollen sind. Diese Frage mag auf den ersten Blick wenig spannend anmuten, denn alles andere als eine *Zunahme* wäre verwunderlich (vgl. auch Favell und Recchi 2019). Viele Statistiken legen das nahe, und auch nicht-wissenschaftliche Beobachter*innen dürften aus ihren Alltagserfahrungen heraus diesen Eindruck haben – sei es, weil sie selbst mehr transnationale Erfahrungen machen als früher, sei es, weil sie in ihrem Alltag immer häufiger mit Menschen anderer Nationalität zu tun haben. Wir stellen diese Frage trotzdem. Nicht, weil wir eine anderslautende Antwort vermuten, sondern um Gewissheit zu haben: Wir wollen den Zuwachs exakt beziffern und einen genauen Eindruck davon gewinnen, in welchen Dekaden und in zeitlicher Nähe zu welchen Ereignissen und geschichtlichen Zäsuren das Volumen transnationaler Aktivität besonders stark angestiegen ist:

- *Wie hat sich die europäische Vergesellschaftung in absoluten Größenordnungen entwickelt?*

Die Frage nach dem Wie viel ist noch aus einem weiteren Grund weniger simpel, als es den Anschein hat, geht es doch auch darum, ob alle Länder in die kontinentale Vergesellschaftung einbezogen sind. *Gesamteuropäisch* gedacht ist von Bedeutung, wie lückenlos dicht das Netzwerk geknüpft ist. Theoretisch ist ja denkbar, dass sich der volumenstarke Austausch auf wenige Länderpaare beschränkt, während andere Verbindungen stagnieren oder sich sogar lockern:

- *Sind die Netzwerke der europäischen Vergesellschaftung heute dichter gewoben als früher?*

Leitfrage 2: Die Ungleichheitsstruktur der innereuropäischen Vergesellschaftung. Netzwerke sind keine machtfreien Gebilde. Zwischen welchen Ländern starke Austauschströme bestehen und in welche Richtung sie fließen, ist immer auch ein Ausdruck von Ungleichheit und Hierarchie. Wie bereits erwähnt, bestimmt sich in der Weltsystemtheorie die Schichtung der kapitalistischen Weltwirtschaft über Stärke und Richtung wirtschaftlicher und anderer Verflechtungen. Die tonangebenden Zentrumsländer akkumulieren, so die Theorie, nicht nur Kapital und Know-how, sondern ziehen Magneten gleich auch Personen und Informationen aus den semiperipheren und vor allem den peripheren Ländern an. Zentrumsländer sind nicht nur ressourcenstark und technologisch führend, sondern auch „austauschstark". Genau aus diesem Grund ist die Ungleichheitsstruktur des Austauschgeschehens von soziologischem Interesse. Unser Blick gilt zunächst dem Grad der Ungleichheit:

- *Wie hat sich die Ungleichheit der transnationalen Aktivitätsströme im Netzwerk Europa entwickelt?*

Sodann ist die *Zentrum-Peripherie-Struktur* zu entschlüsseln. Deskriptiv gilt es zu bestimmen, welche Länder in den Netzwerken eine zentrale Position einnehmen und welche eine periphere. Analytisch ist dabei der Zusammenhang mit dem Wohlstandsniveau von größtem Interesse. Historisch bedingt sind der Westen und Norden des Kontinents wirtschaftlich wohlhabender als der Süden und insbesondere der Osten. Dieses Gefälle spiegelt das in den 1990er Jahren entwickelte wirtschaftsgeografische Modell der „blauen EU-Banane" wider, das als Kerngebiet der europäischen Wirtschaftsaktivität einen Gürtel von Ländern und Regionen umfasst, der sich von Südengland über Holland, Belgien, das östliche Frankreich, Luxemburg und Teile West- und Süddeutschlands bis zur Schweiz und nach Norditalien erstreckt – und in seiner Form einer Banane ähnelt (Brunet 2002; vgl. auch Zapka 2012).[4] Allerdings haben der Süden und der Osten mittlerweile wirtschaftlich aufgeholt, was alternative Modelle einzufangen versuchen. Diese machen teils zusätzliche Wachstumsräume aus (so eine „Mittelmeerküsten-Banane" oder einen „ostmitteleuropäischen Städtegürtel"), teils ergänzen sie die „blaue Banane" durch diverse West-Ost-Korridore und gestalten sie so zur „roten Krake" um (Baudelle und Guy 2004). Da ökonomische Gefälle für viele grenzüberschreitende Prozesse zentral sind (Vobruba 1997), ist es wahrscheinlich, dass sie auch die Hierarchie der Austauschnetzwerke prägen:

- *Wie hat sich der Zusammenhang zwischen der wirtschaftlichen Zentrum-Peripherie-Struktur Europas und der Struktur der Austauschnetzwerke entwickelt?*

Leitfrage 3: Europa im globalen Kontext. Ströme transnationaler Aktivität fließen natürlich nicht nur intrakontinental, sondern auch aus Europa heraus in andere Weltregionen und umgekehrt. In absoluten Größenordnungen betrachtet kann der grenzüberschreitende Austausch auf beiden Ebenen anwachsen – etwa, wenn sowohl die Zahl junger Europäer*innen wächst, die im europäischen Ausland studieren, als auch derjenigen, die an einer Hochschule außerhalb Europas eingeschrieben sind. In relativen Größenordnungen betrachtet verengt sich jedoch die Interpretationsmöglichkeit vom Sowohl-als-auch zum Entweder-oder: *Entweder* verdichten sich die innereuropäischen Aktivitätsströme schneller als die außereuropäischen, was dann auf eine relative Europäisierung hinausläuft (vgl. Delhey et al. 2015), *oder* eben andersherum, was für eine relative Globalisierung sprechen würde (vgl. Deutschmann 2019). Wir untersuchen deshalb, ob Europa als Vergesellschaftungsebene *relativ* zur Welt insgesamt an Bedeutung gewonnen hat. Da der grenzüberschreitende Austausch zwei Richtungen hat, interessieren wir uns in diesem Zusammenhang sowohl für die interne Geschlossenheit des Netzwerks Europa als auch für seine externe Offenheit:

---

[4]*Blaue* Banane deshalb, weil diese wirtschaftliche Aktivitätszone in der Originalkarte blau markiert war.

- *Hat sich über die Zeit der regionale Schwerpunkt der transnationalen Aktivitätsströme der Europäer*innen nach Europa verlagert? Und geht dies einher mit einer geringeren Durchlässigkeit des Netzwerks Europa für Aktivitätsströme, die außerhalb Europas ihren Ursprung haben?*

Schließlich werden wir den weltweiten Austausch in den Blick nehmen, um Europas Platz darin zu bestimmen. Im Globalisierungsdiskurs ist viel die Rede vom „globalen Dorf" (McLuhan 1962), vom „Ende der Geografie" (O'Brien 1992) oder von der „flachen Erde" (Friedman 2005) – Bilder, die suggerieren, dass alle Orte auf diesem Planeten miteinander verbunden sind. Übersetzt in die Netzwerksprache läuft diese Charakterisierung auf die Existenz eines *einzigen* weltweiten Austauschnetzwerks hinaus, in dem kontinentale und andere Grenzen aufgelöst sind. Die Gegenposition ist, dass es nach wie vor weltregionale Verdichtungsräume von Mobilität und Kommunikation gibt, die dann auch als unterscheidbare Subnetzwerke sichtbar sind. Gibt es global betrachtet solch ein als „europäisch" zu bezeichnendes Subnetzwerk, weil es ausschließlich (wenig wahrscheinlich) oder überwiegend (schon wahrscheinlicher) von europäischen Ländern geformt wird? Die Herausbildung oder Verstärkung einer solchen Komponente über die Zeit wäre ein starker Beleg für eine spezifisch europäische Vergesellschaftung:

- *Hat sich über die Zeit in den weltweiten Austauschnetzwerken ein europäisches Subnetzwerk (klarer) herausgebildet?*

Leitfrage 4: Ein Netzwerk oder viele? Der letzte Punkt unserer Agenda fragt danach, wie ähnlich sich die vier untersuchten Aktivitätsnetzwerke sind. So ähnlich, dass alle für ein übergeordnetes Muster der transnationalen Vergesellschaftung stehen, für *das* Netzwerk Europa im Singular (das dann so oder ähnlich auch für andere, hier nicht betrachtete Austauschprozesse charakteristisch wäre)? Oder doch so unähnlich, dass man konsequent von Netzwerken im Plural reden muss, weil jede grenzüberschreitende Aktivitätsform einer Eigenlogik folgt und ganz andere Muster erzeugt? Diese vierte Untersuchungsfrage ist insofern anders gelagert, als sie sich nur im Vergleich beantworten lässt; wir greifen sie daher erst im Schlusskapitel auf:

- Ist es sinnvoll, von *einem* Netzwerk Europa zu sprechen?

Die Ergebnisse sind auch europapolitisch von Interesse, hat die EU doch das erklärte Ziel, eine „immer engere Union der Völker Europas" zu schaffen

(Solemn Declaration on the European Union 1983). Dieser Intention dienen auch vordergründig rein technische Vorhaben wie die Schaffung eines integrierten Telekommunikationsmarkts: „Integration of telecommunications and in the area of communication was supposed to strengthen European cooperation. Intensification of communication and commerce between European peoples would ultimately make 'the Europeans believe in Europe'" (Laborie 2006, S. 190).

1.3 Erklärungsrahmen und Hypothesen

Bislang haben wir erläutert, was wir mit welcher Fragestellung untersuchen wollen, aber noch nicht ausgeführt, warum wir ein soziales Zusammenwachsen des Kontinents erwarten. Es muss ein konzeptioneller Rahmen skizziert werden, aus dem sich begründete Erwartungen ableiten lassen. Unser Rahmen fokussiert auf vier Bedingungskomplexe: (1.) institutionelle Regelungen, (2.) die Heterogenität des Sozialraums, (3.) die Infrastruktur für Transnationalisierung sowie (4.) transnationale Ressourcen, die wir in den Einzelkapiteln noch im Detail vorstellen.

(1.) Institutionelle Regelungen. Mobilitätsrechte sind eine unabdingbare Voraussetzung, um sich überhaupt von Land zu Land frei bewegen zu können. Unterhalb von Rechtsansprüchen gibt es eine Fülle weiterer Regelungen, die grenzüberschreitende Aktivitäten erleichtern oder erschweren können. In der Summe bilden sie den rechtlichen Möglichkeitsraum für Transnationalisierung. Je größer dieser ist und je spezifischer er auf Europa zugeschnitten ist, umso dichter und nach außen geschlossener wird das Netzwerk Europa gewoben sein. Die wichtigste Quelle spezifisch europäischer Rechtsinnovationen ist die EU. Ihre Direktiven haben einen Rechtsraum entstehen lassen, in dem sich Europäer*innen – genauer: EU-Bürger*innen – weitgehend wie in „einem Land" bewegen können. Die wichtigsten Rechtsnormen sind in diesem Zusammenhang die Personenfreizügigkeit (vgl. Zapka 2012) sowie die Unionsbürgerschaft, die beide einen Anspruch auf längerfristige Mobilität absichern, wie wir sie mit Migration und Studierendenmobilität untersuchen (im Detail erläutern wir diese Regelungen in Kap. 3). Im Hochschulbereich haben die Länder Europas mit dem Bologna-Prozess einen harmonisierten Europäischen Hochschulraum geschaffen (vgl. Teichler 2019), der das Auslandsstudium sowie den Studienortwechsel erheblich erleichtert; mit dem Erasmus-Programm stellt die EU zudem milliardenschwere Fördertöpfe für den Studierendenaustausch bereit. Das

Tab. 1.1 Auswirkungen rechtlich-institutioneller Rahmenbedingungen auf Transnationalisierung

Institutionelle Regelung	Migration	Studierende	Tourismus	Telefonie
Personenfreizügigkeit und Unionsbürgerschaft („Mobilitätsrechte")	++	++	=	=
Bologna-Prozess	=	++	=	=
Schengen-Raum	+	+	++	=
Euro-Raum	+	+	+	=
Liberalisierung Luftverkehr	+	+	++	=
Regulierung des Telekommunikationsmarkts	=	=	=	++

Notiz: Eigene Darstellung. ++ Ermöglichung beziehungsweise starke Erleichterung; + Erleichterung; = keine direkte Auswirkung

Schengen-Abkommen und der Euro-Raum machen vor allem innereuropäischen Tourist*innen und Pendler*innen das Leben leichter. Und schließlich haben marktregulierende Maßnahmen der EU im Luftverkehr und bei der Telekommunikation für eine Angebotsausweitung gesorgt, teils über Marktschaffung, teils über Preissetzung. Je nach Aktivitätsform sind es also *andere* Regelungen, die den institutionellen Möglichkeitsraum für transnationale Vergesellschaftung aufspannen (s. Tab. 1.1).

Neben dem substanziellen Gehalt der Regelungen ist ihr *Geltungsbereich* zu berücksichtigen. Bekanntermaßen hat sich die Staatengemeinschaft seit ihrer Gründung auf 28 Mitglieder erweitert, seit dem Brexit sind es wieder 27. Durch die diversen Beitrittsrunden (zu deren politischem Kalkül vgl. Vobruba 2003) wurden immer größere Teile der Bevölkerung Europas in den EU-Raum der Freizügigkeit aufgenommen, die EU-28 schloss rund 87 % aller Europäer*innen ein. Je umfassender die Inklusion, so unsere Überlegung, desto mehr transnationale Aktivitäten sollte es ceteris paribus in Europa geben und umso gleichmäßiger sollten sie sich auf die Länder verteilen. Abb. 1.1 zeichnet die Expansion der EU nach und gibt zusätzliche Informationen über den Status der Nicht-EU-Mitglieder. Freilich gehen nicht alle rechtlich-institutionellen Veränderungen, die wir in den Blick nehmen, auf die EU zurück, so die Anwerbeabkommen der 1960er Jahre, die Auflösung des Ostblocks 1989/1990 oder der Bologna-Prozess.

Die Regulierung regionaler Staatenverbünde wie der EU funktioniert immer in zwei Richtungen, als Entgrenzung im inneren *und* als Grenzverstärkung

nach außen (z. B. Mau 2006; Nelles und Walther 2011). Die Befestigung der
EU-Außengrenzen, die allerdings ein vergleichsweise junges Phänomen darstellt, kann ein schwer zu überwindendes Hindernis für transnationale Mobilität aus außereuropäischen Ländern sein. So sind selbst touristische Aufenthalte
nur über Visa möglich, die insbesondere für Menschen aus dem globalen Süden
streng reguliert und mit hohen Kosten verbunden sind; die Zuwanderung gestaltet
sich rechtlich noch schwieriger, was vor allem potenzielle Asylbewerber*innen
trifft: Aufgrund der vielen tausend Geflüchteten, die auf dem Weg nach Europa
vor allem im Mittelmeer ihr Leben lassen, gilt die Außengrenze der EU manchen
Beobachter*innen als die „tödlichste Außengrenze der Welt" (Wagner 2017).
Diese externe Grenzziehung könnte sich in der globalen Netzwerkstruktur insbesondere von Migration und Tourismus niederschlagen und als zusätzlicher
Faktor die Herausbildung einer europäischen Komponente in diesem Gesamtnetzwerk begünstigen.

(2.) Sozialstrukturelle Heterogenität. Der zweite Komplex von Rahmenbedingungen betrifft die Unterschiedlichkeit der Länder im Sozialraum Europa.
Arbeitsmigration gibt es laut neoklassischen ökonomischen Migrationstheorien
vor allem, weil manche Länder wirtschaftlich mehr prosperieren als andere,
und Löhne und Gehälter dementsprechend differieren. Junge Leute gehen für
ein Studium ins Ausland, weil sich Qualität und Ruf der Hochschulen unterscheiden. Und sähen die Landschaften und Städte überall so aus wie zu Hause,
wäre das Verreisen wohl weniger verlockend. Kurzum: Es sind nicht zuletzt
Lebenschancen*unterschiede,* die die Menschen bewegen (vgl. Vobruba 1997).
Je heterogener nun der Sozialraum, desto mehr transnationale Aktivitäten sollte
es in Europa geben – insbesondere dann, wenn fast alle Bevölkerungen weitreichende Mobilitätsrechte genießen, wie es in der osterweiterten EU in historisch
einmaliger Weise der Fall ist.[5] Diese Heterogenitätsregel sollte unabhängig vom
Wohlstands*niveau* und anderen Ressourcen gelten, die ihrerseits Mobilität ermöglichen (s. Bedingungskomplex 4.).

Ohne einem ökonomischen Reduktionismus das Wort reden zu wollen, dürften
Unterschiede in der wirtschaftlichen Leistungskraft und im Wohlstand eine große
Rolle spielen, auch, weil damit andere Aspekte der Lebens- und Gesellschafts-
qualität eng zusammenhängen (Delhey und Steckermeier 2016). Deshalb gilt dem

---

[5]Diesen Mechanismus konstatieren wir hier nur. Wir behaupten nicht, Heterogenität sei
etwas Wünschenswertes, weil sie transnationale Aktivität hervorbringt.

wirtschaftlichen Gefälle in Europa unsere besondere Aufmerksamkeit, bei der
Studierendenmobilität ergänzt um universitäre Leistungsunterschiede. Wie sich
nun die sozialstrukturelle Heterogenität Europas entwickelt hat, sollte nicht nur
die Stärke der Mobilitätsströme beeinflussen, sondern auch deren Ungleichheitsstruktur. Entwickeln sich die Länder ökonomisch auseinander (Divergenz), sollte
das zu einer zunehmend ungleichen Netzwerkstruktur führen; gleichen sie sich
ökonomisch an (Konvergenz), sollte auch das Netzwerk weniger ungleich sein.

(3.) Infrastruktur für Transnationalisierung. Die wachsende Verflechtung in
Europa und der Welt hat viel mit gesunkenen Transport- und Kommunikationskosten zu tun (Hargittai und Centeno 2001). Für den Tourismus ist zum Beispiel das *Hotel- und Beherbergungsangebot* relevant, das sich quer durch Europa
über die Jahrzehnte quantitativ wie qualitativ verbessert hat (vgl. Kap. 5). Bei
der *Verkehrsinfrastruktur* sind die Ausweitung der Direktflugverbindungen und
das Aufkommen der vor allem intrakontinental operierenden Billigfluglinien
die markantesten Veränderungen (Burghouwt et al. 2015; Mason et al. 2016).
Sie bedeuten eine neue Stufe der Erreichbarkeit von Städten und touristischen
Destinationen im Ausland, wobei das Netz der Flugverbindungen immer noch
stark auf Westeuropa zugeschnitten ist (Dobruszkes 2006). Das dürfte auch für
die Struktur der europäischen Vergesellschaftung – und insbesondere die Reiseströme – nicht folgenlos bleiben. Direktflüge und Schnellzüge bestimmen eben
nicht nur die Geschwindigkeit der Fortbewegung, sondern auch, zwischen
welchen Orten sie stattfindet.

(4.) Ressourcen für Transnationalisierung. Grenzüberschreitende Aktivitäten sind
oftmals „anspruchsvoller" als solche innerhalb der Landesgrenzen und erfordern
in besonderem Maße ökonomisches und kulturelles Kapital. Die Bedeutung ökonomischer Ressourcen ist beim Tourismus (Eurostat 2019i; Ipsos 2019, S. 9 ff.)
und beim Auslandsstudium (Bilecen und van Mol 2017; Apolinarski und Tasso
2018, S. 37; Hauschildt et al. 2018, S. 225 f.) besonders einleuchtend. Durch die
positive Wohlstandsentwicklung, wie sie in Westeuropa über mehrere Jahrzehnte,
in Osteuropa spätestens seit der Jahrtausendwende stattgefunden hat, sollten sich
daher immer mehr Menschen einen transnationalen Aktionsradius leisten können.
Die gleiche Wirkung erwarten wir von der Vermehrung kognitiv-kultureller
Ressourcen. Die Bildungsexpansion sollte mehr Menschen sowohl kognitiv
befähigt haben, mit kulturellen Unterschieden umzugehen, als auch deren Neu-
gierde auf Auslandserfahrung angestachelt haben. Eine besondere Rolle dürfte
dabei den verbesserten Fremdsprachenkenntnissen zukommen (vgl. Gerhards
2010), namentlich den Englischkenntnissen (ausführlich Kap. 4). Wie sich dieses

Tab. 1.2 Die Hypothesen der Untersuchung im Überblick

Erkenntnisinteresse	Erwartung/Hypothese	Bezug zu Rahmenbedingungen
Umfang der innereuropäischen Vergesellschaftung		
Ausmaß	Wachstumsthese	Alle Rahmenbedingungen
Verdichtungsgrad	Verdichtungsthese	Alle Rahmenbedingungen
Struktur der innereuropäischen Vergesellschaftung		
Ungleichheit (Zentralisierungsgrad)	Dezentralisierungsthese	V. a. sozioökonomische Konvergenz; Ende Ost-West-Teilung und EU-Beitritte
Zentrum-Peripherie-Struktur	Ökonomisierungsthese (Migration); Shanghaiisierungsthese (Studierende); Deökonomisierungsthese (Tourismus & Telefonie)	Aktivitätsspezifisch, s. Einzelkapitel
Regionaler Schwerpunkt der transnationalen Vergesellschaftung		
Relative interne Geschlossenheit des europäischen Netzwerks	Schließungsthese (bei variabler Veränderung der externen Offenheit)	V. a. innereuropäischer Grenzabbau durch institutionelle Regelungen, oft EU-induziert; Ende Ost-West-Teilung und EU-Beitritte
Existenz beziehungsweise Herausbildung einer regionalen europäischen Komponente im weltweiten Netzwerk	Regionalisierungsthese	V. a. innereuropäischer Grenzabbau durch institutionelle Regelungen, oft EU-induziert; Ende Ost-West-Teilung und EU-Beitritte

Notiz: Eigene Darstellung

transnationale linguistische Kapital auf die Bevölkerungen verteilt, sollte die Ungleichheitsstruktur des Netzwerks Europa mitbestimmen.

Forschungsleitende Hypothesen. Aus den Veränderungen dieser vier Bedingungskomplexe leiten wir unsere Erwartungen ab, wie sich Umfang, Struktur und regionaler Schwerpunkt der europäischen Vergesellschaftung entwickelt haben. An dieser Stelle seien sie nur kurz skizziert; im Detail begründen wir die Hypothesen gegenstandsbezogen in den Kap. 3–6. Unsere Annahmen sind wie folgt (s. auch Tab. 1.2):

- Wir erwarten erstens, dass der Umfang der europäischen Vergesellschaftung angewachsen *(Wachstumsthese)* und das Netzwerk Europa dichter geknüpft ist *(Verdichtungsthese);* dafür sprechen *alle* vier genannten Bedingungskomplexe.[6]
- Wir erwarten zweitens, dass das Netzwerk Europa heute weniger ungleich gestrickt ist als früher *(Dezentralisierungsthese);* die Veränderung aller Rahmenbedingungen, allen voran die Überwindung der politischen Teilung des Kontinents und die Osterweiterung der EU, sollten in diese Richtung gewirkt haben. Keine für alle vier Aktivitätsformen uniforme Erwartung hegen wir dagegen in der Frage, wie sich die Kopplung zwischen der ökonomischen Zentrum-Peripherie-Struktur Europas und der Struktur der Austauschnetzwerke entwickelt hat. Während wir bei Tourismus und Telefonie eine Entkopplung erwarten *(Deökonomisierungthese)*, vermuten wir bei der Migration eine engere Kopplung *(Ökonomisierungsthese);* beim Studierendenaustausch erwarten wir ebenfalls eine engere Kopplung, hier allerdings mit der wissenschaftlichen Zentrum-Peripherie-Struktur *(Shanghaiisierungsthese,* nach dem Namen des verwendeten Universitätsrankings). In den entsprechenden Kapiteln werden wir diese Hypothesen ausführlich begründen.
- Wir erwarten drittens, dass der regionale Schwerpunkt der transnationalen Vergesellschaftung mit europäischer Beteiligung zunehmend in Europa liegt. Dafür spricht vor allem die Normsetzung durch die EU, die eine weitreichende *intrakontinentale Durchlässigkeit* bewirkt hat, jüngst ergänzt um eine stärkere externe Grenzbildung (während zum Beispiel die wachsenden Ressourcen wie Wohlstand und Fremdsprachenkenntnisse genauso gut innerhalb wie außerhalb Europas eingesetzt werden können). Wir gehen daher von einem Bedeutungszuwachs Europas als Vergesellschaftungebene zwischen Nationalstaat und Weltgesellschaft aus. Dies sollte sich in einer wachsenden Abgrenzung des Netzwerks Europa ausdrücken *(Schließungsthese).* Ferner sollte Europa im weltweiten Austauschgeschehen immer klarer als eigenständige Komponente sichtbar sein *(Regionalisierungsthese).*

An dieser Stelle wollen wir noch einem grundlegenden Einwand begegnen: Bedingt die geografische Nähe nicht *notwendigerweise* eine Europäisierung? Tatsächlich drängen sich auf dem flächenmäßig kleinen Kontinent sehr viele

---

[6]Bei der Heterogenität des Sozialraums haben wir zwar langfristig Konvergenz, doch ist durch die Erweiterungen die Heterogenität innerhalb der EU angewachsen (ausführlich dazu Kap. 3).

Länder. Auch im Zeitalter der Globalisierung finden Bewegungen über kurze Distanzen sehr viel häufiger statt als über lange (McKercher et al. 2008; Noulas et al. 2012; Deutschmann 2016), und die geografische Nähe ist für sozialen Austausch zu jedem Zeitpunkt wichtiger als politisch-rechtliche, wirtschaftliche oder kulturelle Einflussfaktoren (Deutschmann 2017). Liegt der Schlüssel dann nicht einfach in der Geografie? Wir meinen nein. Den Leser*innen wird nicht entgangen sein, dass unserer Fragestellungen alle auf sozialen *Wandel* abzielen. Die Geografie ist aber statisch, wenn wir einmal von den Fällen absehen, in denen neue Staaten geschaffen oder Grenzen neu gezogen werden. Ein *Wandel* der transnationalen Vergesellschaftung kann deshalb logischerweise nicht durch geografische Gegebenheiten erklärt werden, sondern nur durch *andere, veränderbare* Parameter. Ähnlich verhält es sich mit geschichtlichen Pfadabhängigkeiten wie postkolonialen Beziehungen und kulturellen Faktoren wie Sprache und Religion. Natürlich beeinflussen sie zu jedem Zeitpunkt, welche Länder in dichtem Austausch stehen, wie für Migration (z. B. bei Fagiolo und Mastrorillo 2013; Ortega und Peri 2013; Windzio 2018), Studierendenaustausch (Barnett et al. 2016), Tourismus (State et al. 2013) und Telefonie (Barnett und Choi 1995) gezeigt. Aber auch kulturelle Parameter können aufgrund ihres Beharrungsvermögens nur schwerlich den *Wandel* zwischengesellschaftlicher Verflechtung erklären. Daher betont unser Erklärungsrahmen die oben besprochenen Merkmale.

1.4   Zusammenfassung und Aufbau des Buches

Wir haben argumentiert, dass es für die Soziologie gewinnbringend ist, Prozesse der transnationalen Vergesellschaftung in den Blick zu nehmen, will sie einen eigenständigen disziplinären Zugriff auf das Thema europäische Integration bekommen. Der von uns favorisierte Verflechtungsansatz setzt dies dahin gehend um, dass Integration über die Dichte der Austauchbeziehungen zwischen den Ländern Europas bestimmt wird. Diesem makrosoziologischen Ansatz folgend untersuchen wir in diesem Buch die Entwicklung der europäischen Vergesellschaftung anhand sozialer, also von der Bevölkerung ausgehender Aktivitätsströme, nämlich Migration, Studierendenmobilität, Tourismus und Telefonie. Unser Untersuchungszeitraum geht dabei bis maximal 1960 zurück. Wir haben ferner argumentiert, dass man die so verstandene Vergesellschaftung mit den Mitteln der Netzwerkanalyse untersuchen sollte und Europa folglich als Netzwerk zu konzipieren ist. Diese Merkmale – ganz Europa, Netzwerkanalyse, langer Zeithorizont – setzen unser Buch schon formal vom inhaltlich verwandten Forschungszweig der sozialen Transnationalisierung ab, der individuumszentriert ist.

Schließlich haben wir unsere Forschungsagenda zum Umfang, der Ungleichheitsstruktur und dem regionalen Schwerpunkt der europäischen Vergesellschaftung vorgestellt und aus einem Erklärungsrahmen Erwartungen abgeleitet, wie sich das Netzwerk Europa langfristig in diesen drei Dimensionen verändert haben müsste. Dieser Rahmen enthält die Bausteine institutionelle Regelungen, Heterogenität des Sozialraums, Infrastruktur für Transnationalisierung sowie transnationale Ressourcen.

Der weitere Aufbau des Buches ist wie folgt: Kap. 2 gibt einen Überblick über die verwendeten Daten und die netzwerkanalytischen Methoden. Hier erläutern wir, mit welchen empirischen Strategien wir unsere Forschungsfragen beantworten. Die Kap. 3 bis 6 widmen sich je einer transnationalen Aktivität, in der Reihenfolge Migration, Studierendenmobilität, Tourismus und Telefonie. Diese Kapitel folgen einem einheitlichen Aufbau: Zu Beginn stehen jeweils Überlegungen, welche Rahmenbedingungen für die Aktivitätsform maßgeblich sind und wie sich diese in den zurückliegenden Jahrzehnten verändert haben. Darauf folgt eine orientierende und kartografisch unterstützte Beschreibung des europäischen Netzwerks, wobei wir die Leser*innen im Zeitraffer durch die unterschiedlich langen Untersuchungszeiträume führen. Anschließend präsentieren wir die Empirie zu unseren drei Leitfragen. Das längere Schlusskapitel – Kap. 7 – dient dann einem doppelten Zweck. Erstens bilanzieren wir, was wir über die europäische Vergesellschaftung herausgefunden haben. Zweitens beschreiben und diskutieren wir, wie viel Füreinander, Miteinander, Gegeneinander das – ungleiche – Zusammenwachsen Europas hervorgerufen hat. Ist es eine „Erfolgsgeschichte" oder ein Pyrrhussieg? Unsere eigene Position in dieser Frage wollen wir noch nicht verraten. Auch wenn ein wissenschaftliches Buch kein Krimi ist, kann etwas Spannung nicht schaden.

Netzwerkdaten und Untersuchungsmethoden

2

Der Begriff des Netzwerks wird in der Europasoziologie und auch in der Globalisierungsdebatte seit längerem als Metapher verwendet, um heutige Gesellschaften zu beschreiben, zum Beispiel in Castells' (2003) „Netzwerkgesellschaft" (s. auch Powell 1990) oder Mann's (1998) „society called Euro". Die Zunft der Netzwerkforscher*innen kritisiert die oft rein metaphorische Verwendung und plädiert dafür, soziales Handeln und Vergesellschaftung auch *als Netzwerk* und damit mit den Methoden der Netzwerkanalyse zu untersuchen (Wellman 1997; Christopoulos 2008). Genau das haben wir mit diesem Buch vor. Um die Leser*in mit dem nötigen Grundwissen auszustatten, stellen wir in diesem Kapitel die im weiteren Verlauf verwendeten Daten und Methoden vor – soweit es geht ohne den Fachjargon, den die Netzwerkanalyse oft mit sich bringt. Zweck des Kapitels ist es, Antworten auf drei Fragen zu geben: Was ist ein Netzwerk? Welche Daten werden verwendet? Mit welchen Netzwerkmethoden werden die Leitfragen des Buches beantwortet?

2.1 Länderabdeckung und Netzwerkeigenschaften

Wir verstehen Europa als ein makrosoziales Gebilde – ein Netzwerk – von Ländern, die durch Ströme grenzüberschreitender Aktivität miteinander verwoben sind. Während der häufig kritisierte methodologische Nationalismus der Sozialwissenschaften (z. B. Beck und Grande 2010) nur das gesellschaftliche Geschehen beobachtet, das sich *innerhalb* der nationalstaatlichen „Container" abspielt, richtet die relationale Netzwerkperspektive das Hauptaugenmerk auf das, was *zwischen* ihnen passiert – ohne dabei dem Irrtum zu unterliegen, die

© Springer Fachmedien Wiesbaden GmbH, ein Teil von Springer Nature 2020
J. Delhey et al., *Netzwerk Europa,* Neue Bibliothek der Sozialwissenschaften,
https://doi.org/10.1007/978-3-658-30042-5_2

Nationalstaaten und ihre Grenzen hätten keinerlei strukturierende Wirkung mehr
für das individuelle und kollektive Handeln.

Ein *Netzwerk* besteht, im Fachjargon gesprochen, aus Knoten und aus Kanten,
den Verbindungen zwischen diesen Knoten. So auch das Netzwerk Europa: Hier
sind die (europäischen) Länder, verstanden als nationalstaatlich verfasste Gesellschaften, die Knoten, während die Kanten durch die Menge transnationaler
Aktivität bestimmt werden, die zwischen diesen Ländern in einem bestimmten
Zeitraum stattfindet beziehungsweise stattgefunden hat. Wir werden in diesem
Buch in der Regel einfach von *Ländern* oder *Länderknoten* statt von Knoten
sprechen und von *Verbindungen* oder *Strömen* statt von Kanten.

Über weite Strecken dieses Buches untersuchen wir das Austauschnetz-
werk, das sich für 37 europäische Länder ergibt (vgl. auch Tab. 2.1). Unsere
Zuordnung der Länder zu Europa basiert auf dem M49-Standard der Vereinten
Nationen, mit der Ausnahme, dass wir Russland nicht Europa, sondern Asien
zuordnen.[1] Unsere Europadefinition ist damit enger als beispielsweise die der
UEFA (The Union of European Football Associations), geht aber über die EU
hinaus. Dadurch können wir europäische Vergesellschaftung in relativer Autonomie von der politischen Einigung des Kontinents konzipieren und untersuchen.
Indem auch Noch-nicht- und Nicht-EU-Mitglieder einbezogen werden, kann
der Einfluss der Staatengemeinschaft, insbesondere ihrer Erweiterung durch die
diversen EU-Beitrittsrunden, auf die Ströme von Mobilität und Kommunikation
sichtbar gemacht werden. Zusätzliche Auswertungen basieren auf den Austauschbeziehungen zwischen 179 Ländern weltweit, neben den 37 europäischen
sind das auch 142 nicht-europäische (s. ebenfalls Tab. 2.1). Neben dieser quasi
autoritativen Festlegung des Netzwerks *auf Europa*, die für die Bearbeitung der
ersten beiden Leitfragen zum Tragen kommt, verwenden wir zur Beantwortung
der dritten Leitfrage mit der Methode der *community detection* zusätzlich
einen induktiven Ansatz, bei dem wir die Netzwerke nicht von vornherein als
kontinentale Gebilde festlegen (dazu mehr in Abschnitt „Methoden zur Analyse
der europäischen Vergesellschaftung im globalen Kontext").

Folgende Eigenschaften, die wir der Reihe nach erläutern, kennzeichnen das
von uns untersuchte Netzwerk Europa: Es ist aggregiert, vollständig, gewichtet,
gerichtet, longitudinal und multiplex.

---

[1]Unsere geografische Begründung ist, dass ein Großteil der Landmasse Russlands auf dem
asiatischen Kontinent liegt; die geopolitische Begründung ist, dass Russland zivilisatorisch
ein „torn country" (Huntington 1996) ist und es eine Vielzahl geopolitischer Konflikte
zwischen (EU-)Europa und Russland gibt.

Tab. 2.1 Liste der einbezogenen Länder nach Weltregionen

Europa

Albanien (AL), Belgien (BE), Bosnien und Herzegowina (BA), Bulgarien (BG), Dänemark (DK), Deutschland (DE), Estland (EE), Finnland (FI), Frankreich (FR), Griechenland (GR), Großbritannien (UK), Island (IS), Irland (IE), Italien (IT), Kroatien (HR), Lettland (LV), Litauen (LT), Luxemburg (LU), Mazedonien (MK), Malta (MT), Moldawien (MK), Niederlande (NL), Norwegen (NO), Österreich (AT), Polen (PL), Portugal (PT), Rumänien (RO), Slowakei (SK), Slowenien (SI), Spanien (ES), Schweden (SE), Schweiz (CH), Tschechien (CZ), Ukraine (UA), Ungarn (HU), Weißrussland (BY), Zypern (CY)

Asien

Afghanistan, Armenien, Aserbaidschan, Bahrain, Bangladesch, Bhutan, Brunei Darussalam, China, Dschibuti, Fidschi, Hong Kong, Indien, Iran, Irak, Israel, Japan, Jemen, Jordanien, Kambodscha, Kasachstan, Katar, Kuwait, Kirgisistan, Laos, Macao, Malaysia, Malediven, Mongolei, Myanmar, Nepal, Nordkorea, Oman, Pakistan, Palästina, Philippinen, Russland, Saudi Arabien, Singapur, Südkorea, Sri Lanka, Syrien, Tadschikistan, Thailand, Türkei, Turkmenistan, Usbekistan, Vereinigte Arabische Emirate, Vietnam

Afrika

Ägypten, Algerien, Angola, Äquatorialguinea, Äthiopien, Benin, Botswana, Burkina Faso, Burundi, Elfenbeinküste, Eritrea, Gabun, Gambia, Guinea, Guinea-Bissau, Kamerun, Kap Verde, Kenia, Komoren, Kongo (Demokratische Republik), Kongo (Republik), Lesotho, Liberia, Libyen, Madagaskar, Malawi, Mali, Mauretanien, Mauritius, Marokko, Mosambik, Namibia, Niger, Nigeria, Ruanda, Sambia, São Tomé und Príncipe, Senegal, Sierra Leone, Simbabwe, Südafrika, Sudan, Swasiland, Togo, Tschad, Tunesien, Uganda, Tansania, Zentralafrikanische Republik

Amerika

Argentinien, Bahamas, Barbados, Belize, Bolivien, Brasilien, Chile, Costa Rica, Kuba, Dominikanische Republik, Ecuador, El Salvador, Guatemala, Guyana, Haiti, Honduras, Jamaika, Kanada, Kolumbien, Mexico, Nicaragua, Panama, Paraguay, Peru, St. Lucia, St. Vincent und die Grenadinen, Suriname, Trinidad und Tobago, Uruguay, USA, Venezuela

Ozeanien

Australien, Indonesien, Mikronesien, Neuseeland, Osttimor, Papua-Neuguinea, Samoa, Salomon-Inseln, Tonga, Vanuatu

Notiz: Eigene Darstellung. Bei den europäischen Ländern sind zusätzlich die ISO-2-Ländercodes angegeben, die wir in einigen Abbildungen verwenden

Aggregiert bedeutet, dass die unzähligen individuellen grenzüberschreitenden Handlungen zu *kollektiven* Strömen zwischen je zwei Ländern (sogenannten Dyaden) zusammengefasst werden. Die individuellen Akteure und ihre Handlungsmotive werden bei dieser großen Flughöhe „unsichtbar". Aufgrund dieser Aggregationslogik sind die Länder auch keine handelnden Akteure, wie etwa in Policy-Netzwerken (z. B. Malang et al. 2019); sie gleichen vielmehr „Containern" mit unterschiedlichen Eigenschaften, zwischen denen sich eine empirisch zu bestimmende Menge von Menschen (als Migrant*innen, Studierende, Reisende) oder Kommunikation (Telefonminuten) bewegt. Dabei geht man davon aus, dass die Ländermerkmale beziehungsweise die Merkmale von Länderpaaren (Unterschiede, Gemeinsamkeiten usw.), einen Einfluss darauf haben, wie viele Menschen oder Informationen sich transnational bewegen.

Vollständig bedeutet, dass wir es in diesem Buch prinzipiell mit einem *Gesamtnetzwerk* zu tun haben: Wir beziehen *alle* europäischen Länder (Leitfragen 1 und 2) beziehungsweise *alle* Länder weltweit (Leitfrage 3) ein. Eine Einschränkung ergibt sich dadurch, dass wir aus Gründen der Datenverfügbarkeit sehr kleine Länder mit einer Einwohnerschaft von weniger als 100.000 sowie einige Territorien, Inseln oder Gebiete mit eingeschränkter Autonomie ausschließen.[2] Vollständig heißt dabei nicht, dass auch faktisch zwischen allen Ländern im Netzwerk Austauschbeziehungen bestehen, nur dass dies theoretisch möglich ist. Das Netzwerk Europa wird aus 1332 potenziellen Verbindungen gebildet (37×36 Länder), das globale Netzwerk aus 31.862 potenziellen Verbindungen (179×178 Länder). Lücken im Netzwerk sind etwaigen fehlenden Daten geschuldet.

Gewichtet bedeutet, dass die Verbindungen in ihrer Stärke – die Netzwerkanalyse spricht von Gewicht – variieren können. So können 500 Reisen von Land *A* nach *B* unternommen worden sein, aber 15.000 von Land *B* nach *C*. Bisweilen sind wir jedoch gezwungen, den Informationsgehalt zu reduzieren, da einige netzwerkanalytische Maße für ihre Berechnung auf binäre Netzwerke angewiesen sind, bei denen es nur auf das Vorhandensein einer Verbindung ankommt (genaueres hierzu in Abschnitt 2.3).

Gerichtet bedeutet, dass wir den Start- und Endpunkt einer Verbindung angeben können. Die Ströme der transnationalen Aktivitäten gehen jeweils von einem bestimmten Ausgangsland – auch als Sender-, Herkunfts- oder Auswanderungsland bezeichnet – aus und in ein Zielland – auch Empfänger-, Aufnahme- oder Einwanderungsland genannt – ein. Die Menge der Bewegung in die eine Richtung muss nicht notwendigerweise der in die umgekehrte Richtung entsprechen. Zum Beispiel kann Land *B* 7.000.000 Reisende aus Land *A* empfangen haben, umgekehrt Land *A* aber nur 7000 Reisende aus Land *B*.

---

[2]Eine Ausnahme ist z. B. Palästina, das enthalten ist. Das Format unserer Datensätze orientiert sich an eigenen Vorarbeiten (Deutschmann 2016, 2017).

Tab. 2.2 Informationen zu den verwendeten Daten

	Zeitraum	Datenreihe	Quelle
Migration	1960–2010 2013	Zehnjährlich Zusätzlich	*Weltbank* (World Bank 2018d)
	1990–2015 2017	Fünfjährlich Zusätzlich	*UN Population Division* (United Nations 2018)
Studierende	1960–1969 1972–1978	Jährlich oder zweijährlich Jährlich	*UNESCO* (bezogen von Princeton's International Net- works Archive)
	1980–1997 1998–2015	Jährlich Jährlich	*UNESCO* (2018)
Tourismus	1995–2016	Jährlich	*UN World Tourism Organisation* (UNWTO 2018a)
Telefonie	1983–1987 1989–1991 1993–1995	Zweijährlich Jährlich Zweijährlich	*International Telecommunications Union* (ITU) (bezogen von Princeton's International Networks Archive 2017)
	1996–2015	Jährlich	*Telegeography* (2017, nicht öffentlich verfügbar)

Notiz: Eigene Darstellung

Longitudinal bedeutet, dass wir die Gestalt des Netzwerks Europa zu verschiedenen Zeitpunkten untersuchen. Die Länderknoten bleiben dabei (relativ) konstant, während die Verbindungsstärke zwischen ihnen zu- oder abnehmen kann. Je nach grenzüberschreitender Aktivität ist der Zeitraum, den wir abdecken können, unterschiedlich lang (s. Tab. 2.2), am längsten bei Migration und Auslandsstudium (ab 1960), am kürzesten beim Tourismus (ab 1995). Der lange Zeithorizont ist in einem von Querschnittsstudien dominierten Feld (Mau 2010; Roose 2013a; Recchi et al. 2019a) ein Alleinstellungsmerkmal – und eigentlich ein Muss, will man europäische Vergesellschaftung als langfristigen Prozess untersuchen.

Multiplex bedeutet schließlich, dass wir nicht nur *ein* Netzwerk untersuchen, sondern mit Migration, Studierendenmobilität, Tourismus und Telefonie deren vier. Diese kann man sich als jeweils eine Ebene des Gesamtnetzwerk Europa denken, was in der Fachsprache als multiplexes Netzwerk bezeichnet wird (Boccaletti et al. 2014). Die Betrachtung mehrerer Aktivitätstypen beugt der Gefahr vor, einen sehr speziellen und für die europäische Vergesellschaftung insgesamt wenig repräsentativen Typus überzubetonen; mehrschichtige Netzwerke reduzieren solche Verzerrungen (Stopczynski et al. 2014) und ermöglichen es, die strukturelle Kongruenz der einzelnen Ebenen zu untersuchen und ein allgemeines Strickmuster aufzudecken.

2.2   Daten zu Mobilität und Kommunikation

Mit Migration, Studium im Ausland, Reisen und Telefonie betrachten wir vier transnationale Aktivitäten. Einen Überblick über die dazu verwendeten Daten gibt Tab. 2.2. Bei den Reisen stammen die Daten aus nur einer Quelle, ansonsten aus zwei. Weiterhin unterscheiden sich die verfügbaren Zeiträume, die Anzahl der verfügbaren Datenpunkte und die Frequenz, mit der es Daten-Updates gibt: Während die Statistiken der internationalen Tourismusströme jährlich aktualisiert werden, werden die Migrationszahlen je nach Quelle nur alle fünf beziehungsweise zehn Jahre veröffentlicht. Da unser Hauptinteresse dem sozialen Wandel gilt, beziehen wir für jeden Aktivitätstyp den *gesamten* verfügbaren Zeitraum ein, der dann von 21 Jahren beim Tourismus bis 57 Jahren bei der Migration reicht.

Der grundsätzlich sehr vorteilhafte lange Untersuchungszeitraum bringt die Schwierigkeit mit sich, dass sich „unterwegs" die politische Landkarte Europas – und der Welt insgesamt – verändert hat. Manche Länder haben sich aufgelöst (was häufiger der Fall war), andere vereinigt (was seltener vorkam), sodass die Länderknoten heute teilweise andere sind als in früheren Dekaden. Für Europa markiert der Umbruch 1989–1992 eine Zäsur, als im dann postsozialistischen Ostteil des Kontinents eine Reihe neuer Staaten entstanden sind, vor allem durch die Auflösung der Sowjetunion und Jugoslawiens.

Da die Zeitreihe zum Tourismus erst nach dieser Zäsur beginnt, ist das Kontinuitätsproblem in diesem Fall vernachlässigbar. Um bei den anderen Netzwerken die Länderknoten möglichst stabil zu halten und damit den Wandel weitestgehend auf die Verbindungs*stärken* zu beschränken, war unsere Grundstrategie, historische Staaten mit ihren Nachfolgern gleichzusetzen. Dies ist teilweise auch die Strategie der datenproduzierenden Organisationen: Die Migrationsdaten von UN und Weltbank sind schon so aufbereitet, dass die Ländernamen auch bei den älteren Datenmatrizen (vor 1989) den *jetzigen* Ländern entsprechen. An einem Beispiel illustriert: Die Migrationszahlen für die 1993 aufgelöste Tschechoslowakei wurden rückwirkend auf Tschechien und die Slowakei aufgeteilt, und zwar proportional zur Bevölkerungsgröße. Umgekehrt wurden die Migrationszahlen für sich vereinigende Staaten rückwirkend fusioniert, so für Deutschland. Die Unschärfe ist in diesem Fall aber gering, kannte doch die DDR nach dem Mauerbau kaum Migration, weder in die eine noch in die andere Richtung, ausgenommen das Mauerfalljahr 1989 (Geißler 2014). Um diese rückwirkende Aufteilung für die Teilstaaten der Sowjetunion vorzunehmen, ein besonders kniffliger Fall, hat sich die Weltbank an der regionalen Mobilität innerhalb der Sowjetunion orientiert (s. Özden et al. 2011). Solcherlei Zusatzinformationen für den ex-sowjetischen Raum standen uns für die Telefonie und die Studierenden nicht zur Verfügung. Für die Telefonie haben wir fehlende Werte mittels späterer Werte (dann post-1989) imputiert und auf diesem Weg das Kontinuitätsproblem umschifft (s. Abschnitt „Daten zur Telefonie"). Für die Studierenden schien uns bei fehlenden Werten eine Imputation über einen so langen Zeitraum – die Datenreihe beginnt ja 1960 – zu gewagt, weswegen wir beispielsweise die Werte der früheren Sowjetunion ungeteilt Russland zugeschlagen haben.

Übergeordnetes Ziel der Datenaufbereitung war, die Matrizen aller transnationalen Aktivitäten auf ein möglichst einheitliches Format zu bringen; der Komplexität der historischen Entwicklung können wir dabei im Einzelfall nicht gerecht werden. Die notwendigen Vereinfachungen scheinen uns aber gerechtfertigt, gilt unser Erkenntnisinteresse doch vor allem den gesamteuropäischen – und globalen – Strukturmustern, weniger einzelnen Ländern.

Daten zur Migration

Die von uns verwendeten Migrationsdaten stammen von der Weltbank für die Jahre 1960 bis 2013 sowie der Population Division der Vereinten Nationen für die Jahre 1990 bis 2017 (s. auch Tab. 2.2). Beide Quellen beziehen ihre Zahlen aus Volkszählungen, Melderegistern und in Ausnahmefällen aus repräsentativen Befragungen. In der Regel vermeldet das Ankunftsland die Zahlen. Migrant*innen werden als im Ausland geborene Personen definiert, aber wenn Informationen über den Geburtsort nicht verfügbar sind, gilt die Definition „Menschen anderer Nationalität" (Özden et al. 2011, S. 13; United Nations 2017, S. 3). Die Notwendigkeit dieser definitorischen Zweigleisigkeit ergibt sich aus der von Land zu Land unterschiedlichen Erfassung des Migrationsstatus, wobei auch das Staatsbürgerrecht eine Rolle spielt. Herrscht das Abstammungsrecht *(jus sanguinis),* wird auch denjenigen ein Migrationsstatus zugewiesen, deren Eltern zugewandert sind; umgekehrt „verschwinden" Migrant*innen aus den Statistiken, wenn sie eingebürgert werden (vgl. United Nations 2017, S. 3 f.), und bekanntermaßen variieren diese Einbürgerungsraten in Europa beträchtlich. Aus diesen Gründen bevorzugen die statistischen Ämter die Definition nach Geburtsort, wie sie in den meisten europäischen Ländern Verwendung findet, aber eben nicht überall (Özden et al. 2011, S. 44 ff).[3] Nicht erfasst werden in unseren Daten, aus naheliegenden Gründen, irreguläre und undokumentierte Zuwanderung.

Die beiden verwendeten Datenreihen sind nicht einfach zu vereinheitlichen. So harmonisiert die Weltbank die Statistiken generell stärker als die Vereinten Nationen und imputiert fehlende Werte (s. Özden et al. 2011 für Details), was man nicht einfach „nachbauen" kann. Deshalb präsentieren wir in der Regel unsere Trendergebnisse für beide Datenreihen. Bei den Migrationsdaten handelt es sich um Bestandsgrößen („stocks"), also um eine Schätzung der zu einem Stichtag im Aufnahmeland *B* lebenden Migrant*innen aus dem Herkunftsland *A,* alle anderen Aktivitätstypen sind Stromgrößen („flows"). Zwar gibt es mittlerweile auch flow-basierte Migrationsdaten; diese liegen aber entweder nur für Europa (von Eurostat, z. B. verwendet in Windzio et al. 2019) beziehungsweise die OECD-Länder (von der OECD, z. B. verwendet in Gabrielli et al. 2019) vor oder liefern, wo sie eine globale Abdeckung haben, weit auseinander gehende Schätzungen (Azose und Raftery 2019). Da unser Programm neben den europäischen auch globale Analysen vorsieht, arbeiten wir mit den bewährten Bestandsgrößen.

Daten zur Studierendenmobilität

Die UNESCO-Daten zur internationalen Studierendenmobilität decken die Zeitspanne 1960 bis 2015 ab (s. Tab. 2.2). Internationale Organisationen, so auch die UNESCO, definieren internationale Studierende als „[s]tudents who have physically crossed an international border between two countries with the objective of participating in educational activities in the country of destination, where the country of destination is different from their country of origin" (OECD 2017, S. 38). Die unter dieser Definition erfassten Personen sind keine offiziellen

---

[3]Nach Nationalität erfassen die Behörden zum Beispiel in Österreich, Belgien, Deutschland, Griechenland, Malta, der Schweiz und Ungarn. Belgien und Malta haben nicht nur ein sehr liberales Einbürgerungsrecht (vgl. European Parliament 2018), sondern auch eine hohe Einbürgerungsquote (s. Eurostat 2019 f.). Dagegen haben Ungarn und Österreich strikte Regeln und wenige Einbürgerungen. Für Deutschland werden von der UN und der Weltbank zusätzliche Statistiken einbezogen, um die Anzahl der deutschstämmigen Aussiedler*innen zu ermitteln (Özden et al. 2011, S. 51). In den postsowjetischen Ländern wird die Migration zusätzlich nach ethnischer Herkunft erfasst, um eine Disaggregierung der Zahlen für die UdSSR zu ermöglichen.

„residents" des Landes, in dem sie studieren. Wie bei der Migration vermeiden die Statistiker*innen auch hier nach Möglichkeit, die Nationalität als Statuskriterium zu verwenden, vor allem um internationale Studierende von den *foreign students* abgrenzen zu können – Studierende, die eine andere Staatsangehörigkeit besitzen, aber aus anderen Gründen als dem Bildungserwerb eingewandert sind (ebd.) und daher als Migrant*innen erfasst sein sollten.

Eine wichtige Unterscheidung ist die zwischen *Degree Mobility* und *Credit Mobility*. Die obige Definition von internationalen Studierenden – und damit auch die von uns verwendeten Daten – sollte prinzipiell nur die erste Gruppe umfassen, also Studierende, die für das *ganze* Studium mit dem Ziel eines Abschlusses ins Ausland gehen; die zweite Gruppe der „exchange students", die nur eine gewisse Zahl von Credit Points im Ausland anstrebt, fallen nicht darunter (Migration Data Portal 2018). Es gibt gute Gründe, sich auf die Degree Mobility zu beschränken, wie wir es vorhaben. Es ist erstens die größere Gruppe, ca. 700.000 europaweit, verglichen mit etwa 300.000 „credit-mobilen" Erasmus-Studierenden (Bona und Ferrari 2017); die Degree Mobility hängt zweitens viel weniger von universitären Vereinbarungen ab (Vögtle und Windzio 2016, S. 728); und drittens ist sie nicht von vornherein auf Europa beschränkt. Demgegenüber hätte die Verwendung der Daten zu Erasmus+, dem wichtigsten Programm der credit-basierten Mobilität, unseren geografischen Fokus stark eingeschränkt, da dieses Programm fast ausschließlich auf Europa zugeschnitten ist.[4]

▶ Natürlich gibt es auch bei den UNESCO-Daten Einschränkungen, denn trotz aller Harmonisierungsbemühungen erfassen nicht alle Länder internationale Studierende einheitlich. Beispielsweise zählt Deutschland auch die Credit Mobility hinzu (Teichler 2019, S. 11), während andere Länder nur ausländische Studierende („foreign students") melden (OECD 2017, S. 38), was früher ohnehin der Meldestandard war (Chien 2016); daher hat auch der Zeitvergleich seine Tücken. Die Qualität der Eurostat- beziehungsweise OECD-Zahlen ist in dieser Hinsicht besser, diese hätten jedoch keine globalen Analysen erlaubt, ein wichtiger Mosaikstein unseres Programms. Ein weiteres Problem sind fehlende Werte, besonders in den 1960er und 70er Jahren. Optimistisch stimmen hier jedoch Schätzungen, nach denen die UNESCO-Zahlen 95 % der damaligen internationalen Studierendenmobilität erfassen (Shields 2013, S. 617).

---

[4]Das Programm wurde 1987 etabliert und steht heute für 64 % der Credit Mobility in Europa (OECD 2019b, S. 236).

Daten zum Tourismus

Die Tourismusdaten, die für die Jahre 1995 bis 2015 vorliegen, wurden von der Welttourismusorganisation (UNWTO) bereitgestellt.[5] Grenzüberschreitender Tourismus wird dabei als Reise ins Ausland mit mindestens einer Übernachtung definiert (UNWTO 2017, S. 21). Diese Definition umfasst neben Urlauber*innen auch Geschäftsreisende sowie Reisende, die Familie oder Freunde in einem anderen Land besuchen. Somit gehen in die Statistik alle grenzüberschreitenden Reiseaktivitäten ein, die keine dauerhafte Verlagerung des Wohnorts implizieren.[6] Gezählt werden nicht die reisenden Personen, sondern die Reisen, genauer die Ankünfte („arrivals"). Steuert ein- und dieselbe Person mehrmals die gleiche Destination an, wird ihre Reiseaktivität auch mehrmals von der UNWTO-Statistik erfasst. Deshalb werden wir in diesem Buch meist von Reisen statt von Reisenden sprechen.

▶   Die Daten stammen teils aus administrativen Registern, teils aus Befragungen (ebd., S. 13). Sie lagen zunächst als Set individueller Tabellen für jedes einzelne Zielland vor, die wir zu einer Gesamtmatrix zusammengeführt haben.[7] In den Originaldaten werden verschiedene Kategorien von Tourismus verwendet, von denen wir vorzugsweise (sofern verfügbar) auf die Kategorie „arrivals of non-resident *tourists* at national borders" zurückgegriffen haben. Wenn diese nicht verfügbar gewesen ist, haben wir auf die nächst sinnvolle Kategorie zurückgegriffen, und zwar in dieser Reihenfolge: „arrivals of tourists *in all types of accommodation establishments*"; „arrivals of tourists *in hotels and similar establishments*"; „arrivals of non-resident *visitors* at national borders". Jeweils haben wir Auslandsreisen, die nach dem Wohnland der Reisenden („country of residence") erfasst sind, der Erfassung nach Staatsangehörigkeit („nationality") vorgezogen.

---

[5]Wir danken insbesondere Jacinta Mora von der UNWTO für die freundliche Unterstützung.

[6]Studierende, die wir ja separat untersuchen, sollten ebenso ausgeschlossen sein wie Saisonarbeitende: „Arrivals data should correspond to inbound visitors by including both tourists and same-day non-resident visitors. All other types of travelers (such as border, seasonal and other short-term workers, long-term students and others) should be excluded, as they do not qualify as visitors" (UNWTO 2017, S. 13).

[7]Zur Komplexität der Zusammenführung der UNWTO-Daten s. auch Recchi et al. (2019b), dort insbesondere den Appendix.

Schließlich galt unsere Präferenz der Kategorie „tourist" (also mit Übernachtung) statt „visitor" (auch Tagestourismus). In einigen Fällen war die Herkunft der Reisenden nur für Ländergruppen angegeben. Wenn lediglich zwei Herkunftsländer zusammengefasst worden waren (z. B. Australien und Neuseeland) oder die Ländergruppe klar benannt und hinreichend übersichtlich war (Jugoslawien, Skandinavien, Benelux) haben wir die Werte proportional zur Bevölkerungsgröße der jeweiligen Länder geteilt. Bei noch größeren Kategorien (z. B. „Other countries in Europe", „Other countries in the world") haben wir auf eine dann zu arbiträre Zuordnung verzichtet und diese Fälle unberücksichtigt gelassen. Insgesamt konnten wir rund 95 % der Reisen einem Herkunftsland zuordnen.

Auch wenn die Qualität der UNWTO-Daten bislang kritisiert wird (vgl. Provenzano et al. 2018), haben alternative Datenquellen ebenfalls ihre Schwächen. So bilden die einheitlicher und lückenloser erfassten Flugpassagierdaten (z. B. van Nuffel et al. 2010; Sun et al. 2016) eben nur einen Ausschnitt des Reisegeschehens ab. Andere Alternativen wie digitale Spuren der Mediennutzung über geografisch lokalisierte Posts in sozialen Medien oder Standorte bei Twitter oder Flickr (z. B. State et al. 2013; Paldino et al. 2015) sind sozial sehr selektiv (z. B. Cheng et al. 2011; Belyi et al. 2017, S. 1384) und als „junge" Phänomene noch nicht geeignet, sozialen Wandel abzubilden.

Daten zur Telefonie

Die Daten zur Telefonie für die Jahre 1983 bis 1995, die von der International Telecommunication Union (ITU) erhoben wurden, haben wir dem Princeton's International Network Archive (2017) entnommen. Für die Jahre 1996 bis 2015 ergänzen wir den Datensatz mit Daten von Telegeography (2017), einem kommerziellen Anbieter. Die Informationen liegen im Format Millionen Telefonminuten (MiTT – Minutes of Telecommunication Traffic) vor. Auch wenn es also streng genommen um Telefonievolumina geht, sprechen wir im Laufe des Buches aus stilistischen Gründen alternativ von Telefongesprächen. Die Datensammlung basiert hauptsächlich auf Abfragen bei staatlichen und privaten Telekommunikationsdienstleistungsanbietern, die teils mit Informationen aus Berichten, Regierungsstatistiken oder Experteninterviews ergänzt werden (Staple 1992, S. 129).

„Telefonie" beinhaltet neben dem Telefon- in den meisten Fällen auch den Fax-
verkehr (TeleGeography 2000, S. 271). Unter ersteren fallen sowohl Festnetz- und
Mobiltelefongespräche wie auch VoIP (Voice over Internet Protocol), sofern die Ver-
bindung an einem Telefon endet (TeleGeography 2001, S. 285). Genuin digitale
Kommunikation, die also ausschließlich über das Internet läuft, ist nicht erfasst
(TeleGeography 2004, S. 30), was für weite Teil unseres Untersuchungszeitraums
unproblematisch ist und sich allenfalls in den 2010er Jahren bemerkbar macht (s. auch
TeleGeography 2015; Christian 2018a). Allerdings stehen derzeit keine umfassenden
Daten zur Internet-Telefonie zur Verfügung, die man einfach ergänzen könnte.

Das Format der Telefoniedaten weicht von denen der anderen Aktivitäten ab, da nicht alle Verbindungen angegeben sind, sondern nur die
volumenstärksten. Bei den Daten der ITU sind es nur die zehn stärksten Verbindungen (Barnett 1998, S. 6, 1983 waren es nur die sieben stärksten), bei den
TeleGeography-Daten die zwanzig bis dreißig stärksten.[8] Allerdings stehen diese
Top-Verbindungen für rund 95 % des grenzüberschreitenden Telefonieverkehrs
(persönliche Kommunikation mit TeleGeography-Mitarbeiter Patrick Christian
im Juli 2017). Gleichwohl wäre eine vollständige Datenmatrix wünschenswert
gewesen, gerade bei der Analyse der Ungleichheit des Netzwerks.

Um die Zahl der fehlenden Werte zu reduzieren, haben wir dort, wo das
Volumen der ausgehenden Telefonie nicht berichtet wurde, den Wert aus der
transponierten Matrix der eingehenden Telefonie übernommen (diese beiden
Richtungen werden von TeleGeography separat übermittelt).[9] Diesen ergänzten
Datensatz verwenden wir immer dann, wenn wir uns ausschließlich auf Europa
beziehen. Global sind die Daten lückenhafter, gerade für die früheren Jahre,
weshalb wir für alle Analysen, bei denen wir Europa im globalen Kontext
untersuchen, fehlende Werte imputiert haben. Ohne Imputation würde man bei-

---

[8]Die Berichtspraxis ist auch bei der Telefonie nicht einheitlich. Einzelne Dienstleister
berichten mehr, andere weniger Top-Verbindungen. Manche Verbindungen, beispielsweise
zwischen Irland und Nordirland (UK), werden nicht als grenzüberschreitend gezählt. Bisweilen werden auch „umgeleitete" Verbindungen mitgerechnet. Die US-amerikanischen
Anbieter werten zudem mitunter nicht den Startpunkt der Verbindung als Ausgangsland,
sondern dasjenige Land, in dem für das Telefonat bezahlt wird (TeleGeography 1998,
S. 198; TeleGeography 2002, S. 212).

[9]Im Gegensatz zu den anderen grenzüberschreitenden Aktivitäten berichten bei der Telefonie die Anbieter im Senderland die – ausgehenden – Verbindungen, nur selten berichten
sie die eingehenden. Da wegen der Unterschiede in der Berichtspraxis (s. oben) der über-
mittelte aus- und eingehende Telefonverkehr für ein Länderpaar nicht immer identisch ist,
werden die Zahlen von TeleGeography als getrennte Datenmatrizen geliefert.

spielsweise vor 1989 alle auf die Sowjetunion ausgerichteten Telefongespräche „verlieren".

▶   Bis einschließlich 1991 betreffen die Imputationen 26 Länder welt-weit, 1993–1995 dann 12 Länder, 1996 neun Länder, 1997 noch drei Länder, 1998 nur noch eines. Die Imputationen basieren jeweils auf zwei Informationen, dem frühesten vorhandenen Wert und einem exponentiellen Wachstumskoeffizienten. Dieser Koeffizient ergibt sich aus einer exponentiellen Kurve, die das tatsächliche globale Wachstum der Telefonie zwischen 1983 und 2007 nahezu ideal beschreibt ($R^2 = 0,998$; s. auch Abb. 2.1, Panel A). Unter der Annahme, dass dieses Wachstum nicht nur global zutrifft, sondern auch für einzelne Länder, haben wir die fehlenden Werte der früheren Jahre imputiert. Die Validität unserer Imputationen haben wir daran überprüft, wie stark sich im Durchschnitt die imputierten von den nicht-imputierten Werten des gleichen Jahres unterscheiden (s. Abb. 2.1, Panel B). Um ausreichend Testfälle zu haben, haben wir

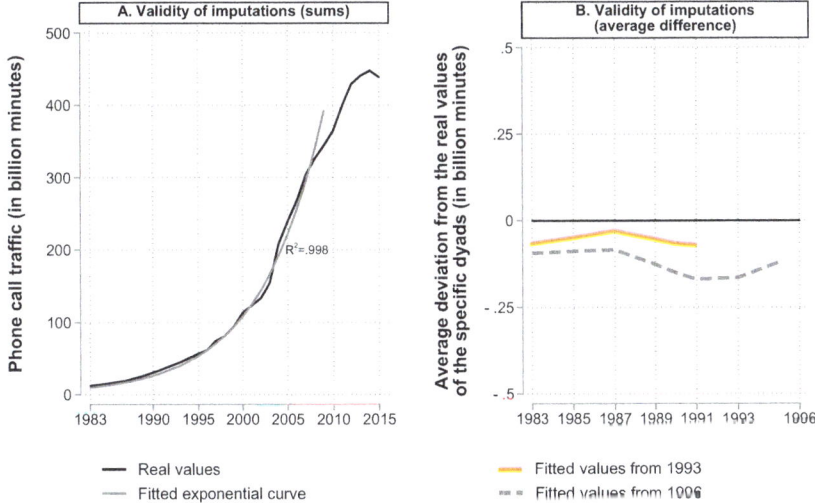

Abb. 2.1   Überprüfung der Validität der Imputationen.

Notiz: Eigene Darstellung basierend auf Daten der International Telecommunications Union und TeleGeography

diesen Test einmal für die imputierte Werte des Jahres 1993 durchgeführt (13 Länder), einmal für die des Jahres 1996 (sieben Länder).
Erwähnenswert ist erstens, dass die Abweichung zwischen den
imputierten und den empirischen Werten insgesamt gering ist, was
generell für die Imputation spricht. Zweitens liegen die imputierten
Werte immer unter den vorhandenen Werten. Dies könnte einerseits bedeuten, dass wir mit den Imputationen die „realen" Werte
systematisch unterschätzen. Andererseits waren die Länder, für die
wir Werte imputieren (hauptsächlich sind dies postsozialistische
Länder), deutlich schlechter mit Telefonen ausgestattet als die
westlichen Länder, für die mehr Werte vorhanden sind, sodass die
niedrigeren imputierten Werte auch niedrigeren realen Telefonievolumina entsprechen sollten.

2.3   Methoden der Netzwerkanalyse

Die von uns verwendeten Methoden stellen wir Leitfrage für Leitfrage vor. Die
meisten Analysen haben wir in Stata mit dem Package *nwcommands* (Grund
2017) durchgeführt.

Methoden zur Analyse des Ausmaßes der innereuropäischen Vergesellschaftung

Um im ersten Untersuchungsschritt das Ausmaß der innereuropäischen Vergesellschaftung zu bestimmen, greifen wir auf drei netzwerkanalytische Maße
zurück: die Gesamtsumme, die Dichte und den Durchschnittsgrad.

Die *Gesamtsumme* gibt an, wie viel grenzüberschreitende Aktivität im Netz-
werk Europa zu verzeichnen ist, in absoluten Größenordnungen – also Migrierte,
Studierende, Reisen beziehungsweise Telefonminuten – oder im Verhältnis zur
Bevölkerungsgröße des Ausgangslandes. Da natürlich viel mehr Deutsche ins
Ausland reisen können (nämlich 82 Mio.) als Luxemburger*innen (600.000), sind
Raten oft aussagekräftiger.

Die *Dichte* („Density") ist definiert als der Anteil tatsächlich existierender
Verbindungen an allen theoretisch möglichen Verbindungen. Sie kann also
zwischen 0 (keine Verbindungen) und 1 (alle möglichen Verbindungen existieren
auch) variieren. Die Dichte wird als Indikator für die Kohäsion beziehungsweise

Integration eines Netzwerks interpretiert (Barnett und Salisbury 1996; Borgatti et al. 2013) und zur Messung von Regionalisierung und Globalisierung verwendet (Chase-Dunn et al. 2000; Kim und Shin 2002; Deutschmann 2019). In unserem Kontext signalisiert eine steigende Dichte, dass mehr Länder Europas an der europäischen Vergesellschaftung in nennenswertem Umfang beteiligt sind.

▶ Bei der Berechnung der Dichte wird nur berücksichtigt, ob eine Verbindung existiert oder nicht, nicht aber deren Stärke. Wir müssen also unsere gewichteten Netzwerke (s. Abschnitt 2.1) in ungewichtete umwandeln. Hierzu definieren wir einen Schwellenwert, ab dem eine Verbindung als „vorhanden" gewertet wird. Grundlage hierfür ist die nach der Menge der jeweiligen transnationalen Aktivität geordnete Rangliste der Länderpaare im Jahr 2010. Für jeden Aktivitätstyp wird das unterste Quintil der jeweiligen Verteilung in diesem Referenzjahr als Schwellenwert verwendet. Im Fall der Migration liegt dieser Schwellenwert z. B. bei 146 Migrant*innen (nach UN-Daten). Alle Werte darüber werden nun als existente Verbindungen gewertet (1), alle Werte darunter als nicht existent (0), und die Dichte entsprechend bestimmt. Die genaue Höhe eines Schwellenwert ist zwar notwendigerweise beliebig, wird von uns jedoch über alle Aktivitätsformen und Jahre hinweg gleich gehandhabt, um sowohl die Aktivitätsnetzwerke miteinander vergleichen zu können als auch deren Entwicklung über die Zeit.[10]

Wie hoch man den Schwellenwert ansetzt, hat natürlich einen Einfluss auf den Absolutwert der Dichte, weniger aber auf deren Entwicklung über die Zeit, was unser Haupterkenntnisinteresse ist (s. dazu die Überprüfung im Online-Anhang zu diesem Buch unter www.network-europe.eu). Bei der Interpretation der Dichte ist weiterhin zu beachten, dass mit dem Schwellenwert eine Art Decke eingezogen wird, über die die Dichte im Referenzjahr gar nicht hinauswachsen kann. An einem konkreten Beispiel: Da wir für das Jahr 2010 die zwanzig Prozent schwächsten Länderverbindungen auf

---

[10]Da das besondere Erhebungsverfahren der Telefoniedaten (s. Abschnitt „Daten zur Telefonie") zu mehr fehlenden Werten führt, haben wir für die Festlegung des Schwellenwerts der Telefonie fehlende Werte aus der Berechnung ausgeschlossen und abweichend das erste Quintil dieser Verteilung als Schwellenwert verwendet. Deshalb ist es möglich, dass wir die Dichte des Telefonienetzwerks tendenziell unterschätzen.

den Wert 0 setzen, kann in genau diesem Jahr die Dichte logischerweise auch nur maximal 0,8 betragen (und nicht 1). In anderen
Jahren, für die ja ebenfalls der Schwellenwert von 2010 gilt, kann
die Dichte gleichwohl größer als 0,8 sein. Da wir hauptsächlich
an der *Veränderung* der Dichte und nicht an den absoluten Werten
interessiert sind, sollte diese Besonderheit der Interpretation nicht ins
Gewicht fallen.

Der *Durchschnittsgrad* („Average degree") gibt schließlich an, wie umfangreich
der Aktivitätsstrom pro Länderpaar im Durchschnitt ist (Borgatti et al. 2002,
S. 151). Diese mittlere Verbindungsstärke muss allerdings keineswegs „typisch"
oder „repräsentativ" für alle Verbindungen sein – wie beim Einkommen das
Durchschnittseinkommen einer Bevölkerung von wenigen Millionären nach
oben getrieben sein kann, kann auch bei Mobilität und Kommunikation ein hoher
Durchschnittsgrad auf wenigen, außergewöhnlich starken Verbindungen beruhen.
Gleichwohl signalisiert ein steigender Durchschnittsgrad im innereuropäischen
Netzwerk eine wachsende Europäisierung.[11]

Methoden zur Analyse der Ungleichheit der innereuropäischen Vergesellschaftung

Im zweiten Untersuchungsschritt beschreiben wir die Ungleichheit im Netz-
werk Europa über den *Grad der Zentralisierung* des Netzwerks und seine
Zentrum-Peripherie-Struktur. Die Ausgangsinformation für beide Betrachtungsweisen ist die Zentralität einzelner Länder im Netzwerk, die zweifach vorliegt, als
Eingangs- und *Ausgangszentralität*. Erstere ergibt sich aus der Menge der in ein
Land *eingehenden*, letztere aus der von einem Land *ausgehenden* transnationalen
Aktivität. Um die unterschiedliche Bevölkerungsgröße zu berücksichtigen,
drücken wir diese Zentralitäten pro 1000 Einwohner*innen des Empfängerlandes
(bei der Eingangszentralität) beziehungsweise des Senderlandes (bei der Ausgangszentralität) aus.

---

[11]Bei vielen fehlenden Werten besteht die Gefahr, dass der Durchschnittsgrad unterschätzt wird, bei uns besonders bei der Telefonie (s. oben). Hier haben wir den Durchschnittsgrad deshalb nur mit den vorhandenen Werten des jeweiligen Jahres berechnet (für
Kontrollberechnungen inklusive der fehlenden Werte s. Abb. 6.8B im Online-Anhang). Die
gewählte Methode – mit oder ohne fehlende Werte – hat keinen nennenswerten Einfluss auf
die Entwicklung über die Zeit.

Zentralisierungsgrad des Netzwerks. Die Ungleichheit der Austausch-netzwerke, das heißt ihren *Zentralisierungsgrad,* bestimmen wir mit zwei Hilfsmitteln, die traditionell bei der Ermittlung der Einkommensungleich-heit Verwendung finden, aber auch auf Netzwerke räumlicher Mobilität und Kommunikation anwendbar sind (Plane und Mulligan 1997; Danchev und Porter 2018; Deutschmann et al. 2019): der *Lorenzkurve* als grafischer Darstellung und dem *Gini-Koeffizient* als deren numerische Entsprechung. Für das Netzwerk Europa beruhen beide auf den relativen Zentralitäten der 37 europäischen Länder.

Die *Lorenzkurve* veranschaulicht, wie ungleich sich die Ströme der trans-nationalen Aktivität auf die einzelnen Länder verteilen. Wären alle Länder gleich stark involviert – sie hätten dann identische relative Eingangs- beziehungs-weise Ausgangszentralitäten –, entspräche die Kurve einer geraden Linie, der Diagonale. Empirisch werden aber manche Länder stärker involviert sein als andere, sodass die Lorenzkurve die Form einer Kurve unterhalb der Diagonalen annimmt. Je „bauchiger" nun diese Kurve ist, desto größer ist die Ungleichheit.

Der *Gini-Koeffizient* lässt sich als Konzentrationsmaß direkt aus der Lorenzkurve ableiten. Er ergibt sich grafisch aus dem Verhältnis der Fläche zwischen der Linie der perfekten Gleichverteilung (der Diagonale) und der Lorenzkurve einerseits und der Gesamtfläche unterhalb der Diagonale anderer-seits. Der Gini kann daher Werte zwischen 0 (vollständige Gleichverteilung der transnationalen Aktivitätsraten über alle Länder) und 1 (vollständige Ungleich-verteilung) annehmen.

Zentrum-Peripherie-Struktur. Die Hierarchie der Länder im Netzwerk beschreiben wir als Zentrum-Peripherie-Struktur. Um die Position der Länder als zentral oder peripher zu bestimmen, kombinieren wir die relativen Zentrali-täten. Im Falle von Migration und Studierendenmobiliät bilden wir für jedes Land die *Zentralitätsbilanz* als Differenz von Eingangs- und Ausgangszentrali-tät, im Falle von Tourismus und Telefonie die *Zentralitätssumme* durch deren Addition. Dieses unterschiedliche Vorgehen ist nötig, da die Aktivitätstypen unterschiedlichen Logiken von Zentrum und Peripherie folgen. Im Falle von Migration argumentieren wir, dass ein Land eine zentrale Position im Netzwerk innehat, wenn es viel Einwanderung gibt, aber wenig Auswanderung. Das Land ist dann attraktiv für andere und für die eigene Bevölkerung. Umgekehrt sind Länder, die viel Auswanderung zu verzeichnen haben, aber wenig Einwanderung, in einer peripheren Position. Der gleiche Grundgedanke bei der Studierenden-mobilität: Länder, die viele internationale Studierende anziehen, während die Einheimischen vorwiegend an den heimischen Universitäten verbleiben, sind zentral positioniert. Hingegen sind Länder, die für internationale Studierende nicht attraktiv sind und die ihre eigenen Studierenden nicht halten können, peripher positioniert. Beim Tourismus ist es dagegen sinnvoller, ein Land dann als zentral anzusehen, wenn es aufgrund kultureller, landschaftlicher oder sonstiger Attraktivität viele Reisende anzieht, während von ihm zugleich viele Auslandsreisen ausgehen, weil die Bevölkerung die Mittel dazu hat. Hier bemisst sich die Zentrum-Peripherie-Position an der *Summe* von Eingangs- und Ausgangszentralität. Ganz ähnlich verhält es sich bei der Telefonie, zumal hier Sender- und Empfängerrolle ohnehin schwerer unterscheidbar sind – ein Telefongespräch ist immer wechselseitig.

Im Schlusskapitel bestimmen wir die Zentrum-Peripherie-Position der Länder insgesamt, über alle vier Netzwerke hinweg. Dazu erhält bei jedem Netzwerk das zentralste Drittel der Länder zunächst einen Punktwert von 1, das mittlere (semiperiphere) Drittel erhält 0,5 und das peripherste Drittel 0 Punkte. Die Werte werden dann pro Land addiert und anschließend durch die Zahl der Netzwerke, in denen das Land durch Daten repräsentiert ist, geteilt. Das Ergebnis ist ein *Zentralitätsindex,* der die Stellung eines Landes im Gesamtnetzwerk Europa von 0 (absolut peripher) bis 1 (absolut zentral) anzeigt.

In den empirischen Einzelkapiteln vergleichen wir für beide Betrachtungsweisen der Ungleichheit – Zentralisierungsgrad und Zentrum-Peripherie-Struktur – das erste und letzte verfügbare Jahr in den unterschiedlich langen Datenreihen. Aufgrund von Datenlücken bei den Studierenden und der Telefonie, vor allem bei den „frühen" Jahren, haben die Berechnungen notwendigerweise eine gewisse Unschärfe, die aber überschaubar ist, wie unsere Zusatzanalysen zeigen (s. Online-Appendix). Wann immer man Vorsicht bei der Interpretation walten lassen sollte, vermerken wir dies.

Methoden zur Analyse der europäischen Vergesellschaftung im globalen Kontext

Im dritten Untersuchungsschritt verorten wir die europäische Vergesellschaftung im globalen Kontext, sodass wir nun nicht mehr ausschließlich die innereuropäischen Verbindungen berücksichtigen. Die Analyse besteht aus einem „deduktiven" und einem „induktiven" Teil. Im „deduktiven" Teil behalten wir zunächst noch bei, das Netzwerk Europa über die 37 europäischen Länder festzulegen, wie bei den ersten beiden Leitfragen auch. Neu ist nun, dass wir die Stärke der Verbindungen innerhalb dieses Netzwerks mit seinen externen Verbindungen, also den außereuropäischen, vergleichen. Im Gegensatz dazu gehen wir im „induktiven" Teil nicht von einem „vordefinierten" Netzwerk Europa aus, sondern lassen einen Algorithmus bestimmen, ob sich im weltweiten Austauschgeschehen mit seinen 179 Ländern so etwas wie eine europäische Komponente, ein europäisches Teilnetzwerk, herauskristallisiert. Beide Ansätze werden im Folgenden genauer vorgestellt.

Der deduktive Teil: Europa versus Nicht-Europa. Im deduktiven Teil wollen wir das Ausmaß der grenzüberschreitenden Verbindungen innerhalb Europas mit den Verbindungen Europas zu den anderen Weltregionen vergleichen. Dabei werden alle anderen Weltregionen zu Nicht-Europa zusammengefasst. Konzeptionell geht es darum, den Prozess der Europäisierung von einem allgemeineren Prozess der Transnationalisierung unterscheiden zu können (vgl. Gerhards und Rössel 1999; Delhey et al. 2015). Diesem übergeordneten Zweck dient als erstes Maß die *interne Geschlossenheit* („Internal closedness") des europäischen Netzwerks. Sie gibt an, wie groß der Anteil der insgesamt von den europäischen Ländern ausgehenden transnationalen Aktivitätsströme ist, der in Europa verbleibt. *Wenn die Europäer*innen ins Ausland gehen oder grenzüberschreitend kommunizieren, tun sie dies intra- oder extrakontinental?* Die Antwort auf diese Frage gibt Aufschluss über die durch Verhalten geäußerte „Präferenz" der Europäer*innen für ihren eigenen Kontinent. Steigt der inneuropäische Anteil über die Jahre an und damit die interne Geschlossenheit, hätte man einen Hinweis auf grenzüberschreitende Vergesellschaftung *als relative Europäisierung.*

Das zweite Maß ist die *externe Offenheit* („External openness") Europas. Sie gibt an, zu welchem Anteil die in europäische Länder eingehende transnationale Aktivität ihren Ursprung im außereuropäischen Ausland hat. Je höher dieser extrakontinentale Anteil ist, desto offener – relativ betrachtet, nicht absolut – ist das Netzwerk Europa gegenüber der außereuropäischen Welt, und desto weniger exklusiv-europäisch das transnationale Geschehen. Folglich wäre es bei einer hohen externen Offenheit auch nicht sinnvoll, von einer spezifisch europäischen Vergesellschaftung zu sprechen, die unabhängig von einer globalen zu denken wäre. Auch hier ist die Frage des Wandels über die Zeit zentral: Nimmt die externe Offenheit Europas ab oder zu?

Auch wenn das Gegensatzpaar von intern und extern dies nahezulegen scheint, müssen sich diese beiden Maße keineswegs spiegelbildlich zueinander verhalten. Selbst wenn alle transnational-aktiven Europäer*innen ihren Aktivitätsradius *ausschließlich* auf Europa beschränken würden (perfekte interne Geschlossenheit), könnten die extrakontinentalen Zuströme an Personenmobilität und Kommunikation gleichwohl größer sein als die inneuropäischen Ströme; das

Ergebnis wäre ein Netzwerk, dass sowohl intern hochgradig geschlossen als auch extern offen ist.

Der induktive Teil: Europa im weltweiten Geschehen. Im letzten Schritt beziehen wir alle Verbindungen weltweit ein, sowohl die eingehenden als auch die ausgehenden. Aus dem globalen Austauschgeschehen heraus wollen wir Gruppen von Ländern bestimmen, die miteinander besonders eng verflochten sind. Das können dann die europäischen Länder sein, oder auch nicht – dies ist nicht von vornherein festgelegt. Das Auffinden solcher Ländergruppen leisten sogenannte Community Detection Algorithms.

▶ Wir verwenden einen modularitätsbasierten Algorithmus (Newman 2006; Blondel et al. 2008), der in der Transnationalisierungs-forschung bereits verwendet wurde (z. B. Tranos et al. 2015; Sun et al. 2016; Danchev und Porter 2018; Delhey et al. 2019; Deutschmann et al. 2019). Dieser Algorithmus entdeckt „dense communities" (Coscia et al. 2011, S. 523), deren Dichte signifikant höher ist als in einem Zufallsnetzwerk zu erwarten wäre. In unserem konkreten Fall erlaubt es diese Technik, im globalen Netzwerk Komponenten (Subnetzwerke) zu unterscheiden, bei denen die beteiligten Länder untereinander besonders stark durch Ströme transnationaler Aktivität verbunden sind, aber deutlich schwächer mit Ländern aus anderen Komponenten. Die entsprechenden Analysen haben wir mit dem Programm Gephi (Bastian et al. 2009) mit einem Resolutionsfaktor von 1,5 durchgeführt.[12]

Die Ergebnisse stellen wir in Weltkarten dar, in denen unterschiedliche Farben die Zugehörigkeit der Länder zu den empirisch ermittelten Komponenten markieren. Aus naheliegenden Gründen ist unser interpretatorischer Fluchtpunkt, wie diese Weltkarten aus der *europäischen* Perspektive aussehen; insbesondere, ob die Länder Europas (zunehmend) einer einzigen und ganz überwiegend europäisch-geprägten Komponente angehören oder über mehrere, geografisch breit streuende Komponenten verteilt sind. Ersteres wäre ein starkes Indiz für eine spezifisch europäische Vergesellschaftung *als Weltregion.* Die Netzwerk-Weltkarten – wie auch die Europakarten – wurden in Gephi mit den Add-ons Geo

---

[12]Größere Resolutionsfaktoren erhöhen die Anzahl der identifizierten Komponenten, niedrigere Faktoren verringern sie (vgl. Lambiotte et al. 2009).

Layout und Map of Countries erstellt. Zu erwähnen ist, dass die Grenzverläufe der Nationalstaaten in diesen Tools nicht an die tatsächlichen historischen Grenzen des jeweiligen dargestellten Jahres (z. B. 1960) angepasst werden können. Wechsel der Länder von einer Komponente zur anderen stellen wir zusätzlich in Form sogenannter Alluvial-Diagramme dar, für die wir das Werkzeug Map Equation genutzt haben (Rosvall und Bergstrom 2010).

Um im Schlusskapitel die analytische Schlagkraft zu erhöhen, führen wir dort drei zusätzliche Indizes ein, um verschiedene Facetten des sozialen Zusammenwachsens Europas im weltweiten Kontext messbar zu machen. Zugleich stellen sie einen Vorschlag dar, modularitätsbasierte Komponentenanalysen zu konzeptionell gehaltvollen Kennziffern der regionalen Integration zu verdichten.

Als erstes interessiert uns, ob alle europäischen Länder in einer einzigen Komponente einsortiert wurden, oder ob sie auf verschiedene Komponenten verstreut sind. Darüber gibt der *Regional Concentration Index* (RCI) mit einem normalisierten Wertebereich von 0–1 Auskunft. Ein RCI-Wert von 1 würde bedeuten, dass alle europäischen Länder in einer einzigen Komponente enthalten und somit maximal konzentriert sind. Ein RCI-Wert von 0 würde bedeuten, dass die europäischen Länder maximal verstreut sind.

▶   Der RCI ist wie folgt definiert:[13]

RCI = (Anzahl europäischer Länder in Komponente 1/Anzahl aller europäischen Länder)^2+(Anzahl europäischer Länder in Komponente 2/Anzahl aller europäischen Länder)^2+ ... +(Anzahl europäischer Länder in Komponente n/Anzahl aller europäischen Länder)^2, wobei alle Komponenten 1 bis n, in denen überhaupt europäische Länder enthalten sind, einbezogen werden. Der Index kann zunächst theoretisch einen Wert zwischen 1/n und 1 annehmen, in unserem Fall mit 37 europäischen Ländern und damit maximal 37 Komponenten, an denen europäische Länder beteiligt sein können, einen Wert zwischen 1/37 (=0,027) und 1.[14] Der einfacheren Interpretation wie der numerischen Ästhetik halber normalisieren wir diesen Index auf einen Wertebereich zwischen 0 und 1.

---

[13]Der Index ist dem Herfindahl Hirschman-Index nachempfunden, der ursprünglich für die Messung der Unternehmenskonzentration verwendet wurde (Rhoades 1993; Liston-Heyes und Pilkington 2004). Wir haben ihn für unsere Zwecke angepasst.

[14]Länder, die bei einem bestimmten Aktivitätstyp fehlende Daten aufweisen, haben wir ausgeschlossen. Bei der Telefonie haben wir die imputierten Werte miteinbezogen.

Ein zweiter wichtiger Aspekt ist, zu welchem Grad die Komponenten, an denen europäische Länder beteiligt sind, in ihrer Länderzusammensetzung *exklusiv europäisch* sind. Hier konzentrieren wir uns pragmatisch auf die Komponente, an der die meisten europäischen Länder beteiligt sind und ermitteln, welchen Anteil an dieser Komponente die europäischen Länder ausmachen.[15] Daraus ergibt sich ein *Regional Exclusiveness Index* (REI), den wir ebenfalls auf den Wertebereich 0-1 (maximale Exklusivität) transformiert haben.

▶   Der REI ist wie folgt definiert:

REI = Anzahl europäischer Länder in der Komponente mit den meisten europäischen Ländern/Anzahl aller Länder in dieser Komponente In dieser Rohform bewegen sich die Indexwerte zwischen 2/(179-35), was 0,014 ergibt, und 1. Ein maximaler REI-Wert von 1 würde bedeuten, dass die fragliche Komponente *ausschließlich* europäische Länder enthält. Der minimale Wert von 0,014 würde in dem höchst unwahrscheinlichen Fall eintreten, dass es eine Komponente gäbe, die zwei europäische Länder und alle 142 nicht-europäischen Länder enthielte, während alle anderen europäischen Länder sich auf 35 Einzel-„Komponenten" verteilten, die nur aus ihnen selbst bestünden. Wir normalisieren auch diesen Index auf einen Wertebereich von 0 bis 1, wobei ein höherer Wert auf eine stärkere europäische „Prägung" der Komponente verweist.

In einem letzten Schritt verbinden wir die beiden Aspekte von Konzentration und Exklusivität. Dies leistet der *Regional Integration Index* (RII), der sich additiv aus den beiden normalisierten Teilindizes ergibt:

▶ $RI = (RCI_{normalized} + REI_{normalized})/2$

Der Maximalwert von 1 bedeutet, dass sich alle europäischen Länder in einer einzigen Komponente befinden, an dem keine nicht-europäischen Länder beteiligt sind; Europa wäre ebenso vollständig wie exklusiv integriert. Der Minimalwert von 0 würde sich dann ergeben, wenn die europäischen Länder auf viele Komponenten verteilt wären, von denen keine auch nur annähernd europäisch geprägt wäre. Wie immer in diesem Buch interessiert uns vor allem die Veränderung des

---

[15]Im Online-Zusatzmaterial (Abb. 7.4A) berichten wir eine alternative Variante, die auch die anderen Komponenten mit europäischer Beteiligung einbezieht.

Integrationsindex: Europa wächst dann zusammen, wenn sich der Wert des Integrationsindex über die Zeit erhöht.

2.4   Weitere Daten und Methoden

Zusätzliche erklärende Variablen

An verschiedenen Stellen greifen wir auf weitere Länder- beziehungsweise Länderpaarmerkmale zurück, die in der Regel dem Zweck dienen, die beobachtete Struktur transnationaler Aktivität zu erklären.

Eine prominente Rolle spielt dabei das *Wohlstandsniveau* der Länder, das wir über das Bruttoinlandsprodukt pro Kopf (inflationsbereinigt, in internationalen Dollar) nach Weltbank-Angaben messen (World Bank 2018c). Das Wohlstandsniveau dient uns auch zur Bestimmung der *wirtschaftlichen* Zentrum-Peripherie-Struktur Europas (vgl. Babones 2005), von der wir eine Prägung der Zentrum-Peripherie-Struktur der Austauschnetzwerke erwarten.

Bei der Studierendenmobilität vermuten wir eine solche Prägung durch die *wissenschaftliche* Zentrum-Peripherie-Struktur Europas, die wir aus einem Universitätsranking generiert haben. Die dazu genutzten Daten stammen aus dem jährlich erstellten „Academic Ranking of World Universities", bekannter als Shanghai-Ranking. In dieses Ranking werden alle Universitäten aufgenommen,

„[which] ha[ve] any Nobel Laureates, Fields Medalists, Highly Cited Researchers, or papers published in *Nature* or *Science*. In addition, universities with significant amount of papers indexed by Science Citation Index-Expanded (SCIE) and Social Science Citation Index (SSCI) are also included" (ShanghaiRanking Consultancy 2018).

Auf Basis dieser Indikatoren erstellt das Beratungsunternehmen ShanghaiRanking Consultancy schließlich ein Ranking der renommiertesten 500 Universitäten weltweit, aus dem wir Informationen über die europäischen Länder entnommen haben.

Für die Telefonie werden als besondere Erklärungsfaktoren die *Festnetztelefonanschlüsse* und *Mobiltelefonverträge* einbezogen, jeweils pro 100 Einwohner*innen des Sender- beziehungsweise Empfängerlandes. Diese Daten, wie auch die zur Bevölkerungsgröße, stammen von der Weltbank (World Bank 2015, 2018b, 2018e). Daten zu den innereuropäischen Handelsströmen haben wir der Comtrade-Datenbank der UN (United Nations 2016) entnommen.

Die Analyse der transnationalen Verbundenheit

Im Schlusskapitel gehen wir auf ein zunehmendes *Gefühl der Verbundenheit zu anderen Ländern* als eine Folge transnationaler Mobilitäts- und Kommunikationsströme ein. Die Datengrundlage hierfür stammt aus dem Eurobarometer, einer EU-weiten Umfrage, die von der Europäischen Kommission in Auftrag gegeben und zweimal pro Jahr in allen EU-Mitgliedstaaten erhoben wird. Wir beziehen uns auf die Erhebungswelle 73.3 aus dem Jahr 2010, wobei wir auf insgesamt 26.602 Befragte aus den seinerzeit 27 EU-Ländern zurückgreifen können. Die transnationalen Verbundenheit wird dabei aus der folgenden Frage generiert: „Welchem anderen Land als [dem eigenen] fühlen Sie sich am meisten verbunden?"[16] In unseren Analysen beziehen wir nur die Antworten ein, bei denen die Befragten ein anderes EU-Mitgliedsland genannt haben. Aggregiert pro Befragungsland enthält diese Information für ein Länderpaar $A \rightarrow B$ die Anzahl der Befragten aus dem Senderland A, die sich mit dem Empfängerland B verbunden fühlen, geteilt durch die Gesamtzahl der Befragten aus A. Hieraus ergibt sich eine Matrix, die das Netzwerk der Länderverbindungen zwischen den EU-27 Mitgliedsstaaten (27 Länder × 26 = 702 Verbindungen) vollständig abbildet.

Ein Teilaspekt dieser Analyse besteht darin, das Netzwerk transnationaler Verbundenheit getrennt für verschiedene Bildungsschichten zu betrachten. Die Bildungsschichten unterteilen wir nach dem höchsten *Bildungsabschluss* der Befragten, basierend auf dem ISCED-Schema (International Standard Classification of Education). Wir fassen ISCED 0-1 zusammen als niedrigste Bildungsklasse („primary education"), ISCED 2-3 als mittlere Bildungsklasse („secondary education") und ISCED 4-6 als höchste Bildungsklasse („postsecondary/tertiary education"). Nach dieser Einteilung haben 12 % der Befragten eine niedrige Bildung, 59 % eine mittlere Bildung und 29 % eine hohe Bildung (für weitere Details s. Deutschmann et al. 2018).

Um die Struktur des Netzwerks der Verbundenheit zu erklären, beziehen wir neben den vier Formen grenzüberschreitender Mobilität und Kommunikation eine Reihe von Kontrollvariablen ein:

---

[16]De facto konnten die Befragten eine erste Wahl (QB10a) und eine zweite Wahl (QB10b) treffen. Der Einfachheit halber beschränken wir uns in unseren Analysen auf die erste Wahl.

- *Gemeinsame Grenze.* Eine binäre Variable die angibt, ob das Sender- und Empfängerland Nachbarländer sind (Quelle: CEPII GeoDist Dataset, Mayer und Zignago 2011).
- *Territoriale Größe.* Gibt an (in km^2), wie groß das Empfängerland ist (World Bank 2016).
- *Historische Union.* Binäre Variable mit dem Wert 1, wenn das Sender- und Empfängerland historisch einmal Teil eines gemeinsamen Landes waren (CEPII *GeoDist* Dataset).
- *Ehemaliger Konflikt.* Binäre Variable, die angibt, ob es zwischen den beiden Ländern in der Vergangenheit militärische Konflikte gegeben hat (CEPII *Gravity* Dataset).
- *Gemeinsame Sprache.* Binäre Variable, die den Wert 1 annimmt, wenn mindestens neun Prozent der Bevölkerung beider Länder eine gemeinsame Sprache sprechen (CEPII *GeoDist* Dataset).
- *Religiöse Nähe.* Gibt die Wahrscheinlichkeit an, dass zwei zufällig ausgewählte Personen aus den beiden Ländern die gleiche Religionszugehörigkeit haben; Wertebereich von 0 bis 1 (CEPII *Language* Dataset, Melitz und Toubal 2014).
- *Mediale Präsenz.* Gibt die Anzahl der Erwähnungen des Empfängerlandes in diversen internationalen Medien im Jahr 2010 an (East West Communications 2017).
- *Handelsströme.* Diese Variable gibt Auskunft über die Handelsströme in Millionen US Dollar pro 1000 Einwohner*innen des Senderlandes (United Nations 2016).
- *Lebensstandard des Empfängerlandes.* BIP pro Kopf in Kaufkraftparitäten (in internationalen Dollar) im Jahr 2010, logarithmiert (World Bank 2019b).
- *Unterschied im Lebensstandard.* Hier berechnen wir den Unterschied des Pro-kopfeinkommens zwischen dem Sender- und Empfängerland (ebd.).
- *Gemeinsame Währung.* Binäre Variable, die den Wert 1 annimmt, wenn die beiden Länder eine gemeinsame Währung, in diesem Fall den Euro, haben (CEPII *Gravity* Dataset).
- *Länge der EU-Mitgliedschaft.* Gibt die Länge der EU-Mitgliedschaft in Jahren an (für 2010).

Weitere Methoden

An zwei Stellen im Buch (Abschnitte „Die Determinierung der Telefonie durch Infrastruktur, Handel und Personenmobilität" und „Mit- und Füreinander: von der Vergesellschaftung zur Vergemeinschaftung") greifen wir auf ein Regressionsmodell für Netzwerkdaten zurück, das als Multiple Regression Quadratic Assignment Procedure (MRQAP) bezeichnet wird.

▷   MRQAP berücksichtigt, dass die Einheiten in einem Netzwerk nicht unabhängig voneinander sind (Krackhardt 1988; Dekker et al. 2007; Biggiero und Basevi 2009). Es erlaubt die Ermittlung von Standardfehlern ohne Bias und berücksichtigt die Autokorrelation zwischen Zeilen und Spalten, die bei Netzwerkdaten zwangsläufig auftritt (Tsai und Ghoshal 1998). Ein weiterer Vorteil ist die Robustheit gegenüber Multikollinearität (Dekker et al. 2003). Wir werden standardisierte Koeffizienten berichten, die zwar – ähnlich wie bei normalen OLS-Regressionen – schwerer zu interpretieren sind, in ihrer Effektstärke aber besser verglichen werden können. Alle MRQAP-Analysen wurden in UCINET 6 (Borgatti et al. 2002) durchgeführt.

Im Schlusskapitel (Abschnitt „Ein Netzwerk oder viele? Zur strukturellen Ähnlichkeit der Austauschnetzwerke") verwenden wir zur Ermittlung von bivariaten Zusammenhängen zwischen den transnationalen Aktivitätsnetzwerken zudem QAP-Korrelationen, die ein ähnliches Schätzverfahren verwenden, hier natürlich auf Grundlage zweier Variablen.

2.5   Zusammenfassung

Wir haben dargelegt, dass wir Europa als Netzwerk grenzüberschreitender Vergesellschaftung verstehen, die wir über Ströme transnationaler Aktivität messbar machen. Wir konzentrieren uns dabei auf 37 europäische Länder, die wir für sich und im Kontext der Verflechtung mit außereuropäischen Ländern untersuchen. Je nach Aktivitätsform ist unser Untersuchungszeitraum dabei unterschiedlich lang, in der Spitze über fünf Jahrzehnte. Die einzelnen Untersuchungsschritte erfordern dabei verschiedene Methoden und Maßzahlen aus dem Arsenal der Netzwerkanalyse und beziehen in unterschiedlichem Maße die europäischen beziehungsweise weltweiten Verflechtungen mit ein (zusammengefasst in Tab. 2.3): Wir starten mit Europa und enden mit der Welt.

Tab. 2.3 Die Untersuchungsmethoden im Überblick

Erkenntnisinteresse	Methode/Maßzahl	Einbezogene Verbindungen
Umfang der innereuropäischen Vergesellschaftung		
Ausmaß	Gesamtsumme	Innereuropäische Verbindungen (37 Länder)
Verdichtungsgrad	Dichte, Durchschnittsgrad	Innereuropäische Verbindungen (37 Länder)
Struktur der innereuropäischen Vergesellschaftung		
Ungleichheit (Zentralisierung)	Lorenzkurve und Gini-Index, berechnet über die relativen Eingangs- und Ausgangszentralitäten	Innereuropäische Verbindungen (37 Länder)
Zentrum-Peripherie-Struktur	Saldo oder Summe der relativen Eingangs- und Ausgangszentralitäten	Innereuropäische Verbindungen (37 Länder)
Regionaler Schwerpunkt der transnationalen Vergesellschaftung		
Relative interne Geschlossenheit des europäischen Netzwerks	Maß der internen Geschlossenheit	Alle aus den 37 europäischen Ländern kommenden Verbindungen, die in die 37 europäischen beziehungsweise die 142 nicht-europäischen Länder eingehen
Relative externe Offenheit des europäischen Netzwerks	Maß der externen Offenheit	Alle aus den 37 europäischen beziehungsweise den 142 nicht-europäischen Ländern kommenden Verbindungen, die in die 37 europäischen Länder eingehen
Existenz beziehungsweise Herausbildung einer regionalen europäischen Komponente im weltweiten Netzwerk	Komponentenanalyse über Community Detection; Index der Regionalen Integration mit den Teilindizes Regionale Konzentration und Regionale Exklusivität (Kap. 7)	Alle weltweiten Verbindungen (179 Länder), kein ex-ante als „europäisch" festgelegtes Netzwerk

Notiz: Eigene Darstellung

Europa als Migrationsnetzwerk 3

In diesem Kapitel untersuchen wir die europäische Vergesellschaftung seit 1960 durch grenzüberschreitende Migration, also die dauerhafte Verlegung des Aufenthaltsortes einer Person von einem Land in ein anderes. In seiner langen Geschichte war Europa schon immer Schauplatz massiver Bevölkerungsbewegungen – traditionell als ein Kontinent der Auswanderung (Altman und Horn 1991), seit den 1970er Jahren verstärkt als einer der Einwanderung (Özden et al. 2011, S. 38). Und auch innerhalb Europas haben immer wieder Millionen Menschen, oft genug unfreiwillig, ihre Heimat verlassen, um anderswo ihr Glück zu suchen. Unter dem Etikett „Migration" werden verschiedene Typen von Zu- beziehungsweise Auswanderung zusammengefasst, die je nach Dekade und Land von ganz unterschiedlicher Bedeutung sind: die Zuwanderung von Personen gleicher und anderer Nationalität aus ehemaligen Kolonien, die Zuwanderung von Personen gleicher ethnischer Zugehörigkeit (für Deutschland sind dies z. B. die „Aussiedler"), Arbeitsmigration inklusive Familiennachzug, sowie Asylsuche und Flucht (vgl. Fassmann und Münz 1996, S. 18). In unseren Daten, dies sei vorab erwähnt, können wir diese Typen nicht unterscheiden.

Gleich welchen Typs, ist Migration sicherlich die folgenreichste Form grenz-überschreitenden Austauschs. Der „Wandernde […], der heute kommt und morgen bleibt" (Simmel 1908b, S. 509), stellt sich und der Aufnahmegesell-schaft die beiderseitige Aufgabe der Eingliederung. Die Gründerväter und -mütter der sozialwissenschaftlichen *integration studies* haben gerade in die Migration als langfristige Personenmobilität besondere Hoffnung gesetzt: Lern-prozesse und Begegnungen in der Bevölkerung können einen supranationalen Gemeinschaftssinn erzeugen, der den politischen Integrationsprozess in Europa und anderen Weltregionen unterstützt und ihm Legitimation verleiht (Deutsch 1957). Optimistische Stimmen sehen Migration daher als ein Toleranz förderndes

und der Völkerverständigung dienliches Phänomen (Teney 2012; Deutschmann et al. 2018). Bei anderen Beobachter*innen hingegen weckt das Thema
eher die Assoziation von Konkurrenz und Konflikt – Frames, die im britischen
Brexit-Referendum (vgl. Miller 2016) ebenso eine Rolle gespielt haben wie bei
der fortgesetzten Weigerung der osteuropäischen Regierungschefs, Geflüchtete
aus Krisengebieten aufzunehmen (Krăstev 2017). Was immer die vermuteten
oder tatsächlichen Folgen von Migration sind (auf die wir im Schlusskapitel noch
zu sprechen kommen), aus einer *strukturellen* Perspektive betrachtet bedeutet
eine wachsende intrakontinentale Mobilität ein Mehr an europäischer Vergesellschaftung.

3.1   Die Rahmenbedingungen für Migration

Vorüberlegungen

Wie in Kap. 1 dargelegt, betrachten wir die Entwicklung der grenzüberschreitenden Aktivitäten in Europa (hier: der Migration) unter den drei
Gesichtspunkten von Ausmaß, Struktur und Sichtbarkeit im weltweiten Austauschgeschehen. Um – wenn auch retrospektive – Erwartungen darüber
mit einem Zeithorizont von mehr als einem halben Jahrhundert formulieren
zu können, haben wir im Einführungskapitel verschiedene Kategorien von
Rahmenbedingungen vorgestellt, die plausibler Weise das Netzwerk Europa
beeinflussen. Zwei davon werden wir für die innereuropäische Migration aus-
buchstabieren. Das klassische Push-Pull-Modell der Migration (vgl. Lee 1966;
Harris und Todaro 1970; Stark und Taylor 1989) besagt, dass schlechte Lebensbedingungen im Heimatland – oder, bei Migration innerhalb von Nationalstaaten,
in der Heimatregion – die Menschen zum Weggehen motivieren (Push-Faktoren),
während bessere Bedingungen im Zielland sie anziehen (Pull-Faktoren). Folglich sind die sich verändernden *Disparitäten der Lebenschancen* in Europa eine
erste wichtige Rahmenbedingung. Die konkreten Ursachen, warum Menschen
ihr Land verlassen, sind dabei vielschichtig, zielen aber meist auf eine „Ver-
besserung der Lebenssituation […] – weniger Armut, mehr Bildung, höherer
Lebensstandard, Schutz vor Verfolgung" (Heintel et al. 2005, S. 6). Als zweite
maßgebliche Rahmenbedingung zeichnen wir nach, wie sich die *Mobilitätsrechte* als Ausdruck der institutionellen Regelungen in Europa ausgeweitet haben.
Zumindest für legale Migration ist zentral, dass Menschen ihr Land frei verlassen können (Auswanderungsrechte) und sich anderswo niederlassen dürfen
(Einwanderungs- und Bleiberechte). Nur dann kann eine Migrationsabsicht auch

auf legalem Wege umgesetzt werden (vgl. Cassee 2016). Fehlen sie, bleibt nur der riskante illegale Weg. Mehrere empirische Studien bestätigen den Einfluss der Migrationspolitik auf das Migrationsgeschehen (Czaika und de Haas 2014a; Bertoli und Fernández-Huertas Moraga 2015; Palmer und Pytliková 2015). Stiefmütterlich behandeln wir in diesem Kapitel dagegen andere Rahmenbedingungen wie die gewachsenen transnationalen Kompetenzen, die wir im Kapitel über die Studierendenmobilität ausführlich besprechen, sowie die Verkehrsinfrastruktur, die im Tourismus-Kapitel zu ihrem Recht kommt.

Mit den Disparitäten der Lebenschancen und den Mobilitätsrechten sind die Einflussfaktoren auf Migration natürlich keineswegs erschöpfend benannt. So machen geografische und kulturelle Nähe (vgl. z. B. Tranos et al. 2015 für die Welt; Beine et al. 2017 für OECD Mitgliedsländer; Windzio et al. 2019 für Europa) Wanderungsbewegungen zwischen zwei Ländern ebenso wahrscheinlicher wie eine gemeinsame Kolonialgeschichte (DeWaard et al. 2012; Windzio 2018). Da wir in erster Linie an Veränderungen des Netzwerks Europa interessiert sind, nehmen wir aber vor allem die Parameter in den Blick, die sich in den vergangenen Jahrzehnten deutlich gewandelt haben. Geografische Distanz, kulturelle Gemeinsamkeiten und die Kolonialgeschichte sind dagegen weitgehend invariante Parameter beziehungsweise Pfadabhängigkeiten und haben daher keinen zentralen Platz in unserem Analyseraster. Angesichts von Schnellzügen, Billigfliegern und Fernbussen ist zudem von einer abnehmenden Bedeutung von Distanz und Ähnlichkeit auszugehen, nicht von einer wachsenden (vgl. Davis et al. 2013; Trenz und Triandafyllidou 2017, S. 546).

Die Ausweitung der Mobilitätsrechte

Seit den 1960ern sind in Europa rechtliche Hemmnisse für Aus- und Einwanderung tendenziell abgebaut worden. Positiv gewendet: Immer mehr Europäer*innen verfügen heute über weitreichende Mobilitätsrechte, insbesondere dann, wenn sie die Staatsbürgerschaft eines EU- beziehungsweise EWR-Mitgliedstaats haben. Drei Etappen waren hier zentral.

Die Abschottung und Auflösung des Ostblocks. Ein lange Zeit prägendes Merkmal des europäischen Migrationsraums war die Abschottung des Ostblocks bis zu dessen Ende 1989–1992. Die Volksrepubliken hatten während der Aufbauphase des Sozialismus die Möglichkeiten zur Auswanderung – wie zum Reisen insgesamt – drastisch eingeschränkt. So entschied beispielsweise die Führungsriege der Polnischen Vereinigten Arbeiterpartei, dass „aus Gründen der Sicherheit sowie der Notwendigkeit der weitgehenden Einsparungen bei Devisen maximale Einschränkungen in der Vergabe der Auslandspässe nötig sind [...]. Emigration steht im Widerspruch zu den Grundsätzen der staatlichen Politik" (Stola 2005, S. 348). In allen Ostblockstaaten beschränkte ein Mix aus Verwaltungshürden, Einschüchterung und massiver Grenzsicherung mit Stacheldraht, Wachtürmen und Selbstschussanlagen die Auswanderung. Ausnahmeregelungen gab es in einigen Ländern für ethnisch definierte Gruppen, zum Beispiel jüdische Menschen oder sogenannte „Volksdeutsche", die häufig bilateral verhandelt wurden (vgl. Brubaker 1991, S. 952 f.; Fassmann und Münz 1994). Zwar gab es immer wieder sowohl Tauwetterphasen als auch politische Krisen mit kurzfristig nach oben schnellenden Auswanderungszahlen Richtung Westeuropa, zum Beispiel nachdem sowjetische Panzer den Prager Frühling abrupt beendet hatten oder nachdem in Polen das Kriegsrecht verhängt worden war (vgl. Fassmann und Münz 1996). Insgesamt war die Politik der Ostblockstaaten aber sehr restriktiv, auch, um sich im Systemwettbewerb keine Blöße zu geben. In dieser Zeit gewährte der Westen noch großzügig Asyl, denn „[i]m Wettstreit der Systeme demonstrierten diese Migranten die höhere Attraktivität des Westens" (ebd., S. 25). In den 1980er Jahren durchkreuzten in einigen Volksrepubliken liberalere Reiseregelungen die strenge Auswanderungspolitik (Stola 2005), doch erst mit dem Ende der sozialistischen Regime gewannen die Menschen in Osteuropa die Freiheit, ihr Land verlassen zu können. Die Auflösung des Ostblocks bedeutete deshalb den Wegfall eines bis dahin schwer überwindbaren Migrationshemmnisses. Allerdings hatten viele westliche Regierungen in den 1990er Jahren die Einwanderungsregeln als Reaktion auf die nun wachsende Zuwanderung aus Osteuropa schnell wieder verschärft (vgl. Geddes 2018, S. 127; de Haas et al. 2018, S. 350); erst mit der Osterweiterung wurden diese größtenteils obsolet.

Die Anwerbeabkommen. Eine zumindest temporär wirksame rechtliche Neuerung gab es im Westeuropa der 1960er Jahre. Angesichts nahezu erreichter Vollbeschäftigung setzen einige Regierungen Maßnahmen in Kraft, dem drohenden Arbeitskräftemangel durch die gezielte Anwerbung ausländischer Arbeitskräfte zu begegnen (Castles 1986; Mattes 2005). Im Falle Deutschlands wurde ein erstes Abkommen 1955 mit Italien geschlossen, weitere folgten in den 1960er Jahren mit Griechenland, Spanien, Marokko, Portugal, Tunesien, der Türkei und Jugoslawien. Die Anwerbung konzentrierte sich also hauptsächlich auf die süd- und südosteuropäische Peripherie. Anwerbeabkommen mit ähnlicher geografischer Ausrichtung schlossen auch Belgien, Frankreich, Großbritannien, die Schweiz, Luxemburg, die Niederlande und, als einziges Ostblockland, die

Tschechoslowakei. Zunächst war geplant, Gastarbeiter*innen nur auf Zeit zu gewinnen und nach dem Rotationsprinzip nach einigen Jahren im Austausch gegen andere Arbeitskräfte wieder in die Heimat zurückzuschicken. Allerdings sprachen sich vor allem die Wirtschaftsverbände dagegen aus, einmal angelernte Arbeitskräfte wieder gehen zu lassen, weshalb nachfolgend die bilateralen Abkommen neu gefasst wurden und auch das Verbot des Familiennachzugs aufgehoben wurde. Die Ölkrise änderte dann die wirtschaftliche Großwetterlage und brachte 1973 das Ende der Anwerbeabkommen. Bis dahin hatten Millionen von der Einreisemöglichkeit Gebrauch gemacht und waren in die industriellen Zentren Westeuropas – und dort vor allem die Großstädte – gezogen. Anfang der 1970er Jahre lebten allein in der BRD fast fünf Millionen Gastarbeiter*innen und Familienangehörige (Zimmermann 1996, S. 99; Castles et al. 2014, S. 69 ff.; Penninx 2017, S. 45 f.).

Freizügigkeit und Unionsbürgerschaft. Die dritte große und heute prägende rechtliche Veränderung hat ebenfalls ihren Ursprung in Westeuropa und ist eng mit der politischen Integration im Rahmen der EG beziehungsweise EU verknüpft. Für mittlerweile 500 Mio. Menschen in 28 Mitgliedstaaten (Stand vor dem Brexit) wurden die Anrechte, sich anderswo niederlassen und arbeiten zu dürfen, in historischer Weise ausgeweitet. Zwei im EU-Recht verankerte Freizügigkeiten sichern dies ab (vgl. im Folgenden Baldoni 2003; Nissen 2009): Die *Unionsbürgerrichtlinie* (Richtlinie 2004/38/EG) legt fest, dass die EU-Bürger*innen das uneingeschränkte Recht haben, sich in einen anderen Mitgliedstaat zu begeben und sich dort bis zu 90 Tage aufzuhalten. Wer länger in einem anderen Mitgliedstaat bleiben will, muss über ausreichende Existenzmittel und einen umfassenden Krankenversicherungsschutz verfügen – oder Arbeit suchen beziehungsweise haben. Denn dann greift die Arbeitnehmerfreizügigkeit nach Artikel 45 des Vertrags über die Arbeitsweise der Europäischen Union. Nach dieser Rechtsverordnung steht es Unionsbürger*innen frei, in einem anderen EU-Land Arbeit zu suchen und dort selbstständig oder unselbstständig zu arbeiten, ohne dass eine Arbeitserlaubnis erforderlich wäre. Zu diesem Zweck dürfen sie dort wohnen, nach Beendigung des Beschäftigungsverhältnisses bleiben und müssen hinsichtlich des Zugangs zu Beschäftigung, der Arbeitsbedingungen und aller anderen Sozialleistungen und Steuervorteile genauso behandelt werden wie die Staatsangehörigen des Aufnahmelandes. Flankiert werden diese Rechte dadurch, dass bestimmte Ansprüche des Kranken- und Sozialversicherungsschutzes teilweise übertragbar sind und berufliche Qualifikationen wechselseitig anerkannt werden. Die Arbeitnehmerfreizügigkeit war in rudimentärer Form schon Teil der Römischen Verträge von 1957 und spiegelt die wettbewerbliche Logik des Binnenmarktes wider (vgl. Münch 2000; Favell und Recchi 2009; Recchi und Salamońska 2015): Der freie Verkehr von Arbeitskräften sollte ebenso gefördert werden wie der von Waren, Dienstleistungen und Kapital. Über die *EWR-Abkommen* ist die Arbeitnehmerfreizügigkeit heute auch in den Ländern des Europäischen Wirtschaftsraums, die nicht EU-Mitglied sind, gewährleistet.

In der historischen Einordnung wie im Vergleich mit anderen Weltregionen bedeuten Unionsbürgerschaft und Arbeitnehmerfreizügigkeit einen tief greifenden Abbau von Hemmnissen speziell für *innereuropäische* Migration. Wer als EU-Bürger*in Arbeit hat oder sich finanziell über Wasser halten kann, kann heute frei seinen Wohnsitz wählen und seine Familienangehörigen mitnehmen, ungeachtet ihrer Staatsangehörigkeit. Durch die schrittweisen Erweiterungen der EU wurden diese Anrechte auf mehr und mehr Europäer*innen übertragen, zuletzt durch die mehrstufige Osterweiterung ab 2004. Gab es für die Bevölkerung Mittel- und Osteuropas anfangs noch übergangsweise Einschränkungen, die supranationalen Mobilitätsbeziehungsweise Aufenthaltsrechte wahrzunehmen (nur Großbritannien, Irland, Dänemark und Schweden verzichteten weitestgehend auf Zugangsbeschränkungen zu ihren Arbeitsmärkten, vgl. Brücker 2005), so gelten sie seit 2014 (beinahe) vollumfänglich und EU- beziehungsweise EWR-weit (die Ausnahme ist Kroatien, dessen Beschränkungen erst 2020 aufgehoben werden). Am Ende unserer Untersuchungsperiode gelten die Mobilitätsrechte für 30 der hier untersuchten 37 europäischen Länder, was etwa 90 % der Bevölkerung entspricht. Das Schengen-Abkommen und die Gemeinschaftswährung Euro (dazu mehr in Kap. 5) erleichterten die europaweite Mobilität zusätzlich (vgl. Ortega und Peri 2013; Beine et al. 2017).

Regelung der Zuwanderung von außen. Während innereuropäische Mobilitätsbeschränkungen unter supranationaler Federführung abgebaut wurden, blieben die Regeln für Zuwanderung von außerhalb des Kontinents auch für die EU-Mitgliedsländer lange in nationalstaatlicher Verantwortung (vgl. de la Rica et al. 2013, S. 9). Ohne auf einzelne Länder eingehen zu können, bestand der generelle Trend in den (west)europäischen Ländern über Jahrzehnte in rechtlichen Erleichterungen der Zuwanderung von außen (vgl. de Haas et al. 2018). Dies gilt insbesondere für die Zeit zwischen dem Ende des zweiten Weltkriegs und dem Fall des Eisernen Vorhangs. Erst seitdem halten sich liberalere und restriktivere rechtliche Änderungen ungefähr die Waage. Nach der Jahrtausendwende wurden die Einwanderungsregeln zumindest EU-weit koordiniert, um zwei unterschiedliche Formen von Migration besser steuern zu können. Das Schengen-Abkommen und die Dublin-Vereinbarung von 2004 zielten darauf ab, die *illegale*

Zuwanderung nach Europa zu begrenzen und die Außengrenzen der EU zu befestigen.[1] Diese Vereinbarungen waren zumindest teilweise eine Reaktion auf die Erfahrungen mit jüngeren innereuropäischen Fluchtbewegungen, so aus dem zusammenbrechenden Ostblock und Ex-Jugoslawien (Geddes 2018). Mit Blick auf *reguläre Zuwanderung,* insbesondere Arbeitsmigration, wurde 2011 die EU-Blue-Card eingeführt, bei der Bewerber*innen einen Hochschulabschluss, ein gewisses Einkommen und teilweise auch Sprachkenntnisse des Ziellandes nachweisen müssen. Im Gegenzug erhalten sie die Freizügigkeit im Schengen-Raum und eine Reihe weiterer Garantien, darunter ein permanentes Aufenthaltsrecht und das Recht auf Familiennachzug (de la Rica et al. 2013, S. 26 f.). Ziel dieses Programms ist es, die Position Europas im Wettbewerb um hochqualifizierte Zuwanderung zu verbessern – und die Selektivität der Arbeitsmigration zu erhöhen. In der Summe hat sich so zeitgleich zu den Osterweiterungen ein neues *EU-Migrationsregime* etabliert, dass größtmögliche Offenheit nach innen mit tendenziell restriktiveren Bestimmungen für die Zuwanderung von außen kombiniert (Penninx 2017, S. 59; Geddes 2018). Allerdings können die Mitgliedstaaten gerade die Bestimmungen zur regulären Migration immer noch relativ frei gestalten, sodass die europaweiten Regelungen für die Migration aus Drittstaaten vor allem die illegale Migration betreffen. Insgesamt gilt: „The essence of modern migration policies is thus not their growing restriction, but their focus on migrant selection" (de Haas et al. 2018, S. 1; ähnlich de la Rica et al. 2013, S. 25).

Strukturelle Veränderungen des europäischen Sozialraums

Die Entwicklung der strukturellen Ungleichheit Europas ist schwerer zu skizzieren, auch weil letztlich eine Fülle von Lebensbedingungen für Migration ausschlaggebend sein können (vgl. King 2002; Verwiebe et al. 2014). Deshalb

---

[1]Allein im Jahr 2019 starben nach Angaben der Vereinten Nationen mehr als 1000 Menschen beim Versuch, Europa über das Mittelmeer zu erreichen, mehr als 18.000 seit 2014 (UNHCR 2019a). Dies ist nicht allein Resultat natürlicher geografischer Gegebenheiten, sondern auch Ergebnis nationaler und europäischer Politik, die sichere Mobilität über das Mittelmeer verhindert und zivile Seenotrettung illegalisiert. Menschenrechtsorganisationen sprechen daher regelmäßig vom „Massengrab Mittelmeer" (Pro Asyl 2019). Von den etwa 26.000 Migrant*innen, die in den Jahren 2014–2017 weltweit auf der Flucht ihr Leben verloren, starben 10.877, das heißt 41 %, im Mittelmeer – die meisten von ihnen durch Ertrinken (Zahlen der IOM, zitiert in Deutschmann et al. 2019).

können hier nur holzschnittartig eine wenige Merkmale aufgegriffen werden, beginnend mit den *politischen Bedingungen*. Die Geschichte Europas nach dem Zweiten Weltkrieg lässt sich als Ausweitung politischer Rechte und bürgerlicher Freiheiten lesen (vgl. Merkel 1994). Unmittelbar nach dem Ende des Zweiten Weltkriegs wurden eine Reihe von Ländern demokratisiert, so die ehemaligen Achsenmächte Deutschland, Italien und Österreich. Daran schloss sich die Demokratisierungswelle in Südeuropa in den 1970ern und 1980er Jahren an, dann in den 1990er Jahren die in den Transformationsgesellschaften Mittel- und Osteuropas. Stellte sich der Kontinent in den 1960er Jahren als Flickenteppich aus demokratischen und autoritären Regimen dar, sind die europäischen Länder heute ganz überwiegend demokratisch verfasst (Bühlmann 2011, S. 21 f.; Peace Research Institute Oslo 2018). Alle EU-Mitgliedstaaten sind Demokratien – eine demokratische Konsolidierung ist Voraussetzung für die Aufnahme in die Staatengemeinschaft –, ebenso die EWR-Länder; einzig Ungarn, die Nicht-EU-Länder des Balkans sowie Moldawien und die Ukraine werden derzeit als „teilweise frei" eingestuft, Weißrussland als einzig verbliebene Diktatur als „unfrei" (Freedom House 2019).

Natürlich unterscheiden sich auch die demokratischen Länder hinsichtlich Regierungsqualität und öffentlicher Korruption, was mancherorts Quelle großer Unzufriedenheit ist. So kategorisiert der Demokratieindex des „Economist" – deutlich pessimistischer als der nicht unumstrittene Freedom House Index (s. Herman und Chomsky 1988) – weite Teile Europas (Italien, Frankreich, Portugal, Belgien, Griechenland, Tschechien, Slowakei, Bulgarien, Estland, Lettland und Litauen) nicht als „full democracy", sondern als „flawed democracy" (The Economist Intelligence Unit 2019; s. auch Abb. 3.1, Panel B). Daher schließt die weitgehende Demokratisierung Europas nicht aus, dass es nach wie vor politisch motivierte Migration gibt, so zum Beispiel aus Rumänien (vgl. Bygnes und Flipo 2017). Gleichwohl dürften nach 1989 politische Migrationsmotive in den Hintergrund und ökonomische in den Vordergrund gerückt sein.

Bei den *ökonomischen Bedingungen* hat es langfristig eine moderate Angleichung in Europa gegeben. So gab es innerhalb der EU Konvergenz durch eine nachholende Modernisierung der wirtschaftlich schwächeren Mitgliedsländer (Delhey 2001; Heidenreich 2003). Dennoch bestehen immer noch beachtliche Wohlstandsunterschiede, die sich im Zuge der Eurokrise wieder etwas vergrößert haben (Heidenreich 2016). Das Pro-Kopf-Einkommen in Luxemburg, dem reichsten EU-Land, ist fünfmal so hoch wie das in Bulgarien, dem ärmsten Land. Zwischen Irland als zweitreichstem Land und Rumänien als zweitärmstem Land liegt der Wohlstandsunterschied immer noch beim Faktor drei. Albanien, Moldawien, Weißrussland, Ukraine, Bosnien und Herzegowina

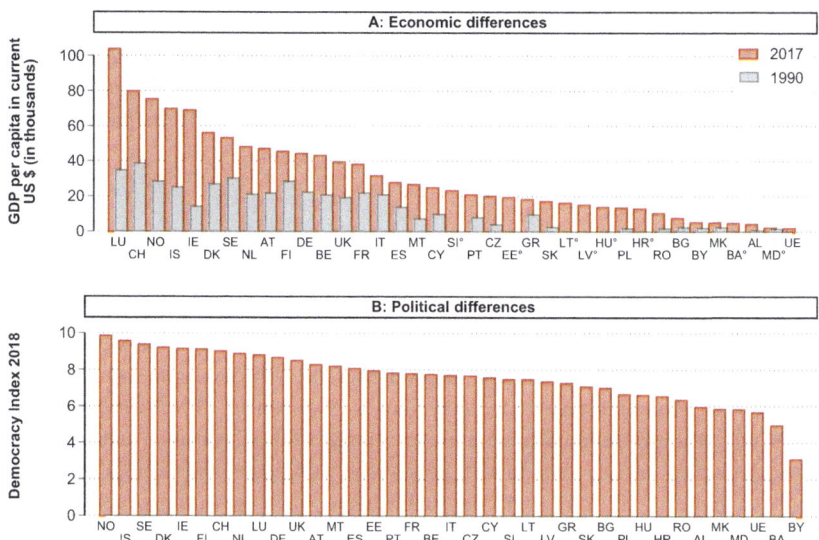

Abb. 3.1 Ökonomische und politische Bedingungen in den europäischen Ländern.

Notiz: Bruttoinlandsprodukt pro Kopf in internationalen Dollars (World Bank 2018c). Demokratie-index von The Economist Intelligence Unit (2019). ° Werte für Jahr 1990 nicht vorhanden. Eigene Dar-stellung

und Mazedonien sind noch ärmer als Bulgarien und Rumänien (s. Abb. 3.1, Panel A). Der entscheidende Punkt ist nun, dass mit allen EU-Erweiterungen, die nach der Logik der „kalkulierten Inklusion" (Vobruba 2003) aus wirtschaft-lichen oder geostrategischen Erwägungen vorangetrieben wurden, ein immer größeres Wohlstandsgefälle *in die EU* inkorporiert wurde – und damit auch in den Geltungsbereich der EU-Freizügigkeitsregeln. So hat die Süderweiterung, vor allem aber die Osterweiterung die regionale Ungleichheit innerhalb der EU deutlich erhöht (vgl. Zapf und Delhey 2002; Delhey 2007a; Mau und Büttner 2008). Eine große Migrationsbereitschaft in den weniger wohlhabenden Neu-Mitgliedstaaten traf damit auf weitreichende EU-Mobilitätsrechte.

Natürlich können die individuellen Motive für Migration weit über das Politische und Ökonomische hinausgehen (s. King 2002; Trenz und Triandafyllidou 2017; Teney 2019), etwa im Fall von transnationalen „Lebensstil"-Migrant*innen (Verwiebe et al. 2014). Die innereuropäische Migration ist bekannt für ihre Super-Diversität (Vertovec 2007; Kaczmarczyk

und Okólski 2008; Holland et al. 2011). Trotz vielfältiger Motive ist das Ergebnis oft dasselbe: ein Zuzug in die wohlhabenden Länder. Das überrascht insofern nicht, weil die Lebensqualität insgesamt einem ausgeprägten West-Ost- und
Nord-Süd-Gradienten folgt, wie der Better-Life-Index (s. OECD 2019a) oder der
Good-Life-Index (Delhey und Steckermeier 2016) zeigen.

Erwartete Effekte auf das europäische Migrationsnetzwerk

Aus dem Zusammenspiel der veränderten Rahmenbedingungen erwarten wir für
unsere erste Leitfrage nach dem Ausmaß der Vergesellschaftung, dass die innereuropäische Migrationspopulation angewachsen ist *(Wachstumsthese)* und das
europäische Migrationsnetzwerk immer enger gewoben ist *(Verdichtungsthese)*.
Diese Erwartungen leiten wir ab aus den substanziell ausgebauten und mit der
Osterweiterung nahezu europaweit geltenden Mobilitätsrechten einerseits, bei
zugleich hohen, seit dem Ende der politischen Spaltung Europas vorwiegend
wirtschaftlichen Mobilitätsanreizen andererseits. Zum migrationssteigernden
Effekt von EU-Freizügigkeit und Osterweiterung liegen bereits erste empirische
Belege vor (Ortega und Peri 2013; Windzio et al. 2018).

Für die Struktur des Migrationsnetzwerks, die zweite Leitfrage, vermuten
wir zum einen, dass sich die Ein- und Auswanderung weniger stark auf einige
wenige Länder konzentriert *(Dezentralisierungsthese)*. Auch dies ergibt sich aus
den inzwischen nahezu europaweit geltenden Mobilitätsrechten: Es gibt heute
einfach mehr Länder als noch zu Zeiten des Eisernen Vorhangs, zwischen denen
die Menschen legal migrieren können, also können sich die Ströme, und damit
die Migrationspopulation, etwas gleichmäßiger verteilen. Zum anderen gehen
wir davon aus, dass sich die soziometrische Hierarchie des Migrationsnetzwerks
immer stärker an der wirtschaftlichen Zentrum-Peripherie-Struktur Europas ausrichtet *(Ökonomisierungsthese)*. Da sich die politischen Unterschiede stark verringert haben, können sie das Netzwerk nicht mehr maßgeblich strukturieren – es
bleibt das Wohlstandsgefälle, das durch die Osterweiterungen weitgehend in die
EU „importiert" wurde.

Unsere dritte und letzte Leitfrage nach dem (welt-)regionalen Schwerpunkt des Migrationsgeschehens stellt Europa in den globalen Kontext. Da die
speziellen supranationalen Mobilitätsrechte der Unionsbürger*innen ein ver-
brieftes Anrecht auf Niederlassungsfreiheit *innerhalb* Europas darstellen, dürfte
sich die grenzüberschreitende Mobilität der Europäer*innen zunehmend auf
ihren eigenen Kontinent konzentrieren *(Schließungsthese)*. Sollte dies zutreffen,

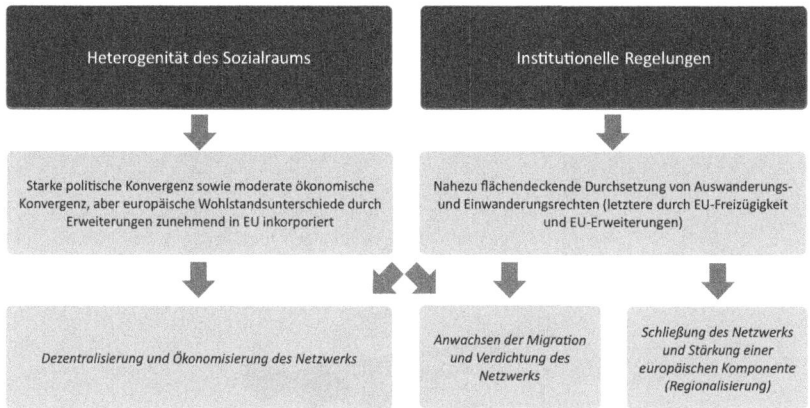

Abb. 3.2 Rahmenbedingungen des europäischen Migrationsnetzwerks.

Notiz: Eigene Darstellung

so dürfte sich mit der Zeit eine genuin europäische Migrationskomponente im weltweiten Migrationsgeschehen herausgebildet oder weiter verfestigt haben *(Regionalisierungsthese)*. Abb. 3.2 fasst unsere Überlegungen schematisch zusammen.

3.2   Das europäische Migrationsnetzwerk im Überblick

Nun lassen wir die Daten sprechen. Wo leben die meisten innereuropäisch Migrierten, woher sind sie gekommen? Die folgenden Karten geben davon einen Eindruck. Wir beginnen mit der heutigen Situation (Daten von 2017) und reisen dann mehr als ein halbes Jahrhundert zurück. Die aktuelle Europakarte ist das Ergebnis dreier großer kumulierter Migrationsströme, die teils jüngeren Datums sind, teils die Migrationsgeschichte nach dem Zweiten Weltkrieg widerspiegeln (vgl. Abb. 3.3). Der erste Strom ist die Ost-West-Wanderung (beispielsweise Polen → Deutschland; Polen → Vereinigtes Königreich). Nach 1945 verließen viele Menschen Osteuropa, um den Nachbeben des Krieges mit seinen ethnischen „Säuberungen" zu entkommen, oder wurden zwangsumgesiedelt (Fassmann und Münz 1994, S. 521; Castles et al. 2014, S. 104). Im Kalten Krieg war die Unterdrückung durch den kommunistischen Staatsapparat ein wichtiger Auswanderungsgrund (Stola

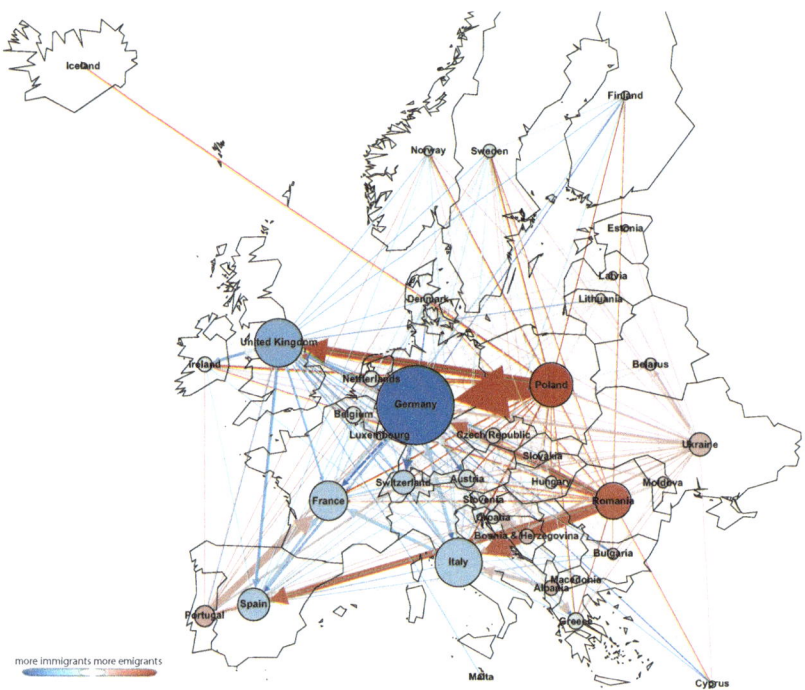

Abb. 3.3 Migration innerhalb Europas, 2017.

Notiz: Je stärker ein Pfeil, desto mehr Migration hat von Land *A* nach Land *B* stattgefunden. Die Kreisgröße eines Landes gibt Auskunft über die Summe der dortigen Zu- und Auswanderung. Die Farbe verdeutlicht, ob die Zuwanderung dominiert (blau) oder die Auswanderung (rot). Es werden nur Länderverbindungen mit mehr als 2574 migrierten Personen ausgewiesen (entsprechend dem dritten Quintil der Verteilung im Jahr 2010 nach UN-Daten, vgl. Kap. 2). Eigene Darstellung basierend auf Daten der Vereinten Nationen

2005), nach dem Ende des Ostblocks dann vor allem die Hoffnung auf Arbeit und einen besseren Lebensstandard im wohlhabenden Westeuropa. Diese wirtschaftlich motivierte Ost-West-Wanderung hat insbesondere nach den zwei EU-Osterweiterungsrunden stark zugenommen (vgl. Kahanec et al. 2016).

Die zweite große Migrationsbewegung ist die von Südost nach Süd, wobei inzwischen Rumänien das zentrale Entsendeland ist (z. B. Rumänien → Italien; Rumänien → Spanien). Erst in den 1990er Jahren einsetzend und sich nach dem EU-Beitritt Rumäniens beschleunigend, ist sie ursächlich angetrieben durch den großen Wohlstandsrückstand Südosteuropas (Favell 2008b; Castles et al. 2014, S. 114; Török 2017, S. 401). Die dritte große kumulierte Zugrichtung ist die von Südeuropa nordwärts in die Mitte des Kontinents (z. B. Portugal → Frankreich; Italien → Deutschland, Italien → Schweiz). Sie hat ihren Ursprung in den erwähnten Anwerbeabkommen der 1960er Jahre (Castles 1986, Fassmann und Münz 1996). Während es auch später, dann erleichtert durch die Arbeitnehmerfreizügigkeit, immer Menschen aus Südeuropa gen Norden gezogen hat, sind diese einstigen Auswanderungsländer inzwischen selbst zu Einwanderungsländern geworden, bevorzugt für Menschen aus den neuen EU-Mitgliedstaaten und vor allem aus Rumänien (Kahanec et al. 2010; de la Rica et al. 2013, S. 12; Castles et al. 2014, S. 113 ff.).

Weitere nennenswerte kumulierte Migrationsströme gehen von Nachfolgeländern des früheren Jugoslawiens nach Griechenland, Italien, Österreich und Deutschland, sowie von der Ukraine nach Polen, Weißrussland sowie einige Länder Westeuropas. Im heutigen Kontext stellen diese Ströme insofern Ausnahmen dar, als sie zu einem Gutteil auf Kriege, wie 1991–2000 in Ex-Jugoslawien (vgl. Penninx 2017, S. 48; de la Rica et al. 2013, S. 19), oder bewaffnete Auseinandersetzungen, wie jüngst auf der Krim (vgl. European Asylum Support Office 2016, S. 40 f.; Fedyuk und Kindler 2016), zurückgehen. Bedeutende Migrationsverbindungen innerhalb des Westteils des Kontinents sind in erster Linie arbeitsmarktbedingt (so Deutschland → Schweiz; Irland ↔ Vereinigtes Königreich). Darüber hinaus gibt es auch Verbindungen, die neue Formen der Zuwanderung darstellen, die als Sonderfaktoren in unserem deduktiven Erklärungsschema keine Rolle spielen (können). So verbringen zahlreiche britischen Rentner*innen ihren Lebensabend in einem wärmeren Klima (Fassmann und Münz 1996, S. 28; King 2002, S. 100), was zum Teil die Verbindung Vereinigtes Königreich → Spanien erklärt (UK Office of National Statistics 2017a).

Alles in allem haben sich die Menschen von den eher peripheren Ländern – geografisch wie wirtschaftlich verstanden – in die wohlhabende Mitte des Kontinents bewegt, und damit zu einem Gutteil von den neuen EU-Mitgliedstaaten in die alten. Dies hat zu einer Soziometrie Europas geführt, in der es fünf „Stars" gibt (die blauen Kreise), die in absoluten Zahlen den Großteil der innereuropäischen Migration anziehen: Deutschland, Großbritannien, Spanien, Italien und Frankreich (vgl. auch DeWaard et al. 2012). Die Schweiz ist ein weiterer, wenn auch kleinerer Magnet. Umgekehrt sind Polen, Rumänien, Portugal, die Ukraine, Bosnien und Herzegowina sowie Albanien die hauptsächlichen Auswanderungsländer (die roten bzw. lachsfarbenen Kreise).

Blenden wir nun über ein halbes Jahrhundert zurück, an den Beginn des europäischen Integrationsprozesses und in die Hochzeit der Blockkonfrontation (vgl. Abb. 3.4, weitere Karten sind auf der Webseite www.network-europe.eu hinterlegt). Das Netzwerk von 1960 weist generell weniger Verbindungen auf, und nur wenige starke. Kein Zweifel: In den vergangen fünf Dekaden ist die innereuropäische Migrationsbevölkerung angewachsen (vgl. Beisheim et al. 1999, S. 29 f.). Damals gab es zudem nur *eine* dominante Wanderungsrichtung: von Ost nach West, zuvorderst von der Ukraine nach Polen und von Polen nach Deutschland beziehungsweise Frankreich. Die Auswanderung aus der Tschechoslowakei, ebenfalls vor allem nach Deutschland, komplettiert dieses Bild einer vorrangigen Ost-West-Bewegung. Die Auswanderung aus Italien Richtung Norden war 1960 noch auf einem niedrigen Niveau, die Anwerbeabkommen waren erst seit kurzem in Kraft.

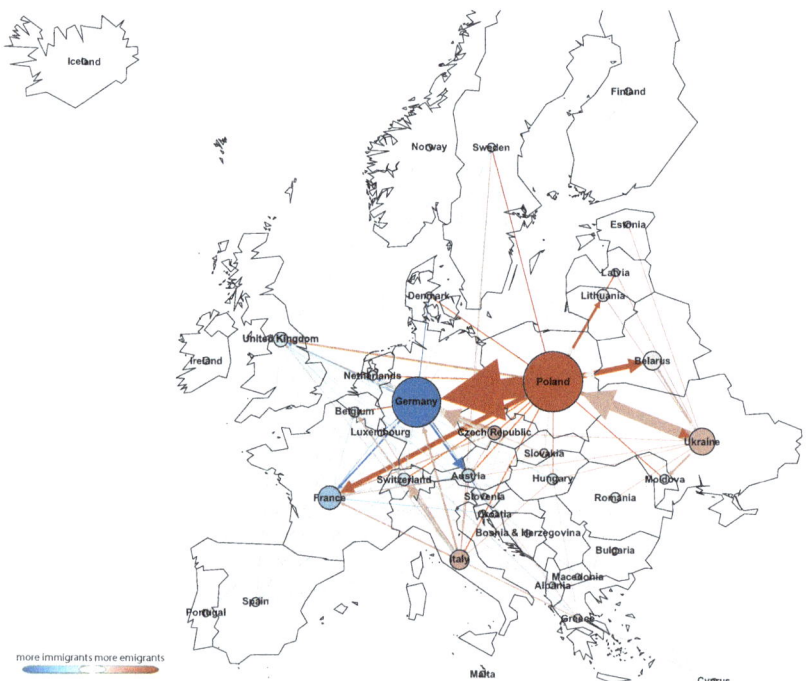

Abb. 3.4 Migration innerhalb Europas, 1960.

Notiz: Eigene Darstellung basierend auf Daten der Weltbank

Bis 1990 bleibt die – polnisch dominierte – Ost-West-Wanderung kumuliert die stärkste Migrationsbewegung (vgl. Abb. 3.5). Zudem haben die Anwerbeabkommen für Arbeitskräfte aus Südeuropa sowie der nachfolgende Familienzuzug ihre Wirkung entfaltet: Die Zahl der Italiener*innen in Frankreich, der Schweiz und Deutschland wächst stark, und auch aus Portugal, Spanien und Griechenland wandern die Menschen in großer Zahl aus. Gleiches gilt unmittelbar nach dem Fall des Eisernen Vorhangs für Rumänien, dessen Bürger*innen zunächst noch unter die Asylregelung fallen und vor allem nach Deutschland auswandern (vgl. Penninx 2017, S. 48). Die Abwanderung aus Rumänien wird sich in den folgenden Jahren verstetigen, dann allerdings unter einem anderen rechtlichen Status, seit 2007 im Rahmen der EU-Freizügigkeit. Als Folge des Jugoslawienkrieges (1991–1995) wird der Balkan zu einer Auswanderungsregion, Richtung Deutschland und Österreich einerseits, Italien und Griechenland andererseits (Fassmann und Münz 1996, S. 26).

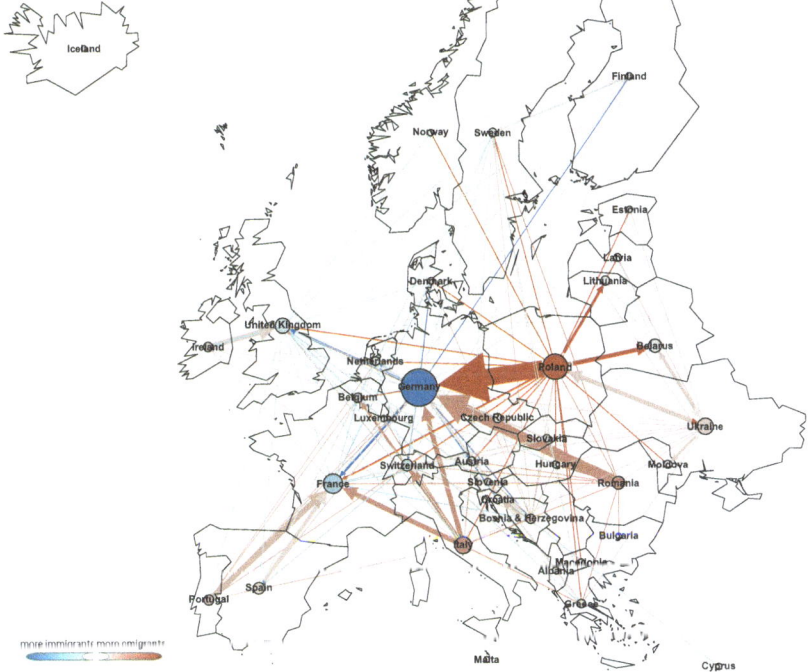

Abb. 3.5   Migration innerhalb Europas, 1990.

Notiz: Eigene Darstellung basierend auf Daten der Weltbank

Seit 2010 gilt dann die heutige Konstellation von fünf „Magneten", die intrakontinentale Zuwanderung anziehen: Traditionell sind dies Deutschland und Frankreich, ab 2010 auch Großbritannien, Spanien und Italien. Abgesehen von der irischen Zuwanderung zog Großbritannien lange Zeit hauptsächlich Menschen aus den ehemaligen Kolonien, dem sogenannten New Commonwealth, an, weniger aus anderen EU-Ländern (Castles et al. 2014, S. 69; de la Rica et al. 2013, S. 8). Die jüngste starke Zuwanderung aus Osteuropa, die selbst Expert*innen überrascht hat (vgl. die Prognose von Coleman 1996, S. 84), hat Großbritannien eine neue Rolle im europäischen Netzwerk beschert. Spanien hat 2010 ebenfalls erstmals in der Nachkriegsgeschichte einen „Star"-Status inne, nachdem es lange selbst Auswanderungsland war, und auch Italien hat seinen Status über die Jahrzehnte sukzessiv in Richtung „Star" verändert (vgl. auch Penninx 2017, S. 46). Diese neue Gestalt des innereuropäischen Migrationsnetzwerks hat sich bis heute weiter verfestigt.

3.3   Ausmaß der europäischen Migration und Netzwerkdichte

Nach dieser kartografischen Betrachtung verdichten wir nun die Informationen, beginnend mit dem Ausmaß der Binnenmigration. Die Zahl innereuropäisch Migrierter ist nach Weltbank-Daten nahezu kontinuierlich gestiegen (Abb. 3.6, Panel A). Die Zahl der Zugewanderten wurde Stand 1960 mit 15 Mio. beziffert, Stand 2017 mit 28 Mio. Einen ersten deutlichen Anstieg gab es im Jahrzehnt der Anwerbeabkommen, einen zweiten nach dem Fall des Eisernen Vorhangs, einen dritten im zeitlichen Umfeld der Osterweiterung und den Folgejahren. Dies deutet auf die Wirkmächtigkeit dieser historischen Zäsuren einerseits und der supranationalen institutionellen Regulative andererseits hin. Auch die später beginnenden und anfangs ein etwas geringeres Niveau ausweisenden Zeitreihen der UN belegen die anwachsende Migrationspopulation in Europa, mit noch größeren Zuwächsen; und sie belegen ebenfalls den starken Anstieg nach 2000. Der langfristige Trend spricht also für eine *erhöhte innereuropäische Mobilität* (vgl. auch de la Rica et al. 2013, S. 8).

In Panel B derselben Abbildung wird die innereuropäische Migrationspopulation zur Bevölkerungsgröße Europas ins Verhältnis gesetzt. Diese relative Betrachtung bestätigt den Wachstumstrend. So hat sich der durchschnittliche Migriertenanteil an der Bevölkerung von rund 44 pro 1000 Einwohner*innen im Jahr 1960 auf heute 85 fast verdoppelt. Die Wachstumsthese hat sich damit

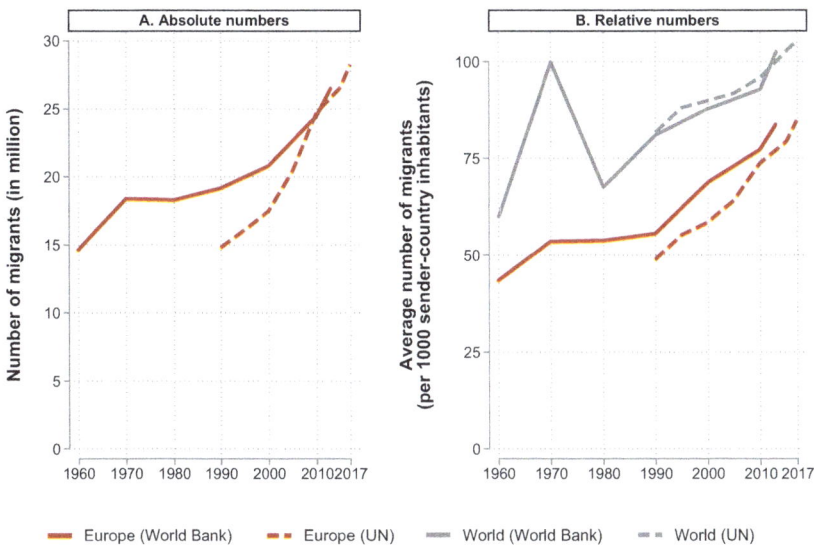

Abb. 3.6 Ausmaß der europäischen und globalen Migration, 1960–2017.

Notiz: Eigene Darstellung basierend auf Daten der Vereinten Nationen und der Weltbank

bestätigt, die Menschen sind heute mehr denn je über Staatsgrenzen hinweg in Bewegung. Europa ist in dieser Hinsicht aber keineswegs exzeptionell (vgl. auch Deutschmann 2017), denn weltweit wächst der Anteil von Menschen mit eigenem Migrationshintergrund (z. B. Castles et al. 2014, S. 4) und ist zu allen Zeitpunkten etwas höher als in Europa. Allerdings betrachten wir hier für Europa auch nur einen Ausschnitt des Geschehens, nämlich die inner-europäische Migration. Nicht berücksichtigt ist die Einwanderung aus anderen Weltregionen, die keine zu vernachlässigende Größe ist. So stammen 60 % der in Großbritannien lebenden Ausländer*innen aus Nicht-EU-Staaten (The Migration Observatory 2019), die meisten aus dem Commonwealth (UK Office of National Statistics 2019).

Hat sich damit das europäische Migrationsnetzwerk insgesamt verdichtet? Theoretisch kann sich das Mehr an Personenmobilität auch so verteilen, dass das Netzwerk nicht kohäsiver wird. Tatsächlich ist es aber heute enger geknüpft als noch vor einem halben Jahrhundert (vgl. auch Fagiolo und Mastrorillo 2013). Dies lässt sich an der Maßzahl der *Dichte* ablesen (Abb. 3.7), die sich von etwas über 0,4 im Jahr 1960 auf rund 0,7 im Jahr 2017 erhöht hat. Folglich weisen heute

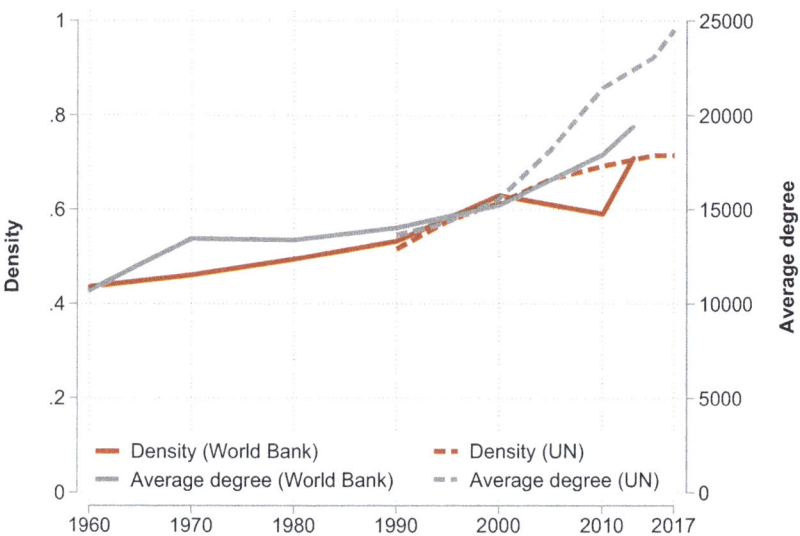

Abb. 3.7 Dichte des europäischen Migrationsnetzwerks, 1960–2017.

Notiz: Der *Durchschnittsgrad* (Average degree) gibt an, wie hoch das durchschnittliche Migriertenvolumen zwischen je zwei Ländern ist. Die *Dichte* (Density) gibt an, wie groß der Anteil der Länderpaare ist, deren gerichtetes Migrationsvolumen über einem festzulegenden Schwellenwert liegt. Dieser Schwellenwert liegt hier bei 146 Migrierten, was dem ersten Quintil der Verteilung im Jahr 2010 nach UN-Daten entspricht. Zur Kontrolle haben wir die Entwicklung der Netzwerkdichte mit anderen Schwellenwerten (dem zweiten, dritten und vierten Quintil) berechnet (vgl. Abb. 3.7A im Online-Anhang). Unabhängig vom gewählten Schwellenwert hat sich das Netzwerk über die Zeit verdichtet. Eigene Darstellung basierend auf Daten der Vereinten Nationen und der Weltbank

rund 70 % der Länderpaare in Europa ein nach unserem Kriterium nennenswertes Migrationsvolumen auf. Dieser Verdichtungtrend war nach Weltbank-Daten nur in einer Dekade, zwischen 2000 und 2010, kurz unterbrochen. Auch die kürzere Zeitreihe der UN deutet auf eine wachsende Verdichtung des Netzwerks hin, hier ohne Verschnaufpause. Kurzum: Die Statistiken zeigen einen robusten, langfristigen Trend der *Verdichtung* des innereuropäischen Migrationsnetzwerks.

Die zweite, ebenfalls Abb. 3.7 zu entnehmende Maßzahl ist der *Durchschnittsgrad*. Diese Maßzahl ist stetig angestiegen, unabhängig davon, welche Datenquelle man zugrunde legt. Lag sie 1960 bei rund 10.000 Menschen, so waren es 1990 rund 14.000 und 2010 rund 18.000 (Weltbank-Daten). Die UN-Daten legen, bei nahezu identischem Ausgangswert für 1990, einen noch stärkeren Anstieg nahe, auf 21.500 im Jahr 2010 und fast 25.000 im Jahr 2017. Auch diese Maßzahl weist also darauf hin, dass die Länder Europas insgesamt immer enger durch langfristige Personenmobilität miteinander verflochten sind, unsere Verdichtungsthese bestätigend.

3.4 Die Struktur des europäischen Migrationsnetzwerks

Die regionale Verteilung der Migration

Unsere zweite leitende Fragestellung betrifft die Struktur des Netzwerks. Die Europakarten haben schon einen Eindruck vermittelt, welche Länder nach *absoluten Migrationszahlen* prägend sind, sei es als Einwanderungsland, Auswanderungsland oder beides. Wir wollen nun genauer wissen, wie regional verteilt, oder umgekehrt: konzentriert, die innereuropäische Migration ist, und ob sich das Netzwerk im Untersuchungszeitraum dezentralisiert hat. Zu diesem Zweck ermitteln wir mittels Lorenzkurve und Gini-Index (s. dazu Kap. 2) die regionale Ungleichverteilung der Migration. Unser Ausgangspunkt sind *relative* Eingangs- und Ausgangszentralitäten der Länder, d. h. die Einbeziehungsweise Auswanderung pro 1000 Einwohner*innen. Warum die relativen Werte? Bei der Betrachtung absoluter Größen bestimmen fast zwangsläufig die großen Länder das Gesamtbild, selbst wenn relativ zur Bevölkerungsgröße wenig Menschen zu- oder abwandern. Dieses Problem wird durch die Verwendung von Migrationsraten vermieden.

Beginnen wir mit der Einwanderung (Abb. 3.8, Panel A). Stand 2017 ist relativ zur Bevölkerungsgröße Luxemburg das mit Abstand populärste Zielland innereuropäischer Zuwanderung, vor der Schweiz sowie, erneut mit einigem Abstand, Irland, Kroatien und Österreich. Unter den Top-5 ist damit nur ein neues EU-Mitgliedsland, Kroatien.[2] Unter den zehn unpopulärsten Einwanderungsländern sind dagegen viele des ehemaligen Ostblocks, nur das gerade erst der Eurokrise entkommene Portugal (Rang 28 von 37 Ländern) durchbricht die postsozialistische Phalanx. 1960 stellte sich dies noch anders dar: Zwar waren damals schon Luxemburg und die Schweiz sehr populäre Zielländer, aber zum Beispiel auch Litauen, Lettland sowie Belarus.

---

[2]Einen inversen Einfluss der Dauer der EU-Mitgliedschaft – die Menschen aus neuen Mitgliedsländern migrieren in die alten – haben auch DeWaard et al. (2012) und Windzio et al. (2019) festgestellt.

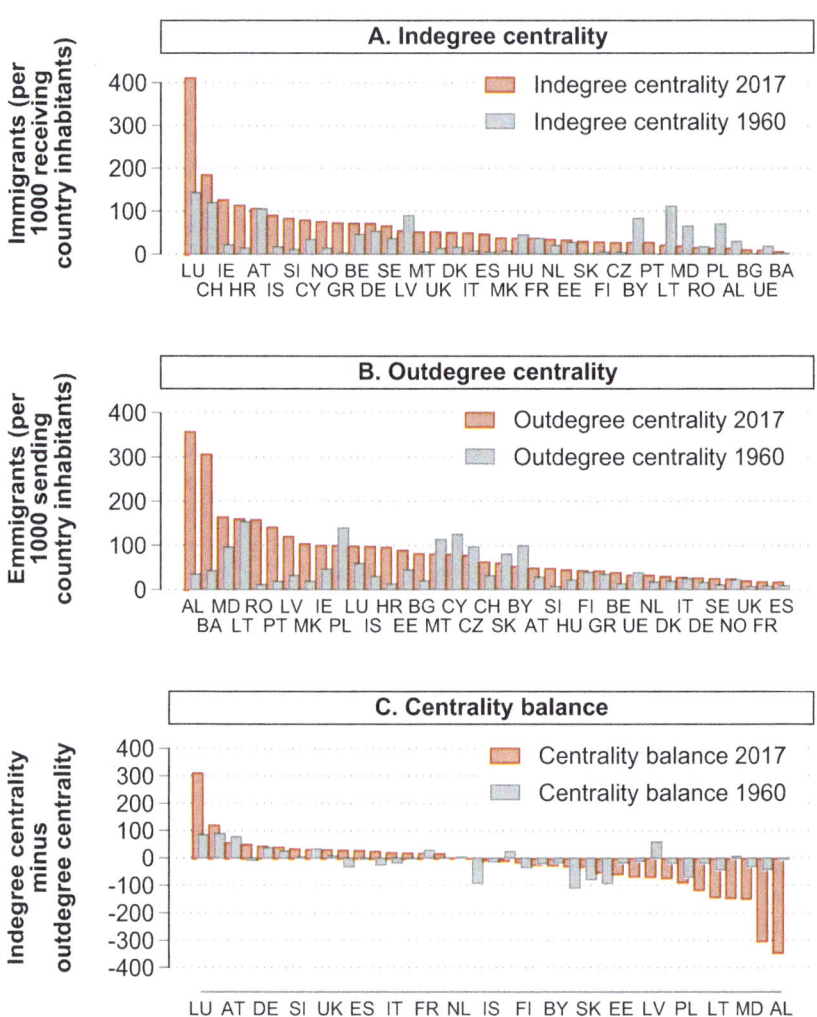

Abb. 3.8 Relative Zentralitäten der europäischen Länder, 1960 und 2017.

Notiz: Die *Eingangszentralität* (Indegree centrality) ergibt sich aus der Anzahl der Eingewanderten aus anderen europäischen Ländern, relativ zur Bevölkerungsgröße des Empfängerlandes; die *Ausgangszentralität* (Outdegree centrality) ergibt sich entsprechend aus der Anzahl der in andere europäische Länder Ausgewanderten, relativ zur Bevölkerungsgröße des Sendelandes. Eigene Darstellung basierend auf Daten der Vereinten Nationen und der Weltbank

Wie ungleich die Einwanderung verteilt ist, zeigt grafisch die Lorenzkurve beziehungsweise numerisch der Gini-Index (Abb. 3.8, Panel A). Derzeit (im Jahr 2017) weicht die Einwanderung deutlich von einer Gleichverteilung ab, optisch erkennbar am „Bauch" der roten Lorenzkurve; allerdings liegt sie näher an der Diagonalen als die schwarze Lorenzkurve für 1960. Dementsprechend beträgt der Gini-Index heute 0,45, damals 0,55. Die Zuwanderungsraten verteilen sich also etwas gleichmäßiger als früher auf die Länder Europas. In den Zahlen spiegelt sich der Aufstieg neuer innereuropäischer Einwanderungsländer wie das Vereinigte Königreich, Spanien und Italien wider. Zugleich ist die Zahl der als attraktiv geltenden Zielländer immer noch begrenzt (Czaika und de Haas 2014b; Danchev und Porter 2018), wenngleich offenbar größer als in anderen Weltregionen (Abel und Sander 2014).

Bei der Auswanderung ist das Länderranking nahezu spiegelbildlich zur Einwanderung (vgl. Abb. 3.8, Panel B). Unter den Top-12-Auswanderungsländern finden sich bis auf Portugal (Rang 6), Luxemburg (Rang 11) und Island (Rang 12) ausschließlich postsozialistische Länder. Albanien sowie Bosnien und Herzegowina mussten relativ zur Bevölkerungsgröße den größten Wegzug verkraften, Moldawien, Litauen und Rumänien haben ebenfalls hohe Emigrationsraten. Südosteuropa ist seit geraumer Zeit *die* Auswanderungsregion, mit entsprechend düsteren Bevölkerungsprognosen (Eurostat 2019e). Anfang der 1960er Jahre war die Auswanderung auf insgesamt niedrigerem Niveau ebenfalls osteuropäisch geprägt, damals waren Polen und die Tschechoslowakei unter den Hauptauswanderungsländern.

Wie die Einwanderung ist heute auch die Auswanderung etwas weniger stark regional konzentriert als noch 1960 (Abb. 3.9, Panel B). Die Lorenzkurve ist näher an die Diagonale der Gleichverteilung herangerückt, insbesondere im oberen Abschnitt, der die Länder mit starker Abwanderung abbildet. Entsprechend ist der Gini-Index der Auswanderung leicht gesunken, von 0,46 auf 0,41. Zusammenfassend bestätigt sich für die Migration unsere Dezentralisierungsthese, wobei die Dezentralisierung moderat ausfällt und sich am West-Ost-Ungleichgewicht nichts geändert hat: In großer Zahl verlassen die Menschen den Ostteil des Kontinents und gehen in den Westteil.

Die Zentrum-Peripherie-Struktur

Wir wollen nun zusammenfassend die soziometrische Position der Länder im Migrationsnetzwerk bestimmen, und zwar als *Saldo von relativer Ein- und Auswanderung*. Ein großes Wanderungsplus zeigt eine zentrale Position im Netzwerk

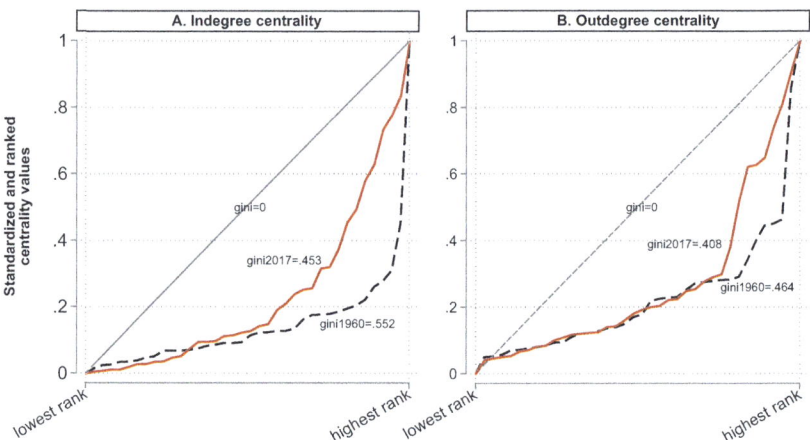

Abb. 3.9 Verteilung der innereuropäischen Migration, 1960 und 2017.

Notiz: Die Lorenzkurven stellen dar, wie sich die innereuropäische Migration auf die einzelnen Länder verteilt. Die graue gestrichelte Diagonale gibt an, wie die Kurve bei vollkommener Gleichverteilung verlaufen würde (Gini-Index = 0). In diesem Fall würde sich die Migration vollkommen gleichmäßig auf alle Länder verteilen. Je stärker sich der Großteil auf wenige Länder konzentriert, umso mehr weicht die Lorenzkurve von der Diagonalen ab und umso höher ist der Gini-Wert. Beim – hypothetischen – Höchstwert von 1 würde sich die gesamte Migration auf ein einziges Land konzentrieren. Die Werte für die Eingangs- beziehungsweise Ausgangszentralität sind standardisiert, d. h. durch den jeweils höchsten Wert aller europäischen Länder in dem entsprechenden Jahr geteilt, und nach der Größe sortiert. Eigene Darstellung basierend auf Daten der Vereinten Nationen und der Weltbank

an, hier wollen die Menschen per Saldo hin; ein großes Minus signalisiert eine periphere Position, von hier wollen die Menschen per Saldo weg. Soziometrisch zentral sind nach dieser Betrachtungsweise eine Reihe wohlhabender westeuropäischer Länder mit robusten Arbeitsmärkten: Hauptsächlich sind dies Luxemburg (mit weitem Abstand) und die Schweiz, aber auch Österreich, Norwegen und Deutschland (Abb. 3.8, Panel C). Die Top-3 waren auch 1960 schon gesuchte Per-Saldo-Einwanderungsländer. Unter den Ländern mit positivem relativen Wanderungssaldo sind mit Slowenien und Kroatien nur zwei postsozialistische Länder. Die peripheren Positionen werden ganz überwiegend von ärmeren Ländern aus der Osthälfte des Kontinents eingenommen, zuvorderst von Albanien, Bosnien und Herzegowina, Moldawien, Rumänien und Litauen. Im Zeitvergleich ist erkennbar, dass das Wanderungssaldo der peripheren

Länder heute um ein Vielfaches negativer ist als noch in den 1960er Jahren. Vor allem die südost- und osteuropäischen Länder haben einen teils dramatischen Bevölkerungsverlust erlitten (vgl. Hazans und Philips 2010; Atoyan et al. 2016; Batsaikhan et al. 2018, S. 60).

Mit der *Ökonomisierungsthese* erwarten wir, dass diese soziometrische Hierarchie des Migrationsnetzwerks über die Jahre immer unmittelbarer das wirtschaftliche Gefälle in Europa widerspiegelt. Wenn Mobilitätsrechte fast über den ganzen Kontinent ausgedehnt werden und die meisten Länder sich hinsichtlich ihrer politischen Systeme nicht mehr fundamental unterscheiden, so unsere Überlegung, sollte sich eine ökonomische Migrationslogik durchsetzen. Um dies zu überprüfen, setzen wir die eben dargestellte *soziometrische Zentrum-Peripherie-Struktur* Europas, wie sie sich aus der Migration ergibt, mit der ökonomischen in Beziehung. Letztere bestimmen wir über das nationale Wohlstandsniveau (vgl. Babones 2007), genauer über das Bruttoinlandsprodukt pro Kopf in Kaufkraftparitäten. Technisch gesprochen: Wir korrelieren für verschiedene Zeitpunkte das soziometrische mit dem wirtschaftlichen Länderranking.

Der Zusammenhang zwischen den beiden Rankings ist erkennbar enger geworden.[3] Der Rangkorrelationskoeffizient ist von 0,58 im Jahr 1990 auf 0,78 im Jahr 2017 geklettert (vgl. Tab. 3.1, Zeile „BIP pro Kopf und Zentralitätsbilanz"). Die Zentrum-Peripherie-Struktur der Migration spiegelt demnach in wachsendem Maße die wirtschaftliche Zentrum-Peripherie-Struktur wider. Nur in der Dekade von 1990 bis 2000 gab es eine gegenläufige Entwicklung, vermutlich weil die Jugoslawienkriege kurzfristig andere Fluchtgründe als ökonomische aktualisiert haben. Viele Kriegsvertriebene beantragten Asyl in Deutschland, Österreich und der Schweiz, doch eine noch größere Zahl von Menschen wanderte innerhalb Ex-Jugoslawiens oder in benachbarte Balkanländer (Fassmann und Münz 1996, S. 26; UNHCR 2000). Das Jahrzehnt der Osterweiterung brachte dann eine ebenso rasche wie weitgehende Angleichung der Migration an die wirtschaftliche Zentrum-Peripherie-Struktur. Dies gilt für beide Wanderungsrichtungen, vor allem aber für die Einwanderung (Tab. 3.8, Zeile „BIP und relative Eingangszentralität"). Bei der Wahl des Ziellandes setzt sich folglich ein ökonomisches Kalkül insofern durch, als die wirtschaftlich stärksten Länder die meisten innereuropäischen Migrant*innen anziehen. Es ist plausibel, dies mit den EU-weiten Mobilitätsrechten in Verbindung zu bringen: Wenn das

---

[3]Die prägende Kraft von Wohlstands- und Einkommensunterschieden für Migrationsbewegung wurde wiederholt nachgewiesen, auch für Europa (Ortega and Peri 2013; Beine et al. 2017; Ariu 2018, S. 52).

Tab. 3.1 Zusammenhang zwischen Wohlstands- und Migrationsranking in Europa

	1990 (WB)	2000 (WB)	2010 (UN)	2017 (UN)
BIP pro Kopf und relative Eingangszentralität	0,407 *	0,355 *	0,635 ***	0,717 ***
BIP pro Kopf und relative Ausgangszentralität	-0,359	-0,372 *	-0,472 *	-0,490 *
BIP pro Kopf und Zentralitätsbilanz	0,582 *	0,483 *	0,715 ***	0,779 ***

Notiz: Eigene Darstellung basierend auf Zentralitätswerten (s. Abb. 3.8) und BIP (Bruttoinlandsprodukt pro Kopf in internationalen Dollars, World Bank 2018c). Einträge in den Zellen sind Rangkorrelationskoeffizienten nach Spearman (N = 37 Länder, im Jahr 1990 N = 29). Signifikanzniveaus: * $p < 0,05$; ** $p < 0,01$; *** $p < 0,001$. Zusätzliche Berechnungen für die Jahre 1995, 2005, 2013 und 2015 bestätigen den hier dargestellten Trend (Delhey et al. 2019, S. 76)

Einwanderungsland aufgrund der Freizügigkeit frei gewählt werden kann, versuchen die Menschen ihr Glück gleich in den prosperierenden Zentrumsländern. Auch die Auswanderung (Tab. 3.8, Zeile „BIP und relative Ausgangszentralität") bildet heute etwas stärker als noch 1990 das innereuropäische Wohlstandsgefälle ab. Hier gilt natürlich die Faustregel: Je wohlhabender das Land, desto *weniger* Auswanderung, erkennbar am negativen Koeffizienten.

3.5   Europäische und weltweite Migration

Interne Geschlossenheit und externe Offenheit des europäischen Migrationsnetzwerks

Bislang haben wir uns auf die innereuropäische Migration beschränkt. Allerdings migrieren die Europäer*innen nicht nur innerhalb des Kontinents (vgl. für Deutschland Ette und Sauer 2010), weder heute noch früher. Bis zur Zäsur des Zweiten Weltkriegs war Europa ein Auswanderungskontinent, allein zwischen 1815 und 1839 wanderten mehr als 50 Mio. Menschen aus Europa nach Übersee aus, 30 Mio. davon in die USA (Altman und Horn 1991; Nuscheler 1995). Ebenso wenig ist Europa eine nach außen abgeschottete Festung. Spätestens mit dem Ende des Kolonialzeitalters ist (West-)Europa zu einer Einwanderungsregion mit positiver Wanderungsbilanz geworden. Menschen aus den ehemaligen Kolonien in Asien, Afrika und der Karibik zogen nach Großbritannien, Frankreich, in die Beneluxstaaten, nach Spanien und Portugal (de la Rica et al. 2013,

S. 8; Penninx 2017, S. 46) und bildeten „multikulturelle Inseln innerhalb
etablierter Nationalstaaten" (Fassmann und Münz 1996, S. 19). Europa war und
ist auch Ziel von Geflüchteten und Asylsuchenden (Zimmermann 1996, S. 99),
zuletzt in größerer Zahl aus dem Nahen Osten und Nordafrika (Batsaikhan et al.
2018, S. 8; UNHCR 2019b). Aus der Perspektive der Europäisierung ist daher die
Gretchenfrage, ob angesichts der zumindest partiellen und sicherlich ungleichen
Durchlässigkeit in beide Richtungen – Auswanderung aus Europa, für manche
Migrationsgruppen deutlich schwerere Einwanderung nach Europa – so etwas
wie ein *spezifisch kontinentaler* Migrationsraum entstanden ist, analog zu dem
rechtlichen Raum, den Unionsbürgerschaft und Arbeitnehmerfreizügigkeit aufspannen.

Um dies zu erkunden, erweitern wir den Blick schrittweise über Europa hinaus.
Wir beginnen dabei mit der von europäischen Ländern ausgehenden Migration, um
Veränderungen in der geografischen Ausrichtung der Mobilität der Europäer*innen
erkennen zu können. Dabei hilft uns das Konzept der *internen Geschlossenheit* (vgl. Delhey et al. 2015). Für unseren interpretatorischen Fluchtpunkt der
europäischen Vergesellschaftung ist bedeutsam, ob die mobilen Europäer*innen
heute mehr als früher in *andere europäische* Länder auswandern, oder in Länder
außerhalb Europas. Mit anderen Worten: Es geht um die sich im Mobilitätsverhalten ausdrückende Präferenz für Europa, für den eigenen Kontinent. Was
sagen die Zahlen? Im Jahr 1960 waren kumuliert ca. 40 % der Auswander*innen
mit einem europäischen Pass in Europa verblieben, ca. 60 % waren in andere
Kontinente ausgewandert (Abb. 3.10). Bis 2017 hat sich dieses Verhältnis genau
umgekehrt. Der mobile Teil der Bevölkerung Europas ist also mehr als früher auf
den Heimatkontinent fokussiert, das europäische Migrationsnetzwerk daher intern
geschlossener. Das ist vor allem seit 1990 der Fall, als der Fall des Eisernen Vorhangs eine massive Ost-West-Migration ausgelöst hat (vgl. Fassmann und Münz
1994; de la Rica et al. 2013, S. 9). Dieser Trend zur *Europäisierung der Migration*
hat sich in der Dekade der Osterweiterungen fortgesetzt.

Nun wechseln wir die Perspektive zur Einwanderung. Uns interessiert nun,
welchen Anteil Zugewanderte aus anderen Weltregionen an *allen* Migrierten
haben, die in europäischen Ländern leben. Dies gibt einen Eindruck der
externen Offenheit des Netzwerks Europa. Der Grad der Offenheit nimmt dann
zu, wenn die Einwanderung in europäische Länder in zunehmendem Maße von
Menschen nicht-europäischer Nationalität getragen wird. Im Jahr 1960 machte
letztere Gruppe etwa 40 % der Migrationspopulation in Europa aus (Abb. 3.10),
folgerichtig entfielen etwa 60 % auf die innereuropäische Migration. Nach und
nach haben sich die Gewichte verschoben, und heute kommen knapp 60 %
von außerhalb Europas – Europa ist ein Einwanderungskontinent geworden

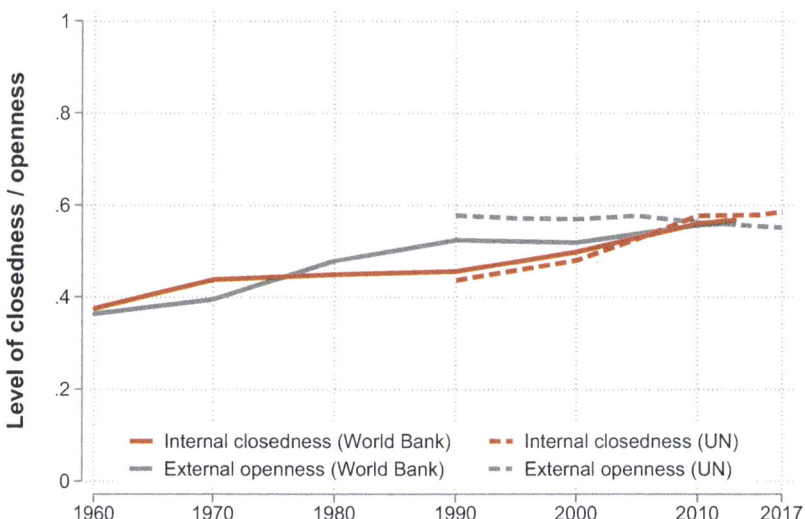

Abb. 3.10 Relative Geschlossenheit und Offenheit des europäischen Migrationsnetzwerks, 1960–2017.

Notiz: Die *interne Geschlossenheit* (Internal closedness) des europäischen Netzwerks gibt an, wie groß bei der Auswanderung aus europäischen Ländern der intrakontinentale Anteil ist. Die *externe Offenheit* (External openness) gibt an, wie groß bei der Einwanderung in europäische Länder der außerkontinentale Anteil ist. Eigene Darstellung basierend auf Daten der Vereinten Nationen und der Weltbank

(vgl. Bade 2001; de la Rica et al. 2013, S. 8). Seit 1990 tut sich allerdings nicht mehr viel: Je nach verwendeter Datenbasis erhöht sich der externe Öffnungsgrad nach dem Ende der politischen Teilung Europas nur noch geringfügig (nach Weltbank-Daten) oder nimmt sogar etwas ab (nach UN-Daten). Ein potentieller Grund ist die massive Ost-West-Wanderung nach dem Ende des Staatssozialismus, die die Gewichte verschoben hat, ein weiterer mögen die restriktiveren Einwanderungsregeln für Drittstaatenangehörige sein.

Insgesamt erlebte Europa damit ein Nebeneinander zweier nur scheinbar konträrer Entwicklungen: Während die Europäer*innen selbst immer „europäischer" migrieren, ist gleichwohl für längere Zeit – bis zum Jahr 1989/1990 – der Anteil von Migrierten gestiegen, die aus anderen Weltregionen nach Europa kommen. Mit Ulrich Beck (Beck und Grande 2004) könnte man sagen: Europa erfuhr *sowohl* eine Europäisierung *als auch* eine Globalisierung.

Europa im globalen Migrationsnetzwerk

Nun fügen wir den letzten Mosaikstein hinzu, indem wir *alle* Migrationsverbindungen weltweit betrachten, ohne vorab ein Netzwerk als „europäisch" zu definieren. Können wir Europa dann als eigenständiges Unternetzwerk – oder in der Sprache der Netzwerkanalyse: als Komponente – im weltweiten Wanderungsgeschehen identifizieren? Und heute besser als früher, wie wir mit unserer *Regionalisierungsthese* vermuten? Oder „verschwindet" Europa zunehmend in einem alle Kontinente umspannenden Migrationsstrom? Unsere Antwort auf diese Fragen kommt in zwei Teilen. Wir beginnen mit dem langfristigen Trend 1960–2010, gefolgt von den jüngsten Veränderungen 2010–2017.

Für 2010 lässt sich die Welt der Migration in sieben empirisch unterscheidbare Komponenten unterteilen (vgl. Abb. 3.11), die hier nach ihrer Größe gelistet sind:

- Multiregionales Cluster (55 Länder, davon 4 europäische)
- Europa-Plus (47 Länder, davon 27 europäische)
- Muslimische Welt & Südasien (24 Länder)
- Süd- & Ostafrika (18 Länder)
- Osteuropa & Zentralasien (16 Länder, davon 6 europäische)
- Westafrika (16 Länder)
- Iran, Irak & Afghanistan (3 Länder)

Diese globale Struktur beschreiben und interpretieren wir im Folgenden aus der Perspektive Europas und gehen dabei nur auf die Komponenten mit europäischer Beteiligung ein. Vorausgeschickt: Die größte Komponente ist das Multiregionale Cluster mit Zentrum USA, das von Ostasien (China und Japan) und Ozeanien (Australien und Neuseeland) über Amerika (USA, Mexiko) bis nach Europa (Großbritannien und Irland) reicht.

Aus europäischer Sicht ist interessant, dass es die *eine* und *ausschließlich* europäisch besetzte Komponente nicht gibt. Angesichts der Kolonialgeschichte Europas und der Attraktivität insbesondere Westeuropas als „Skandinavien der Welt" (Therborn 2013) war dies aber auch nicht zu erwarten. Die europäischen Länder sind vielmehr in drei verschiedene Netzwerke eingebettet. Allerdings sind nicht weniger als 27 von ihnen Teil von Europa-Plus (in Abb. 3.11 blau dargestellt). Es umfasst annähernd das gesamte West und Südeuropa, das komplette Nordeuropa sowie Teile von Osteuropa und Südosteuropa. Die nicht integrierten osteuropäischen Länder, sechs an der Zahl, sind in die von Russland dominierte Komponente Osteuropa & Zentralasien (rot dargestellt) eingebunden:

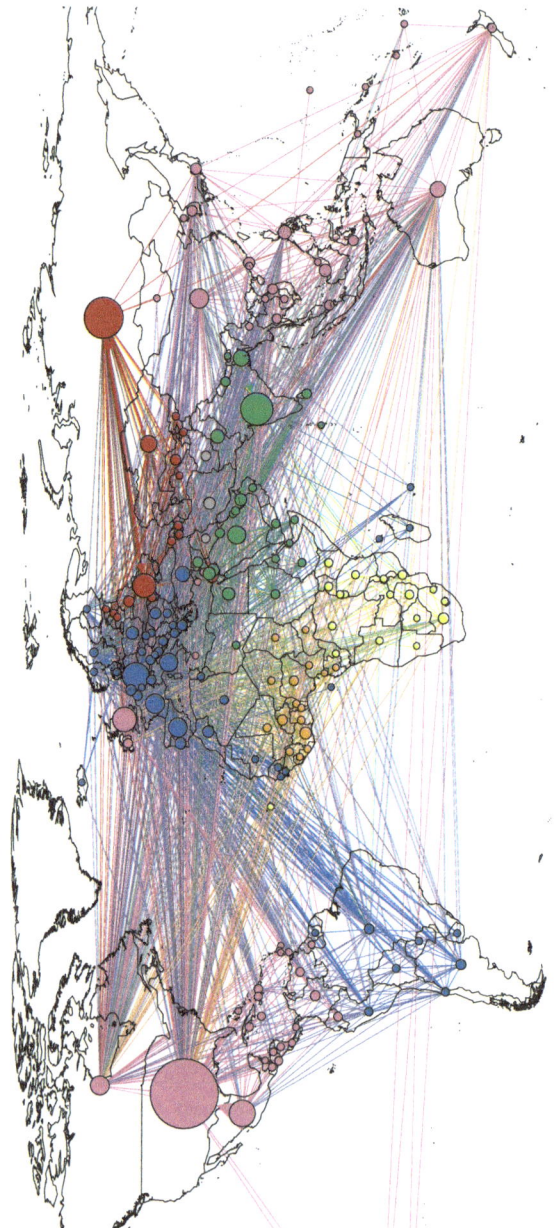

Abb. 3.11 Komponenten des globalen Migrationsnetzwerks, 2010.

Notiz: Eigene Darstellung basierend auf Weltbank-Daten. Es sind nur Verbindungen mit mehr als 2574 Migrierten zwischen den Ländern (entsprechend dem dritten Quintil der Verteilung der innereuropäischen Migrationsverbindungen im Jahr 2010 nach UN-Daten) abgebildet. Die Stärke der Pfeile ist proportional zur Anzahl der Migrierten, die aus dem Entsendeland stammen und im Ankunftsland leben. Die Größe der Kreise ist proportional zur Summe der Ein- und Ausgewanderten. Die Modularitätsanalyse wurde mit dem Resolutionsfaktor 1,5 durchgeführt und hat sieben Komponenten ergeben (Modularitätsmaß = 0,518, Modularitätsmaß mit Resolutionsfaktor = 0,887). Farblegende der Komponenten: Multiregionales Cluster (magenta), Europa-Plus, (blau) Muslimische Welt & Südasien (grün), Sud- & Ostafrika (zitronengelb), Osteuropa & Zentralasien (rot), Westafrika (gelb), Iran, Irak & Afghanistan (grau)

die drei baltischen Republiken, die ja erst 1991 von der damaligen Sowjetunion unabhängig wurden und größere russischen Minderheiten beheimaten, sowie die Ukraine, Moldawien und Weißrussland. Zu dieser „roten" Komponente gehören ausschließlich Länder, die früher im Ostblock organisiert waren, damals größtenteils als Teilrepubliken der Sowjetunion. Schließlich gehören vier europäische Länder zum US-dominierten multiregionalen Cluster (magenta), nämlich Großbritannien und Irland sowie Malta und Zypern. In Sachen Migration war Großbritannien nie primär europäisch eingebunden, sondern immer global, trotz der nach der EU-Osterweiterung starken Einwanderung aus den neuen Mitgliedstaaten (s. Abschnitt 3.1).

Für das große kerneuropäische Netzwerk haben wir den Namen Europa-Plus gewählt, weil es in seiner geografischen Ausdehnung über den Kontinent hinausreicht. Acht südamerikanische Länder sind beispielsweise darin enthalten, darunter Brasilien und Argentinien, eingebunden über die Brücke iberische Halbinsel; weiterhin elf afrikanische Länder, darunter Tunesien und Marokko, verbunden über die Brücke Frankreich; und schließlich mit der Türkei ein Land, das geografisch zum kleineren Teil Europa, zum größeren Teil aber Asien zuzuordnen ist.[4] Die Kolonialzeit (vgl. de la Rica et al. 2013, S. 8) sowie im Falle der Türkei die Anwerbeabkommen und der Familiennachzug (Therborn 1995, S. 43; Hunn 2005) sind die historischen Fundamente für diese engen Verbindungen über die kontinentalen Grenzen hinaus. Die Verteilung des Migrationsvolumens innerhalb von Europa-Plus offenbart den gleichwohl dominant europäischen Charakter dieser Komponente, denn an rund 85 % der Migration innerhalb des Netzwerks sind europäische Länder beteiligt.

Die Existenz von Europa-Plus gewinnt noch einmal an Bedeutung, lässt man das letzte halbe Jahrhundert mittels der Netzwerkdaten Revue passieren. Im Jahr 1960 unterteilte sich das globale Migrationsnetzwerk in sieben Komponenten (vgl. Abb. 3.12):

- Multiregionales Cluster (66 Länder, davon 19 europäische)
- Ostblock-Plus (45 Länder, davon 18 europäische)
- Zentralafrika (36 Länder)
- Südasien (15 Länder)

---

[4]Eine in ähnlicher Weise auf Südamerika und Nordafrika „ausgedehnte" europäische Komponente finden auch Davis et al. (2013); ein stärker europäisches Europa-Plus finden dagegen Novotný und Hasman (2016), hier auf Basis einer etwas anderen Technik der Ländergruppierung.

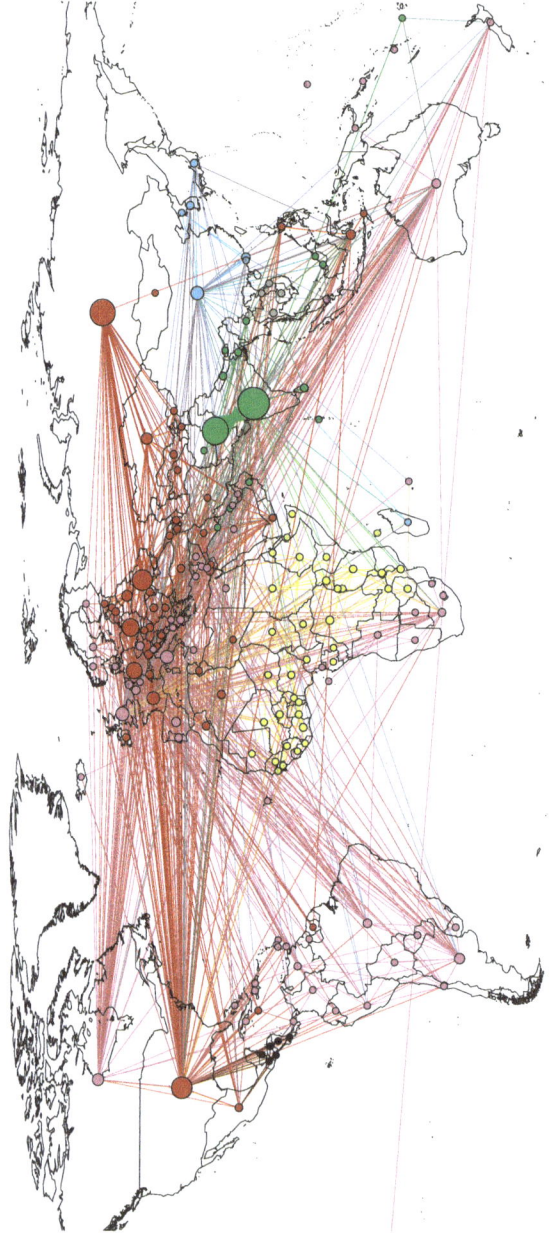

Abb. 3.12 Komponenten des globalen Migrationsnetzwerks, 1960.

Notiz: Eigene Darstellung basierend auf Weltbank-Daten. Es sind nur Verbindungen mit mehr als 2574 Migrierten zwischen den Ländern (entsprechend dem dritten Quintil der Verteilung der innereuropäischen Migrationsverbindungen im Jahr 2010 nach UN-Daten) abgebildet. Die Stärke der Pfeile ist proportional zur Anzahl der Migrierten, die aus dem Entsendeland stammen und im Ankunftsland leben. Die Größe der Kreise ist proportional zur Summe der Ein- und Ausgewanderten. Die Modularitätsanalyse wurde mit dem Resolutionsfaktor 1,5 durchgeführt und hat sieben Faktoren ergeben (Modularitätsmaß = 0,580, Modularitätsmaß mit Resolutionsfaktor = 1,021). Farblegende der Komponenten: Multiregionales Cluster (magenta), Ostblock-Plus, (rot) Zentralafrika (zitronengelb), Südasien (grün), Ostasien (hellblau), Zentralamerika (schwarz), Kambodscha, Laos, Thailand & Vietnam (grau)

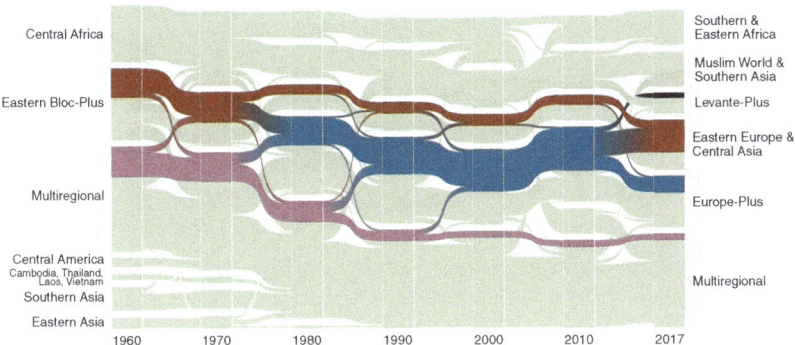

Abb. 3.13 Übergänge zwischen Komponenten des globalen Migrationsnetzwerks, 1960–2017 – Länderzuordnung.

Notiz: Eigene Darstellung basierend auf Weltbank-Daten, außer Jahr 2017 (UN-Daten). Die Stärke der Komponenten basiert auf der Anzahl der dort verorteten Länder. Die farblich hervorgehobenen Bereiche zeigen den Anteil europäischer Länder in der jeweiligen Komponente: Multiregionales Cluster (magenta), Europa-Plus (blau), Osteuropa & Zentralasien (rot), Levante-Plus (schwarz)

- Ostasien (7 Länder)
- Zentralamerika (6 Länder)
- Kambodscha, Laos, Thailand & Vietnam (4 Länder)

Europa-Plus war 1960 und auch 1970 (diese und weitere Abbildungen auf www.network-europe.eu) folglich noch gar nicht existent. Damals waren die europäischen Länder entweder Teil des Ostblock-Plus-Netzwerks, das migrationstechnisch zum Beispiel auch Deutschland und Österreich umfasste; oder Teil des riesigen multiregionalen Clusters, der weite Teile West- und Südosteuropas einbezog. Auch in Sachen Migration war Europa ein geteilter Kontinent, wobei die Zweiteilung nicht exakt entlang des Eisernen Vorhangs verlief. Zwischen 1970 und 1980 bildete sich dann Europa-Plus als eigenständiges Migrationsnetzwerk mit regionalem Schwerpunkt in Westeuropa heraus (vgl. das sogenannte Alluvial-Diagramm in Abb. 3.13). Europa-Plus (blau) entstand, indem sich einige Länder vom multiregionalen Cluster (magenta) abspalteten, andere von der Komponente Ostblock-Plus (rot).[5] Die neue Komponente Europa-

---

[5]Andere Studien beobachten ebenfalls die Entstehung einer europäischen Komponente seit 1960 (Fagiolo und Mastrorillo 2013), wobei die Take-Off-Phase bisweilen etwas später angenommen wird (Davis et al. 2013; Danchev und Porter 2018).

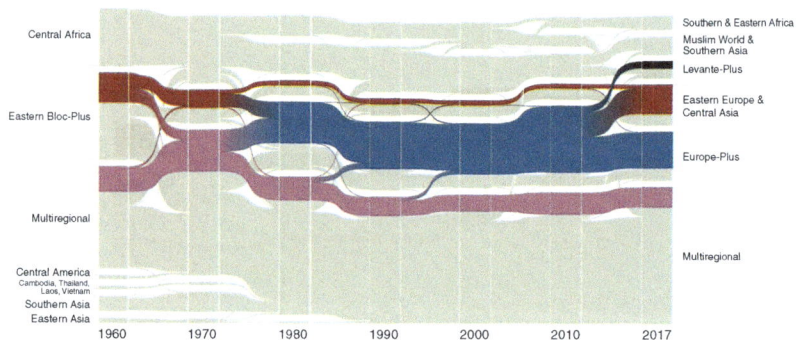

Abb. 3.14 Übergänge zwischen Komponenten des globalen Migrationsnetzwerks, 1960–2017 – Volumenzuordnung.

Notiz: Eigene Darstellung basierend auf Weltbank-Daten, außer Jahr 2017 (UN-Daten). Die Stärke der Komponenten basiert auf ihrem jeweiligen Anteil an der weltweiten Migration. Die farblich hervorgehobenen Bereiche zeigen die Anteile der europäischen Länder am gesamten Migrationsvolumen: Multiregionales Cluster (magenta), Europa-Plus (blau), Osteuropa & Zentralasien (rot), Levante-Plus (schwarz)

Plus umfasste im Jahr 1980 insgesamt 49 Länder, davon 18 europäische. Sie war anfangs also weniger europäisch als heute, noch gehörte beispielsweise ganz Nordeuropa zum multiregionalen Cluster. In den folgenden Jahren entfaltete Europa-Plus aber eine gewisse Magnetwirkung: Im Jahr 1990 gehörten 23 europäische Länder dazu (bei einer Komponentengröße von 54 Ländern), 2000 bereits 26 (bei 47 Länder insgesamt), 2010 dann wie erwähnt 27 (bei 47 Ländern insgesamt). Damit hat sich nach und nach der regionale Schwerpunkt dieser Komponente nach Europa verlagert. Im Jahr 2010 machen die europäischen Länder 57 % aller Länder in Europa-Plus aus, 1980 waren es noch 37 %.

Diese *Europäisierung* von Europa-Plus wird beim Migrationsvolumen noch deutlicher (Abb. 3.14). Gingen schon 1980 rund zwei Drittel des Migrationsvolumens innerhalb der Komponente auf europäische Länder zurück, stieg dieser Anteil in den folgenden Jahrzehnten stetig, auf 75 % im Jahr 1990 und 85 % im Jahr 2010. Aus all dem schlussfolgern wir: Der politisch-institutionellen Makro-Regionalisierung Europas im Gewand der EU entspricht die Herausbildung eines europäischen Migrationsclusters, was unsere Regionalisierungsthese bestätigt. Eine gewisse vergesellschaftende Wirkung besaß im Übrigen auch der zweite großangelegte supranationale Steuerungsversuch in Europa, der Ostblock unter Führung der Sowjetunion (vgl. Therborn 1995, S. 346 ff.), der durchgehend als eigenständiges Migrationscluster (Ostblock-Plus bzw. Osteuropa & Zentralasien) identifizierbar ist. Allerdings hatten sich die meisten mittel- und osteuropäischen Länder migrationstechnisch schon zwischen 1970 und 1980 herausgelöst – ein Hinweis auf die geringere Vergesellschaftungswirkung des sehr asymmetrischen und durch Zwang integrierten sozialistischen Staatenverbunds. Nach der Auflösung des Ostblocks erfuhr dieses rot abgebildete Cluster dann eine geografische Umschichtung in Richtung Zentralasien und hat sich erst jüngst wieder europäisiert, vor allem als Folge des Ukraine-Krieges. Während der Krim-Krise mussten rund zwei Millionen Menschen in der Ukraine ihr Zuhause verlassen (Pikulicka-Wilczewska 2017, S. 1), und nicht wenige davon sind westwärts geflohen. So hat sich die Zahl der Asylsuchenden aus der Ukraine in der EU nach 2014 verzehnfacht, die Anzahl der dort ausgestellten erstmaligen Arbeitserlaubnisse für Menschen aus der Ukraine verdoppelt (Eurostat 2018a). Diese jüngsten Migrationsbewegungen haben Spuren hinterlassen, auf die wir nun zu sprechen kommen.

Wir haben der Entwicklung bis 2010 viel Platz eingeräumt, weil sich die Weltkarte der Migration anschließend in nur wenigen Jahren fundamental verändert hat. Ereignisse wie die Krim-Krise und der Krieg in der Ukraine, der Bürgerkrieg in Syrien und die Geflüchtetenkrise von 2015/2016 haben neue Migrationsbewegungen hervorgerufen, von denen nicht wenige das Ziel Europa haben, das Wohlstand und Sicherheit verheißt. Das Ergebnis: Europa als einigermaßen klar umrissene Migrationskomponente Europa-Plus befindet sich aktuell in Auflösung (s. Abb. 3.15 sowie die rechten Ränder der Alluviale in Abb. 3.13 und 3.14). Dies zeigt sich in der Komponentenstruktur des globalen Migrationsnetzwerks für 2017, in der sich sechs Unternetzwerke ausmachen lassen:

- Multiregionales Cluster (59 Länder, davon 4 europäische)
- Europa-Plus (32 Länder, davon 10 europäische)
- Osteuropa & Zentralasien (31 Länder, davon 20 europäische)
- Muslimische Welt (22 Länder)
- Ost- und Südafrika (22 Länder)
- Levante-Plus (13 Länder, davon 3 europäische)

Die europäischen Länder verteilen sich aktuell auf nicht weniger als vier verschiedene Komponenten: erstens das kräftig geschrumpfte Europa-Plus, das nun hauptsächlich aus den Ländern der ehemaligen EU-15 besteht; zweitens Osteuropa & Zentralasien, zu dem gegenwärtig die Mehrzahl der europäischen Länder gehört, so auch Deutschland; drittens das multiregionale Cluster, dem nach wie vor das Vereinigte Königreich und Irland angehören; und viertens

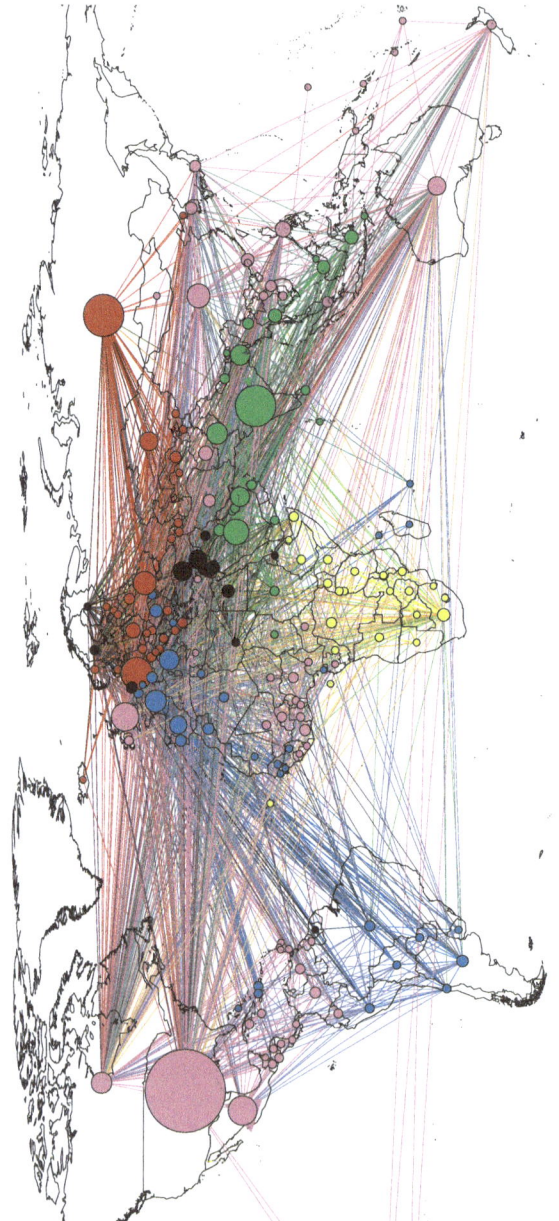

Abb. 3.15 Komponenten des globalen Migrationsnetzwerks, 2017.

Notiz: Eigene Darstellung basierend auf Daten der Vereinten Nationen. Es sind nur Verbindungen mit mehr als 2574 Migrierten zwischen den Ländern (entsprechend dem dritten Quintil der Verteilung der innereuropäischen Migrationsverbindungen im Jahr 2010 nach UN-Daten) abgebildet. Die Stärke der Pfeile ist proportional zur Anzahl der Migrierten, die aus dem Entsendeland stammen und im Ankunftsland leben. Die Größe der Kreise ist proportional zur Summe der Ein- und Ausgewanderten. Die Modularitätsanalyse wurde mit dem Resolutionsfaktor 1,5 durchgeführt und hat sechs Faktoren ergeben (Modularitätsmaß = 0,580, Modularitätsmaß mit Resolutionsfaktor=1,021). Farblegende der Komponenten: Multiregionales Cluster (magenta), Europa-Plus (blau), Osteuropa & Zentralasien (rot), Muslimische Welt (grün), Ost- & Südafrika (zitronengelb), Levante-Plus (schwarz).

Levante-Plus, eine neu entstandene Komponente mit einem Schwerpunkt im Mittleren Osten, in das durch die Aufnahme vieler Geflüchteter Schweden eingebunden ist (UNHCR 2019b) sowie Finnland durch die traditionell enge Anbindung an Schweden (Hedberg 2007, S. 455 f.). Die jüngste Zuwanderung nach Europa *von außen,* nicht etwa ein geändertes Migrationsverhalten der Europäer*innen selbst, hat den langfristigen Trend hin zu einem großen und in sich relativ geschlossenem europäischen Migrationsnetzwerk vorerst gestoppt, ja sogar umgekehrt.

3.6 Zusammenfassung

Tab. 3.2 fasst die wichtigsten Ergebnisse für die Migration zusammen. Für den *Umfang* der innereuropäischen Vergesellschaftung (unsere erste Leitfrage) finden wir erwartungsgemäß eine anwachsende Migrationspopulation und ein sich verdichtendes Netzwerk, vor allem nach der Implosion des sozialistischen Blocks und den EU-Osterweiterungen. Da es sich bei den Migrationsdaten um Bestandsgrößen handelt, ist dieser Befund vielleicht am wenigsten überraschend – die Migrationsbewegungen lagern sich übereinander wie Sedimentgestein. Gleichwohl bedeutet er in der Summe ein stark gestiegenes Potenzial für Austausch und Kontakt der europäischen Bevölkerung, ganz so, wie von Brüssel und von Europa-Visionär*innen angedacht.

Die *Struktur* des Netzwerks (die zweite Leitfrage) hat sich weniger stark verändert als ihr Umfang. Ein bleibendes, ja sich verschärfendes Merkmal ist die soziometrische Spaltung in West (das Zentrum mit Zuzug) und Ost (die Peripherie mit massivem Wegzug). Allerdings hat sich die Position Südeuropas langfristig verändert, von einer peripheren zu einer zentralen Region. Nach wie vor verteilt sich die europäische Binnenmigration sehr ungleich auf die einzelnen Länder, hier hat sich das Netzwerk sowohl bei der Aus- als auch bei der Einwanderung *nur geringfügig dezentralisiert.* Offenbar empfinden viele Europäer*innen die Lebenschancen, die ihr Heimatland bietet, als nicht zufriedenstellend – und gehen, weil es rechtlich möglich ist, in die wirtschaftlich starken Länder. Diese ökonomische Logik ist in den Freizügigkeitsregelungen selbst angelegt, die ersonnen wurden, um die grenzüberschreitende Mobilität des Faktors Arbeit im Binnenmarkt zu erhöhen (z. B. Favell und Recchi 2009; Recchi und Salamońska 2015). Als Folge bildet die soziometrische Zentrum-Peripherie-Struktur des Migrationsnetzwerks immer unmittelbarer das Wohlstandsgefälle in Europa ab, vor allem seit der Osterweiterung. Diese *Ökonomisierung der Migration* könnte dazu beitragen, die wirtschaftlichen

Tab. 3.2 Die Ergebnisse zur Migration im Überblick

Hypothese	Ja/Nein	Hauptergebnis
Umfang der innereuropäischen Vergesellschaftung		
Wachstumsthese	Ja	Anwachsen der innereuropäischen Migrationsbevölkerung, absolut und relativ zur Gesamtbevölkerung
Verdichtungsthese	Ja	Verdichtung des innereuropäischen Migrationsnetzwerks
Struktur der innereuropäischen Vergesellschaftung		
Dezentralisierungsthese	Ja	Geringere Ungleichverteilung von Aus- und Einwanderung auf die Länder Europas (v. a. bei der Einwanderung)
Ökonomisierungsthese	Ja	Stärker werdender Zusammenhang zwischen der soziometrischen und der ökonomischen Zentrum-Peripherie-Struktur Europas (v. a. bei der Einwanderung)
Regionaler Schwerpunkt der transnationalen Vergesellschaftung		
Schließungsthese	Ja	Zunehmende interne Geschlossenheit des europäischen Netzwerks (bei zugleich größerer, seit ca. 1989 aber konstanter externer Offenheit).
Regionalisierungsthese	Ja	Herausbildung und Konsolidierung einer spezifisch europäischen Komponente im weltweiten Migrationsnetzwerk (Europa-Plus); zuletzt Trendbruch und Fragmentierung

Notiz: Eigene Darstellung

Unterschiede in Europa zu vertiefen, oder zumindest Konvergenz zu erschweren (z. B. Kaczmarczyk und Okólski 2008; Atoyan et al. 2016). Die auf regionale Entwicklung ausgerichtete Kohäsionspolitik der EU ist offenbar nicht stark genug, dem Abwanderungsdruck entgegenzuwirken, erst recht nicht seit der Eurokrise. Unser Befund der Ökonomisierung ist im Übrigen kein Widerspruch zu der Tatsache, dass die Migrationsforschung mehr denn je die Pluralität von Migrationsmotiven unterstreicht (King 2002; Verwiebe et al. 2014). Was immer die *individuellen* Motive sein mögen, es zieht viele Migrant*innen in die prosperierenden Zentrumsländer, weil die dortige Lebensqualität in vielerlei Hinsicht besser ist (vgl. Delhey und Steckermeier 2016).

Schließlich finden wir beim *regionalen Fokus* der transnationalen Vergesellschaftung (die dritte Leitfrage) eine wachsende *interne Geschlossenheit* des europäischen Migrationsnetzwerks – die mobilen Europäer*innen wandern wie erwartet zunehmend intra-, nicht extrakontinental. Auch aus diesem Grund hat sich im weltweiten Migrationsgeschehen im untersuchten Zeitraum eine europäisch dominierte Komponente, in der mehr und mehr Länder Europas (wenn auch noch nicht alle) zusammengeschlossen sind, herausgebildet, was unsere Regionalisierungsthese bestätigt. In die Entstehungsphase dieser Komponente fällt die Wirkung der Anwerbeabkommen sowie der Arbeitnehmerfreizügigkeit, seinerzeit noch für die EG-Gründungsmitglieder; in die Expansionsphase fallen drei EU-Erweiterungsrunden sowie diverse inhaltliche Ausgestaltungen der Personenfreizügigkeit und Unionsbürgerschaft. Dies verweist auf die Formbarkeit grenzüberschreitender Prozesse durch supranationale Regulierung. Ob die jüngste Fragmentierung von Europa-Plus nur eine krisenbedingte Episode darstellt (Ukraine-Konflikt, Syrien-Krieg, Demokratisierungsstau in Nordafrika usw.) oder den neuen Dauerzustand, muss die Zukunft zeigen.

Europa als Studierendennetzwerk 4

In diesem Kapitel beschäftigen wir uns mit der Mobilität von Studierenden. Als einzige der von uns untersuchten grenzüberschreitenden Aktivitäten ist diese von vornherein auf einen bestimmten Bevölkerungskreis, diejenigen mit einer Hochschulzugangsberechtigung, und de facto auch eine bestimmte Altersgruppe, vorwiegend junge Leute, beschränkt. Gleichwohl ist sie ein wichtiger Aspekt der grenzüberschreitenden Verflechtung (vgl. King 2002, S. 98 f.), gerade weil das Auslandsstudium in der Regel noch in eine Phase biografischer Offenheit fällt und damit identitätsbildend sein kann. Manchen gilt es gar als eine Art kosmopolitische Lehre, als „[…] apprenticeship for a variety of international, European and cross-border professional (but also personal) activities" (King und Ruiz-Gelices 2003, S. 242). Den Studierenden wird eine Pionierrolle für zukünftige Migrationsbewegungen attestiert (Skeldon 1997; s. auch Dreher und Poutvaara 2005) und generell ein großer Einfluss auf die gesellschaftliche Entwicklung zugesprochen (vgl. Shields 2013).

Im Ausland zu studieren war bereits im ausgehenden Mittelalter in Mode, angetrieben durch die Anziehungskraft der italienischen Universitäten und erleichtert durch die lingua franca Latein, die damalige Sprache der Bildung und Wissenschaft (Gürüz 2008). Jahrhunderte später haben Europapolitiker*innen die potenzielle Bedeutung der akademischen Mobilität für den kontinentalen Einigungsprozess wiederentdeckt und seit 1987 durch das *Erasmus-Programm* ganz offiziell und mit viel Geld gefördert, später auch durch den *Bologna-Prozess* (der freilich keine von der EU angestoßene Initiative war, dazu später mehr). In den ersten dreißig Jahren seines Bestehens ermöglichte Erasmus 4,4 Mio. Studierenden ein Austauschsemester; es ist damit das weltweit größte Förderprogramm seiner Art und gilt als „single most successful component of EU policy" (Papatsiba 2006, S. 98). Der Erstautor dieses Buches ist seinerzeit

© Springer Fachmedien Wiesbaden GmbH, ein Teil von Springer Nature 2020
J. Delhey et al., *Netzwerk Europa,* Neue Bibliothek der Sozialwissenschaften,
https://doi.org/10.1007/978-3-658-30042-5_4

selbst mit Tempus, einer frühen Erasmus-Variante, auf akademische Reisen
gegangen, in die Niederlande. Die Irrungen und Wirrungen des Lebens der
Erasmus-Student*innen wurde Anfang der 2000er Jahre auch filmisch in Szene
gesetzt, die Komödie „L'Auberge Espagnole – Barcelona für ein Jahr" des
französischen Regisseurs Cédric Klapisch war in vielen Ländern ein Publikums-
renner. Allzu leicht setzt man daher „Auslandsstudium" mit „Erasmus" gleich.
Allerdings zielt dieses Programm nur auf eine bestimmte Form der studentischen
Mobilität, die Credit Mobility (King et al. 2010) – Studierende gehen für
eine begrenzte Zeit ins Ausland, um einen Teil ihrer Hochschulausbildung an
einer anderen Universität zu absolvieren, und kehren dann mit den erworbenen
Leistungspunkten (den „credits") wieder an ihre Heimatuniversität zurück.

Daneben gibt es die Degree Mobility, bei der Studierende ins Ausland gehen,
um dort ein komplettes Studium zu absolvieren, so wie ihrer Zeit zum Beispiel
der Zweitautor (in England) und die Drittautorin (in Deutschland) dieses Buches.
Wir werden uns in diesem Kapitel ausschließlich mit dieser Form der Mobilität beschäftigen. Warum nicht mit der Credit Mobility? Zum einen ist Erasmus in Bezug auf Europäisierung schon gut erforscht (z. B. Sigalas 2010; Kuhn
2012); zum anderen, und dies ist der wichtigere Grund, ist gerade *wegen* Erasmus die Frage nach der europäischen Vergesellschaftung bereits im Vornherein
beantwortet: Denn Ziel dieses Programms war und ist der Studierendenaustausch zwischen europäischen Universitäten, Aufenthalte an außereuropäischen
Hochschulen werden erst seit Kurzem im Rahmen des Unterprogramms Erasmus Mundus gefördert. Deshalb nehmen wir die Ströme derer unter die Lupe,
die ein komplettes Studium fern der Heimat absolvieren – der *internationalen
Studierenden* (diesen Fachbegriff der Bildungswissenschaften werden wir in
diesem Kapitel übernehmen). Hier ist die Frage der Europäisierung noch offen,
und am Ende des Kapitels können wir sie eindeutig beantworten.

4.1   Die Rahmenbedingungen für internationale Studierende

Vorüberlegungen

Wie jedes Mobilitätsverhalten ist auch das Studieren im Ausland eine Frage
förderlicher oder hinderlicher Rahmenbedingungen. Wie haben sich in Europa
diese Rahmenbedingungen verändert und mit welchen potenziellen Auswirkungen
auf Umfang und Struktur der Studierendenmobilität? Wir gehen im Folgenden
auf drei Kontextfaktoren ein, die uns teilweise aus dem Migrationskapitel

bekannt sind, aber nun für die studentische Mobilität ausbuchstabiert werden: *institutionelle Regelwerke,* die *Heterogenität des europäischen Sozialraums* sowie die Verbreitung *transnationaler Kompetenzen.* Ausgangspunkt unserer Überlegungen ist, dass mobilitätsbereite Studierende vor allem durch ein Lebenschancengefälle dazu motiviert werden, ihr Studium im Ausland zu absolvieren. Dieses Gefälle bezieht sich naheliegender Weise auf die Qualität der nationalen Bildungssysteme, konkreter der Universitäten, aber auch auf berufliche Möglichkeiten nach dem Studium (Dreher und Poutvaara 2005; Beine et al. 2014). Institutionelle Regelungen wie grundlegende Mobilitätsrechte und die Ähnlichkeit der Universitätssysteme wiederum bestimmen, wie leicht oder schwer eine solche Motivation umsetzbar ist. Transnationale Kompetenzen, insbesondere Fremdsprachenkenntnisse, zählen schließlich neben der Hochschulzugangsberechtigung zu den praktischen Voraussetzungen, die ein Auslandsstudium überhaupt zur Option werden lassen. Damit sind die Bedingungen, die Ausmaß und Richtung der studentischen Mobilität beeinflussen, sicherlich nicht erschöpfend beschrieben (vgl. González et al. 2011 für Credit Mobility; Shields 2013; Beine et al. 2014; Caruso und de Wit 2015; Vögtle und Windzio 2016 für Degree Mobility), aber es sind zweifellos wichtige Rahmenbedingungen, aus deren Entwicklung wir begründete Erwartungen für das Netzwerk Europa ableiten können.

Mobilitätsrechte und der Abbau institutioneller Hindernisse

Die Ausweitung der Mobilitätsrechte für internationale Studierende. Im vorigen Kapitel haben wir gesehen, dass die Ausweitung von Mobilitätsrechten ein wichtiger institutioneller Impuls für die innereuropäische Vergesellschaftung durch Migration war. Dies gilt auch für die Studierenden. Vor 1989 gab es mit Blick auf die Ausreiserechte wie beschrieben eine grundlegende Zweiteilung des Kontinents. Im westlichen Teil Europas konnte, zumindest in den Demokratien, jede*r Studierende das eigene Land frei verlassen. Im sozialistischen Teil galt dies nicht, gleichwohl war ein Studium in einem der anderen Ostblockländer möglich, insbesondere an den Universitäten in Moskau, St. Petersburg, Novosibirsk, Taschkent oder Charkow (vgl. European University at St. Petersburg 2015; Sabzalieva 2019). Diese Zweiteilung wurde erst mit dem Ende der Blockkonfrontation ab 1989 aufgehoben.

Eine zweite wichtige rechtliche Grundlage für internationale Studierende ist das Aufenthaltsrecht. Dieses wurde am umfassendsten im Rahmen der EG/EU kodifiziert und durch die diversen Erweiterungsrunden der Staatengemeinschaft schrittweise auf immer mehr Europäer*innen ausgedehnt (wie im Abschnitt „Die Ausweitung der Mobilitätsrechte" im Kap. 3 ausführlich beschrieben). Allerdings war es nicht so, dass Brüssel für mobile Studierende spezielle Rechtsansprüche geschaffen hätte. Vielmehr wurde erst nachträglich klargestellt, dass die Arbeitnehmerfreizügigkeit und die aufenthaltsrechtlichen Bestimmungen der Unionsbürgerschaft auch für diese Bevölkerungsgruppe gelten. Erst mit einer Entscheidung des Europäischen Gerichtshofs im Jahr 1986 und einer Direktive des EU-Rates von 1993 wurde die Personenfreizügigkeit explizit auf Studierende ausgedehnt (Baldoni 2003, S. 9). Gleichwohl sind die Mobilitätsrechte umfassend: Sofern junge Europäer*innen eine EU-Staatsbürgerschaft besitzen, das Kleingedruckte der Personenfreizügigkeitsregelung erfüllen (s. Abschnitt „Die Ausweitung der Mobilitätsrechte" im Kap. 3) und über die Hochschulreife verfügen, können sie in jedem beliebigen EU-Land ein Studium aufnehmen und nach dem Abschluss auch dort arbeiten. Um im internationalen Wettbewerb um Talente erfolgreicher zu sein, haben in den letzten Jahren einzelne EU-Länder, darunter Frankreich, Deutschland, Schweden und Großbritannien, auch für internationale Studierende aus Drittstaaten die Vergabe einer Arbeitserlaubnis nach erfolgreichem Abschluss erleichtert (de la Rica et al. 2013, S. 25).

Der Bologna-Prozess: die Schaffung eines einheitlichen Hochschulraums. Neben teils fehlenden, teils ungeklärten Mobilitätsrechten stellte die Vielfalt der Hochschulsysteme lange ein Hemmnis für Mobilität dar (Eckardt 2005, S. 30). Nachdem die EU und andere europäische Organisationen in diesem Politikbereich über Jahre kaum Akzente gesetzt hatten (vgl. Teichler 2019), änderte sich das mit dem sogenannten *Bologna-Prozess*. Diese 1998 von Frankreich, Deutschland, Italien und dem Vereinigten Königreich gestartete Initiative mündete schnell in dem Plan, einen paneuropäischen Hochschulraum („European Higher Education Area", abgekürzt EHEA) zu schaffen. Dieser sollte Europa im internationalen Markt der universitären Bildung angesichts der schnell wachsenden Nachfrage, vor allem aus Asien (vgl. Shields 2013; Caruso und de Wit 2015), fit machen, um insbesondere gegenüber den USA wettbewerbsfähig zu sein (Vögtle 2019, S. 15). Außerdem, und in unserem Zusammenhang von zentraler Bedeutung, sollten sowohl die Mobilität der jungen Leute innerhalb Europas erhöht als auch mehr Studierende aus anderen Weltregionen angelockt werden (vgl. Teichler 2019, S. 45 f.). Zahlreiche in rascher Folge eingeführte Regelungen dienten diesem Mobilitätsziel: Die Stufung in Bachelor und Master machte die Struktur der Studiengänge länderübergreifend kompatibel, das Leistungspunktesystem („European Credit

Transfer and Accumulation System", ECTS) harmonisierte die Anrechnung von Studienleistungen, und einheitliche Abschlusszeugnisse („Diploma Supplements") erleichtern die europaweite Anerkennung der Abschlüsse. Während also das Erasmus-Programm die studentische Mobilität über finanzielle Hilfen fördert, setzt Bologna auf strukturelle Konvergenz. Diese Harmonisierung bedeutet, dass viele administrative Hürden und so manche praktische Unwägbarkeit eines Studiums im Ausland beseitigt wurden – und das paneuropäisch, denn nicht weniger als 48 Länder sind Teil des Bologna-Prozesses (dem „Bologna-Europa" liegt also eine geografisch weitere Europadefinition zugrunde als diesem Buch). Bereits Ende der 1990er Jahre gehörten ihm 29 Länder an.

Disparitäten im Feld der Wissenschaft: die Qualität der Universitätssysteme

Das Push-and-Pull-Modell der Studierendenmobilität ist komplexer als das der Migration. Einerseits kann die Erwägung, ob und wo man im Ausland studiert, durch eine als defizitär empfundene Situation im Herkunftsland geleitet sein, andererseits können auch ganz andere Erwägungen eine Rolle spielen, etwa der Wunsch, eine andere Kultur zu erleben (vgl. Beine et al. 2014). In der Bildungsforschung werden denn auch eine Vielzahl von Einflussfaktoren diskutiert, vor allem solche, die die Bildungssysteme im Sende- und Zielland betreffen. Dies sind zum Beispiel die Zugänglichkeit tertiärer Bildung, staatliche und private Investitionen in Bildung, die Bildungs- und Lebenshaltungskosten, der Wert des ausländischen Abschlusses im Herkunftsland sowie die Verfügbarkeit von Universitätspartnerschaften, Vermittlungsangeboten, Stipendien und Talentförderungsmaßnahmen (vgl. Dreher und Poutvaara 2005; Shields 2013; Caruso und de Wit 2015).

Um die Grundstruktur des europäischen Studierendenmobilitätsnetzwerks zu verstehen, beschränken wir uns auf zwei Hauptfaktoren: die Qualität des Studiums und den ökonomischen Wohlstand des Ziellandes; letzterer beeinflusst sowohl die finanzielle Ausstattung der Universitäten als auch die Beschäftigungschancen der Absolvent*innen nach Beendigung des Studiums (vgl. Münch 2013; Wei 2013). Für das europäische Netzwerk der Studierendenmobilität sollten daher sowohl die Entwicklung der wissenschaftlichen als auch der wirtschaftlichen Unterschiede in Europa wichtig sein. Auf letztere sind wir bereits im Migrationskapitel ausführlich eingegangen (Abschnitt „Strukturelle Veränderungen des europäischen Sozialraums" im Kap. 3). Ergänzend sind die Arbeitslosenzahlen der unter 29-Jährigen von Interesse, die Eurostat leider nicht für Hochschulabsolvent*innen separat ausweist. Die generelle Jugendarbeitslosigkeit jedenfalls variiert im Jahr 2018 zwischen rund 5 % in Tschechien, Deutschland, den Niederlanden und Island und über 25 % in Italien und Spanien, während in Griechenland sogar ein Drittel der Jugendlichen arbeitslos ist (Eurostat 2018b). Insbesondere in Südeuropa ist der Übergang von der Ausbildung in den Arbeitsmarkt schwierig, was ein Push-Faktor für angehende Akademiker*innen sein sollte, sich für die Ausbildung ins Ausland zu begeben.

Auch in wissenschaftlicher Hinsicht ist Europa, wie die Welt insgesamt, nach einem Zentrum-Peripherie-Muster strukturiert (Münch und Schäfer 2014; Gengnagel et al. 2019). Anders formuliert: Die nationalen Universitätssysteme gelten als unterschiedlich gut. Nun hat es (gefühlte) Leistungsunterschiede schon immer gegeben. Historisch betrachtet galten im Mittelalter die italienischen Universitäten als Nonplusultra, im 19. und frühen 20. Jahrhundert die französischen und deutschen, nach dem zweiten Weltkrieg dann die US-amerikanischen und später auch die britischen (Gürüz 2008). Im heutigen Zeitalter der Quantifizierung (Mau 2017) versuchen eine Reihe von Organisationen, die Qualität der Hochschulen weltweit systematisch zu vergleichen, wobei verschiedene und durchaus unterschiedlich „harte" Kriterien in die Beurteilung einfließen (zur Kritik s. Burkhart und Wittersheim 2017). Das *Shanghai-Ranking,* auf das wir hier zurückgreifen, erstellt aus den Kriterien Qualität der Ausbildung, Qualität des Personals, Forschungsleistung und wissenschaftliche Pro-Kopf-Leistung eine Liste der 500 besten Universitäten weltweit (ShanghaiRanking Consultancy 2018). Bei allen grundsätzlichen Problemen bieten solche Rankings immerhin einen Einblick in die hierarchische Struktur der Universitätslandschaft in Europa und der Welt.

Zur Illustration haben wir Europa nach dieser Liste in drei Ländergruppen unterteilt: Länder mit mehr als zehn gelisteten Universitäten in den Top-500, solche mit bis zu zehn gelisteten Universitäten und solche ohne Listung (s. Tab. 4.1). Demnach gelten die britischen, deutschen, französischen, italienischen, niederländischen, spanischen und schwedischen Universitäten als die besten in Europa – allesamt Länder aus dem westlichen Teil des Kontinents. Eine Reihe von Ländern, überwiegend aus dem östlichen Teil, besitzt dagegen keine Top-Universität. Diese universitären Leistungsunterschiede sollten ein starker Push-Faktor für studentische Mobilität sein, insbesondere aus den Ländern der Schlussgruppe.

Tab. 4.1 Ländergruppen auf Basis des Shanghai-Rankings, 2017

Spitzengruppe	Mittelgruppe	Schlussgruppe
Großbritannien (38)	Schweiz (8)	Albanien
Deutschland (37)	Belgien (7)	Bosnien und
Frankreich (20)	Dänemark (5)	Herzegowina
Italien (16)	Finnland (5)	Bulgarien
Niederlande (12)	Portugal (5)	Kroatien
Spanien (11)	Österreich (4)	Lettland
Schweden (11)	Griechenland (3)	Litauen
	Irland (3)	Luxemburg
	Norwegen (3)	Malta
	Polen (2)	Mazedonien
	Estland (1)	Moldawien
	Island (1)	Rumänien
	Slowenien (1)	Slowakei
		Tschechien
		Ukraine
		Ungarn
		Weißrussland
		Zypern

Notiz: Eigene Darstellung basierend auf dem Shanghai-Ranking (ShanghaiRanking Consultancy 2018). Die Spitzengruppe umfasst alle Länder mit mehr als zehn Universitäten in den Top-500, die Mittelgruppe alle Länder mit einer bis zehn Universitäten, die Schlussgruppe alle Länder ohne gerankte Universitäten (genaue Anzahl von Universitäten in den Top-500 in Klammern)

Kompetenzen: Bildungsexpansion und Verbesserung der Fremdsprachenkenntnisse

Wie erwähnt ist die Studierendenmobilität von vornherein auf Hochschulzugangsberechtigte beschränkt. Dieses Kriterium erfüllt eine wachsende Zahl der jungen Europäer*innen. Im Zuge der Bildungsexpansion seit den 1960er Jahren (Craig 1981; Geißler 2014) erhöhten sich die Akademiker*innenzahlen drastisch, sodass heutzutage fast 25 Mio. Menschen in Europa studieren, was ca. 60 % der Kohorte der Jugendlichen fünf Jahre nach dem Schulabschluss ausmacht (s. dazu auch Abb. 4.1). Parallel zu dieser Expansion (s. auch Barnett und Wu 1995) wuchs der Anteil der Studierenden, die im Ausland immatrikuliert sind, an;

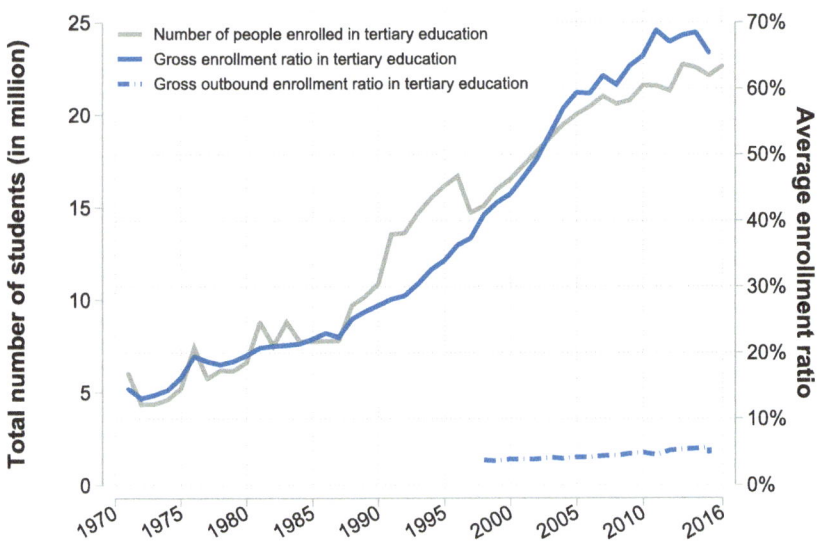

Abb. 4.1 Absolute Studierendenzahlen, durchschnittliche Immatrikulationsquote und Auslandsimmatrikulationsquote in Europa, 1971–2016.

Notiz: Eigene Darstellung basierend auf Daten der Weltbank (World Bank 2019a)

zwischen 1998 und 2015 zum Beispiel um mehr als die Hälfte von 3,5 auf 5,5 % (Abb. 4.1, Gross outbound enrollment ratio).[1]

Der Zusammenhang zwischen Bildungsexpansion und Auslandsmobilität ist nicht zufällig. So verfügen gebildete Personen über mehr *transnationale Kompetenzen,* also die Fähigkeit, andere Kulturen und Verhaltensweisen zu verstehen und mit Unterschieden umzugehen (Mau 2009, S. 67 ff.; Gerhards und Hans 2013, S. 100). Sie entwickeln häufiger eine über die nationale hinausgehende Identität und sind allgemein transnational aktiver (Mau und Mewes 2008; Kuhn 2011; Mau und Mewes 2012; Hakhverdian et al. 2013; Delhey

---

[1]Es scheint nun naheliegend zu sein, in den folgenden Analysen die Raten der internationalen Studierenden über die Anzahl der immatrikulierten Studierenden zu berechnen (s. Vögtle und Windzio 2016). Abweichend von dieser Konvention verwenden wir in diesem Kapitel die Populationsgröße des Sendelandes als Teiler, um die Vergleichbarkeit mit unseren anderen transnationalen Aktivitäten zu gewährleisten.

et al. 2015; Kuhn 2016). Schließlich sind der Wert und die Verwertbarkeit transnationaler Kompetenzen in der Gesellschaft allgemein und speziell im Arbeitsmarkt gestiegen (Koehn und Rosenau 2002; Sailer 2009; Crossman und Clarke 2010; Gerhards et al. 2017). Als wichtigstes Signal für diese Kompetenzen gilt die Auslandserfahrung, bei jungen Leuten in Form von Studienerfahrung im Ausland. Damit ist heute auch die Erwartung an Studierende groß, zumindest für eine gewisse Zeit ins Ausland zu gehen (vgl. Brodersen 2014).

Ein wichtiger Bestandteil transnationaler Kompetenz sind Fremdsprachenkenntnisse. Die Fähigkeit, mehrere Sprachen zu sprechen, ermöglicht es den Bürger*innen ganz grundsätzlich, sich an Transnationalisierungsprozessen zu beteiligen (z. B. Gerhards 2010; Gerhards et al. 2016). Wer in einem anderen Land studieren möchte und sich in das dortige Leben integrieren will, kommt nur mit der Muttersprache in der Regel nicht weit. Nicht zwangsläufig muss man allerdings die jeweilige Landessprache beherrschen, denn mittlerweile bieten viele Universitäten englischsprachige Studiengänge an. Englisch ist daher nicht nur generell die Sprache mit der größten Zahl an Sprecher*innen und den breitesten wirtschaftlichen Verwertungsmöglichkeiten (vgl. de Swaan 2001; Ronen et al. 2014; Díez Medrano 2016), sondern besitzt speziell für internationale Studierende den höchsten Nutzwert (vgl. Barnett et al. 2016), auch in Europa (vgl. Vögtle und Windzio 2016).

Legt man die Gesamtheit der erwerbsfähigen Bevölkerung (25–64 Jahre) zugrunde, so sprechen EU-weit rund 65 % der Bevölkerung mindestens eine Fremdsprache: 35 % sprechen eine, 21 % zwei und rund 9 % drei oder mehr Fremdsprachen (Eurostat 2019b). Dabei gibt es große nationale Unterschiede, denn während in den skandinavischen Ländern, den baltischen Republiken sowie Malta, Luxemburg und der Schweiz mehr als neun von zehn Erwachsenen mindestens eine Fremdsprache sprechen, sind es im Vereinigten Königreich und in vielen Ländern Südosteuropas weniger als die Hälfte (Abb. 4.2). Lässt man die Sonderfälle der englischsprachigen sowie der bi- und plurilingualen Länder beiseite, so sind die Fremdsprachenkenntnisse der Bevölkerung tendenziell in den kleinen Ländern besser als in den großen und in den reicheren Ländern besser als in den ärmeren (vgl. Gerhards 2010).

Für die Europäisierung als Prozess ist nun zentral, dass die jüngeren Kohorten über bessere Fremdsprachenkenntnisse verfügen als die älteren, wie aus Eurostat-Statistiken hervorgeht (vgl. Abb. 4.2). Geben rund 73 % der 25–34-jährigen an, mindestens eine Fremdsprache zu sprechen, sind es bei den 55–64-jährigen rund 56 %. Andere Studien weisen noch jeweils eine jüngere Altersgruppe (die 15–24-Jährigen) und eine ältere Altersgruppe (die über 65-jährigen) aus als Eurostat; der Anteil derjenigen mit Fremdsprachenkenntnissen reicht dann

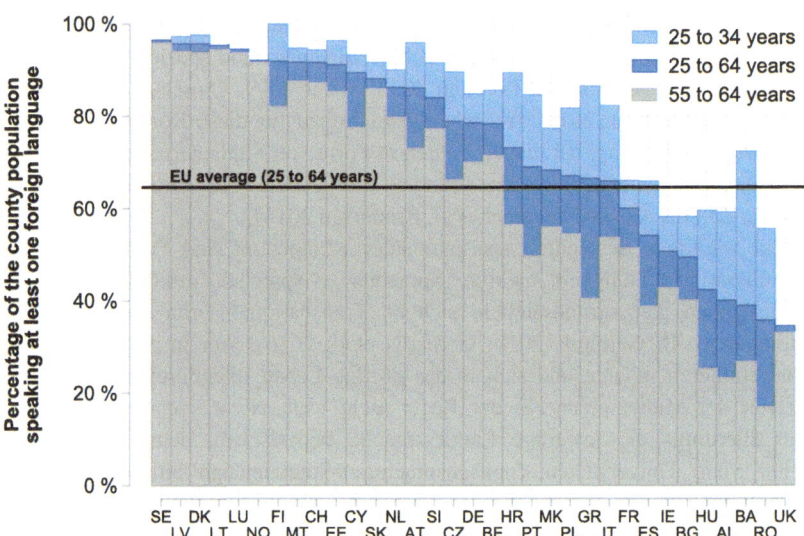

Abb. 4.2 Fremdsprachenkenntnisse in europäischen Ländern, 2016.

Notiz: Eigene Darstellung basierend auf Daten von Eurostat (2019b). Dargestellt ist der Anteil einer Altersgruppe, in der die Befragten angeben, über Kenntnisse mindestens einer Fremdsprache zu verfügen

EU-weit von über 70 % bei der jüngsten Altersgruppe bis 30 % bei der ältesten (Gerhards 2010, S. 180 f.). Diese Generationenkluft in der Verfügung über transnationales sprachliches Kapital findet man nicht nur im EU-Durchschnitt, sondern auch in den meisten Einzelländern. Auch wenn ein solcher Kohortenvergleich einen echten Zeitvergleich nicht ersetzen kann: Es kann keinen Zweifel geben, dass sich die Fremdsprachenkenntnisse über die letzten Jahrzehnte deutlich verbessert haben, allen voran die Englischkenntnisse. In der Sekundarstufe I lernen inzwischen 98 % aller Schüler*innen in der EU mindestens eine Fremdsprache, und fast alle lernen Englisch, in der Regel als erste Fremdsprache (Eurostat-Pressestelle 2016). Konsequenterweise stufen die Jüngeren, und insbesondere die Generation Y, Fremdsprachenkenntnisse auch als für sich selbst nützlicher ein als die Älteren (European Commission 2016, S. 56).

Erwartete Effekte auf das europäische Studierendennetzwerk

Was folgt aus dieser Schilderung für das Netzwerk Europa? Zunächst ist die Erwartung naheliegend, dass es über die Jahre mehr Mobilität gegeben hat *(Wachstumsthese)*. Dafür sprechen die generelle Bildungsexpansion und die verbesserten Fremdsprachenkenntnisse ebenso wie die skizzierten institutionell-regulativen Veränderungen (EU-Freizügigkeit, Bologna-Prozess). Ebenso sollte das Netzwerk dichter gewoben sein *(Verdichtungsthese)*, nicht zuletzt aufgrund der überwundenen Ost-West-Teilung und der EU-Osterweiterung sowie des gesamteuropäischen Charakters von Bologna.

Für die Netzwerkstruktur gehen wir, ebenfalls aus den vorgenannten Gründen, davon aus, dass sich die studentische Mobilität weniger ungleich als früher auf die Länder Europas verteilt *(Dezentralisierungsthese)*. Insbesondere bei den Herkunftsländern sollte dies zutreffen, weil gerade bei den neuen EU-Mitgliedsländern sich neu eröffnende Mobilitätsmöglichkeiten auf starke -anreize getroffen sind. Bei den Zielländern könnte die Dezentralisierung schwächer ausfallen, aber auch hier erwarten wir sie, nicht zuletzt aufgrund des Charakters von Studienplätzen als positionalen Gütern: Selbst wenn alle das Geld hätten, die Studiengebühren an den britischen Top-Universitäten zu bezahlen, wäre eben nicht für alle Platz. Weiterhin halten wir es für plausibel, dass sich die Netzwerkstruktur heute stärker als früher an der wissenschaftlichen Zentrum-Peripherie-Struktur Europas ausrichtet, weil die Reputationsunterschiede heute transparenter sind und weil sich zumindest die Unionsbürger*innen das EU-Residenzland ja prinzipiell frei auswählen können. Diese Erwartung bezeichnen wir als *Shanghaiisierungsthese,* in Anlehnung an das einflussreiche Shanghai-Ranking.

Da die EU-weite Freizügigkeit und Bologna spezifisch europäische Prozesse sind, gehen wir von einer zunehmenden internen Geschlossenheit des Netzwerks Europa gegenüber der weltweiten Studierendenmobilität aus *(Schließungsthese)*. Konsequenterweise sollten die europäischen Länder dann auch eine weitgehend eigenständige Komponente im weltweiten Strom der studentischen Mobilität bilden, zumindest eigenständiger als noch vor einigen Jahrzehnten *(Regionalisierungsthese)*. Abb. 4.3 fasst unsere Überlegungen zusammen.

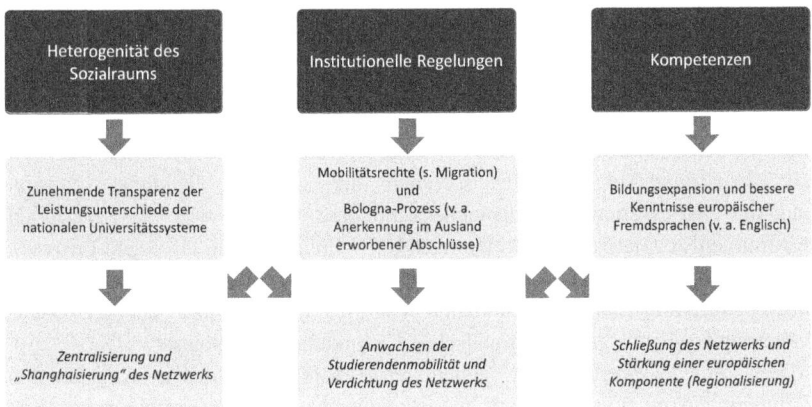

Abb. 4.3 Rahmenbedingungen des europäischen Studierendennetzwerks.

Notiz: Eigene Darstellung

4.2   Das europäische Studierendennetzwerk im Überblick

Europa stellt sich bei der Studierendenmobilität heute als stark integrierter Kontinent dar, wie die aktuellste Netzwerkkarte für das Jahr 2015 zeigt (Abb. 4.4). Praktisch *alle* Länder sind mehr oder weniger eng miteinander verbunden. Der innereuropäische Magnet ist derzeit eindeutig Großbritannien, dessen Universitäten aus sehr vielen Ländern und in großer Zahl Studierende anziehen. Umgekehrt ist die Zahl der jungen Leute aus Großbritannien, die im europäischen Ausland studieren, traditionell gering und in den letzten Jahrzehnten nur unwesentlich gestiegen (vgl. King et al. 2010). Britische Universitäten, nicht zuletzt die privaten, verfolgen seit den 1980er Jahren eine ertragsorientierte Internationalisierungsstrategie (vgl. Gürüz 2008, Kap. 5), bei der internationalen Studierenden hohe Studiengebühren abverlangt werden – was ihrer Popularität keinen Abbruch tut. Deutschland und Frankreich sind nach absoluten Zahlen noch vor beziehungsweise unmittelbar nach Großbritannien in das kontinentale Netzwerk integriert (vgl. auch Wächter 2013; Vögtle und Windzio 2016), allerdings mit (mittlerweile) numerisch negativem Wanderungssaldo: Die Universitäten beider Länder ziehen zwar viele internationale Studierende an, aber noch mehr junge Leute mit deutschem oder

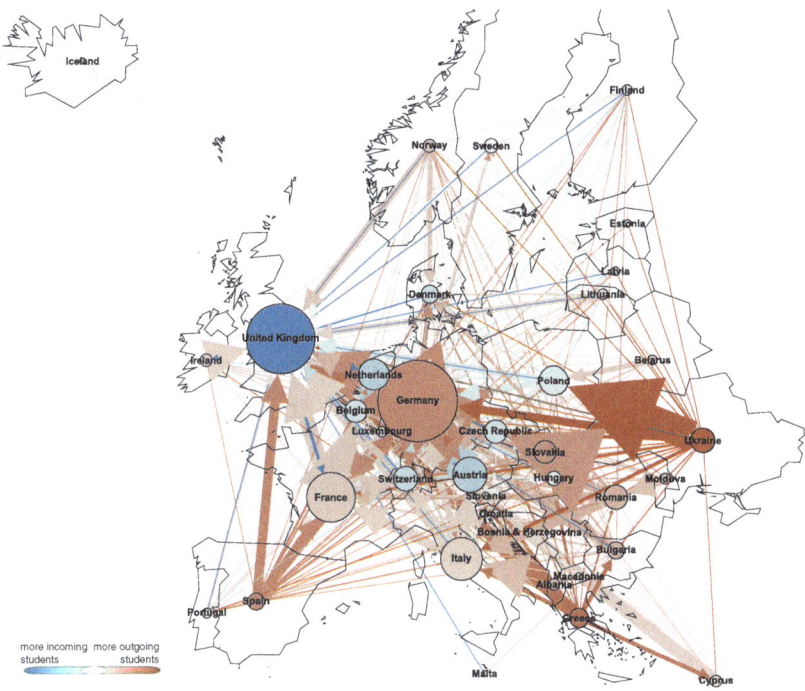

Abb. 4.4 Internationale Studierende innerhalb Europas, 2015.

Notiz: Je stärker ein Pfeil, desto mehr internationale Studierende aus Land A studieren in Land B. Die Kreisgröße eines Landes gibt Auskunft über die Summe der internationalen Studierenden in und aus diesem Land. Die Farbe verdeutlicht, ob die ankommenden Studierenden dominieren (blau) oder die ausgehenden (rot). Es werden nur Länderverbindungen mit mehr als 41 internationalen Studierenden (entsprechend dem dritten Quintil der Verteilung im Jahr 2010) ausgewiesen (vgl. Kap. 2). Eigene Darstellung basierend auf UNESCO-Daten

französischem Pass absolvieren ihr Studium im europäischen Ausland, vornehmlich in den Nachbarländern (z. B. Frankreich → Vereinigtes Königreich, Frankreich → Belgien; Deutschland → Niederlande, Deutschland → Österreich, Deutschland → Schweiz). Ähnliches gilt für Italien – stark ins Netzwerk eingebunden, aber mit mehr Ab- als Zugangen.

Eine Reihe überwiegend kleinerer Länder, die wie ein Kranz um Deutschland als bedeutenden „Exporteur" von Studierenden angeordnet sind, haben ein positives Saldo: Dänemark im Norden, die Niederlande und Belgien im Westen, die Schweiz und Österreich im Süden, schließlich Tschechien und Polen im Osten. Während die Universitäten der genannten westeuropäischen Länder bei internationalen Studierenden aus West- *und* Osteuropa populär sind, nicht zuletzt, weil sie immer mehr Studiengänge in Englisch anbieten, ergibt sich das positive Saldo von Tschechien und Polen ganz überwiegend durch Studierende aus Ostmittel- und Osteuropa (z. B. Slowakei → Tschechien; Ukraine → Polen). Neben Aspekten wie der Erschwinglichkeit des Studiums und der allgemeinen Lebenshaltungskosten dürfte auch die geografische und sprachlich-kulturelle Nähe ein wichtiger Faktor sein. Tschechien und Polen sind jedenfalls Beispiele für neue „regional hubs" jenseits der klassischen Zielländer für ein Auslandsstudium (Kondakci et al. 2018).

Die Karte belegt gleichwohl den „brain drain" im östlichen Europa. In absoluten Größenordnungen stechen insbesondere Polen, die Ukraine, Rumänien und Bulgarien als Entsendeländer hervor. Die Zielländer variieren durchaus: Während sich zum Beispiel polnische und ukrainische Studierende vor allem in Richtung Deutschland und Großbritannien orientieren, zieht es rumänische und albanische Studierende zum Studium nach Italien und Frankreich, was erneut auf den Faktor Sprache verweist (durchaus ein bekannter Effekt, vgl. Beine et al. 2014; Vögtle und Windzio 2016), aber auch auf bestehende Migrationsverbindungen (vgl. Abschnitt 3.2 und Beine et al. 2014). Auch die jungen Osteuropäer*innen, die nicht an westeuropäische Universitäten gehen, ziehen westwärts, beispielsweise nach Polen (Ukraine → Polen, Weißrussland → Polen), nach Rumänien (Moldawien → Rumänien) oder nach Tschechien (Slowakei → Tschechien).

Junge Leute aus Westeuropa, die ihr Studium östlich des früheren Eisernen Vorhangs absolvieren, sind eher die berühmte Ausnahme von der Regel. So bieten zum Beispiel Universitäten in Budapest und Prag bei Deutschen beliebte Medizinstudiengänge in deutscher Sprache an, durch die der strenge Numerus clausus an den heimischen Universitäten umgangen werden kann (Schuetze 2013), andere Universitäten wie bis vor Kurzem die Central European University in Budapest locken mit englischsprachigen Studiengängen. Alles in allem ergeben sich aber nur für drei ehemalige Ostblockländer positive Wanderungssaldi, neben Tschechien sind dies Polen und Ungarn.

Aber auch der Süden und Teile des Nordens Europas „exportieren" Studierende. Im Falle des Südens gilt dies sowohl für die iberische Halbinsel (z. B. Spanien → Frankreich, Portugal → Vereinigtes Königreich) als auch für Griechenland und Zypern, letztere jeweils mit Großbritannien und

Deutschland als bevorzugte Zielländer. Wie wir noch sehen werden, hat diese Süd-Nord-Bewegung Tradition und ist nicht in erster Linie der Eurokrise geschuldet. Gerade Griechenland war ein Pionierland in Sachen studentischer Mobilität, was im Song „Common People" der britischen Band Pulp sogar einen popkulturellen Niederschlag gefunden hat. Im Norden haben alle Länder, ausgenommen Dänemark, ein negatives Studierendensaldo. Zwar verfolgen die meisten Universitäten der Region eine explizite Internationalisierungsagenda und bieten vermehrt englischsprachige Studiengänge an (s. Airey et al. 2017), doch noch stärker ist die Neigung der jungen Nordeuropäer*innen, selbst ins Ausland zu gehen (z. B. Myrhol 2014; Statistics Sweden 2017), wofür sie durch sehr gute Englischkenntnisse auch gut gewappnet sind (vgl. Abb. 4.2).

Die heutige hohe Vernetzungsdichte wird umso augenfälliger, wenn man über ein halbes Jahrhundert zurückkreist (Abb. 4.5). Die Studierendenmobilität

Abb. 4.5 Internationale Studierende innerhalb Europas, 1960.

Notiz: Eigene Darstellung basierend auf UNESCO-Daten

ergibt um 1960 nur ein lockeres Netzwerk. Zwar ist dies teilweise einer lückenhaften Datenlage geschuldet (vgl. Kap. 2), doch auch die wenigen hervorstechenden bilateralen Verbindungen, beispielsweise Griechenland → Österreich und Griechenland → Deutschland, wären nach heutigen Maßstäben kaum der Rede wert. Österreich war beliebt, das Alpenland zog vor allem angehende Akademiker*innen aus Griechenland und Deutschland an. Für die Länder des damaligen Ostblocks und des Balkans ist die Datenlage besonders lückenhaft, aber nach allgemeiner Lesart waren sie wenig in das Netzwerk integriert, Austausch hat es vor allem mit der Sowjetunion gegeben (Barnett und Wu 1995), was bei unserer Europadefinition (ohne Russland) nicht abgebildet wird. Im europäischen Ausland zu studieren war weitestgehend ein Privileg der jungen Leute aus dem westlichen Europa, zuvorderst der aus gutem Hause – eine Schichtabhängigkeit, die auch heute noch gilt (Gerhards et al. 2014; Hauschildt et al. 2015). Daran änderte sich erst einmal lange nichts, sodass die Europakarte von 1980 (nicht abgebildet, für diese und weitere Karten s. unsere Webseite www.network-europe.eu) der von 1960 noch sehr ähnelt. Zypern → Frankreich war Anfang der 1980er Jahre die stärkste innereuropäische Verbindung, Frankreich und Deutschland waren insgesamt die gefragtesten Zielländer.

Erst Anfang der 1990er Jahre hatte sich das innereuropäische Netzwerk etwas verdichtet, gerade in Westeuropa (Abb. 4.6). Deutschland, Frankreich und – als Ergebnis der neuen Profitorientierung seiner Universitäten – erstmals auch Großbritannien zogen die meisten internationalen Studierenden an. Auch an den Universitäten Belgiens, der Schweiz und Österreichs studierten mehr und mehr junge Europäer*innen. Diese wachsende internationale Studierendenschaft im westlichen Teil Europas rekrutierte sich zum einen aus Südeuropa: traditionell aus Griechenland (vor allem Griechenland → Deutschland und Griechenland → Vereinigtes Königreich), aber nun verstärkt auch aus Italien (z. B. Italien → Österreich), Spanien (Spanien → Frankreich) und Portugal (Portugal → Frankreich). Zum anderen hatte sich die Studierendenmobilität zwischen den westeuropäischen Ländern erhöht, etwa im Dreieck Deutschland-Frankreich-Großbritannien. Doch noch war die Mobilität insgesamt gering. Die EU-Freizügigkeit für Studierende war gerade erst konkretisiert worden, der Bologna-Prozess noch Zukunftsmusik.

Erst in den 2000er Jahren (s. dazu die zusätzlichen Abbildungen auf www.network-europe.eu), als Bologna sich entfaltete, entwickelten sich neue Magneten wie die Niederlande und Dänemark. Die nordischen Länder wurden stärker in das Netzwerk einbezogen, während sich die Studierenden aus Osteuropa in großer Zahl in Richtung der westeuropäischen Universitäten orientierten, sodass sich in Osteuropa selbst nur wenige „regional hubs" etablierten (vgl. auch Barnett

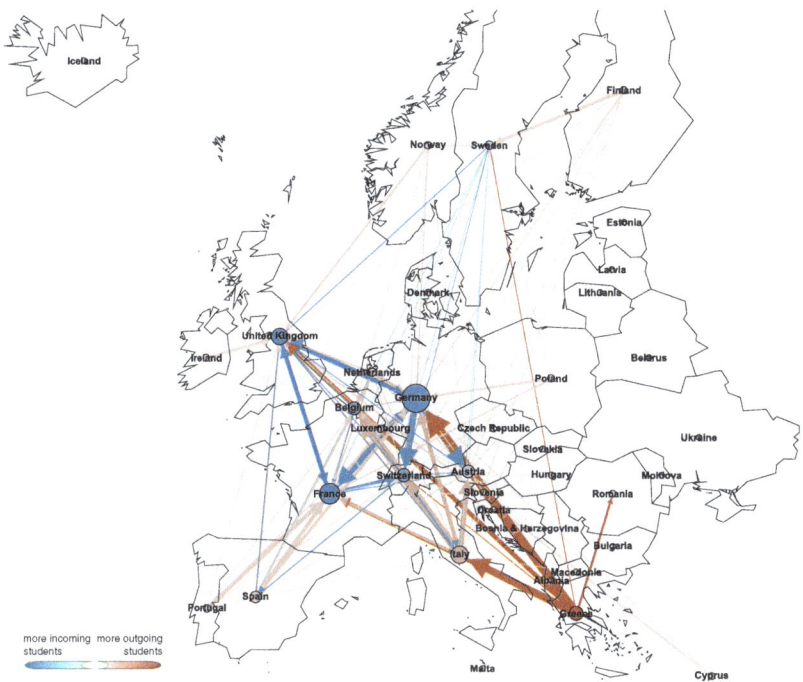

Abb. 4.6 Internationale Studierende innerhalb Europas, 1992.

Notiz: Eigene Darstellung basierend auf UNESCO-Daten

et al. 2016; Shields 2016). Zusammenfassend illustrieren die drei Europakarten, dass die Studierendenmobilität in Europa erst ab den 1990er Jahren in Schwung gekommen ist, zuerst im Westteil des Kontinents, dann im Ostteil.

4.3   Ausmaß der europäischen Studierendenmobilität und Netzwerkdichte

Diesen Aufschwung wollen wir nun genauer beziffern. Zählte die Statistik 1960 noch knapp 40.000 innereuropäische internationale Studierende, waren es 2015 bereits 650.000, eine Versechzehnfachung (Abb. 4.7, Panel A). Bis weit in die 1970er Jahre hinein gab es nur wenig Mobilität, erst in den 1980er Jahren erfolgte der Sprung über die Marke von 100.000 (vgl. auch Beisheim 1999, S. 30). Nach

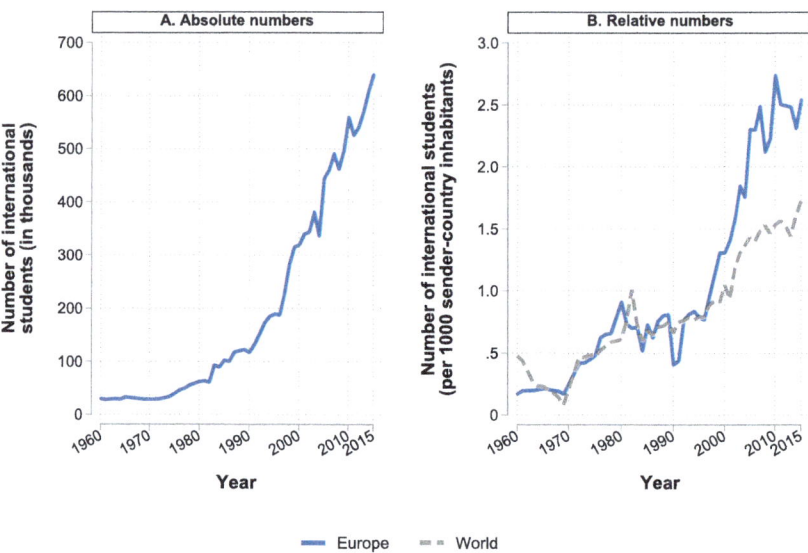

Abb. 4.7 Ausmaß der europäischen und globalen Studierendenmobilität, 1960–2015.

Notiz: Eigene Darstellung basierend auf UNESCO-Daten

1990 nimmt die Mobilität dann sprunghaft zu, weil der Fall des Eisernen Vorhangs den jungen Menschen im gerade aufgelösten Ostblock ungeahnte Mobilitätschancen ermöglicht. Allerdings finden wir auch nach 2000 einen steilen Zuwachs und keine Stagnation, wie bisweilen berichtet (Teichler 2019). Wie einleitend argumentiert, dürfte dafür ein ganzes Bündel von Ursachen infrage kommen.

Abb. 4.7, Panel B stellt diese Entwicklung relativ zur Bevölkerung Europas und im Vergleich zur globalen Entwicklung dar. Auch bezogen auf die Gesamtbevölkerung ergibt sich ein starkes Wachstum der Zahl der internationalen Studierenden. Im Jahr 1960 kamen auf 1000 Personen 0,25 innereuropäisch-mobile Studierende, im Jahr 2015 dann 2,5 – mithin ein Wachstum um den Faktor 10. Verglichen mit den absoluten Werten unterliegen diese relativen Werte der Studierendenmobilität etwas größeren Schwankungen, doch die Hauptbotschaft ist dieselbe: ein enormer Zuwachs, vor allem nach den politischen Umwälzungen 1989/1990. Davor gab es ein Jahrzehnt des moderaten Anstiegs (die 1970er Jahre) und eines der Stagnation (die 1980er Jahre). Der

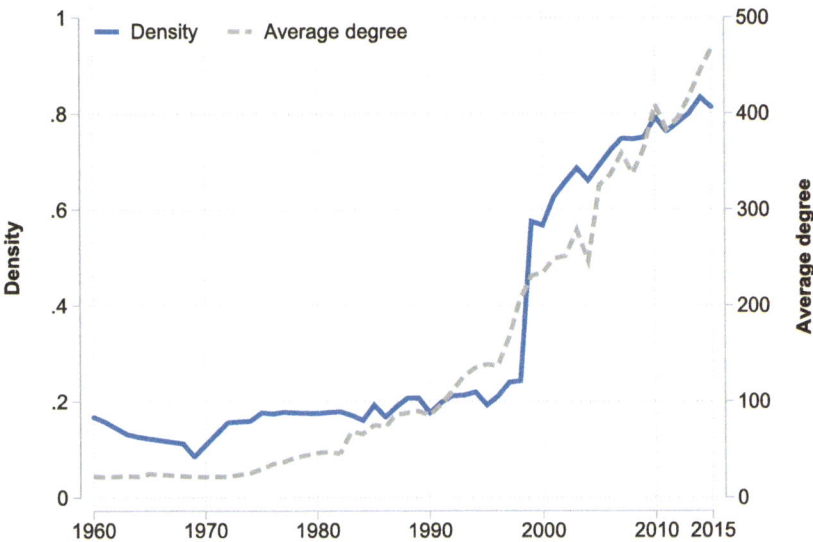

Abb. 4.8 Dichte des europäischen Studierendennetzwerks, 1960–2015.

Notiz: Der *Durchschnittsgrad* (Average degree) gibt an, wie hoch das durchschnittliche Volumen der Studierendenmobilität zwischen je zwei Ländern ist. Die *Dichte* (Density) gibt an, wie groß der Anteil der Länderpaare ist, deren gerichtete Studierendenmobilität über einem festzulegenden Schwellenwert liegt. Dieser Schwellenwert liegt hier bei einem/einer Studierenden, was dem ersten Quintil der Verteilung im Jahr 2010 entspricht. Zur Kontrolle haben wir die Entwicklung der Netzwerkdichte mit anderen Schwellenwerten (dem zweiten, dritten und vierten Quintil) berechnet (vgl. Abb. 4.8A im Online-Anhang). Unabhängig vom gewählten Schwellenwert hat sich das Netzwerk über die Zeit verdichtet. Eigene Darstellung basierend auf UNESCO-Daten

weltweite Vergleich fördert für die letzten zwei Jahrzehnte zudem eine Sonderentwicklung Europas zutage: Mitte der 1990er Jahre zog Europa in Sachen studentischer Mobilität der Welt davon und liegt derzeit etwa 50 % über der weltweiten Rate.

Das europäische Netzwerk insgesamt ist heute dichter gewoben (Abb. 4.8). Die Dichte (Density), unsere erste Kennziffer, hat sich über den 50-Jahres-Zeitraum von 0,18 auf 0,81 erhöht. Heute besteht also zwischen 81 % der Länderpaare eine „nennenswerte" Verbindung durch studentische Mobilität, 1960 waren es nur 18 %. In Übereinstimmung mit den bisherigen Ergebnissen hat sich das Netzwerk insbesondere seit Ende der 1990er Jahre spürbar verdichtet. Der markante Sprung kurz vor der Jahrtausendwende dürfte aber auch mit einer schlagartig besseren Datenlage zu tun haben (vgl. Kap. 2).

Die zweite in Abb. 4.8 dargestellte Kennziffer, Average Degree, gibt die durch-schnittliche Anzahl internationaler Studierender über alle Länderpaare in Europa an. Diese Kennziffer erzählt eine ganz ähnliche Geschichte wie die Dichte. Sie ist lange Zeit niedrig, im Durchschnitt aller Länderpaare absolvierten seiner-zeit zwischen rund 20 (1960) und knapp 100 (1990) Studierende ein Studium im jeweils anderen Land. Anschließend erhöht sich der Durchschnittsgrad von Jahr zu Jahr und erreicht heute einen Wert von fast 500. Insgesamt hat sich diese Kennziffer also stetiger entwickelt als die Dichte, was aber auch in der Natur der beiden Maßzahlen liegt. Beide bestätigen eine wachsende innereuropäische Ver-gesellschaftung.

4.4   Die Struktur des europäischen Studierendennetzwerks

Die regionale Verteilung der Studierendenmobilität

Für die Entwicklung der Struktur des Netzwerks hegen wir, wie oben dar-gelegt, zwei Erwartungen: dass sich die internationalen Studierenden heute gleichmäßiger über den Kontinent verteilen und zunehmend an der Qualität der nationalen Universitäten ausrichten. Wie immer basieren diese Strukturunter-suchungen auf *relativen* Mobilitätsraten, also internationalen Studierenden im Verhältnis zur Bevölkerungszahl des Sende- beziehungsweise Ziellandes.

Die Verteilungsfrage betrachten wir getrennt nach den beiden Mobilitäts-richtungen, beginnend mit der eingehenden Mobilität und damit den Zielländern (Abb. 4.9, Panel A). Aktuell haben relativ zu ihrer Bevölkerungsgröße Österreich, Dänemark, Luxemburg und die Schweiz den höchsten Anteil internationaler Studierender aus anderen europäischen Ländern – allesamt kleinere und wohl-habende Länder mit teils exzellenten Universitäten. Es folgen mit Tschechien und Zypern die ersten Länder der großen Osterweiterungsrunde, danach reihen sich die Niederlande, Belgien und das Vereinigte Königreich ein. Deutschland liegt bei dieser Pro-Kopf-Betrachtung im Mittelfeld, Frankreich im Schlussviertel. Am unattraktivsten sind die Universitäten im südöstlichen und östlichen Europa, so in Mazedonien, Weißrussland und der Ukraine (wichtiger Hinweis: In Abb. 4.9

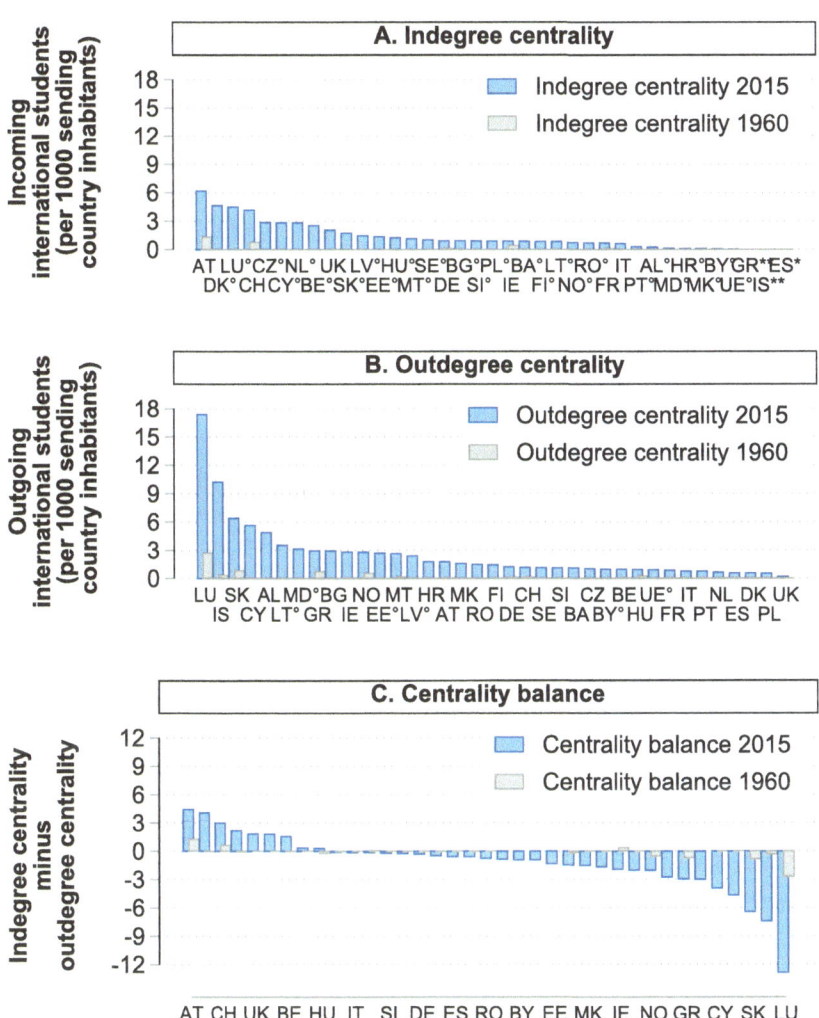

Abb. 4.9   Relative Zentralität der europäischen Länder, 1960 und 2015.

Notiz: Die *Eingangszentralität* (Indegree centrality) ergibt sich aus der Anzahl der eingehenden internationalen Studierenden aus anderen europäischen Ländern, relativ zur Bevölkerungsgröße des Empfängerlandes; die *Ausgangszentralität* (Outdegree centrality) ergibt sich entsprechend aus der Anzahl der in anderen europäischen Ländern eingeschriebenen internationalen Studierenden, relativ zur Bevölkerungsgröße des Sendelandes; ** Daten für beide Jahre nicht vorhanden; * Daten für 2015 nicht vorhanden; ° Daten für 1960 nicht vorhanden. Eigene Darstellung basierend auf UNESCO-Daten

fehlen die Werte für Griechenland, Island und Spanien, deren Listung ganz am Ende also nicht inhaltlich begründet ist).[2]

Die Abbildung zeigt auch sehr anschaulich, wie klein die Balken und damit wie gering die studentische Mobilität für 1960 im Vergleich zu heute sind. Aus diesem Grund, und aufgrund der Datenlücken, verzichten wir an dieser Stelle auf den langfristigen Vergleich der Länderpositionen. Auswertungen, die ab 1999 einsetzen (s. Abb. 4.9A im Online-Anhang), zeigen, dass um die Jahrtausendwende noch Österreich, die Schweiz, Belgien, das Vereinigte Königreich und Schweden den europäischen Markt der internationalen Studierenden dominierten. Erst danach sind neue akademische Anziehungsorte wie Luxemburg, Dänemark, Tschechien, Zypern und die Niederlande entstanden.

Die Lorenzkurven zur Eingangszentralität in Abb. 4.10, Panel A zeigt nun, wie ungleich die Kuchenstücke sind, die die einzelnen Länder als Zielländer von der intrakontinentalen Studierendenmobilität abbekommen. Für 2015 errechnet sich eine Gini-Ungleichheit von 0,53, die Lorenzkurve weicht erkennbar von der Gleichverteilung ab. Allerdings war die Verteilung 1960 mit 0,92 viel ungleicher, und sehr nah am Maximalwert von 1. Auch wenn wir für 1960 aufgrund lückenhafter Daten die Konzentration mit ziemlicher Sicherheit überschätzen, ist an der Grundtendenz nicht zu zweifeln: Die internationalen Studierenden verteilen sich heute gleichmäßiger auf die Länder des Kontinents. Diese Grundtendenz bestätigen auch weitere Berechnungen mit späteren Startjahren als 1960 (vgl. Abb. 4.10A im Online-Anhang) sowie weltweite Untersuchungen (Shields 2016; Kondakci et al. 2018).

Nun wechseln wir die Mobilitätsrichtung zur Ausgangszentralität und damit zu den Herkunftsländern. Relativ zur eigenen Bevölkerungsgröße ist die Auslandsstudierquote in Luxemburg mit Abstand am größten, gefolgt von Island (Abb. 4.9, Panel B). Die weiteren vorderen Ränge belegen mit der Slowakei, Zypern, Litauen, Albanien und Moldawien fünf Länder Ost- und Südosteuropas.[3] Die Zahlen für 1960 sind wegen fehlender Werte mit Vorsicht zu interpretieren. Ein mit weniger Datenproblemen behafteter Vergleich 1999 versus 2015 zeigt, dass damals wie heute die ersten drei Plätze mit Luxemburg, Island und der

---

[2]Dem „Bologna Process Implementation Report" (European Commission/EACEA/ Eurydice 2018, S. 253) ist zu entnehmen, dass diese drei Länder im Mittelfeld der eingehenden europäischen Studierendenmobilität liegen. Der Report zeigt im Übrigen auch, dass die Berechnungsgrundlage (Studierendenschaft statt Gesamtbevölkerung) die Reihenfolge der Länder kaum verändert.

[3]Auch hier macht die Berechnungsgrundlage (Studierendenschaft statt Gesamtbevölkerung) keinen nennenswerten Unterschied (European Commission/EACEA/ Eurydice 2018, S. 256).

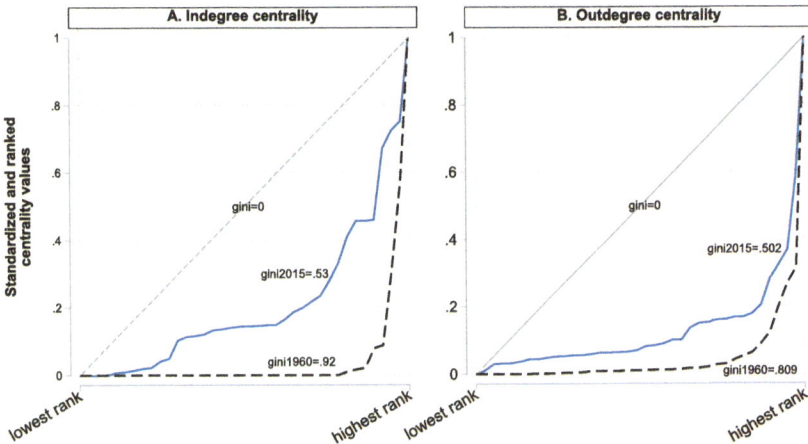

Abb. 4.10   Verteilung des innereuropäischen Studierendenaustauschs, 1960 und 2015.

Notiz: Die Lorenzkurven stellen dar, wie sich die innereuropäische Studierendenmobilität auf die einzelnen Länder verteilt. Die graue gestrichelte Diagonale gibt an, wie die Kurve bei vollkommener Gleichverteilung verlaufen würde (Gini-Index = 0). In diesem Fall würden sich die internationalen Studierenden vollkommen gleichmäßig auf alle Länder verteilen. Je stärker sich der Großteil auf wenige Länder konzentriert, umso mehr weicht die Lorenzkurve von der Diagonalen ab und umso höher ist der Gini-Wert. Beim hypothetischen Höchstwert von 1 würden sich die internationalen Studierenden auf ein einziges Land konzentrieren. Die Werte für die Eingangs- beziehungsweise Ausgangszentralität sind standardisiert, d. h. durch den jeweils höchsten Wert aller europäischen Länder in dem entsprechenden Jahr geteilt, und nach der Größe sortiert. Eigene Darstellung basierend auf UNESCO-Daten

Slowakei besetzt waren beziehungsweise sind (Abb. 4.9A im Online-Anhang). Während 1999 auch aus Griechenland und Irland proportional zur Bevölkerung sehr viele Studierende ins Ausland gingen, sind aktuell Zypern, Albanien, Litauen und Moldawien wichtige Herkunftsländer. Eine relativ geringe Neigung, im europäischen Ausland zu studieren, haben die jungen Leute in Frankreich, Italien, Portugal, den Niederlanden, Spanien, Dänemark, Polen und Großbritannien. Bis auf die Niederlande und Dänemark sind das Länder, deren Bewohner*innen bei den Fremdsprachenkenntnissen vergleichsweise schlecht abschneiden. Insbesondere in Großbritannien beunruhigt die geringe Auslandsstudierquote des eigenen Nachwuchses die Expert*innen (King et al, 2010; Teichler 2019).

Hat sich nun über die Zeit die Ungleichheit der Verteilung der Studierendenmobilität nach Herkunftsland verringert? Dies ist unmissverständlich der Fall: Der Gini-Wert hat sich von 0,81 für 1960 auf 0,5 für 2015 deutlich verringert (vgl. Abb. 4.10, Panel B). Diesmal ist der Gini-Wert für 1960 auch sehr belastbar, denn es fehlen nur wenige Werte. Folglich gehen heute junge Leute aus mehr europäischen Ländern in größerer Zahl für ein Studium ins europäische Ausland – es ist kein Privileg der Menschen im Westteil des Kontinents mehr (zu diesem Schluss kommen auch Vögtle und Windzio 2016).

Die Zentrum-Peripherie-Struktur

Um nun zusammenfassend die soziometrische Position der Länder im Netzwerk zu bestimmen, berechnen wir für jedes Land die Zentralitätsbilanz der innereuropäischen studentischen Mobilität, relativ zur Bevölkerung (Abb. 4.9, Panel C). Ein großes Plus an mobilen Studierenden signalisiert Attraktivität und damit eine Zentrumsposition; umgekehrt lässt sich ein großes Minus als periphere Position interpretieren. Eine zentrale Position nehmen aktuell (2015) insbesondere Österreich, Dänemark, die Schweiz, die Niederlande sowie Großbritannien ein – allesamt in Westeuropa gelegen, wohlhabend und im Shanghai-Universitätsranking gut vertreten (dies testen wir gleich noch systematisch). Soziometrisch peripher sind einerseits Luxemburg und Island, andererseits Albanien, die Slowakei und Zypern. Während diese Länder in sozioökonomischer Hinsicht verschiedener kaum sein könnten, eint sie ein geografischer Faktor: Es sind „kleine" Staaten mit engen sprachlichen, kulturellen und historischen Beziehungen zu einem bestimmten Nachbarland (Luxemburg zu Belgien, Island zu Dänemark, die Slowakei zu Tschechien, Zypern zu Griechenland).

Folgt nun die Netzwerkhierarchie einer *bildungssystemischen* Logik, also der Qualität und dem Ruf der nationalen Universitätssysteme? Oder doch, wie bei der Migration, einer ökonomischen Logik? Klarheit verschafft hier zunächst der statistische Zusammenhang zwischen dem Shanghai-Ranking der Länder und ihrer Position im Studierendennetzwerk. Tab. 4.2 weist die Rangkorrelationen aus (Zeile „Shanghai-Ranking und Zentralitätssaldo"), beginnend mit dem ersten Shanghai-Bericht. Im Jahr 2003 besteht ein mittelstarker positiver Zusammenhang von rund 0,58, der sich in den Folgejahren verstärkt, auf 0,69 im Jahr 2010 und schließlich 0,67 im Jahr 2015. Die Struktur des Studierendennetzwerks spiegelt also sehr deutlich die wissenschaftliche Zentrum-Peripherie-Struktur Europas wider – und heute noch mehr als unmittelbar nach der Jahrtausendwende.

Tab. 4.2 Zusammenhang zwischen Shanghai- und Studierendenmobilitätsranking in Europa

	2003	2005	2010	2015
Shanghai-Ranking und rel. Eingangszentralität	0,555***	0,503**	0,209	0,241
Shanghai-Ranking und rel. Ausgangszentralität	-0,308	-0,526***	-0,593***	-0,599***
Shanghai-Ranking und Zentralitätssaldo	0,578***	0,642***	0,687***	0,668***

Notiz: Eigene Darstellung basierend auf Zentralitätswerten (s. Abb. 4.9) und: Shanghai-Ranking (ShanghaiRanking Consultancy 2018). Einträge in den Zellen sind Rangkorrelationskoeffizienten nach Spearman (Eingangszentralität und Saldo: 2003: $N=33$, 2005: $N=32$, 2010: $N=33$, 2015 $N=34$; Ausgangszentralität: $N=37$). Signifikanzniveaus: $*p<0,05$; $**p<0,01$; $***p<0,001$

Dieses Ergebnis muss jedoch noch präzisiert werden: Es gilt nämlich zuvorderst für die Herkunftsländer der internationalen Studierenden, weniger ausgeprägt für die Zielländer. Die jungen Leute gehen tatsächlich dort weg, wo das heimische Universitätssystem von internationalen Expert*innen als mangelhaft (oder zumindest nicht als herausragend) bewertet wird. Dieser negative Zusammenhang hat sich über die Jahre verstärkt, auf heute -0,6 (Zeile „Shanghai-Ranking und relative Ausgangszentralität"). Der EU-Observer erklärt so die überproportionale Abwanderung junger Menschen aus Südosteuropa:

„Its students tend to move much more than the EU average – they make up almost a third of the European students enrolling abroad. That choice is often determined by the limited number of top-class universities in their region, which is rather flooded with poor quality institutions, managed by the private sector without adequate public control" (Bona und Ferrari 2017).

Wohin sie aber gehen, ist zwar der Tendenz nach auch eine Frage der wissenschaftlichen Exzellenz, doch zuletzt ist dieser Faktor weniger wichtig geworden (Zeile „Shanghai-Ranking und relative Eingangszentralität"). Ein Grund könnte sein, dass sich Studienplätze in stark nachgefragten Ländern nicht beliebig vermehren lassen und manche Bewerber*innen auf Länder ausweichen müssen, deren Universitäten nicht so hochgerankt sind. Welche Zielländer angesteuert werden, orientiert sich stärker am Wohlstandsniveau. Die Rangkorrelationen sind hier durchgängig hoch (vgl. Tab. 4.3, Zeile „BIP und relative Eingangszentralität"). Möglicherweise haben die Studierenden vorausschauend im Blick, wo es nach dem Abschluss Chancen auf einen gut bezahlten Arbeitsplatz gibt, und schreiben sich dort für ein Studium ein.

Tab. 4.3 Zusammenhang zwischen Wohlstands- und Studierendenmobilitätsranking in Europa

	2000	2005	2010	2015
BIP pro Kopf und rel. Eingangszentralität	0,747***	0,670**	0,677***	0,606***
BIP pro Kopf und rel. Ausgangszentralität	0,360*	-0,006	-0,078	-0,065
BIP pro Kopf und Zentralitätssaldo	0,115	0,435*	0,287	0,340*

Notiz: Eigene Darstellung basierend auf Zentralitätswerten (Abb. 4.9) und BIP (Brutto-inlandsprodukt pro Kopf in internationalen Dollars, World Bank 2018c). Einträge in den Zellen sind Rangkorrelationskoeffizienten nach Spearman (bei Eingangszentralität und Saldo: 2000 $N = 28$, 2005 $N = 32$, 2010 $N = 33$, 2015 $N = 34$ bei Ausgangszentralität: $N = 37$). Signifikanzniveaus: *$p < 0,05$; **$p < 0,01$; ***$p < 0,001$

Da nun die reichen Länder tendenziell auch die besser gerankten Hoch-schulen haben, prüfen wir abschließend simultan die Erklärungskraft dieser zwei Faktoren (Tab. 4.4). Dabei bestätigt sich für die Eingangszentralität, dass die wohlhabenden Länder internationale Studierende anziehen. Für die Aus-gangszentralität bestätigt sich, dass die jungen Leute dort weggehen, wo die Qualität der Universitäten schlechter gerankt ist – eindeutig ein Push-Faktor. Zusätzlich enthüllt die Analyse, dass unter Kontrolle der Bildungsqualität aus den wohlhabenden Ländern mehr Studierende ins Ausland gehen, ver-mutlich unter anderem ein Ressourceneffekt – ein Auslandsstudium muss man sich auch leisten können. Zusammenfassend spielen *zwei Logiken* bei der Zentrum-Peripherie-Struktur des europäischen Studierendennetzwerks zusammen: eine bildungssystemische Logik (die letztlich auch das Mobilitäts-saldo bestimmt) und eine wirtschaftliche Logik.

Tab. 4.4 Zusammenhang zwischen Wohlstandsniveau, Shanghai-Ranking und Studierendenzentralitäten in Europa, 2015

	Eingangszentralität	Ausgangszentralität	Zentralitätssaldo
BIP pro Kopf	0,635***	0,482**	-0,181
Shanghai-Ranking	-0,142	-0,434**	0,364*
Intercept	0,517	1,448	-0,916
N	34	37	34
Adjusted R²	0,327	0,258	0,068

Notiz: Eigene Darstellung basierend auf den in Tab. 4.2 und 4.3 beschriebenen Daten. OLS-Regression; Einträge in den Zellen sind standardisierte Koeffizienten. Signifikanz-niveaus: *$p < 0,05$; **$p < 0,01$; ***$p < 0,001$

4.5 Europäische und weltweite Studierendenmobilität

Interne Geschlossenheit und externe Offenheit des europäischen Studierendennetzwerks

Bislang haben wir nur einen Ausschnitt des Mobilitätsgeschehens betrachtet, das innereuropäische. Nun erweitern wir schrittweise den Horizont, beginnend mit der Frage, wo die Europäer*innen ein Auslandsstudium aufnehmen, wobei wir nun alle Zielländer berücksichtigen, ob in oder außerhalb Europas. Traditionell sind zum Beispiel die USA ein beliebtes Studienland, so auch für junge Deutsche (Mau 2007), jüngst haben Australien und Neuseeland an Popularität gewonnen. Da aber die Schaffung des Europäischen Hochschulraums, wie oben argumentiert, die Mobilität vor allem *innerhalb* Europas vereinfacht, dürfte dieser die Wahl des Ziellandes entsprechend beeinflusst haben, also pro Europa. Ob dies so ist, untersuchen wir, indem wir den Grad der *internen Geschlossenheit* des europäischen Netzwerks ermitteln. Dieser Indikator gibt Auskunft darüber, welchen Anteil an allen internationalen Studierenden aus Europa diejenigen haben, die an einer europäischen Universität studieren.

Tatsächlich findet die Studierendenmobilität der Europäer*innen zunehmend in den Grenzen des eigenen Kontinents statt (Abb. 4.11). Verblieben Anfang der 1960er bereits 70 % in Europa, waren es zuletzt rund 80 %. Das europäische Studierendennetzwerk ist heute also intern noch geschlossener als früher, die Mobilität noch mehr auf den Heimatkontinent fokussiert. Noch deutlicher fällt der Anstieg aus, wenn man als Startpunkt die frühen 1970er Jahre zugrunde legt, in denen mobile europäische Studierende – damals vor allem aus Westeuropa – je zur Hälfte an europäische und außereuropäische Universitäten gingen. Osteuropa war damals als Teil des Ostblocks auf die Sowjetunion (bei uns nicht Europa zugehörig) fixiert, Westeuropa als Teil der westlichen Welt auf Amerika. Weil die damaligen Supermächte Bildungspolitik als kulturelles und politisches Hegemonieinstrument betrachteten (vgl. Rosen 1970; Tsvetkova 2008), wurde de-facto eine Europäisierung des Mobilitätsverhaltens unterminiert. Diese setzte dann insbesondere nach der Überwindung der politischen Teilung Europas ein.

Mit dem nächsten Schritt wechseln wir die Perspektive von innen nach außen, von den aus europäischen Ländern ausgehenden Studierenden zu den dort eingehenden. Schon immer zog es junge Menschen aus anderen Weltregionen an die hiesigen Universitäten, im Jahr 2015 waren es 0,9 Mio., bei zwei Millionen internationalen Studierenden im Europäischen Hochschulraum insgesamt (Teichler 2019). Weltweit gesehen machen junge Leute aus Asien mehr als die Hälfte der

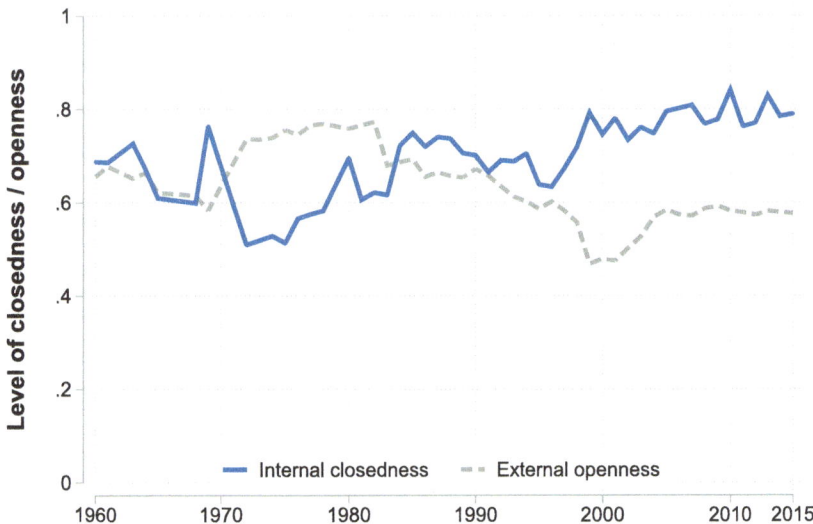

Abb. 4.11 Relative Geschlossenheit und Offenheit des europäischen Studierendennetzwerks, 1960–2015.

Notiz: Die *interne Geschlossenheit* (Internal closedness) des europäischen Netzwerks gibt an, wie groß bei den internationalen Studierenden aus europäischen Ländern der intrakontinentale Anteil ist. Die *externe Offenheit* (External openness) gibt an, wie groß bei den internationalen Studierenden in europäischen Ländern der außerkontinentale Anteil ist. Eigene Darstellung basierend auf UNESCO-Daten

internationalen Studierendenschaft aus (Beine et al. 2014). Unser zweites Maß, der Grad der *externen Offenheit* des europäischen Netzwerks, gibt Auskunft über diesen Anteil von Nicht-Europäer*innen an allen internationalen Studierenden an europäischen Hochschulen. In unserem Untersuchungszeitraum hat diese externe Offenheit Europas leicht abgenommen: Stammten im Jahr 1960 rund 65 % der internationalen Studierenden an europäischen Hochschulen aus Ländern außerhalb Europas, sank dieser Wert bis 2015 leicht auf 58 %, bei zwischenzeitlichen Schwankungen (vgl. Abb. 4.11).[4] Anteilig betrachtet hat sich die grenzüberschreitend-mobile Studierendenschaft an Europas Universitäten also nicht globalisiert, sondern *europäisiert,* insbesondere seit dem Fall des Eisernen Vorhangs.

---

[4]Die Diskrepanz zwischen unseren Zahlen und denen von Teichler (2019) liegt an der unterschiedlichen Grundgesamtheit. Teichler bezieht alle 48 Mitgliedsländer des EHEA ein (wir 37 Länder) und kommt dadurch zu einem etwas geringeren Anteil internationaler Studierender von außerhalb des EHEA (nämlich 45 %).

Europa im globalen Studierendennetzwerk

Im letzten Schritt untersuchen wir die gesamten Ströme der mobilen Studierenden weltweit. Uns interessiert dabei, ob im globalen Geschehen eine eigenständige europäische Komponente identifizierbar ist, und wie sich diese im Zeitverlauf entwickelt hat. Wir haben eingangs eine *Regionalisierungsthese* für Europa formuliert, und die bisher in diesem Kapitel berichteten Ergebnisse deuten in diese Richtung.

Im Jahr 2015 lassen sich vier Komponenten im globalen Netzwerk ausmachen, die in Abb. 4.12 dargestellt sind (ähnlich Barnett et al. 2016). Der Größe nach sind dies:

- Europa-Plus (91 Länder, davon 35 europäische)
- Multiregionales Cluster (57 Länder, davon 2 europäische)
- Muslimische Welt & südliches Afrika (27 Länder)
- Dominikanische Republik & Haiti (2 Länder)

Aufgrund unseres thematischen Fokus beschäftigen wir uns hauptsächlich mit den Komponenten mit europäischer Beteiligung. Die größte davon ist Europa-Plus (in Abb. 4.12 blau dargestellt), die insgesamt 91 Länder umfasst, davon 35 europäische. Angesichts dieser Zusammensetzung erscheint die Namensgebung auf den ersten Blick gewagt. Auf den zweiten Blick aber nicht mehr, denn an rund 80 % der Studierendenmobilität innerhalb dieser Komponente ist mindestens ein europäisches Land beteiligt. Das Gravitationszentrum liegt also in Europa, mit Deutschland und Frankreich als Doppelzentrum (ähnlich Chen und Barnett 2000; Barnett et al. 2016). Die Verbindung der vielen afrikanischen, südamerikanischen und zentralasiatischen Länder in dieser Komponente mit Europa sind zumeist recht einseitiger Natur: Angehende Akademiker*innen von dort studieren in europäischen Ländern, nur selten ist es umgekehrt – ein klassisches Peripherie-Zentrum-Muster (vgl. dazu Barnett und Wu 1995). Ein weiteres Argument für den Komponentennamen Europa-Plus ist, dass bis auf zwei *alle* europäischen Länder hier zusammengeschlossen sind.

Nicht Teil von Europa-Plus sind Großbritannien und Irland, die dem multiregionalen Cluster (magenta) angehören, der alle Kontinente umspannt (ähnlich Barnett et al. 2016). Beide Länder, und insbesondere Großbritannien, haben zwar wie gesehen als Mobilitätsziel enge Verbindungen zum Rest des Kontinents, aber eben noch engere mit den zentralen Ländern des multiregionalen Clusters.

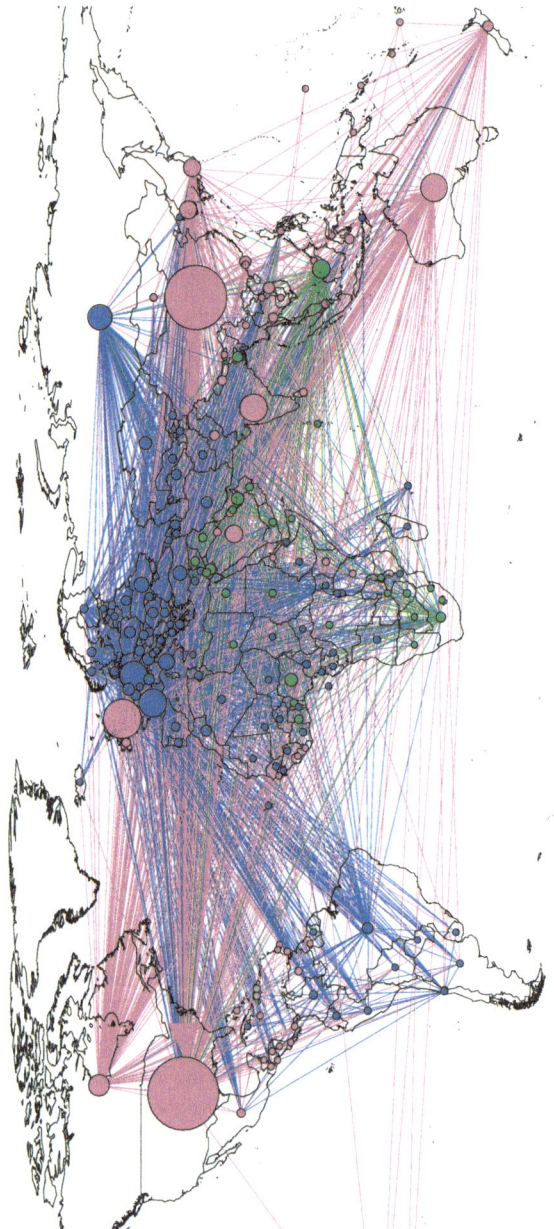

Abb. 4.12 Komponenten des globalen Studierendennetzwerks, 2015.

Notiz: Eigene Darstellung basierend auf UNESCO-Daten. Es sind nur Verbindungen mit mehr als 41 Studierenden zwischen den Ländern (entsprechend dem dritten Quintil der Verteilung der innereuropäischen Studierendenmobilität im Jahr 2010) abgebildet. Die Stärke der Pfeile ist proportional zur Anzahl der internationalen Studierenden, die aus dem Entsendeland stammen und im Ankunftsland studieren. Die Größe der Kreise ist proportional zur Summe der ein- und ausgehenden internationalen Studierenden. Die Modularitätsanalyse wurde mit dem Resolutionsfaktor 1.5 durchgeführt und hat vier Faktoren ergeben (Modularitätsmaß=0,337, Modularitätsmaß mit Resolutionsfaktor=0,715). Farblegende der Komponenten: Europa-Plus (**blau**), Multiregionales Cluster (**magenta**), Muslimische Welt & südliches Afrika (**grün**), Dominikanische Republik & Haiti (**grau**).

Großbritannien ist seit längerem ein „global player" auf dem universitären Aus-
bildungsmarkt (vgl. de Wit 2002; Gürüz 2008), der Studierende weltweit anzieht
– traditionell aus den Commonwealth-Ländern, seit den 1990er Jahren auch aus
Europa und neuerdings in großem Umfang aus China (Wächter 2013; UK Office
of National Statistics 2017b). Nicht zuletzt dieser Zustrom chinesischer und
indischer Studierender bringt Großbritannien und die USA in einer Komponente
zusammen.

Im Jahr 1960 (Abb. 4.13, weitere Karten sind auf unserer Webseite www.
network-europe.eu hinterlegt) war Europa noch schwächer integriert. Weltweit
ergaben sich seinerzeit aus der studentischen Mobilität folgende Komponenten:

- Europa-Plus (54 Länder, davon 22 europäische)
- Multiregionales Cluster (53 Länder, davon 6 europäische)
- Commonwealth-Plus (30 Länder, davon 3 europäische)
- Muslimische Welt (15 Länder)
- Südamerika (5 Länder)

Europa-Plus (blau) gab es also bereits vor einem halben Jahrhundert, es war
damals jedoch um einiges kleiner. Vor allem waren nur 22 der 37 europäischen
Länder eingebunden. Dafür war das Mobilitätsvolumen innerhalb dieser
Komponente mit einem Anteil von 90 % sehr europäisch dominiert. Bei den
über den Kontinent hinausgehenden Verbindungen waren die Universitäten
Frankreichs, aber auch der Niederlande und Belgiens beliebte Ziele für internationale Studierende aus den jeweiligen (ehemaligen) Kolonien (vgl. Barnett
und Wu 1995). Insgesamt war Europa seinerzeit durch die Aufteilung auf
drei (heute zwei) Komponenten schwächer integriert als es heute der Fall ist.
So waren Schweden, Finnland und Dänemark einerseits, Spanien, Portugal
sowie Albanien andererseits Teil des US-dominierten multiregionalen Clusters
(magenta). Großbritannien wiederum war Zentrum einer eigenen, überwiegend
aus Commonwealth-Staaten bestehenden Komponente (Commonwealth-Plus,
gelb). In Zeiten, in denen die Hürden für grenzüberschreitende Mobilität generell
hoch waren, etablierte das Commonwealth durch erleichterten Visazugang
einen sozialen Raum, in dem sich internationale Studierende leichter bewegen
konnten (s. z. B. Li et al. 1996 für Hongkong). Beim Mobilitätsvolumen innerhalb dieser Komponente zeigt sich die besondere Stellung der wenigen beteiligten
europäischen Länder, und insbesondere Großbritanniens: Obwohl lediglich 3 von
30 Ländern in Commonwealth-Plus europäisch waren, waren diese an rund zwei
Drittel des komponenteninternen Mobilitätsvolumens beteiligt, Großbritannien
allein an fast der Hälfte.

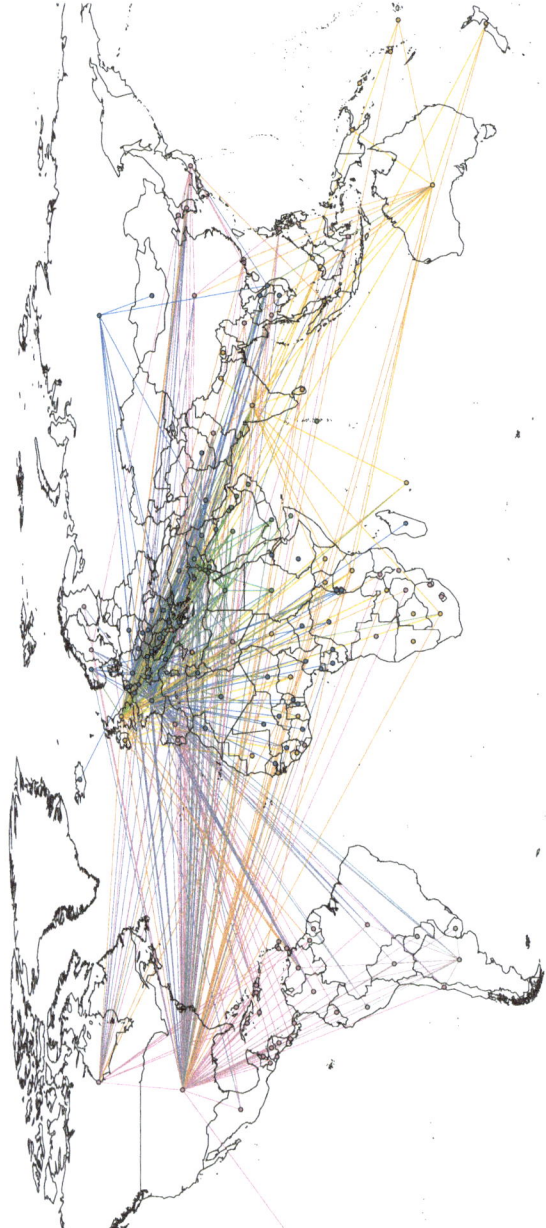

Abb. 4.13   Komponenten des globalen Studierendennetzwerks, 1960.

Notiz: Eigene Darstellung basierend auf UNESCO-Daten. Es sind nur Verbindungen mit mehr als 41 Studierenden zwischen den Ländern (entsprechend dem dritten Quintil der Verteilung der innereuropäischen Studierendenmobilität im Jahr 2010) abgebildet. Die Stärke der Pfeile ist proportional zur Anzahl der internationalen Studierenden, die aus dem Entsendeland stammen und im Ankunftsland studieren. Die Größe der Kreise ist proportional zur Summe der ein- und ausgehenden internationalen Studierenden. Die Modularitätsanalyse wurde mit dem Resolutionsfaktor 1,5 durchgeführt und hat fünf Faktoren ergeben (Modularitätsmaß = 0,480, Modularitätsmaß mit Resolutionsfaktor = 0,864). Farblegende der Komponenten: Europa-Plus (**blau**), Multiregionales Cluster (**magenta**), Commonwealth-Plus (**gelb**), Muslimische Welt (**grün**), Südamerika (**grau**)

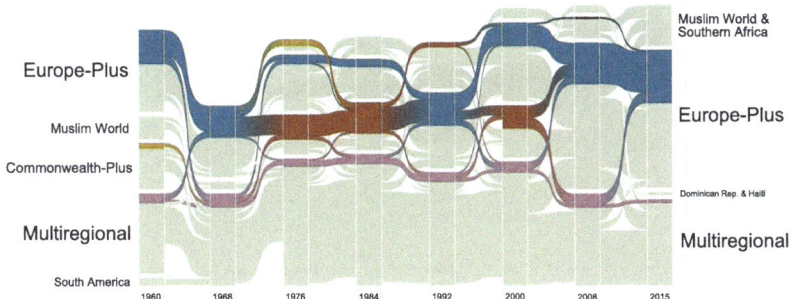

Abb. 4.14 Übergänge zwischen Komponenten des globalen Studierendennetzwerks, 1960–2015 – Länderzuordnung.

Notiz: Eigene Darstellung basierend auf UNESCO-Daten. Die Stärke der Komponenten basiert auf der Anzahl der dort verorteten Länder. Die farblich hervorgehobenen Bereiche zeigen den Anteil europäischer Länder in der jeweiligen Komponente: Europa-Plus (blau), Multiregionales Cluster (magenta), Osteuropa und Zentralasien (rot), Commonwealth-Plus (gelb), Muslimische Welt & südliches Afrika (**schwarz**)

Im Zeitvergleich über fünf Jahrzehnte sind heute also mehr europäische Länder in der Komponente Europa-Plus eng miteinander verbunden, inzwischen fast alle. Allerdings verlief diese Entwicklung recht turbulent, wovon Abb. 4.14 zeugt. Man sieht ein reges Um- und Neuformieren von Komponenten, das erst nach der großen EU-Osterweiterung und der institutionellen Entfaltung des Europäischen Hochschulraums in ein ruhigeres Muster übergeht. Bis es soweit war, hatte sich der Cluster Commonwealth-Plus (gelb) erst vorübergehend, dann dauerhaft aufgelöst (zwischen 1976 und 1984). Weiterhin hatte sich vor der Jahrtausendwende mehrfach eine dominant osteuropäische Komponente gebildet (rot), die immer auch westeuropäische Länder umfasste und daher Europa-Plus (blau) dezimierte. In der 2000er Dekade spaltete sich die Osteuropa-Komponente jedoch final auf, und Europa ist seither fast vollständig in Europa-Plus integriert. Erst nach der Osterweiterung und mit Bologna kam es also zu einer umfassenden und stabilen europäischen Netzwerkbildung im weltweiten studentischen Mobilitätsstrom.

Abb. 4.15 stellt die analoge Entwicklung für die Mobilitäts*volumina* (in Studierenden) dar. Wie bei der Länderverteilung zeigt sich insbesondere vor dem Jahr 2000 eine wechselhafte Verteilung der Volumina derjenigen mobilen Studierenden, die entweder aus Europa stammen oder nach Europa gehen, auf zumeist drei verschiedene Komponenten. Den größten Integrationsgrad hat Europa 2015 erreicht. Zusammenfassend interpretieren wir diese Ergebnisse so,

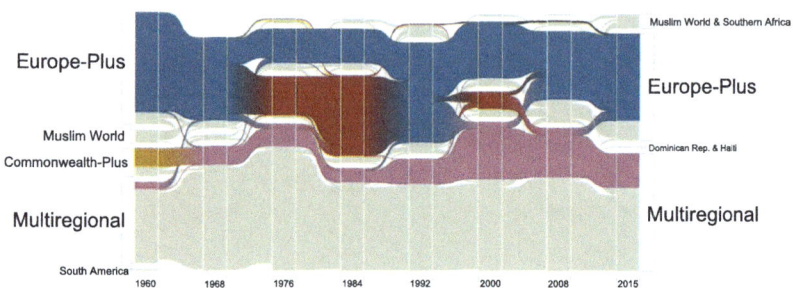

Abb. 4.15 Übergänge zwischen Komponenten des globalen Studierendennetzwerks, 1960–2015 – Volumenzuordnung.

Notiz: Eigene Darstellung basierend auf UNESCO-Daten. Die Stärke der Komponenten basiert auf ihrem jeweiligen Anteil an der weltweiten Studierendenmobilität. Die farblich hervorgehobenen Bereiche zeigen die Anteile der europäischen Länder am Gesamtvolumen der internationalen Studierenden: Europa-Plus (**blau**), Multiregionales Cluster (**magenta**), Osteuropa und Zentralasien (**rot**), Commonwealth-Plus (**gelb**), Muslimische Welt & südliches Afrika (**schwarz**)

dass man in Sachen studentischer Mobilität insbesondere nach der Jahrtausendwende von einem tief greifenden und nachhaltigen Zusammenwachsen Europas in einer gemeinsamen Komponente, Europa-Plus, sprechen kann.

4.6   Zusammenfassung

In Tab. 4.5 sind die wichtigsten Ergebnisse dieses Kapitels zusammengetragen. Unsere erste Leitfrage betraf den *Umfang* der Mobilität. Die intrakontinentale Studierendenmobilität hat sehr stark zugenommen, vor allem seit Mitte der 1990er Jahre. Was ehemals nur wenige junge Leute machten, machen heute viele: in einem anderen europäischen Land studieren. Der Europäische Hochschulraum ist damit nicht nur eine rechtlich-regulative Hülle („Bologna"), sondern mit Leben gefüllt. Da nahezu alle Länder, wenn auch mit unterschiedlichen Rollen, in das intrakontinentale Netzwerk einbezogen sind, hat es sich stark verdichtet. Sowohl die Wachstums- als auch die Verdichtungsthese haben sich damit bestätigt. Dies interpretieren wir als Folge einer Konfluenz begünstigender Rahmenbedingungen: einerseits säkularer Trends wie wachsender Fremdsprachenkenntnisse und einer allgemein gestiegenen Bedeutung von Auslandserfahrung in der Karriereplanung der Mittel- und Oberschichten (vgl. Gerhards

Tab. 4.5 Die Ergebnisse zur Studierendenmobilität im Überblick

Hypothese	Ja/Nein	Hauptergebnis
Umfang der innereuropäischen Vergesellschaftung		
Wachstumsthese	Ja	Starke Zunahme der intrakontinentalen Studierendenmobilität
Verdichtungsthese	Ja	Verdichtung des innereuropäischen Netzwerks der Studierendenmobilität
Struktur der innereuropäischen Vergesellschaftung		
Dezentralisierungsthese	Ja	Relativ zur jeweiligen Bevölkerungszahl verteilen sich die internationalen Studierenden sehr viel gleichmäßiger als früher (aber immer noch ungleich) auf die einzelnen Herkunfts- beziehungsweise Zielländern
Shanghaiisierungsthese	Ja	Stärker werdender Zusammenhang zwischen der soziometrischen und der wissenschaftlichen Zentrum-Peripherie-Struktur Europas (bei unterschiedlichen Dynamiken für die Sende- und Zielländer internationaler Studierenden)
Regionaler Schwerpunkt der transnationalen Vergesellschaftung		
Schließungsthese	Ja	Zunehmende interne Geschlossenheit des europäischen Netzwerks (bei abnehmender externer Offenheit)
Regionalisierungsthese	Ja	Nach der Jahrtausendwende Vertiefung und Konsolidierung einer spezifisch europäischen Komponente im weltweiten Netzwerk der internationalen Studierenden

Notiz: Eigene Darstellung

et al. 2016); andererseits spezifischer rechtlich-institutioneller Entwicklungen in (EU-)Europa wie der Ausweitung der Mobilitäts- und Aufenthaltsrechte auch für Studierende und dem Bologna-Prozess (ein empirischer Nachweis bei Vögtle und Windzio 2016).

Auch die *Struktur* des Netzwerks (die zweite Leitfrage) hat sich im Laufe der Jahrzehnte gewandelt, teils aus genau denselben Gründen. Die erste wichtige Veränderung ist die Dezentralisierung: Die Mobilität der Studierenden verteilt sich heute um einiges gleichmäßiger als früher auf die Länder des Kontinents. Das gilt sowohl für die Herkunftsländer als auch die Zielländer. Dabei sind die Rollen durchaus nach einem regionalen Muster verteilt, wenn auch keinesfalls so eindeutig wie bei der Migration (Kap. 3): Viele, aber keineswegs alle Länder in West- und Nordeuropa ziehen per Saldo Studierende an (Zentrum), während viele, aber keineswegs alle Länder in Süd- und Osteuropa per Saldo Studierende abgeben (Peripherie) und dadurch einen „brain drain" erleiden (dazu grundlegend und in globaler Perspektive Barnett und Wu 1995). Allerdings argumentieren neuere Studien, dass nicht alle internationalen Studierenden später im Ausland bleiben wollen (Kaushal und Lanati 2019). Bei einer Rückkehr in die Heimatländer kann das erworbene Wissen also auch den Herkunftsländern zugutekommen. Einige periphere Länder verpflichten daher über spezielle Stipendien ihre Staatsangehörigen dazu, nach dem Abschluss zurückzukehren und für mehrere Jahre im Herkunftsland zu arbeiten, um so den „brain drain" in eine „brain circulation" oder gar einen „brain gain" umzuwandeln. Die zweite Veränderung betrifft die Strukturierungslogik des Netzwerks: Die jungen Leute gehen dort weg, wo die Universitäten wenig konkurrenzfähig sind, und sie gehen verstärkt dorthin zum Studieren, wo die Wirtschaft prosperiert.

Für die „Außenbeziehungen" Europas (die dritte Leitfrage) hat sich unsere Schließungsthese bestätigt: Verglichen mit den 1960er und insbesondere den 1970er Jahren beschränkt sich die Studierendenmobilität der Europäer*innen zunehmend auf den Heimatkontinent, resultierend in einer größeren internen Geschlossenheit des europäischen Netzwerks. Die innereuropäische Mobilität ist so stark angestiegen, dass dadurch der Anteil internationaler Studierenden an europäischen Hochschulen aus anderen Weltregionen gesunken ist. Bologna, so kann man schlussfolgern, war intern erfolgreicher als extern, wenngleich immer noch sechs von zehn internationalen Studierenden an europäischen Hochschulen von außerhalb kommen. Europa bildet heute eine weitgehend integrierte Komponente (Europa-Plus) im weltweiten Mobilitätsstrom, unsere Regionalisierungsthese bestätigend. Eine solche Komponente hatte es zwar bereits in den 1960er Jahren gegeben, interessanterweise ohne nennenswerte institutionell-regulative Flankierung durch supranationale Politiken, erwies sich aber als instabil. Ein hochintegriertes europäisches Subnetzwerk hat sich erst dauerhaft etabliert, als die politische Teilung Europas mit der ersten Osterweiterung der Staatengemeinschaft final überwunden war und die Politik mit dem Europäischen Hochschulraum die bislang stärksten regulativen Anstrengungen unternommen hatte, die Studierendenmobilität auf dem Kontinent zu erleichtern. Alle Ergebnisse dieses Kapitels sprechen für eine zunehmende europäische Vergesellschaftung.

Europa als Tourismusnetzwerk 5

Wenn wir nach Alltagspraktiken suchen, die die Gegenwartsgesellschaften von früheren unterscheiden, dann zählt der Tourismus sicherlich dazu. Ob in Form von Privat- oder Geschäftsreisen, der Tourismus ist in der gesamten westlichen Welt – und zunehmend auch in anderen Weltregionen – zu einem Massenphänomen mit enormer lebensweltlicher und ökonomischer Bedeutung geworden (vgl. Bachleitner und Schimany 1999; Opaschowski 2002; Bachleitner und Aschauer 2015). Waren früher Reisen nur Wenigen vorbehalten, hat sich der Tourismus seit seiner „Erfindung" in der Zeit vor dem Ersten Weltkrieg demokratisiert und ist zu einem zentralen Kennzeichen der Massenkonsumgesellschaften geworden, die sich in Europa im Zuge des Wirtschaftswunders zunächst im Westen des Kontinents herausgebildet haben (vgl. Gasser 2010; Freyer 2011: Abschnitt 1.2). Wachsender Wohlstand, mehr Urlaubstage und ein größerer Erlebnishunger (Schulze 2005) haben die privaten touristischen Aktivitäten anschwellen lassen (vgl. Beisheim et al. 1999, S. 29; Spode 2009, 2013). In vielfältiger Form können die Menschen ihre Reisesehnsucht stillen: als Massen- oder Individualtourismus, als Städtereise, Strandurlaub oder Kreuzfahrt, als Familien- oder Singleurlaub. Auch der Geschäftstourismus boomt, angetrieben durch die fortschreitende wirtschaftliche Arbeitsteilung über Ländergrenzen hinweg. Sie macht den „business trip" für immer mehr Beschäftigte, insbesondere solchen in multinationalen Konzernen und wissensintensiven Berufen, zum Normalfall. Nach Schätzung der United Nations World Tourism Organization (UNWTO) war die Tourismusindustrie zur Jahrtausendwende zur größten Wirtschaftsbranche weltweit avanciert (vgl. Bachleitner und Schimany 1999).

Auch wenn sich der Großteil des Tourismus immer noch innerhalb der Landesgrenzen abspielt – die UNWTO (2018b) schätzt, dass auf eine Auslandsreise neun Inlandsreisen kommen –, so ist gerade das Verreisen in nahe oder

© Springer Fachmedien Wiesbaden GmbH, ein Teil von Springer Nature 2020
J. Delhey et al., *Netzwerk Europa*, Neue Bibliothek der Sozialwissenschaften,
https://doi.org/10.1007/978-3-658-30042-5_5

ferne Länder ein Signum unserer Zeit; nicht nur für die „Davos-Elite" (Berger 1997), die als globale Oberschicht scheinbar rastlos von Kontinent zu Kontinent jettet, sondern in den reicheren Gesellschaften auch für die Mehrheitsklasse. Einen großen Anteil daran haben die Billigfluglinien, die Flugreisen erschwinglich gemacht und eine neue Ära des Wochenendtourismus eingeläutet haben. Das Feuilleton spricht bereits von einer „Generation Easyjet", die zwischen den europäischen Metropolen mit ähnlicher Selbstverständlichkeit hin und her reist wie die vorige Generation mit Bahn oder Auto zwischen den Städten eines Landes (Schaper 2014). Der Tourismus generiert heute millionenfach Kontaktpunkte für grenzüberschreitende – und damit auch europäische – Vergesellschaftung, aus denen sich vielfältige Wechselwirkungen ergeben können, von Liebesbeziehungen bis hin zu Konflikten um metropolitanen Wohnraum. Während wir diese Themen im Schlusskapitel des Buches aufnehmen, sieht unser Programm auch für dieses Kapitel vor, dem Umfang, der Ungleichheitsstruktur und dem weltregionalen Schwerpunkt der Reiseaktivitäten der Europäer*innen nachzuspüren. Dies tun wir erneut auf der Grundlage aggregierter Prozessdaten, hier den zwischen Ländern bestehenden Tourismusströmen, in denen Urlaubs- und Geschäftsreisen, lang- und kurzfristige Aufenthalte untrennbar verschmolzen sind (vgl. dazu Kap. 2).[1]

5.1   Die Rahmenbedingungen für Tourismus

Vorüberlegungen

Welche Rahmenbedingungen haben die Entwicklung des europäischen Tourismusnetzwerks geprägt? Drei Dinge scheinen uns besonders wichtig zu sein: die *Ausweitung der Mobilitätsrechte* und das Verschwinden der „European mobility divide", die *Wohlstandsentwicklung* und schließlich der Ausbau der *Reiseinfrastruktur* in Europa. Natürlich sind dies nicht die einzigen Faktoren, die die Reiseströme beeinflussen, auch geografische Nähe (z. B. McKercher et al. 2008),

---

[1]In diesem Kapitel reden wir öfter von Urlaubs- als von Geschäftsreisen, weil sie den größten Teil der Auslandsreisen ausmachen. Laut Eurostat (2019h) waren im Jahr 2017 innerhalb der EU nur rund 13 % aller Auslandsreisen geschäftlicher Natur, der große Rest privater, davon 65 % Urlaubsreisen. Was die Länge der Reisen anbelangt, verteilen sie sich recht gleichmäßig auf Kurzaufenthalte (bis zu drei Nächten, 29 %), mittellange Reisen (vier bis sieben Nächte, 37 %) und längere Reisen (mehr als eine Woche, 34 %).

kulturelle Ähnlichkeit (z. B. Yang et al. 2019), historische Beziehungen (z. B. Belyi et al. 2017), Sehenswürdigkeiten (z. B. Reyes 2013) sowie klimatische Bedingungen (z. B. Maddison 2001) spielen eine Rolle.[2] Um jedoch Erwartungen speziell darüber formulieren zu können, wie sich das Netzwerk Europa *gewandelt* hat, konzentrieren wir uns auch beim Tourismus auf die veränderlichen Faktoren. Da unsere Datenreihen diesmal erst 1995 beginnen, gehen wir weniger ausführlich als sonst in die Zeit der Blockkonfrontation zurück.

Die Ausweitung der Mobilitätsrechte und institutionell-regulative Vereinfachungen

Je nach Staatsangehörigkeit und Zielland sind beim Reisen zunächst rechtliche Hürden der Aus- und Einreise zu beachten. Diese Hürden ergeben sich maßgeblich durch die zwischenstaatlichen Visaregulierungen, durch die eine Hierarchie unterschiedlich wertiger Pässe etabliert wird. Global betrachtet zählen nach dem Henley Passport Index 2019 (Henley und Partners 2019) der deutsche und der französische Pass zu den wertvollsten Dokumenten, weil sie visafreies Reisen in 188 Länder weltweit ermöglichen (übertroffen nur von drei asiatischen und dicht gefolgt von vielen anderen europäischen Ländern). Zum Vergleich: Ein afghanischer oder irakischer Pass gestattet eine visafreie Einreise in nur 30 Länder – Ausdruck der rechtlichen „global mobility divide" (Brabandt und Mau 2013; Mau et al. 2015; Gülzau et al. 2016), die sich seit den 1970er Jahren zugunsten der wohlhabenden OECD-Welt weiter verstärkt hat.

Inwieweit besteht nun eine „European mobility divide", also unterschiedliche rechtliche Mobilitätschancen für Reisen innerhalb des Kontinents? Vor 1989 gab es eine solche Spaltung, denn viele sozialistische Länder beschränkten aus ideologischen und wirtschaftlichen Gründen Reisen ins westliche Ausland auf ein Minimum. Umgekehrt hinderten die Staaten Westeuropas ihre Bevölkerung nicht daran, hinter den Eisernen Vorhang zu reisen, doch machten nicht viele davon Gebrauch, sei es aus Desinteresse, sei es aufgrund des wenig entwickelten sozialistischen Tourismussektors. Selbst innerhalb des Ostblocks waren die Mobilitätsrechte trotz einiger bilateraler Abkommen über pass- und visumfreien Reiseverkehr restriktiver als in Westeuropa. Auch Reisen in die sozialistischen

---

[2]Auch wenn die Relevanz der Entfernung für das Reiseverhalten bestehen bleibt (z. B. Hawelka et al. 2014), scheinen historische Beziehungen sowie sprachliche Ähnlichkeit weniger bedeutsam zu sein als früher, zumindest in Europa (Provenzano und Baggio 2017).

Bruderländer waren zeitweise genehmigungspflichtig, beispielsweise in der
DDR. Weiterhin fehlte es an administrativer Verlässlichkeit: So beschränkte die
DDR-Regierung mal den Reiseverkehr in die Bruderländer, dann lockerte sie
ihn wieder. Schließlich gab es auch ganz praktische Handicaps wie fehlendes
Informations- und Kartenmaterial über Orte im Ausland (Wolter 2009).

Mit dem Systemumbruch ab 1989 erkämpften sich die Menschen in Osteuropa auch grundlegende touristische Freiheiten, wie sie im Westen schon
lange gängig waren. Für Reisen innerhalb Westeuropas wurde die Visumspflicht
in den 1950er Jahren größtenteils aufgehoben, in Deutschland beispielsweise
1953. Das *Schengen-Abkommen* von 1985 stellt aus europäischer Perspektive
eine besondere Wegmarke dar, weil nun bei der Ein- und Ausreise sogar auf
Personenkontrollen verzichtet wurde, was das Reisen besonders bequem macht.
Die Kontrollen an den Binnengrenzen fielen weg und wurden durch Kontrollen
an den Schengen-Außengrenzen sowie durch ergänzende Maßnahmen wie mobile
Grenzraumüberwachung und eine stärkere Vernetzung der Polizeiarbeit ersetzt
(Grabbe 2000). Zudem wurden die Visaregelungen für Drittstaaten vereinheit-
licht (Zimmermann 1996, S. 106). Nach und nach, in der Regel in enger zeitlicher
Nähe zu den jeweiligen EU-Beitritten, wurden immer mehr europäische Länder
Teil des Schengen-Raums, ab 2004 auch die ersten ostmitteleuropäischen Länder
(s. Tab. 5.1). Heute gehört die große Mehrheit der EU-Mitgliedstaaten dazu, mit
Ausnahme von Großbritannien und Irland, die sich gar nicht beteiligen, sowie
Bulgarien, Kroatien, Rumänien und Zypern, die den Schengen-Acquis nur teil-
weise anwenden, das heißt Personenkontrollen an den Binnengrenzen bleiben
dort einstweilen noch bestehen. Auch Island, Norwegen, die Schweiz und
Liechtenstein haben das Schengener Abkommen unterzeichnet.

Tab. 5.1 Abfolge der Beitritte zum Schengen-Raum

1985–1993	1990–1992	1995/1996	2004–2007	2011
Belgien	Griechenland	Dänemark	Estland	Liechtenstein
Deutschland	Italien	Finnland	Lettland	
Frankreich	Portugal	Island	Litauen	
Luxemburg	Spanien	Norwegen	Malta	
Niederlande		Österreich	Polen	
		Schweden	Schweiz	
			Slowakei	
			Slowenien	
			Tschechien	
			Ungarn	

Notiz: Eigene Darstellung

Doch auch für die Nicht-Schengen-Mitgliedsländer bestehen insofern kaum rechtliche Hürden, als Europa intern eine nahezu vollständig visafreie Zone ist. Nur die Bürger*innen von sieben Staaten Südost- und Osteuropas (Belarus, Albanien, Bosnien und Herzegowina, Moldawien, Montenegro, Serbien und der Ukraine) benötigen ein Visum, die der letzten sechs aber nur dann, wenn das Reiseziel Irland oder Vereinigtes Königreich heißt. In dieser rechtlichen Hinsicht ist der europäische Sozialraum also relativ egalitär, der „European mobility divide" weitestgehend Geschichte. Dies gilt, wohlgemerkt, innerhalb des Kontinents. Der *weltweite* Wert der verschiedenen europäischen Pässe variiert durchaus. Während man mit einem deutschen oder französischen Pass nur für 38 Länder beziehungsweise Territorien ein Reisevisum benötigt, sind dies mit einem albanischen Pass 111 Destinationen (Henley und Partners 2019). Trotz dieser Unterschiede hat sich in den letzten zwei Jahrzehnten für alle Europäer*innen die Zahl der außereuropäischen Destinationen, für die eine Visumspflicht besteht, verringert (Mau et al. 2015). Für Europa lässt sich somit resümieren, dass seit dem Ende der politischen Teilung vor allem das intra-, aber auch das interkontinentale Reisen rechtlich einfacher geworden ist. Besonders für die Bevölkerung des früheren Ostblocks haben sich die Mobilitätsrechte seit 1989/1990 substanziell ausgeweitet.[3]

Strukturelle Veränderungen des europäischen Sozialraums

Reisen sind kostspielig und setzen ökonomische Ressourcen voraus. Für den privaten Urlaub ist das verfügbare Haushaltseinkommen ebenso zentral wie für Geschäftsreisen das Firmenbudget. Eine ungleiche Verteilung ökonomischer Ressourcen führt daher zu einer ungleichen Teilhabe zumindest am ausgehenden Tourismus (State et al. 2013; Provenzano und Baggio 2017; Recchi et al. 2019b, S. 14). Für die meisten westeuropäischen Gesellschaften ist die Wohlstandsentwicklung seit den 1990er Jahren moderat positiv; allerdings bedeutete die Finanzkrise von 2007/2008 und vor allem die Eurokrise 2012/2013 in den betroffenen Ländern kurzfristige (Island, Spanien, Portugal) bis längerfristige (Griechenland) Wohlfahrtseinbußen,

---

[3]Zahlreiche Studien belegen den Einfluss der Visumfreiheit (z. B. de la Rica et al. 2013, S. 10) und der Zugehörigkeit zum Europäischen Wirtschaftsraum (z. B. State et al. 2013) auf die kurzfristige Personenmobilität. Auch die EU-Osterweiterungen haben sich positiv auf den Tourismussektor in den neuen Mitgliedsländern ausgewirkt (z. B. Leidner und Bender 2007; Ana 2017, S. 498).

sodass sich die Schere zwischen prosperierenden und wirtschaftlich schwächeren EU-Ländern nach langen Jahrzehnten der Konvergenz jüngst wieder geöffnet hat (vgl. Heidenreich 2016).[4] Für die ehemals sozialistischen Gesellschaften war der schwierige ökonomische Systemwechsel die Grundlage für einen Mitte der 1990er Jahre beginnenden wirtschaftlichen Aufholprozess, der, von unterschiedlichen Ausgangsniveaus startend, in Ländern wie Slowenien, Polen und Estland durchaus sehr erfolgreich war. Viele postsozialistische Gesellschaften haben sich erstmals in ihrer Geschichte zu Massenkonsumgesellschaften mit wachsender Mittelschicht gewandelt (Fehérváry 2002), die sich auch Urlaube leisten kann (vgl. Leidner und Bender 2007; Ana 2017, S. 498) – auch wenn gerade in der südost- und osteuropäischen Peripherie noch ein großer Rückstand zum durchschnittlichen EU-Lebensstandard bleibt (vgl. auch das Kap. 3 zur Migration).

Wie sich dies auf die Beteiligungsraten am Tourismus auswirkt, zeigen Eurostat-Statistiken: Während in Finnland fast die gesamte Bevölkerung touristisch aktiv ist, ist es in Rumänien nur ein Viertel, der EU-Durchschnitt liegt bei 60 % (vgl. Abb. 5.1, obere Grafik). Unschwer erkennt man den dahinter liegenden Wohlstands- und damit den West-Ost-Gradienten. Diese Statistik fasst Trips im Inland und ins Ausland zusammen; die Unterschiede bei Auslandsreisen allein sollten noch größer ausfallen, weil sie tendenziell teurer sind. Beim Anteil der Auslandsreisen an allen Reisen (s. Abb. 5.1, untere Grafik) ergibt sich jedenfalls ein Faktor von 10:1 zwischen der Bevölkerung von Luxemburg oder Belgien (hier gehen 80–100 % aller Reisen ins Ausland) und Spanien oder Rumänien (unter zehn Prozent). Neben ökonomischen Unterschieden scheint hier auch die Landesgröße eine Rolle zu spielen, ebenso wie klimatische Bedingungen: In der gesamten Mittelmeerregion wie auch am Schwarzen Meer bleiben die Reisenden überproportional häufig im Heimatland, frei nach dem Motto: Warum in die Ferne schweifen?

Eine Reihe von gesellschaftlichen Entwicklungen hat dazu beigetragen, den (privaten) Auslandstourismus, wie andere Spielarten der Transnationalisierung auch, boomen zu lassen. Neben dem wachsenden finanziellen Spielraum gehören dazu die Bildungsexpansion und bessere Fremdsprachenkenntnisse (ausführlich in Kap. 4 besprochen). Bei den Geschäftsreisen hat die Internationalisierung des Wirtschaftsgeschehens, für Europa insbesondere im Rahmen des Binnenmarkts, dem Reiseverkehr sicherlich einen Schub verliehen. Trotz eines generellen Fahrstuhleffekts ist das Ausmaß an Geschäfts- wie privaten Reisen immer

---

[4]Eurostat (2019e) bestätigt den Einfluss der Finanz- und Wirtschaftskrise auf die Reisehäufigkeit, besonders für Geschäftsreisen.

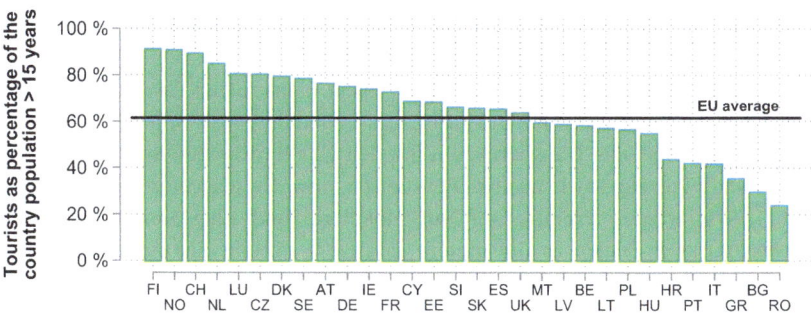

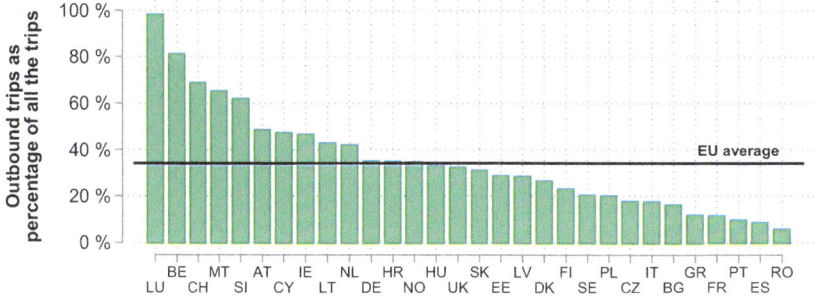

Abb. 5.1 Anteil der touristisch aktiven Bevölkerung, 2016.

Notiz: Eigene Darstellung basierend auf Daten von Eurostat (Eurostat 2019c, d). „EU average" ist der Durchschnitt aller 28 EU-Mitgliedsländer. Für die Berechnung des Auslandsreiseanteils in Großbritannien wurden Werte des Jahres 2012 verwendet

noch von den verfügbaren ökonomischen Ressourcen abhängig (vgl. Henschel 2016, S. 92 f.). In den wohlhabenden Ländern haben die erfolgreichen Unternehmen und Organisationen ebenso größere Budgets, um ihre Belegschaft auf Geschäftsreisen ins Ausland schicken, wie sich die dortige Bevölkerung privat mehr Urlaubsreisen leisten kann. Wir können zwar in der nachfolgenden Analyse zwischen privaten Urlauben und Geschäftsreisen nicht unterscheiden, Eurostat-Statistiken (2019h) zeigen aber ohnehin kaum Unterschiede in den regionalen Mustern von privaten und geschäftlichen Auslandsreisen.

Die Infrastruktur für grenzüberschreitendes Reisen

Wie viel und wohin die Menschen reisen, hängt nicht zuletzt davon ab, wie gut ausgebaut die Tourismusinfrastruktur ist: das Beherbergungswesen mit Hotellerie und Gastronomie, das Transportwesen mit den vier Reisewegen Straße, Schiene, Schiff und Flugzeug sowie andere Dienstleister, etwa Reiseagenturen (vgl. Freyer 2011). Wir werden exemplarisch auf Hotellerie und Flugverbindungen eingehen, um zwei Punkte zu illustrieren: dass es in Europa eine Ausweitung des touristischen Angebots gegeben hat, ohne dass dadurch das West-Ost-Gefälle aufgehoben wurde.

In der EU-28 gibt es über 600.000 Beherbergungsbetriebe für Reisende, die über 30 Mio. Schlafgelegenheiten anbieten (vgl. Abb. 5.2). Das Gros der Angebote stammt aus Frankreich, Italien, Spanien, dem Vereinigten Königreich und Deutschland. Auf diese fünf Länder entfallen rund zwei Drittel der Betriebe

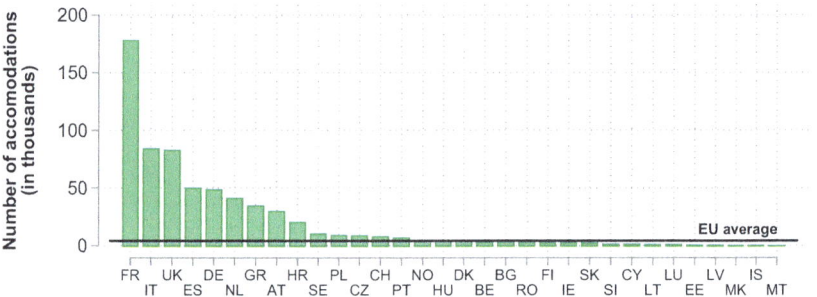

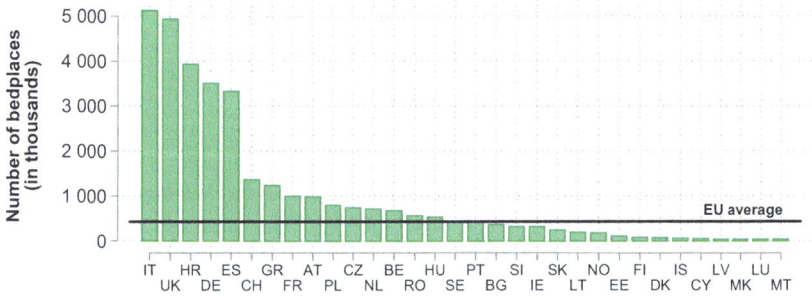

Abb. 5.2 Beherbergungsbetriebe und Schlafgelegenheiten für Reisende, 2016.

Notiz: Eigene Darstellung basierend auf Daten von Eurostat (2019a). „EU average" ist der Durchschnitt aller Werte der damaligen EU-Mitgliedsländer (28)

und der Betten. Insgesamt gibt es einen markanten West-Ost-Unterschied in der Tourismusinfrastruktur, denn auf die neuen Mitgliedstaaten kommen nur 21 % der Betriebe und 13 % der Betten. Dies legt nahe, dass der intrakontinentale Tourismus auch bei den Destinationen regional ungleich verteilt ist, was auch am schlechten Image der osteuropäischen Länder liegt (Ana 2017). Die geringe Kenntnis der Westeuropäer*innen über die östlichen Nachbarländer nahm vor einigen Jahren in satirischer Absicht ein Reiseführer über ein fiktives, angeblich in Osteuropa gelegenes Land aufs Korn: „Molwanien, Land des schadhaften Lächelns" hieß das Buch, dessen Bilder verfallener Gebäude und heruntergekommener Dörfer allesamt in Italien aufgenommen worden waren. Andere osteuropäische Länder halten dem Rest Europas humorvoll den Spiegel vor, so zum Beispiel Litauen mit seiner Branding-Kampagne „The G-Spot of Europe" für die Hauptstadt Vilnius: „Nobody knows where it is but when you find it – it's amazing".

Für die schnelle Erreichbarkeit anderer Länder sorgt heute vor allem das Flugzeug, das Verkehrsmittel der Wahl bei etwas mehr als jeder zweiten innereuropäischen Auslandsreise (Eurostat 2019h). Hierbei markiert die von der EU 1992 in Gang gesetzte *Liberalisierung des Luftverkehrs* eine wichtige Wegmarke. Bis dahin durften Fluglinien nur in ihrem Heimatland Inlandsflüge anbieten, und zwischen zwei Ländern durften nur Fluggesellschaften aus eben diesen beiden Staaten Passagiere befördern. Diese Beschränkungen räumte die Brüsseler Liberalisierungspolitik zur Seite, was eine Vielzahl neuer Verbindungen und sinkende Ticketpreise zur Folge hatte (vgl. auch Dobruszkes 2006; Fan 2006). Bereits in den ersten fünf Jahren nach der Liberalisierung wuchsen die innereuropäischen Flugverbindungen um 75 %, die der Inlandsflüge nur um 12 %. Neue Flugverbindungen – etwa zwischen Bosnien und Herzegowina und Deutschland – ließen die Mobilität zwischen den entsprechenden Ländern teils sprunghaft ansteigen (Gabrielli et al. 2019). Die Zahl der innereuropäischen Fluggäste hat sich nach der Liberalisierung binnen einer Dekade mehr als verdoppelt: Flogen 1993 noch 360 Mio. Menschen von EU-Land zu EU-Land, waren es 2015 bereits 920 Mio. (Baumbach 2017). Dieses Wachstum hängt nicht zuletzt mit dem Aufkommen der Billigfluglinien Mitte der 1990er Jahre zusammen. Auf deren Konto gingen 70 % des Zuwachses an innereuropäischen Flügen und 64 % an Sitzkilometern (Dobruszkes 2013).[5] Bei den Destinationen liegt das Hauptaugen-

---

[5]Untersucht wurde der Zeitraum 1995–2012.

merk auch der Billigflieger auf den europäischen Metropolen und den wichtigsten Tourismuszentren (ebd.), auch wenn sie stärker als die etablierten Fluglinien Nischenmärkte und Regionalflughäfen bedienen.

Geografisch lassen sich zwei Expansionsphasen des Flugnetzes der Billigfluglinien ausmachen (ebd.): eine erste Phase, in der vor allem die Verbindungen innerhalb der EU-15 sowie mit der Schweiz, Norwegen und Island ausgebaut wurden, bevor 2002 dann mit Tschechien und der Slowakei die ersten beiden ehemals sozialistischen Länder am europäischen Luftverkehrs-Binnenmarkt teilnahmen; und eine zweite Phase seit der Osterweiterung, in der die Streckennetze nach Osten ausgeweitet wurden und nun alle Länder Europas umfassen – aber eben immer noch mit einem eindeutigen Schwerpunkt in Westeuropa. So waren im Jahr 2012 sieben von zehn Flugstrecken West-West-Verbindungen, auf die 82 % aller Sitze entfielen. Diese Zentrum-Peripherie-Struktur gilt erst recht für das *Europäische Hochgeschwindigkeitsbahnnetz,* in dem fast alle Linien, gleich ob national oder international, im Westteil des Kontinents liegen (Hall 2009). Die bestehenden grenzüberschreitenden Schnellzüge verbinden derzeit die sechs EU-Gründungsländer plus Großbritannien und Spanien (also die Länder der sogenannten „EU-Banane"), während für Zugreisen in den Ostteil des Kontinents nach wie vor deutlich längere Fahrtzeiten eingeplant werden müssen.

Erwartete Effekte auf das europäische Tourismusnetzwerk

Die Entwicklung aller skizzierten Rahmenbedingungen – vereinfachte Grenzübertritte und die weitgehende Nivellierung der rechtlichen „European mobility divide", wachsender Wohlstand sowie der Ausbau der touristischen Infrastruktur und des Transportwesens – sollte sich in einem starken Anstieg des innereuropäischen Tourismus niedergeschlagen haben *(Wachstumsthese)*. Ursache und Wirkung sind freilich nicht immer einfach zu trennen, denn ein wachsendes Angebot, wie erhöhte Hotelkapazitäten und neue Flugverbindungen, ist ja teils auch eine Reaktion auf eine bereits bestehende Nachfrage (s. auch Gabrielli et al. 2019). Wie auch immer die Kausalrichtung im Einzelnen aussieht, das Netzwerk Europa sollte jedenfalls insgesamt immer dichter geknüpft sein, nicht zuletzt, weil sich Europa nach dem Ende der politischen Teilung des Kontinents auch als touristischer Raum vergrößert hat *(Verdichtungsthese)*.

Was die Struktur des Tourismus anbelangt, so ist erwartbar, dass sich die Reiseaktivitäten sehr ungleich über Europa verteilen. Dafür spricht das Wohlstandsgefälle in Europa, aber auch der West-Ost-Gradient der touristischen Infrastruktur. Weltweit ist eine Konzentration auf die Top-Destinationen zu beobachten: Sehr viele wollen einmal im Leben die Alhambra in Spanien sehen, weit weniger das ebenfalls sehenswerte Kloster Rila in Bulgarien. Über die Zeit erwarten wir gleichwohl, dass sich die Reiseaktivitäten etwas gleichmäßiger über den Kontinent verteilen *(Dezentralisierungsthese)*. Bei den Destinationen (eingehender Tourismus) sollte die Öffnung der vormals sozialistischen Länder für den Tourismus in diese Richtung gewirkt haben; zugleich ist diese Region als Wirtschaftspartner und damit für Geschäftsreisende attraktiver geworden. Beim ausgehenden Tourismus sollte die Kombination aus teilweiser wirtschaftlicher Konvergenz (sodass Auslandsreisen für mehr Europäer*innen finanziell möglich geworden sind) und umfassender Reisefreiheit für die Bevölkerung der östlichen Hälfte des Kontinents in einer Dezentralisierung des Netzwerks münden. Aufgrund der beiden letztgenannten Faktoren erwarten wir auch, dass die soziometrische Struktur des Tourismusnetzwerks heute weniger stark von der wirtschaftlichen Zentrum-Peripherie-Struktur Europas bestimmt wird *(Deökonomisierungsthese)*.

Für Europa im globalen Kontext, unsere dritte Leitfrage, ist auch für den Tourismus eine wachsende interne Geschlossenheit des europäischen Netzwerks plausibel *(Schließungsthese)*, auch wenn die Anreizwirkung des Schengen-Abkommens für *inner*europäisches Reisen sicherlich kleiner zu veranschlagen ist als die der Personenfreizügigkeit beziehungsweise Unionsbürgerschaft für Migration und Studierendenmobilität. Zusätzlich zu den rechtlich-institutionellen Erleichterungen könnte auch das heute sehr dichte Netz von speziell innereuropäischen Direktflugverbindungen die interne Geschlossenheit des Netzwerks erhöht haben, gewissermaßen ein Bequemlichkeitseffekt (und durchaus auch ein Preiseffekt, weil viele diese Verbindungen recht günstig sind). Generell weiß man, dass Tourismus distanzsensitiver ist als Migration und Studierendenmobilität (Deutschmann 2016), etwa 80 % des Tourismus findet innerhalb eines Radius von 1000 Kilometern statt (McKercher et al. 2008). Nicht zuletzt aufgrund dieser Tatsache erwarten wir, dass im weltweiten Tourismusgeschehen eine genuin europäische Komponente schon immer bestand und sich weiter verfestigt hat *(Regionalisierungsthese)*. Abb. 5.3 stellt unsere Überlegungen schematisch dar.

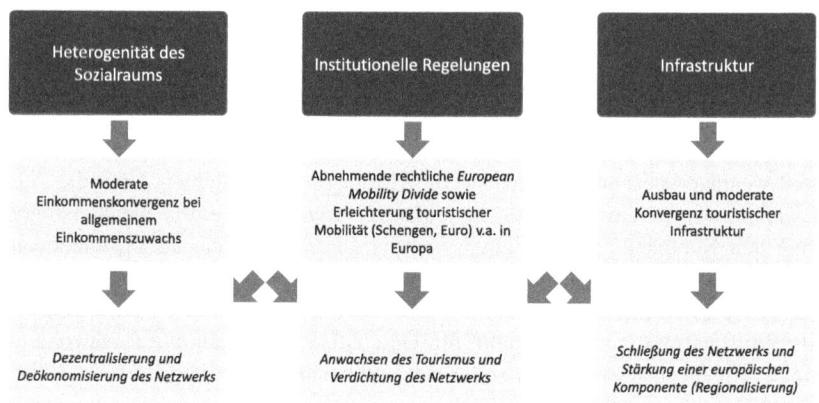

Abb. 5.3 Rahmenbedingungen des europäischen Tourismusnetzwerks.

Notiz: Eigene Darstellung

5.2 Das europäische Tourismusnetzwerk im Überblick

Zunächst stellen wir kartografisch dar, von wo nach wo die Reiseströme gehen. Dabei beginnen wir mit dem Jahr 2016 („heute") und reisen dann zurück ins Jahr 1995. Aktuell stellt sich Europa touristisch als dichtes Netzwerk dar, denn von fast allen Ländern gehen viele Verbindungen aus (Abb. 5.4). Das Reisegeschehen konzentriert sich gleichwohl auf die westliche Mitte des Kontinents sowie Südeuropa (vgl. auch Reyes 2013). Dabei überwiegen bei Deutschland, Großbritannien, den Benelux-Ländern und der Schweiz der ausgehende Tourismus (erkennbar an den roten bzw. rötlichen Kreisen), bei Spanien, Frankreich und Italien, aber auch bei Österreich und Griechenland der eingehende Tourismus (erkennbar an den dunkel- bzw. hellblau gefärbten Kreisen). Spanien zieht mit Abstand die meisten Reisenden an. Die nördlichen und östlichen Ränder Europas sind schwächer in das Netzwerk integriert.[6]

---

[6]Andere Studien (z. B. Derudder und Witlox 2005; State et al. 2013; Bojic et al. 2015; Paldino et al. 2015) kommen zu ähnlichen Ergebnissen, teilweise unter Verwendung anderer Daten wie der Anzahl der Flugpassagiere oder geolokalisierter digitalen Spuren der Mediennutzung. Die klare Einteilung in Zentrum (Westen und Süden) und Peripherie (Norden und Osten) findet ebenfalls Bestätigung (Provenzano et al. 2018; Hawelka et al. 2014; Belyi et al. 2017).

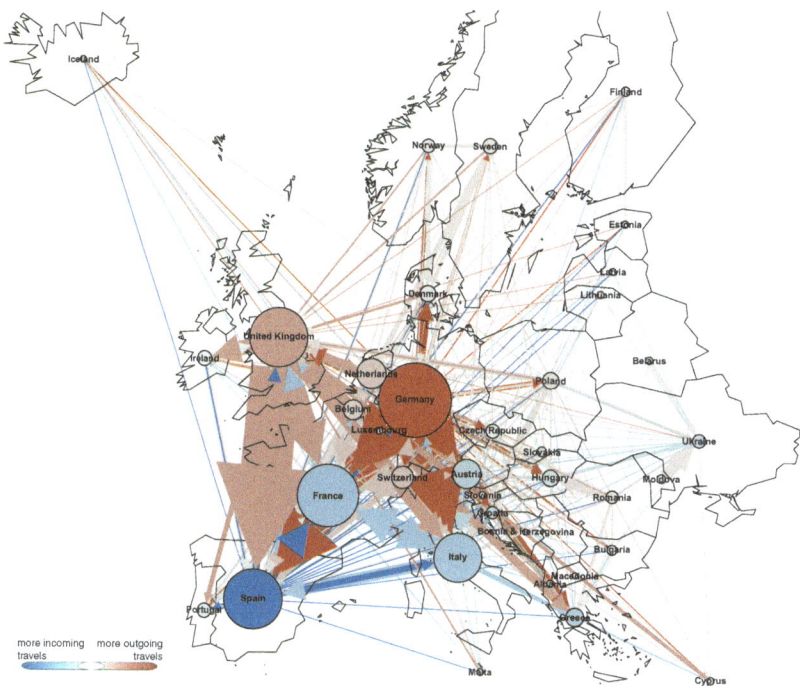

Abb. 5.4 Tourismus innerhalb Europas, 2016.

Notiz: Eigene Darstellung basierend auf UNWTO-Daten. Je stärker ein Pfeil, desto mehr Reisen wurden innerhalb eines Jahres von Land *A* nach Land *B* unternommen. Die Kreisgröße eines Landes gibt Auskunft über die Summe der Reisen in dieses und aus diesem Land. Die Farbe verdeutlicht, ob der eingehende Tourismus dominiert (blau) oder der ausgehende (rot). Es werden nur Länderpaare mit mehr als 23.017 Reisen ausgewiesen (entsprechend dem dritten Quintil der Verteilung im Jahr 2010, vgl. Kap. 2)

Dennoch gibt es eine Vielzahl von Länderverbindungen, nicht nur zwischen benachbarten Ländern (beispielsweise Norwegen → Dänemark, Schweden → Dänemark, Moldawien → Ukraine, Rumänien → Ungarn), sondern auch zwischen weiter entfernten (beispielsweise Island → Spanien, Polen → Großbritannien oder Großbritannien → Malta). Für die letzteren ist der Flugverkehr natürlich von großer Bedeutung (vgl. Dummer 2018; Provenzano

et al. 2018, S. 29). Ähnlich wie bei der Studierendenmobilität gibt es auch im östlichen Teil Europas einige *regional hubs,* die zahlreiche Reisende anziehen, wie
zum Beispiel Kroatien, Tschechien und Ungarn, die touristisch als Gewinner von
Mauerfall und Osterweiterung gelten (vgl. Baláž und Williams 2005; Reyes 2013;
Ana 2017), sowie die Ukraine, die im Tourismusnetzwerk eine noch größere
Rolle spielen würde, wenn auch Russland einbezogen wäre (vgl. Hawelka et al.
2014, S. 265). Von diesen Ländern abgesehen sind in den Randregionen die eingehenden und ausgehenden Tourismusströme oft recht ausgeglichen (resultierend
in rosa oder bläulichen Kreisen), anders als in der westlichen Mitte und im
Süden, wo die „Rollen" im Netzwerk klar verteilt sind: entweder primär als Ausgangsland von Tourismus, oder als gefragte Destination.

Im Jahr 1995, dem Beginn unserer Beobachtungsperiode (weitere Karten auf
unsere Webseite www.network-europe.eu), hatte das Netzwerk bereits eine ähnliche Gestalt – bei insgesamt deutlich geringerem Reiseaufkommen (Abb. 5.5).

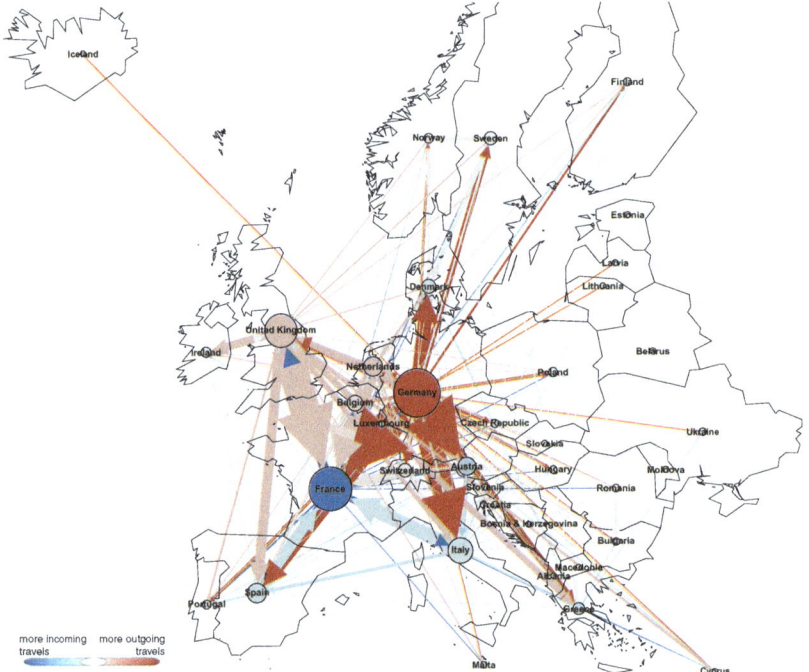

Abb. 5.5   Tourismus innerhalb Europas, 1995.

Notiz: Eigene Darstellung basierend auf UNWTO-Daten

Zumindest optisch konzentrierte sich das Reisegeschehen noch stärker als heute auf West- und Südeuropa, mit den gleichen Ländern als Hauptakteuren. So war Deutschland bereits 1995 der häufigste Ausgangspunkt von Reisen, ist natürlich aber auch das bevölkerungsreichste Land. Bei den Destinationen war 1995 noch Frankreich mit Abstand das beliebteste Reiseland, heute ist es Spanien.[7] Doch auch in der Peripherie gab es Veränderungen. Kroatien, Tschechien, Ungarn und die Ukraine unterschieden sich 1995 nur unwesentlich von ihren ost- und südosteuropäischen Nachbarn, heute stellen sie innerhalb der Region touristische Anziehungspunkte dar. Generell waren die mittel- und osteuropäischen Staaten wenige Jahre nach dem Ende des Ostblocks – die transformationsbedingte Wirtschaftskrise war gerade erst beendet – noch deutlich schwächer in das europäische Tourismusnetzwerk eingebunden, als dies heute der Fall ist (vgl. Leidner und Bender 2007). Das bestätigt die Bedeutung des EU-Beitritts für den Tourismussektor in den neuen Mitgliedsstaaten (s. oben), obgleich für dessen Weiterentwicklung die schlechte Reputation ein gewisses Hindernis darstellt (Ana 2017). Dreh- und Angelpunkt des Netzwerks bleiben weiterhin der Westen und der Süden.

5.3 Ausmaß des europäischen Tourismus und Netzwerkdichte

Der Vergleich der beiden Europakarten hat bereits einen optischen Eindruck vom starken Wachstum des innereuropäischen Reisegeschehens gegeben. Numerisch ist das Wachstum nicht minder beeindruckend, beinahe eine Verdopplung von rund 200 auf 370 Mio. Reisen in nur zwei Dekaden (Abb. 5.6, Panel A). Für den Tourismusboom können, wie oben beschrieben, eine Reihe von Gründen verantwortlich sein: die Wohlstandsgewinne in weiten Teilen Europas, die gewachsene Tourismusindustrie, mehr und preiswertere Flugverbindungen sowie die rechtlichen Vereinfachungen: Wer innerhalb des Schengen- und Euroraums verreist, muss heute weder Geld umtauschen noch den Reisepass vorzeigen. Nur unmittelbar nach der Finanzkrise 2007/2008, als die Reisebudgets offenbar etwas

---

[7]Bereits in den 1970er und 80er Jahren waren Italien und Spanien für Reisende aus Deutschland und Großbritannien sehr populäre Ziele (Pearce 1987), was auf eine über unseren Untersuchungszeitraum hinausgehende Kontinuität des Tourismusnetzwerks hinweist.

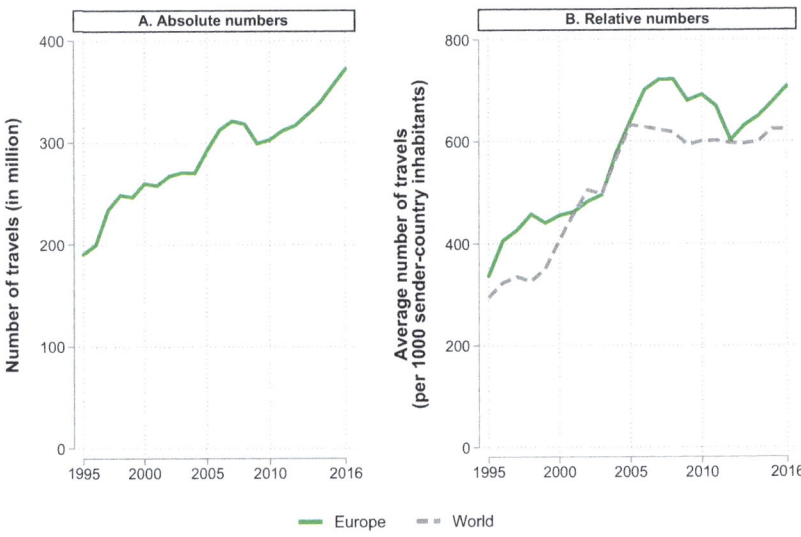

Abb. 5.6 Ausmaß des europäischen und globalen Tourismus, 1995–2016.

Notiz: Eigene Darstellung basierend auf UNWTO-Daten

kleiner ausfielen, war der intrakontinentale Tourismus kurzzeitig rückläufig, während es selbst während der Eurokrise bergauf ging.

Auch in relativen Zahlen zeigt sich der Tourismusboom (Abb. 5.6, Panel B). Kamen 1995 durchschnittlich rund 340 innereuropäische Reisen auf 1000 Einwohner*innen, stieg dieser Wert bis 2016 auf rund 710 an. Im weltweiten Vergleich zeigt sich, dass in den meisten Jahren unseres Untersuchungszeitraums innerhalb Europas – gemessen an der Bevölkerungszahl – mehr Reisen unternommen worden sind als in der Welt insgesamt (vgl. Cheng et al. 2011; Recchi et al. 2019b, S. 13). Der globale Tourismus stagniert zudem seit 2005, während der innereuropäische zunächst einbricht, dann mit dem Abflauen der europäischen Schuldenkrise 2013 aber wieder deutlich zugelegt hat. Die *Wachstumsthese* lässt sich jedenfalls rundum bestätigen: Mehr denn je bereisen die Europäer*innen andere Länder des Kontinents.

Mit dem Reiseboom hat sich das europäische Netzwerk insgesamt verdichtet. Darüber informieren zwei Maßzahlen, die Dichte (Density) und der Durchschnittsgrad (Average Degree), deren zeitlicher Verlauf in Abb. 5.7 dargestellt ist. Die Dichte stieg im Untersuchungszeitraum von 0,4 auf 0,75. Mit anderen Worten: Heute weisen 75 % der Länderpaare ein Reisevolumen auf,

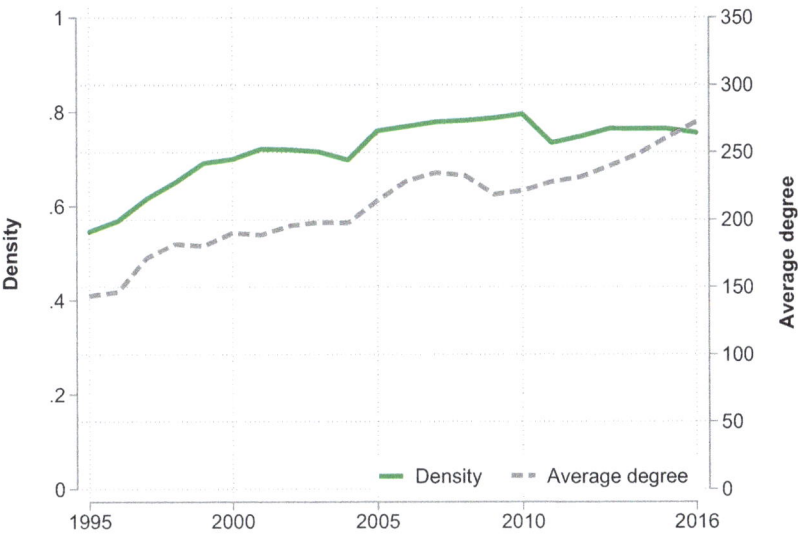

Abb. 5.7 Dichte des europäischen Tourismusnetzwerks, 1995–2016.

Notiz: Eigene Darstellung basierend auf UNWTO-Daten. Der *Durchschnittsgrad* (Average degree) gibt an, wie hoch das durchschnittliche Tourismusvolumen zwischen je zwei Ländern ist. Die *Dichte* (Density) gibt an, wie groß der Anteil der Länderpaare ist, deren gerichtetes Tourismusvolumen einen festzusetzenden Schwellenwert überschreitet. Dieser Schwellenwert liegt hier bei vier Reisen, was dem ersten Quintil der Vereilung im Jahr 2010, oder 4 Reisen, entspricht (vgl. Kap. 2). Zur Kontrolle haben wir die Entwicklung der Netzwerkdichte mit anderen Schwellenwerten (dem zweiten, dritten und vierten Quintil) berechnet (vgl. Abb. 5.7A im Online-Anhang). Unabhängig vom gewählten Schwellenwert hat sich das Netzwerk über die Zeit verdichtet

das über dem von uns festgelegten Relevanzschwellenwert liegt (s. dazu die Notiz zu Abb. 5.7), während es 1995 nur 40 % waren. Allerdings ist das Netzwerk seit dem Höhepunkt der internationalen Finanzkrise im Jahr 2010 nicht mehr kohäsiver geworden, die Eurokrise resultierte sogar in einer geringfügigen Verringerung der Netzwerkdichte. Dies mag damit zusammenhängen, dass für die von der Krise besonders stark betroffenen Bevölkerungen Auslandsreisen weniger erschwinglich geworden sind, sodass einige Länderverbindungen wieder unter den Relevanzschwellenwert gefallen sind. Der langfristige Trend heißt aber: Verdichtung des Netzwerks. Dies signalisiert auch die zweite Maßzahl

(s. Abb. 5.7, Average Degree), die die durchschnittliche Zahl an Reisen (in Tausend) zwischen je zwei Ländern – hier zwei europäischen – angibt. Dieses durchschnittliche Reisevolumen hat sich verdoppelt, von knapp 140.000 auf über 270.000 Reisende, natürlich bei einer großen Schwankungsbreite für *einzelne* Länderverbindungen. Die globale Finanzkrise von 2007/2008 bedeutete eine Verschnaufpause, aber keinen Trendbruch; nachfolgend ist das durchschnittliche Reisevolumen noch einmal stark gestiegen, unbenommen der Eurokrise. Insgesamt sind die Länder Europas also immer enger durch Tourismus miteinander verwoben (vgl. auch Provenzano und Baggio 2017; Provenzano et al. 2018).

5.4   Die Struktur des europäischen Tourismusnetzwerks

Die regionale Verteilung des Tourismus

Um die Struktur des Netzwerks zu entschlüsseln, ist es wie bei allen transnationalen Aktivitäten sinnvoll, die Reisen in Relation zur Bevölkerungsgröße zu setzen. Ansonsten bildet sich primär die schiere Bevölkerungsgröße ab. So gehen, absolut betrachtet, beim ausgehenden Tourismus die meisten Reisen auf das Konto der drei Länder mit der größten Bevölkerung, nämlich Deutschland (78,5 Mio. ausgehende Reisen), Großbritannien (53 Mio.) und Frankreich (33 Mio.). Die folgenden Analysen basieren deshalb auf den relativen Reiseaktivitäten (pro 1000 Einwohner*innen).

Betrachten wir zunächst die Eingangszentralitäten und damit die Länder als Destinationen (Abb. 5.8, Panel A). Proportional zur Bevölkerungszahl werden derzeit (im Jahr 2016) Malta, Island, Österreich, Kroatien und Zypern, allesamt eher kleine Länder, am häufigsten von Gästen aus anderen europäischen Ländern bereist. Nur wenige Reisen gehen hingegen nach Weißrussland, Moldawien, Bosnien und Herzegowina, Rumänien und Mazedonien. Während sich also die populären Destinationen auf verschiedene Großregionen Europas verteilen (Norden, Mitte, Süden, Südosten), konzentrieren sich die unpopulären Destinationen auf zwei Großregionen – Ost- und Südosteuropa. Verglichen mit dem Länderranking von 1995 zeigt sich einerseits Wandel, andererseits Kontinuität. Malta (damals Platz 1), Österreich (Platz 2) und Zypern (Platz 5) waren bereits 1995 unter den Top-5-Destinationen, während Island und Kroatien deutlich an Popularität gewonnen haben. Ein Grund dafür ist der „Game-of-Thrones"-Tourismus, bei dem die Drehorte dieser populären Fernsehserie besucht werden (vgl. Tkalec et al. 2017; Červová und Pavlů 2018). Der

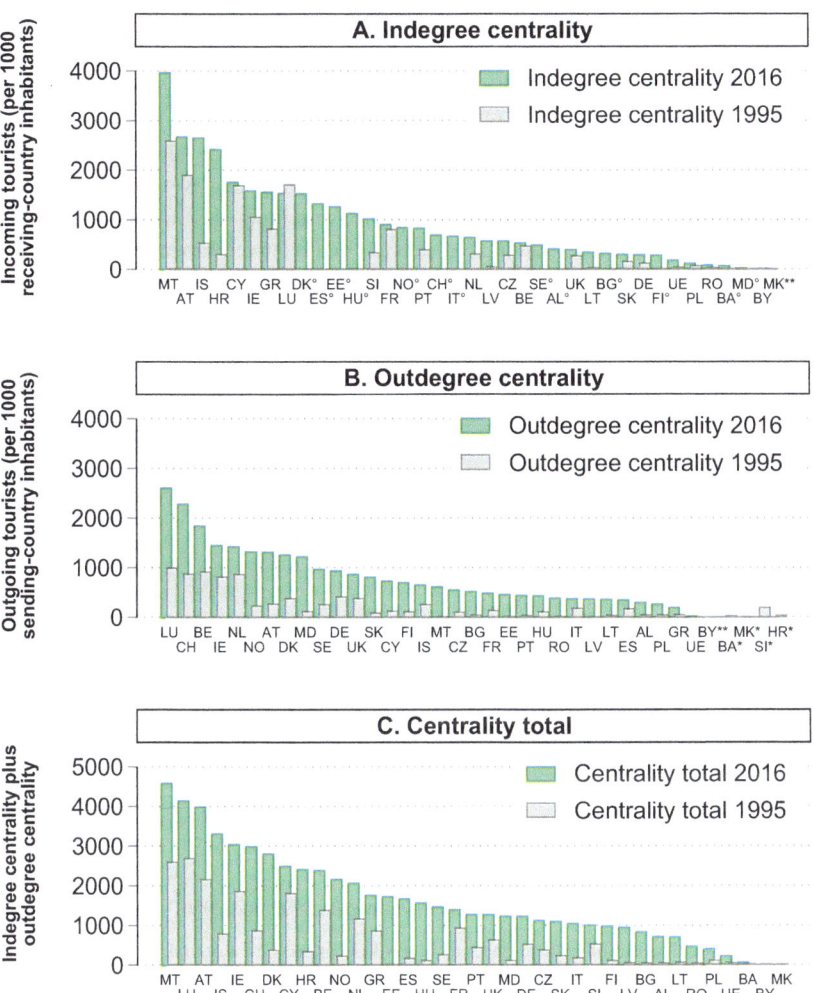

Abb. 5.8 Relative Zentralität der europäischen Länder, 1995 und 2016.

Notiz: Eigene Darstellung basierend auf UNWTO-Daten. Die *Eingangszentralität* (Indegree centrality) ergibt sich aus der Anzahl eingehender Reisen aus anderen europäischen Ländern, relativ zur Bevölkerungsgröße des Empfängerlandes; die *Ausgangszentralität* (Outdegree centrality) ergibt sich entsprechend aus der Anzahl der in andere europäische Länder ausgehenden Reisen, relativ zur Bevölkerungsgröße des Sendelandes. ** Daten für beide Jahre nicht vorhanden; * Daten für 2016 nicht vorhanden; ° Daten für 1995 nicht vorhanden

Zeitvergleich der weniger populären Destinationen wird zwar im Einzelfall durch Datenlücken erschwert, doch das regionale Muster ist damals wie heute sehr ähnlich: Insbesondere Osteuropa ist eine noch weitgehend unentdeckte Reiseregion – und das gilt nicht nur für das fiktive Molwanien.

Weil heute mehr Länder touristisch erschlossen und leichter erreichbar sind, erwarten wir gleichwohl eine Dezentralisierung des Netzwerks bei den Destinationen, das heißt eine gleichmäßigere Verteilung des innereuropäischen Tourismus. Diese Konzentration lässt sich aus den relativen Eingangszentralitäten genau berechnen (s. Abb. 5.9). Die Lorenzkurve für 2016 ist nach wie vor bauchig, der Gini-Wert mit 0,49 relativ hoch; die Länder bekommen als Destinationen sehr ungleiche Stücke vom intrakontinentalen Reisekuchen.

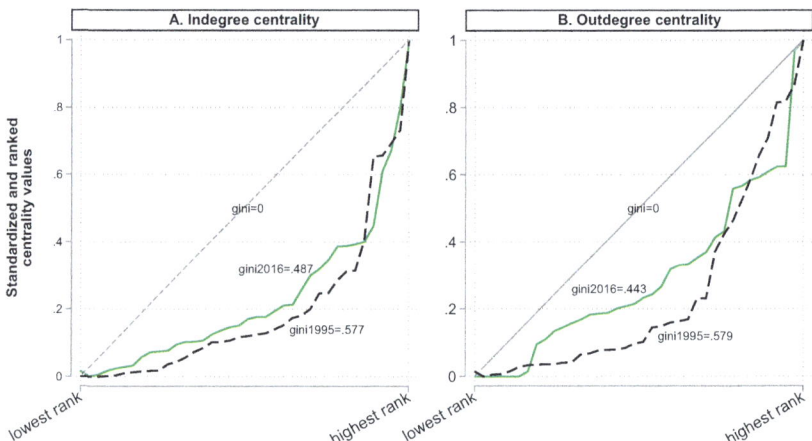

Abb. 5.9 Verteilung des innereuropäischen Tourismus, 1995 und 2016.

Notiz: Eigene Darstellung basierend auf UNWTO-Daten. Die Lorenzkurven stellen dar, wie sich der innereuropäische Tourismus auf die einzelnen Länder verteilt. Die graue gestrichelte Diagonale gibt an, wie die Kurve bei vollkommener Gleichverteilung verlaufen würde (Gini-Index = 0). In diesem Fall würde sich der Tourismus vollkommen gleichmäßig auf alle Länder verteilen. Je stärker sich der Großteil auf wenige Länder konzentriert, umso mehr weicht die Lorenzkurve von der Diagonalen ab und umso höher der Gini-Wert. Beim – hypothetischen – Höchstwert von 1 würde sich der gesamte Tourismus auf ein einziges Land konzentrieren. Die Werte für die Eingangs- beziehungsweise Ausgangszentralität sind standardisiert, d. h. durch den jeweils höchsten Wert aller europäischen Länder in dem entsprechenden Jahr geteilt, und nach der Größe sortiert

Allerdings ist die Verteilung heute weniger ungleich als noch Mitte der 1990er Jahre, als der Gini-Wert bei 0,58 lag. Einige fehlende Werte für 1995 erschweren den Zeitvergleich, ohne dass aber die generelle Tendenz der Dezentralisierung anzuzweifeln wäre. Die Europäer*innen diversifizieren ihre Reiseziele also mehr als früher, mehr Länder sind ihnen heute eine Reise wert.

Betrachten wir nun das Netzwerk aus der umgekehrten Perspektive der Ausgangszentralitäten, also wo die Reisenden herkommen (Abb. 5.8, Panel B). Die Menschen aus Luxemburg, der Schweiz und den Niederlanden unternehmen die meisten Reisen ins europäische Ausland – drei kleine und sehr wohlhabende Länder, verkehrstechnisch zentral gelegen. Auch die Bevölkerung Irlands, Norwegens, Belgiens und Österreichs verreist viel (vgl. Hawelka et al. 2014, S. 262). Etwas überraschend komplettiert das vergleichsweise arme Moldawien diese Gruppe, obgleich hier nur eine – wenn auch sehr starke – Verbindung in die Ukraine von Bedeutung ist (vgl. Abb. 5.4). Üblicherweise rangieren die postsozialistischen Länder zusammen mit Südeuropa eher am unteren Ende des Länderrankings, also bei den Nationen, die seltener ins Ausland reisen. Besonders selten, jedenfalls nach europäischen Maßstäben, tun dies die Menschen aus der Ukraine, Griechenland, Belarus, Polen und Albanien.

Im Zeitvergleich mit 1995, unserem Referenzjahr, sind die sechs reisefreudigsten Nationen dieselben wie heute. Den größten Sprung an Reiseaktivitäten hat Moldawien gemacht, 1995 noch im hinteren Mittelfeld platziert. Bedeutet diese Konstanz über die Zeit nun, dass die regionale Ungleichverteilung der Reiseaktivitäten unverändert geblieben ist? Das ist nicht der Fall, auch beim ausgehenden Tourismus hat sich das Netzwerk dezentralisiert. Der Gini-Wert ist von 0,58 auf 0,44 gesunken, die Lorenzkurve weniger bauchig, vor allem im unteren Bereich der touristisch wenig aktiven Bevölkerungen. Die ausgehende touristische Mobilität verteilt sich heute also weniger ungleich, aber immer noch nicht gleich (vgl. hierzu auch Provenzano et al. 2018) – und entlang der üblichen West-Ost- und Nord-Süd-Gradienten.

Die Zentrum-Peripherie-Struktur

Der West-Ost-Gradient begegnet uns bei der Zentrum-Peripherie-Struktur des Netzwerks wieder. Anders als in den vorigen Kapiteln bemühen wir zur Positionsbestimmung nicht den Saldo der grenzüberschreitenden Ströme, in die ein Land involviert ist, sondern die Summe. Denn das Verreisen ist kein Ausdruck von Unzufriedenheit mit den Bedingungen im eigenen Land wie beispielsweise die Migration. Beim Tourismus bedeutet Zentralität vielmehr, dass ein Land als

Tab. 5.2 Zusammenhang zwischen Wohlstands- und Tourismusranking in Europa

	2000	2010	2016
BIP pro Kopf und relative Eingangszentralität	0,685***	0,615***	0,548***
BIP pro Kopf und relative Ausgangszentralität	0,785***	0,759***	0,736***
BIP pro Kopf und Zentralitätssumme	0,804***	0,761***	0,708***

Notiz: Eigene Darstellung basierend auf Zentralitätswerten (s. Abb. 5.8) und BIP (Bruttoinlandsprodukt pro Kopf in internationalen Dollars, World Bank 2018c). Einträge in den Zellen sind Rangkorrelationskoeffizienten nach Spearman (Eingangszentralität: 2000 N = 36, 2010 & 2016 N = 37; Ausgangszentralität: 2000 & 2010 N = 36, 2016 N = 32; Summe: 2000 N = 35, 2010 N = 36, 2016 N = 32). Signifikanzniveaus: *p < 0,05; **p < 0,01; ***p < 0,001

Destination für Gäste aus dem Ausland attraktiv ist *und* dass seine Bevölkerung selbst Auslandsreisen unternimmt.[8] Deshalb bestimmen wir die soziometrische Zentrum-Peripherie-Position der Länder als Summe der relativen Eingangs- und Ausgangszentralität (Abb. 5.8, Panel C).

Die Zentrumspositionen im Netzwerk haben derzeit Malta, Luxemburg, und Österreich inne, gefolgt von Island, Irland, der Schweiz und Dänemark, allesamt eher kleine und zugleich wohlhabende Länder. Die bevölkerungsreichen westeuropäischen Nationen folgen im Mittelfeld. In den peripheren Positionen befinden sich ausnahmslos südost- und osteuropäische Länder, von Bulgarien bis Mazedonien. Diese Länder sind weder wohlhabend genug, als dass sich viele einen Urlaub leisten oder beruflich auf Dienstreise geschickt werden könnten, noch sind sie populäre Destinationen. Die aktuelle Hierarchie der Länder ist der von 1995 sehr ähnlich, von den Popularitätssprüngen Islands und Kroatiens einmal abgesehen.

Die regionale Verteilung auf Zentrum und Peripherie legt einen deutlichen Einfluss des nationalen Wohlstands auf die Positionierung der Länder im Tourismusnetzwerk nahe. Doch hat sich dieser Einfluss verringert, wie unsere Deökonomisierungsthese es erwartet? Zur Überprüfung korrelieren wir in größeren zeitlichen Abständen das soziometrische Zentrum-Peripherie-Länderranking des Tourismus mit dem wirtschaftlichen Ranking, letzteres wie immer abgebildet über das BIP pro Kopf. Die Rangkorrelationskoeffizienten sind durchgängig sehr hoch (immer über 0,7) und haben

---

[8]Eine Bündelung von ausgehenden und eingehenden Reisen auf die gleichen Länder ergibt auch die Analyse von Reyes (2013).

sich nur wenig verringert (Tab. 5.2, Zeile „BIP pro Kopf und Zentralitätssumme").
Ob die Länder im Tourismusnetzwerk zentral oder peripher positioniert sind, hängt
nahezu unverändert stark davon ab, ob sie zu den reicheren oder ärmeren Ländern
zählen (vgl. Hawelka et al. 2014, S. 262; Provenzano und Baggio 2017; Recchi
et al. 2019b, S. 14). Allenfalls beim eingehenden Tourismus ist eine gewisse
Deökonomisierung zu konstatieren, was durch die gestiegene Attraktivität einiger
Destinationen in Ost- und Südosteuropa zu erklären ist, aber die wirtschaftliche
Zentrum-Peripherie-Struktur schlägt auch hier noch stark durch.[9]

5.5 Europäischer und weltweiter Tourismus

Interne Geschlossenheit und externe Offenheit des europäischen Tourismusnetzwerks

Da die Europäer*innen natürlich auch andere Kontinente bereisen, erweitern
wir nun den geografischen Horizont der Analyse über Europa hinaus. Angesichts der Alternative einer möglichen Globalisierung der Reiseaktivitäten ist für
die Feststellung von Europäisierung zentral, ob sich die grenzüberschreitenden
Reisen, die die Leute unternehmen, zunehmend auf Europa konzentrieren,
oder ob sie für Urlaube und Geschäftsreisen immer öfter außereuropäische
Destinationen ansteuern. Diese Fragestellung adressieren wir mit dem Indikator
der *internen Geschlossenheit* des europäischen Netzwerks. Diese wächst, wenn
der Anteil intrakontinentaler Reisen an allen Auslandsreisen, die die europäische
Bevölkerung unternimmt, steigt. Wie aus Abb. 5.10 hervorgeht, bereisen die
Europäer*innen in erster Linie ihren Heimatkontinent. Derzeit (Daten von 2016)
sind rund 80 % ihrer Auslandsreisen intrakontinental, sodass das europäische
Tourismusnetzwerk intern recht geschlossen ist (vgl. auch Leidner und Bender
2007; Provenzano et al. 2018; Recchi et al. 2019b, S. 14). Dies war bereits zu
Beginn unserer Zeitreihe im Jahr 1995 so und hat sich nicht verändert. Zumindest
in diesem Punkt haben die neueren institutionell-regulativen Vereinfachungen
des innereuropäischen Reiseverkehrs (Schengen-Raum, Euro-Einführung) keine
zusätzliche Europäisierung bewirkt. Im Übrigen konzentriert sich Auslandstourismus überall auf den jeweiligen Heimatkontinent (UNWTO 2018b, S. 14), Europa

---

[9]Die hohen positiven Korrelationen des Pro-Kopf-Einkommens sowohl mit der Eingangs-
als auch mit der Ausgangszentralität bestätigen unsere Entscheidung, beim Tourismus die
Zentrum-Peripherie-Position eines Landes an der Zentralitäts*summe* festzumachen.

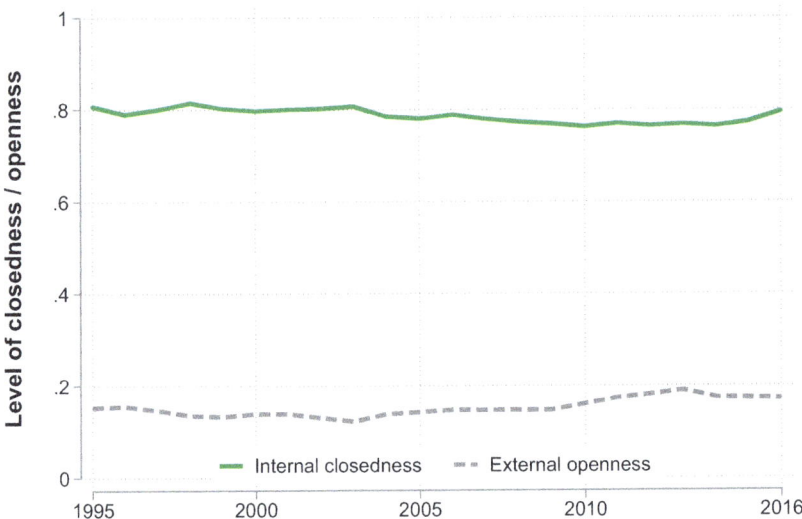

Abb. 5.10 Relative Geschlossenheit und Offenheit des europäischen Tourismusnetzwerks, 1995–2016.

Notiz: Eigene Darstellung basierend auf UNWTO-Daten. Die *interne Geschlossenheit* (Internal closedness) des europäischen Netzwerks gibt an, wie groß bei den aus europäischen Ländern ausgehenden Reisen der intrakontinentale Anteil ist. Die *externe Offenheit* (External openness) gibt an, wie groß bei den in europäische Länder eingehenden Reisen der außerkontinentale Anteil ist

ist in dieser Hinsicht also keineswegs außergewöhnlich (vgl. auch Deutschmann 2017).

Betrachten wir nun die europäischen Länder als Destinationen, die ja von Menschen aus allen Erdteilen bereist werden, nicht nur aus Europa. Wenn wir alle Reisen zu europäischen Destinationen zugrunde legen, wie hoch ist dann der Anteil, bei denen die Reisenden von außerhalb Europas kommen? Dies ist die Frage nach dem Grad der *externen Offenheit* des europäischen Tourismusnetzwerks. Den Zahlen zufolge verändert sich diese Maßzahl im Untersuchungszeitraum kaum. Im Jahr 1995 gingen rund 15 % des in europäische Länder eingehenden Tourismus von anderen Kontinenten aus, 2016 waren es 18 %. Zwar gilt Europa als populärste Tourismusregion der Welt (z. B. Ana 2017; Provenzano et al. 2018) und erlebt derzeit einen Boom von Reisenden beispielsweise aus China; allein 2017 kamen über zwölf Millionen aus dem Reich der Mitte, das Jahr 2018 wurde offiziell dem EU-China-Tourismus gewidmet (European Travel

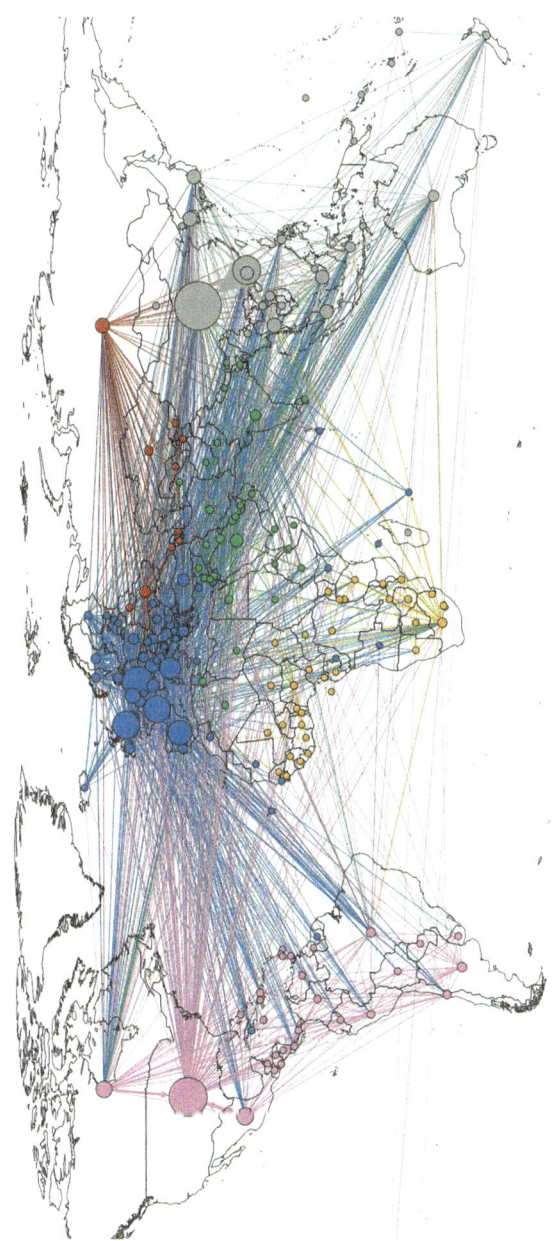

Abb. 5.11 Komponenten des globalen Tourismusnetzwerks, 2016.

Notiz: Eigene Darstellung basierend auf UNWTO-Daten. Es sind nur Verbindungen mit mehr als 23.017 Reisen zwischen den Ländern (entsprechend dem dritten Quintil der Verteilung des innereuropäischen Tourismusvolumens im Jahr 2010) abgebildet. Die Stärke der Pfeile ist proportional zur Anzahl der Reisen, die zwischen den Ländern in Pfeilrichtung getätigt werden. Die Größe der Kreise ist proportional zur Summe des ein- und ausgehenden Tourismusvolumens. Die Modularitätsanalyse wurde mit dem Resolutionsfaktor 1,5 durchgeführt und hat sechs Faktoren ergeben (Modularitätsmaß = 0,514, Modularitätsmaß mit Resolutionsfaktor = 0,917). Farblegende der Komponenten: Europa-Plus (blau), Südliches und Westliches Afrika (dunkelgelb), Muslimische Welt (grün), Nord- & Südamerika (magenta), Ostasien & Ozeanien (grau), Osteuropa & Zentralasien (rot)

Commission 2018). Doch die wachsende Zahl der Reisen aus anderen Erdteilen wird offenbar durch den boomenden innereuropäischen Reiseverkehr ausgeglichen, sodass die relativen Gewichte konstant geblieben sind.

Europa im globalen Tourismusnetzwerk

Abschließend klopfen wir das weltweite Tourismusnetzwerk auf seine verschiedenen Komponenten hin ab. Angesichts der obigen Ergebnisse ist es mehr als naheliegend, dass Europa eine weitgehend integrierte eigene Komponente, ein eigenes Unternetzwerk, bildet. Wir stellen zuerst die Situation im Jahr 2016 dar, dann die vor zwanzig Jahren (weitere Weltkarten im Fünf-Jahres-Rhythmus sind unter www.network-europe.eu zu finden). Derzeit gliedert sich der globale Tourismus in sechs Komponenten mit einem erkennbar geografisch-regionalem Zuschnitt (vgl. Abb. 5.11):

- Europa-Plus (49 Länder, davon 35 europäische)
- Südliches Afrika (34 Länder)
- Muslimische Welt (31 Länder)
- Nord- & Südamerika (29 Länder)
- Ostasien & Ozeanien (27 Länder)
- Osteuropa & Zentralasien (9 Länder, davon 2 europäische)

Uns interessieren vor allem die beiden Komponenten mit europäischer Beteiligung. Europa-Plus (blau dargestellt) ist mit 49 Ländern das größte Tourismusnetzwerk weltweit. Fast alle europäischen Länder gehören dazu (35 von 37), nur die Ukraine und Weißrussland nicht. Man lehnt sich mit der Feststellung, dass Europa heute touristisch nahezu vollständig integriert ist (und EU-Europa ohnehin), keineswegs zu weit aus dem Fenster. Integriert heißt aber nicht hermetisch abgeschlossen, denn das Netzwerk reicht über die kontinentalen Grenzen hinaus und schließt neben neun afrikanischen Staaten (darunter beispielsweise Marokko) auch drei asiatische (die Türkei, Israel und die Malediven) sowie zwei mittelbeziehungsweise südamerikanische Länder (Surinam und Kuba) ein, was das Plus im Komponentennamen rechtfertigt. Gleichwohl ist Europa-Plus ein primär europäisches Netzwerk, was auch darin zum Ausdruck kommt, dass europäische Länder am Großteil des Reisevolumens innerhalb dieser Komponente, nämlich an 85 %, beteiligt sind. Weißrussland und die Ukraine gehören als einzige europäische Länder zu einer anderen Tourismuskomponente, nämlich Osteuropa & Zentralasien (rot dargestellt) mit dem Zentrum Russland. Alle hier integrierten

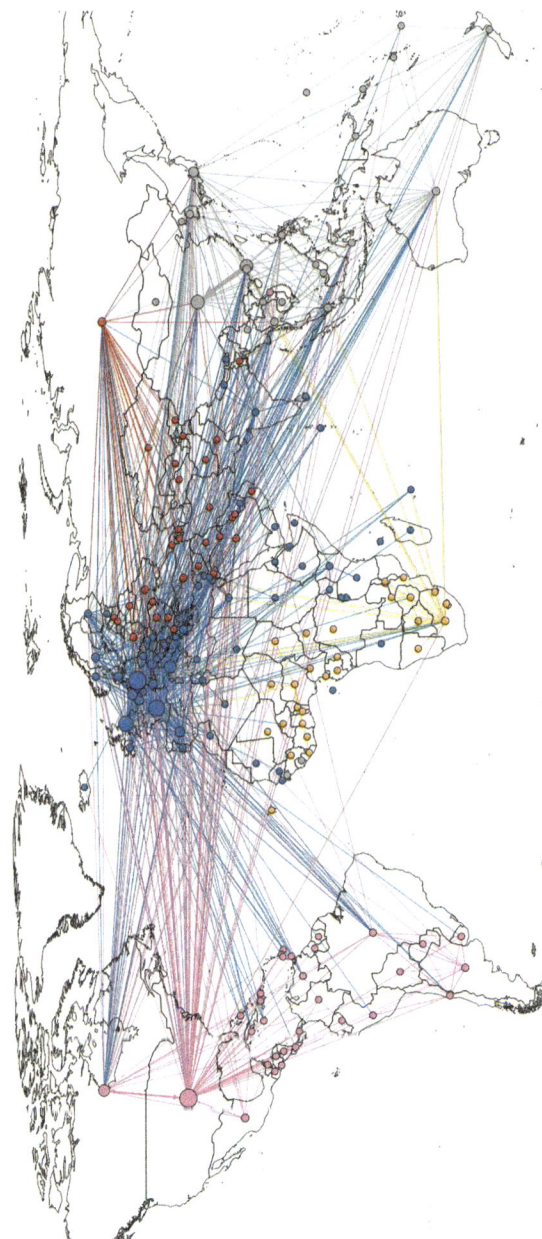

Abb. 5.12 Komponenten des globalen Tourismusnetzwerks, 1995.

Notiz: Eigene Darstellung basierend auf UNWTO-Daten. Es sind nur Verbindungen mit mehr als 23.017 Reisen zwischen den Ländern (entsprechend dem dritten Quintil der Verteilung des innereuropäischen Tourismusvolumens im Jahr 2010) abgebildet. Die Stärke der Pfeile ist proportional zur Anzahl der Reisen, die zwischen den Ländern in Pfeilrichtung getätigt werden. Die Größe der Kreise ist proportional zur Summe des ein- und ausgehenden Tourismusvolumens. Die Modularitätsanalyse wurde mit dem Resolutionsfaktor 1,5 durchgeführt und hat fünf Faktoren ergeben (Modularitätsmaß = 0,453, Modularitätsmaß mit Resolutionsfaktor = 0,857). Farblegende der Komponenten: Europa-Plus (blau), Südliches und Westliches Afrika (dunkelgelb), Nord- & Südamerika (magenta), Osteuropa, Zentral- und Vorderasien (rot), Ostasien & Ozeanien (grau).

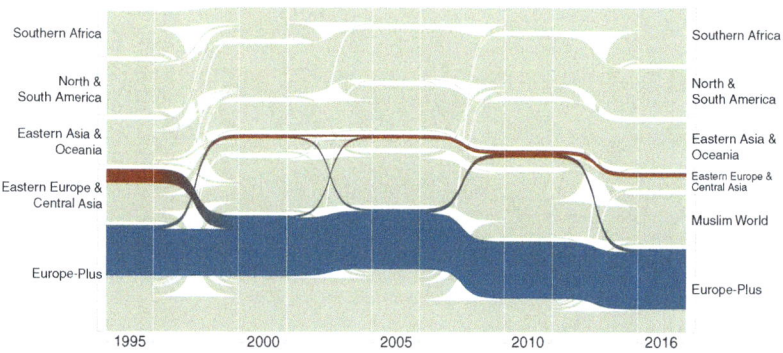

Abb. 5.13 Übergänge zwischen Komponenten des globalen Tourismusnetzwerks, 1995–2016 – Länderzuordnung.

Notiz: Eigene Darstellung basierend auf UNWTO-Daten. Die Stärke der Komponenten basiert auf der Anzahl der dort verorteten Länder. Die farblich hervorgehobenen Bereiche zeigen den Anteil europäischer Länder in der jeweiligen Komponente: Europa-Plus (grau), Osteuropa & Zentralasien (rot)

Länder waren früher Teilrepubliken der Sowjetunion und haben noch heute nennenswerte russische Bevölkerungsanteile.[10]

Aus europäischer Perspektive stellte sich die Gestalt der weltweiten Reiseströme Mitte der 1990er Jahre sehr ähnlich dar (Abb. 5.12). Die Komponenten lauteten:

- Europa-Plus (55 Länder, davon 30 europäische)
- Südliches Afrika (35 Länder)
- Nord- & Südamerika (32 Länder)
- Osteuropa, Zentral- und Vorderasien (31 Länder, davon 7 europäische)
- Ostasien & Ozeanien (26 Länder)

Europa war demnach bereits Mitte der 1990er Jahre touristisch weitgehend integriert. Der Unterschied zu heute ist ein gradueller: 1995 umfasste

---

[10]Ganz ähnlich sieht die Weltstruktur des Tourismus aus, die sich auf Basis von Flugpassagierdaten ergibt (Sun et al. 2016).

Europa-Plus etwas weniger europäische Länder (30 statt heute 35) und zugleich mehr nicht-europäische (25 statt heute 14). Der Anteil des komponenteninternen Tourismusvolumens mit europäischer Beteiligung lag bei rund 70 %, heute bei 85 % (vgl. Abb. 5.14). Gleichwohl war Europa-Plus schon seinerzeit europäisch dominiert, mit dem Dreieck Deutschland, Frankreich und Großbritannien als Gravitationszentrum. Bis auf Finnland waren alle Mitgliedstaaten der damaligen EU-15 in Europa-Plus eingebunden, darüber hinaus einige der Kandidaten für die baldige Osterweiterung, sofern sie nicht ehemalige sowjetische Teilrepubliken waren, wie das Baltikum. Insgesamt sieben europäische Länder waren 1995 im Cluster Osteuropa, Zentral- und Vorderasien mit Zentrum Russland integriert, das damals noch 30 Länder umfasste, darunter alle ehemaligen Teilrepubliken der Sowjetunion sowie eine ungefähr ebenso große Anzahl muslimischer Länder. Zusammenfassend hat sich Europa-Plus im Untersuchungszeitraum weiter europäisiert, vor allem, weil immer mehr postsozialistische Länder touristisch integriert wurden. Waren im Jahr 1995 nur jene Staaten, die vormals die West-grenze des Ostblocks markiert hatten (Polen, Tschechien, Slowakei, Ungarn und Slowenien), touristisch bereits Teil von Europa-Plus, so hat sich die Außengrenze dieses Clusters bis 2016 weiter nach Osten verschoben, bis nach Weißrussland und der Ukraine.

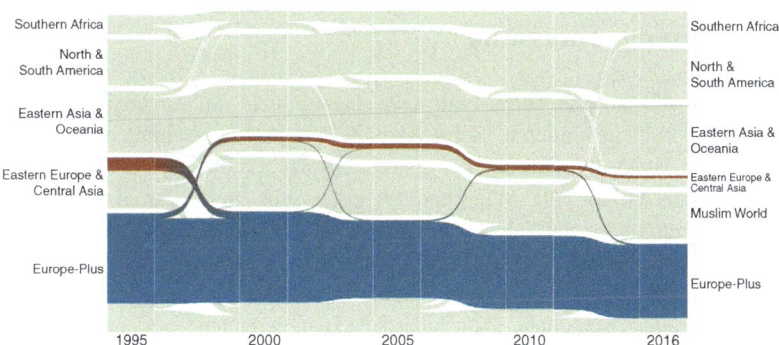

Abb. 5.14 Übergänge zwischen Komponenten des globalen Tourismusnetzwerks, 1995–2016 Volumenzuordnung.

Notiz: Eigene Darstellung basierend auf UNWTO-Daten. Die Stärke der Komponenten basiert auf ihrem jeweiligen Anteil am weltweiten Tourismus. Die farblich hervor-gehobenen Bereiche zeigen die Anteile der europäischen Länder am gesamten Tourismus-volumen: Europa-Plus (blau), Osteuropa & Zentralasien (rot)

Die Alluvial-Diagramme illustrieren in Fünf-Jahres-Schritten diese Entwicklung. Abb. 5.13 gibt Auskunft über die größtenteils stabile Komponenten-
zugehörigkeit der europäischen Länder, die allesamt farbig markiert sind
(entweder blau oder rot). Man sieht sowohl den hohen Integrationsgrad schon
vor der EU-Osterweiterung als auch das weitere Wachstum von Europa-Plus auf
Kosten der Komponente Osteuropa, Zentral- & Vorderasien. Weiterhin spalten
sich nicht-europäische Länder von Europa-Plus ab, vor allem zwischen 2005
und 2010. Das Cluster Osteuropa & Zentralasien schrumpft auch deshalb, weil
die muslimischen Länder ein eigenes Tourismusnetzwerk etablieren. Abb. 5.14
zeigt das analoge Alluvial-Diagramm für die Tourismusvolumina. Europa-Plus
hat sich auch hier europäisiert, der Anteil des Tourismus mit nicht-europäischer
Beteiligung (grau) am komponenteninternen Reiseaufkommen ist erkennbar
geschrumpft.

Wir halten fest: Die Ergebnisse zu den weltweiten Reiseströmen belegen eine
anfangs weitgehende und heute fast vollständige strukturelle Integration der
Makroregion Europa im Sinne unserer Regionalisierungsthese. Leider gehen die
verfügbaren Datenreihen nicht weit genug zurück, um den Entstehungszeitpunkt
von Europa-Plus identifizieren zu können. Mit hoher Wahrscheinlichkeit war es
schon in den 1960er Jahren existent, weil Tourismus eben auch eine Frage der
Erreichbarkeit ist – finanziell, logistisch und zeitlich.

5.6   Zusammenfassung

Gegliedert nach unseren drei Leitfragen lassen sich die Ergebnisse dieses
Kapitels wie folgt resümieren. Beim *Ausmaß* der grenzüberschreitenden innereuropäischen Vergesellschaftung, der ersten Leitfrage, ist die Sachlage eindeutig:
Der Tourismus boomt, die Menschen verreisen sehr viel mehr als noch vor
zwanzig Jahren, und sicherlich – ohne dass wir das hier genau beziffern könnten
– um ein Vielfaches mehr als in den Anfängen des europäischen Integrations-
projekts. Dieses Wachstum ist Ausdruck wachsender finanzieller Spielräume
für immer breitere Schichten, aber auch der expandierenden Tourismusindustrie
in erlebnisorientierten Gesellschaften. Insbesondere in den Metropolen und
den Küstenregionen sind in den letzten Jahren Hotels wie Pilze aus dem Boden
geschossen, und Billigfluggesellschaften haben das innereuropäische Fliegen zum
Massenphänomen werden lassen. Das sich aus dieser regen privaten wie geschäftlichen Reiseaktivität ergebende Netzwerk ist zudem heute um einiges dichter

gewoben als noch 1995, wenngleich es sich seit der Finanzkrise nicht weiter verdichtet hat (ohnehin kann das Netzwerk nicht mehr viel dichter werden, vgl. dazu Abschnitt „Methoden zur Analyse des Ausmaßes der innereuropäischen Vergesellschaftung" im Kap. 2).

Die intrakontinentalen Reiseströme verteilen sich zwar immer noch ungleich auf die Länder Europas, aber etwas weniger ungleich als noch vor der Jahrtausendwende, womit wir bei der zweiten Leitfrage wären, der *Struktur des Netzwerks*. Mit dem Ende der Blockkonfrontation hat sich die Palette möglicher und auch touristisch erschlossener Reiseländer wechselseitig erweitert, und diese größere Vielfalt wird auch genutzt – wenngleich Spanien, Frankreich und Italien in absoluten Zahlen mit Abstand die meisten europäischen Tourist*innen anziehen. Auch nach Herkunftsländern haben sich die Reiseaktivitäten auf höherem Niveau etwas angeglichen, ohne das geografische Muster zu verändern: das Reisegefälle zwischen West und Ost sowie, etwas schwächer ausgeprägt, zwischen Nord und Süd. Dies spricht einerseits für eine gewisse nachholende Modernisierung, andererseits erweisen sich die reichsten EU-15-Länder einmal mehr als schwer einzuholen, da deren Mittel- und Oberschichten heutzutage gleich mehrmals im Jahr ins Ausland reisen. Wenig geändert hat sich daher an der engen Kopplung zwischen wirtschaftlicher und soziometrischer Zentrum-Peripherie-Struktur. Ein Grund dafür könnten die sozialen Einschläge der Finanz- und Eurokrise sein (vgl. dazu Heidenreich 2016): Während man in den betroffenen Ländern den Gürtel enger geschnallt und auf den Luxus einer Auslandsreise verzichtet hat, freuen sich die Menschen in den prosperierenden Zentrumsländern darüber, dass manche Urlaubsziele am Mittelmeer preiswerter geworden sind.

Der *regionale Schwerpunkt* des Tourismus der Europäer*innen, unsere dritte Leitfrage, liegt ganz überwiegend in Europa, wobei sich diese Präferenz über die letzten beiden Jahrzehnte weder erhöht hat noch eine Besonderheit darstellt: „4 of 5 tourists travel within their own region", schreibt dazu die UNWTO (2018, S. 14) und meint damit alle Kontinente. In den weltweiten Reiseströmen ist Europa als eigenständige Komponente sehr gut identifizierbar, bis auf zwei osteuropäische Nicht-EU-Länder sind alle Länder im Cluster Europa-Plus integriert. Diese Regionalisierung war schon 1995 stark ausgeprägt, hat sich seitdem aber nochmals verstärkt. Tab. 5.3 fasst die Ergebnisse in Kurzform zusammen.

Tab. 5.3 Die Ergebnisse zum Tourismus im Überblick

Hypothese	Ja/Nein	Hauptergebnis
Umfang der inneuropäischen Vergesellschaftung		
Wachstumsthese	Ja	Stark wachsender innereuropäischer Tourismus
Verdichtungsthese	Ja	Starke Verdichtung des innereuropäischen Tourismusnetzwerks
Struktur der innereuropäischen Vergesellschaftung		
Dezentralisierungsthese	(Ja)	Bei Herkunftsländern und bei Destinationen etwas gleichmäßigere, aber immer noch ungleiche Verteilung des Tourismus auf die Länder Europas
Deökonomisierungsthese	Ja	Nur marginal abgeschwächter (und immer noch sehr starker) Zusammenhang zwischen der soziometrischen und der ökonomischen Zentrum-Peripherie-Struktur Europas
Regionaler Schwerpunkt der transnationalen Vergesellschaftung		
Schließungsthese	Nein	Ausgeprägte, über die Zeit unveränderte interne Geschlossenheit des europäischen Tourismusnetzwerks (bei sehr geringer und ebenfalls konstanter externer Offenheit)
Regionalisierungsthese	Ja	Europäische Komponente im weltweiten Tourismusnetzwerk identifizierbar (Europa-Plus), europäisiert sich weiter

Notiz: Eigene Darstellung

Europa als Telefonienetzwerk

6

Nachdem wir uns bislang mit Personenmobilität und folglich mit physischer Grenzüberschreitung beschäftigt haben, wenden wir uns nun einem Netzwerk zu, das *medial-kommunikativ* entsteht: das Netzwerk der *Telefonie*. Hier überquert eine Mitteilung die Staatsgrenzen und etabliert so eine Verbindung zwischen Ländern. Nicht vorausgesetzt wird dabei, auch wenn dies natürlich möglich ist, dass die Gesprächsteilnehmer*innen selbst mobil sind. Zwei Personen können ein internationales Telefonat führen, ohne die Heimat verlassen zu haben (vgl. Staple 1993, S. 53). Kommunikation über Grenzen hinweg bezieht Menschen sinnhaft aufeinander – es sei denn, man hätte sich verwählt. Technische Hilfsmittel spielen eine überragende Rolle. Verkabelung, Funkverkehr und digitaler Datenraum sind die drei historischen Innovationsstufen, die uns im Tandem mit Industrialisierung und Postindustrialisierung von einer primär lokal organisierten Welt in ein globales Dorf und schließlich eine globale Infosphäre geführt haben (vgl. Hartmann 2006, S. 10).

Als Mitte des 19. Jahrhunderts Kommunikation durch die Telegrafie zur *Tele*kommunikation wurde, beschleunigte das die Weitergabe von Informationen erheblich und ermöglichte die Überwindung großer Entfernungen. Die Welt begann zu schrumpfen. Von Anfang an diente die Telekommunikation nicht nur der Erschließung nationaler Räume, sondern auch der Realisierung oder zumindest der Hoffnung auf eine internationale, ja globale Verständigung im vollumfänglichen Sinne. So schrieb der „Scientific American" 1852 über das neue Telegrafennetz:

> „No invention of modern times has extended its influence so rapidly as that of the electric telegraph [...] At the present time, all the important cities in our country and Canada are united together by 25.000 miles of metallic electric nerves [...], and its future influence upon all nations of the earth must be very powerful. In Europe there

© Springer Fachmedien Wiesbaden GmbH, ein Teil von Springer Nature 2020
J. Delhey et al., *Netzwerk Europa*, Neue Bibliothek der Sozialwissenschaften,
https://doi.org/10.1007/978-3-658-30042-5_6

are no less than 10.000 miles of electric lines; in Hindostan 3.000 miles of wire are soon to be erected, and in a few years more all ends of the earth will be wooed into the electric telegraph circuit" (Vol. 8/4, Oct. 1852, zit. nach Hartmann 2006, S. 94).

Der nächste und für dieses Kapitel maßgebliche Innovationsschritt, die Telefonie, hob mit seiner Zweiseitigkeit und Mündlichkeit die Fernkommunikation auf eine neue Stufe, blieb in seiner Anwendung aber zunächst auf Metropolregionen und städtische Räume begrenzt, weil die technische Reichweite von Telefongesprächen noch begrenzt war. Erst die Röhren- und Transistortechnik machte die Telefonie fernstreckentauglich. Der transatlantische Telefonverkehr wurde 1956 eingeführt und expandierte dann kontinuierlich, wobei die Umstellung auf Glasfasertechnologie in den 1980er Jahren die Kapazität vervielfachte. Die Take-off-Phase war damit eingeleitet. Grenzüberschreitendes Telefonieren ist also ein vergleichsweise junges Phänomen, auch weil es einige Zeit brauchte, bis ein (Festnetz-)Telefon zur selbstverständlichen Ausstattung von Büros und Haushalten gehörte.

Anfang der 1990er Jahre entfielen noch mehr als zwei Drittel der weltweiten Anschlüsse auf Nordamerika, Westeuropa und Japan als reichste Regionen (Domschke 1997, S. 141). Entsprechend haben Netzwerkanalysen für diese Zeit eine ausgeprägte Zentrum-Peripherie-Struktur zutage gefördert, für die Welt insgesamt (Barnett 1998) wie für Europa (Louch et al. 1999, S. 86 f.). Aufgrund des technologischen Vorsprungs wies Westeuropa im Vergleich zu anderen Weltregionen auch das größte intrakontinentale Telefonievolumen auf (ebd., S. 89). Erst mit der Mobilfunkrevolution sowie der Möglichkeit des digitalen Telefonierens über VoIP haben sich die nationalen und kontinentalen Unterschiede verringert, grenzüberschreitendes Telefonieren wurde weltweit für viele Menschen möglich (vgl. Beisheim et al. 1999, S. 28 f.; TeleGeography 2001, S. 125, 2004, S. 29 ff.). Trotz dieser Konvergenz bleiben gewisse globale – und innerhalb von Ländern soziale – Gradienten bestehen, in einigen Ländern des Globalen Südens besitzen weiterhin weniger als 60 % der erwachsenen Bevölkerung ein Mobiltelefon (World Bank 2017).

Im Folgenden analysieren wir das Telefonienetzwerk Europa unter den Aspekten Ausmaß, Struktur und weltregionalem Schwerpunkt. Der „Daten-Rohstoff" hierfür besteht in den in einem Jahr angefallenen Telefongesprächsminuten zwischen je zwei Ländern (s. Kap. 2 für Details). In den uns zur Verfügung stehenden aggregierten Daten wird zwischen privater und

geschäftlicher Telefonie nicht getrennt.[1] Unser Untersuchungszeitraum von
1983 bis 2015 deckt die drei Jahrzehnte von der Take-Off-Phase der grenzüberschreitenden Telefonie bis zur globalen Durchsetzung der Mobilfunktechnik ab.

6.1   Die Rahmenbedingungen für Telefonie

Vorüberlegungen

Auch bei der Telefonie interessiert uns vor allem, wie sich das Netzwerk Europa
verändert hat. Es gilt also wieder, diejenigen Rahmenbedingungen zu identifizieren, die einen Wandel vermuten lassen.[2] An erster Stelle ist zu behandeln,
wie sich die Ausstattung mit Telefonen verändert hat. Denn noch mehr als
bei der Personenmobilität sind für die Kommunikation technische Hilfsmittel
unabdingbar. Wer kein Telefon hat, kann auch nicht telefonieren, weder in die
nächste Stadt noch ins Ausland. Die sich erhöhenden Durchdringungsraten
von zunächst Festnetz-, dann Mobiltelefonie markieren deshalb die *(infra-)*
strukturelle Heterogenität Europas als erste wichtige Rahmenbedingung. Die
zweite ist *institutioneller* Natur, konkret die Regulation des Telekommunikations-
marktes. Hier zeichnen wir in groben Pinselstrichen die von der EU betriebene
Liberalisierungs- und Regulierungspolitik nach – den Versuch Brüssels, einen
möglichst integrierten europaweiten Telekommunikationsmarkt zu schaffen.
Schließlich kommt noch eine dritte Rahmenbedingung hinzu, die Entwicklung
der *nicht-kommunikativen Verflechtung* Europas. Kommunikation braucht
Anlässe, und die grenzüberschreitende wirtschaftliche Arbeitsteilung sowie die in
den vorigen Kapiteln untersuchten Spielarten der Personenmobilität liefern diese.

---

[1]Über die relativen Anteile kann man nur spekulieren. Für die USA geht man für 2005 von
einem 50/50-Verhältnis aus, für 2008 von einem 40/60-Verhältnis zugunsten geschäftlicher
internationaler Telefonate (Plunkett 2010).

[2]Zu den relativ konstanten und deshalb hier nicht dargestellten Determinanten der internationalen Telefonie zählen einige Faktoren, die schon in den vorherigen Kapiteln
besprochen wurden, wie kulturelle Ähnlichkeit, geografische Nähe und historische
Beziehungen. Sprachliche Ähnlichkeit und geografische Nähe beeinflussten in den 1980er
und 1990er Jahren die Gestalt des Telefonienetzwerk (Barnett 1998; Barnett and Choi
1995; Barnett and Salisbury 1996), während der Einfluss von post-kolonialen Beziehungen
und religiöser Ähnlichkeit stark zurückgegangen ist (Louch 1999, S. 91).

Die Verbreitung von Festnetzanschlüssen und Mobiltelefonie

Europa, und insbesondere Westeuropa, ist in Sachen Kommunikationsinfrastruktur traditionell ein privilegierter Kontinent. Im weltweiten Vergleich hat er nach Amerika die zweithöchste Ausstattungsrate mit Festnetzanschlüssen und die dritthöchste mit Mobilfunkverträgen (International Telecommunications Union 2018b). Zudem gibt es diesbezüglich heute kaum noch Unterschiede in Europa (s. Abb. 6.1, Jahr 2015). Bei Mobilfunkgeräten schwankt die Ausstattungsrate aktuell zwischen 90 Mobilfunkverträgen pro 100 Einwohner*innen in Moldawien und 170 in Österreich, bei einem EU-Durchschnitt von 137. Bei den Festnetzanschlüssen beträgt der EU-Durchschnitt der Ausstattungsrate 43 Anschlüsse pro 100 Einwohner*innen (Eurostat 2019 g), der Spitzenreiter ist Frankreich mit 60, Schlusslicht ist Albanien mit 8 Anschlüssen. Allerdings ersetzt

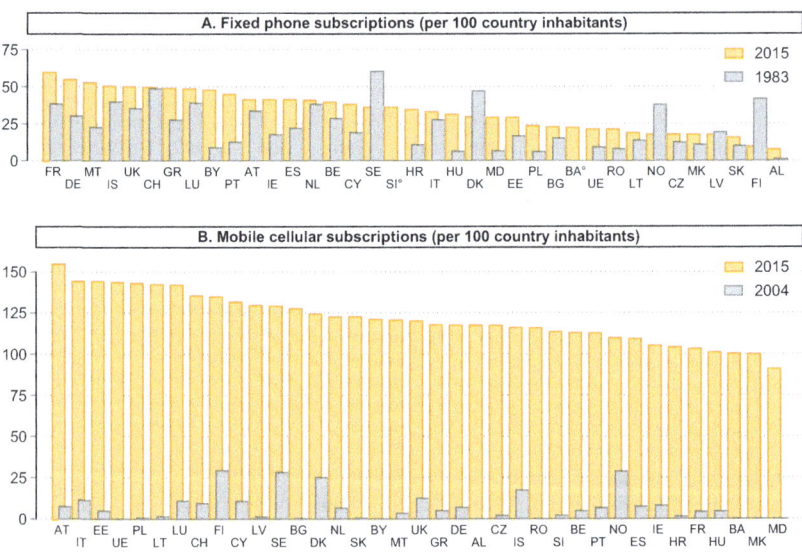

Abb. 6.1 Verbreitung von Festnetzanschlüssen und Mobilfunkgeräten in Europa, 1983 und 2015.

Notiz: Eigene Darstellung basierend auf Daten der Weltbank (World Bank 2018b, e), die diese von der Internationalen Fernmeldeunion (ITU, International Telecommunications Union) bezieht

das Mobiltelefon ja zunehmend den Festnetzanschluss, sodass Ausstattungsunterschiede bei letzterem immer weniger ins Gewicht fallen. In Europa wie weltweit ist die Zahl der Festnetzanschlüsse seit geraumer Zeit rückläufig (International Telecommunications Union 2018a), der globale Peak war im Jahr 2000 bei etwa 40 Festnetzanschlüssen pro 100 Einwohner*innen (s. Abb. 6.2).

Noch in den 1980er Jahren variierte die Ausstattung mit Telefonen sehr viel stärker. Traditionell hatten in Skandinavien viele Haushalte einen Festnetzanschluss, in Südeuropa eher wenige. In Schweden kamen im Jahr 1983 auf 100 Einwohner*innen 64 Festnetzanschlüsse, in Portugal nur 15. Auch im Ostblock

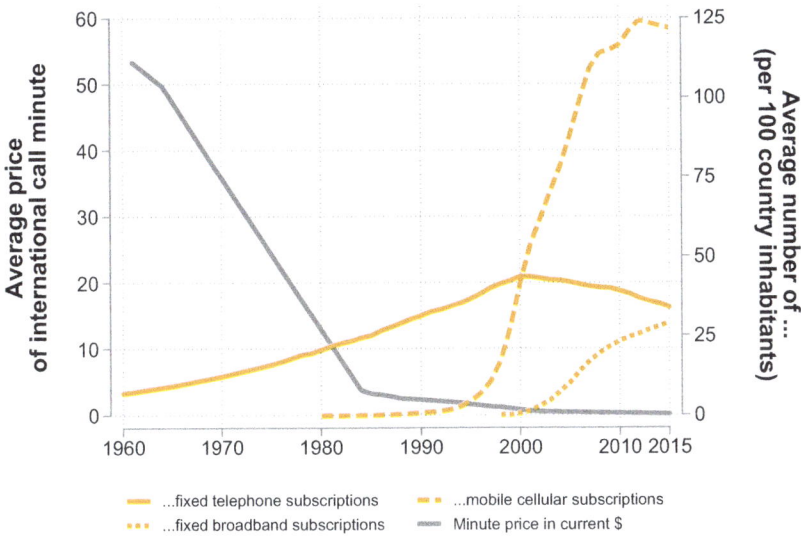

Abb. 6.2 Globale Entwicklung der Telefonie- und Internet-Infrastruktur, 1960–2015

Notiz: Für die Anzahl von Festnetzanschlüssen, Mobilfunkverträgen und festen Breitbandabonnements wurden Daten der Weltbank (World Bank 2018a, b, e) verwendet, die diese wiederum von der Internationalen Fernmeldeunion (ITU) bezieht. Die Preise der internationalen Gesprächsminuten sind nur für die Jahre 1961, 1964, 1984–1989, 1994–1998, 2001–2002 sowie 2015 vorhanden und stammen aus unterschiedlichen TeleGeography-Berichten (Staple 1994, S. 34; Staple und Schrag 1995, S. xvi; TeleGeography 1997, S. xii, 1998, S. 9, 1999, S. 253, 2000, S. 141, 2003, S. 101, 2004, S. 103) und dem TeleGeography Blog (Deckett 2017). Alle Preise wurden inflationsbereinigt, d. h. auf den Dollar-Kurs des Jahres 2019 umgerechnet. Eigene Darstellung

waren private Telefone ein Luxusgut. Die höchste Durchdringungsrate hatte noch Lettland mit 21 Anschlüssen, der Durchschnitt der mittelosteuropäischen Volksrepubliken inklusive des Baltikums lag bei 13 Anschlüssen pro 100 Einwohner*innen (s. Abb. 6.1, Panel A). Aus naheliegenden Gründen hatten die sozialistischen Regime wenig Interesse daran, den Informationsaustausch in der Bevölkerung zu vereinfachen. Das Ergebnis war ein sehr asymmetrisches und von Westeuropa dominiertes europäisches Telefonienetzwerk (Barnett und Salisbury 1996; Choi und Ahn 1997), das stark von der wirtschaftlichen Zentrum-Peripherie-Struktur und dem Demokratisierungsgrad der Länder geprägt war (Barnett und Choi 1995; Barnett 1998).

Im Zuge der nachholenden Modernisierung zunächst in Südeuropa, später im postsozialistischen Raum hat sich das infrastrukturelle Gefälle auf dem Kontinent deutlich verringert (vgl. Staple 1991, S. 8).[3] Die Durchsetzung von Handys und Smartphones tat ihr Übriges, da man gleich auf die neue Mobilfunktechnologie setzen konnte. Schon kurz nach der Jahrtausendwende überschritt die Penetrationsrate der Mobilfunkgeräte die der Festnetzanschlüsse (vgl. Abb. 6.2), und der Anteil der internationalen Telefongespräche, die mit dem Handy getätigt wurden, erreichte 25 % (TeleGeography 2004, S. 43). Die Mobilfunktechnologie ersetzte in vielen Fällen die Festnetzanschlüsse, sorgte aber auch für zusätzlichen Telefonverkehr und neue Verbindungen (TeleGeography 2002, S. 63), zum Beispiel durch Reisende. Bereits 1998 wurde ein Drittel der internationalen Gespräche durch Roaming gemacht (TeleGeography 2000, S. 154). Die Mobilfunkrevolution hat nicht nur in Europa die Konvergenz befördert, sondern auch weltweit, wenn auch nicht in gleichem Umfang. Ausstattungsunterschiede bestehen nach wie vor zwischen armen und reichen Ländern sowie zwischen Klassen und Geschlechtern.

Die Liberalisierung und Regulierung des europäischen Telekommunikationsmarkts

Die rasante technische Entwicklung sorgte auch für ein Absinken der Telefontarife. So verbilligte sich zwischen 1960 und 1990 der Preis einer internationalen Telefongesprächsminute von über 53 auf unter zwei Dollar (s. Abb. 6.2), nachdem neue transatlantische Kabel die Kapazität vervielfacht hatten. Ein zweiter

---

[3]Ein Paradebeispiel für dieses „Leapfrogging" ist Estland, das in Sachen Internet und Digitalisierung als besonders erfolgreich gilt (Högselius 2005).

Schlüsselfaktor für sinkende Preise waren die *wettbewerbsrechtlichen Rahmenbedingungen.* Nachdem in den 1980er Jahren einige fortgeschrittene Industrienationen wie die USA, Großbritannien und Japan damit begonnen hatten, ihre Telefoniemärkte zu liberalisieren (vgl. TeleGeography 1997, S. xi) und es später auch ein internationales WTO-Abkommen gab, fühlte sich die Europäische Kommission herausgefordert, in Europa einen gemeinsamen Markt für Telekommunikationsdienstleistungen und -geräte voranzutreiben (Schmidt 1998, Kap. 4). Grundlage dafür war einerseits vorhandenes EU-Recht, andererseits neue Verordnungen, die sich auf die Prinzipien des freien Verkehrs von Waren und Dienstleistungen bezogen und darauf ausgerichtet waren, einen möglichst einheitlichen EU-Tarifraum mit günstigen Tarifen zu schaffen. Die ersten Meilensteine waren die Endgeräterichtlinie von 1988 sowie die Diensterichtlinie von 1990, der vorerst letzte die Verordnungen zur Nivellierung und Abschaffung von Roaming-Gebühren im Jahr 2019. Neben einer generellen Preissenkung strebte die Kommission von Beginn an an, die Preisunterschiede zwischen Inlands- und EU-Auslandsgesprächen zu reduzieren.

Es dauerte bis 1998, bis die völlige EU-weite Liberalisierung von Telefon- und Mobilfunkdienstleistungen in Kraft trat (vgl. Schmidt 1998, S. 156 ff.; Eurostat 2013). Bis dahin hatten sich innereuropäische Gespräche in den Mitgliedstaaten bereits Schritt für Schritt verbilligt, so zwischen 1987 und 1991 um durchschnittlich 10 % und bis 1994 um weitere 15 %. Gespräche ins europäische Ausland waren Anfang der 1990er Jahre um etwa ein Drittel billiger als Gespräche ins außereuropäische Ausland, Mitte des Jahrzehnts sogar um etwa die Hälfte.[4] Die politische Gestaltung dieser Preise – und nicht etwa der Einfluss der schieren geografischen Nähe – zeigt sich auch darin, dass nach dem Fall des Eisernen Vorhangs für einige Jahre Gespräche sowohl mit anderen europäischen Ländern als auch mit Ländern außerhalb des Kontinents beispielsweise in Tschechien ungefähr doppelt so teuer waren als in den EU- und EWR-Ländern (berechnet auf Basis von Preisinformationen in TeleGeography 1999, S. 80 f.). Mit den Osterweiterungen verschwanden diese Preisunterschiede oder kehrten sich sogar um (Eurostat 2013).

Im Mai 2019 wurden nochmalige Preissenkungen für Festnetz-Telefonate ins EU-Ausland verordnet und die Kosten auf 19 Cent pro Minute begrenzt (das

---

[4] Berechnet auf Basis von TeleGeography-Daten (Staple 1992, S. 38 ff., 1994, S. 35). Daten für das EU-Ausland beziehen sich auf die USA, Australien, Japan, Kanada und die Türkei. Auch für nachfolgende Jahre gilt, dass die Preise für innereuropäische Telefongespräche im Vergleich zu den weltweiten Preisen etwa um die Hälfte billiger waren (vgl. z. B. TeleGeography 1998, S. 200 f., 2000, S. 70 f., 2004, S. 96 ff.).

Europäische Parlament hatte einen kompletten Wegfall der Gebühren gefordert, konnte sich aber nicht durchsetzen. Der Mobilfunk rückte ab Ende der 1990er Jahre in den Fokus der EU-Behörden, wobei es vornehmlich um das sogenannte Roaming ging – die zusätzlichen Umleitungsgebühren, die die Anbieter bei der Nutzung des Mobiltelefons im Ausland in Rechnung stellen. Diese Zusatzgebühren wurden für den EU-Raum durch die Roaming-Verordnung, die im Jahr 2007 in Kraft trat, in mehreren Schritten gesenkt und schließlich 2015 ganz abgeschafft (Bundesnetzagentur 2017). Nach dem Grundsatz „roam like at home" (Europäische Union 2019) zahlt man seitdem für die Nutzung des Mobiltelefons außerhalb des Heimatlandes zumindest in den anderen EU-Ländern dieselben Preise wie im Inland. EU-Europa ist in diesem Bereich zu einem einheitlich regulierten Sozialraum (Threlfall 2003) verschmolzen.

Systemische und soziale Verflechtung als Anlass für Kommunikation

Als dritter Parameter ist die *systemische und soziale Verflechtung* der Länder zu berücksichtigen, denn Kommunikation braucht einen Anlass (vgl. Palm 2002). Niemand ruft eine x-beliebige Nummer im Ausland an, nur weil man ein Telefon hat und es wenig kostet. Die Gespräche können rein beruflicher Natur sein, beispielsweise Anrufe zwischen Unternehmen (business-2-business) oder Behörden (administration-2-administration); sie können gemischter Natur sein, etwa wenn Konsument*innen per Telefon ein Hotelzimmer im Ausland buchen (consumer-2-business) oder eine Behörde kontaktieren (consumer-2-administration); und sie können rein privater Natur sein, unter anderem wenn Reisende, internationale Studierende oder Eingewanderte mit Menschen im Herkunftsland sprechen.[5] Mit anderen Worten: Der Anlass für grenzüberschreitende Telefonie liegt entweder in systemischen – zum Beispiel volkswirtschaftlichen – Verflechtungen (z. B. Choi und Ahn 1997) oder in den sozialen Verflechtungen der Personenmobilität (Staple und Mullins 1989, S. 26; Staple 1993, S. 52).

---

[5]Wie bei den anderen Dimensionen auch verraten die verwendeten Daten nichts über die Motive der Menschen. Hierzu ein Vertreter der Organisation, die unsere Telefoniedaten gesammelt hat: „All of the statistics […] are shaped by the changing desires of millions of people to make a call or to send a fax. Whether motivated by the need to rapport or reporting, medicine or money, curiosity or community, safety or sensation, the contours of telegeography reflect the sum of these desires." (Staple 1991, S. 11 f.).

Aus den vorigen Kapiteln wissen wir bereits, dass Europa durch diese Personenmobilität enger zusammengewachsen ist. Wir haben ferner gezeigt, dass sich die Mobilitätsnetzwerke tendenziell dezentralisiert haben. Und wir haben schließlich nachgewiesen, dass sich die interne Geschlossenheit der europäischen Netzwerke zumeist erhöht hat (ausgenommen bei den Reisen) und dass Europa im globalen Geschehen immer vollständiger in einer eigenen Komponente integriert ist. Die uns bekannten Studien zur Handelsverflechtung weisen in eine ganz ähnliche Richtung, eine kontinentale Blockbildung (Kim und Shin 2002; Krapohl und Fink 2013). Diese wachsende „reale" Verflechtung Europas dürfte einen prägenden Einfluss auf das Telefonienetzwerk haben.

Erwartete Effekte auf das europäische Telefonienetzwerk

Aus diesen mit grobem Pinselstrich skizzierten Rahmenbedingungen leiten wir folgende Erwartungen ab, wie sich das europäische Telefonienetzwerk entwickelt hat: Zunächst ist es zwingend, für den Umfang der Telefonie ein Anwachsen des Telefonverkehrs *(Wachstumsthese)* und eine Verdichtung des Kommunikationsnetzwerks *(Verdichtungsthese)* zu prognostizieren. Alle drei Rahmenbedingungen – die infrastrukturelle Konvergenz, die wettbewerbliche Regulierung durch die EU und die immer engeren Wirtschafts- und Bevölkerungsverflechtungen – legen dies nahe.

Für die Struktur des Netzwerkes erwarten wir eine gleichmäßigere Verteilung des Telefonverkehrs auf die Länder Europas *(Dezentralisierungsthese)*. Dafür sprechen drei Entwicklungen: die infrastrukturelle Konvergenz, die die Dominanz Westeuropas verringert haben sollte; der Beitritt der Osterweiterungsländer zum europäischen Tarifraum; und schließlich die – wenn auch moderate – Dezentralisierung der Netzwerke der Personenmobilität, die wir in den vorigen Kapiteln nachgewiesen haben. Die infrastrukturelle Konvergenz müsste auch dazu geführt haben, dass die soziometrische Zentrum-Peripherie-Struktur des Telefonienetzwerks heute weniger stark als früher das Wohlstandsgefälle in Europa widerspiegelt *(Deökonomisierungsthese)*.

Für unser drittes Leitthema, Europa im weltweiten Kontext, ist es schwieriger, eine stichhaltige Erwartung zu formulieren. Einerseits könnte die radikale Verbilligung der EU-Auslandsgespräche im Verbund mit der Europäisierung der Wirtschaft und der Personenmobilität (s. Kap. 3–5) die interne Geschlossenheit des europäischen Netzwerks weiter verstärkt haben; andererseits haben die Schwellen- und Entwicklungsländer die infrastrukturelle Lücke verkleinert, sodass ihre Beteiligung an den internationalen Kommunikationsströmen – auch

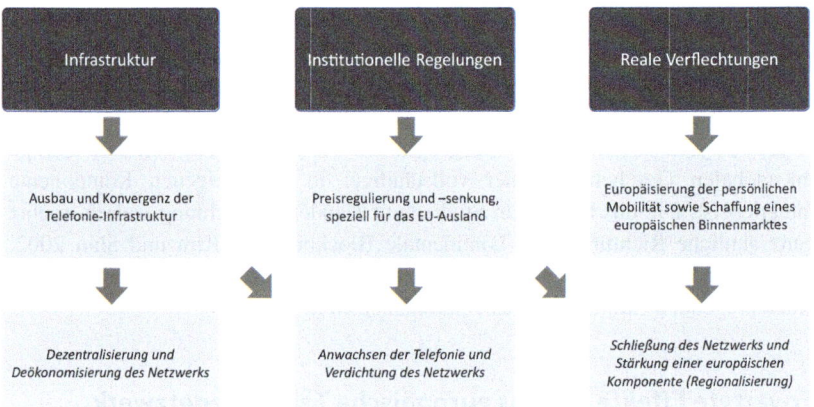

Abb. 6.3 Rahmenbedingungen des europäischen Telefonienetzwerks.

Notiz: Eigene Darstellung

mit den europäischen Ländern – markant angestiegen sein sollte. Letzteres könnte die interne Geschlossenheit des europäischen Netzwerks verringert und die externe Offenheit erhöht haben. Aus Gründen der Konsistenz mit den bisherigen Kapiteln entscheiden wir uns für die erste Möglichkeit, die *Schließungsthese*. Folgerichtig erwarten wir für die Einbindung Europas in das weltweite Telefonienetzwerk, dass Europa heute noch stärker als in den 1980er Jahren eine weitgehend integrierte eigenständige Komponente bildet *(Regionalisierungsthese)*. Abb. 6.3 fasst unsere Überlegungen zusammen.

6.2   Das europäische Telefonienetzwerk im Überblick

Anhand von Europakarten verschaffen wir uns zunächst einen Überblick, welche Bevölkerungen viel miteinander kommunizieren, beginnend mit der aktuellen Situation im Jahr 2015 (Abb. 6.4). Das heutige europäische Telefonienetzwerk ist dicht geknüpft, insbesondere in der Mitte des Kontinents. Ein von Großbritannien über die Beneluxstaaten und die deutschsprachigen Länder bis nach Frankreich und Italien beziehungsweise Spanien reichender Ländergürtel markiert den Kern des Netzwerks – die Ähnlichkeit zur „EU-Banane" der wirtschaftlichen Leistungsfähigkeit (Brunet 1989) ist offensichtlich. Deutschland, Großbritannien und Frankreich sind die wichtigsten Knotenpunkte, jeweils mit deutlich höherem ausgehendem

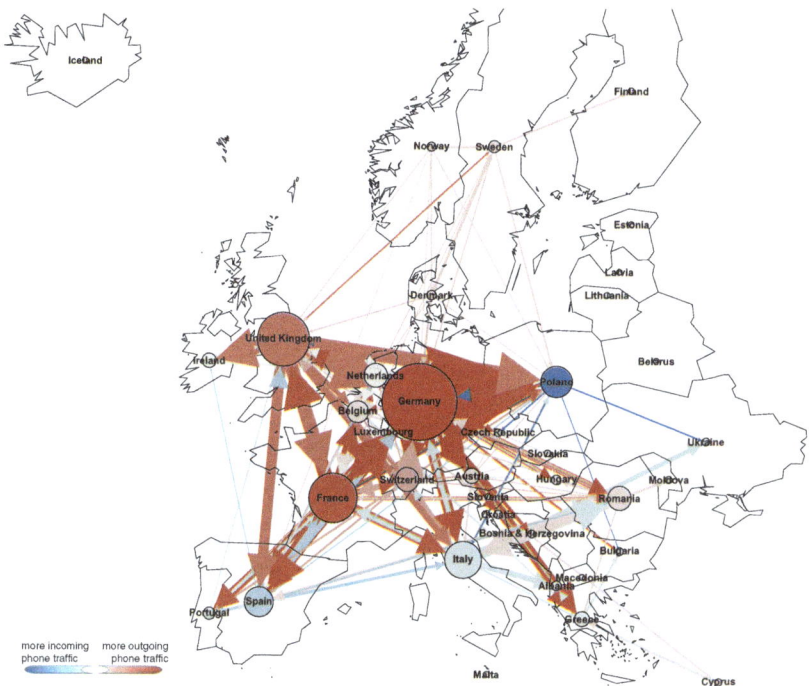

Abb. 6.4 Telefonie innerhalb Europas, 2015.

Notiz: Je stärker ein Pfeil, desto größer das Telefonievolumen von Land *A* nach Land *B*. Die Kreisgröße eines Landes gibt Auskunft über die Summe des dort ein- und ausgehenden Telefonie-volumen. Die Farbe verdeutlicht, ob die eingehenden Gesprächsminuten dominieren (blau) oder die ausgehenden (rot). Es werden nur Länderverbindungen mit mehr als 58.500 Gesprächsminuten aus-gewiesen (entsprechend dem dritten Quintil der Verteilung im Jahr 2010, vgl. Kap. 2). Eigene Dar-stellung basierend auf Daten von TeleGeography

als eingehendem Gesprächsvolumen. Aber auch zwischen vielen anderen Ländern ist die Kommunikationsdichte hoch, nur die geografischen Ränder sind erkennbar schwächer integriert, vor allem das Baltikum und Weißrussland.

Eine interessante Zwischenposition haben Polen, Spanien und Italien sowie Griechenland, Rumänien und Portugal inne. Sie weisen jeweils *einzelne* starke bis sehr starke Verbindungen mit Westeuropa auf, wobei die eingehenden Telefonminuten überwiegen   (beispielsweise   Deutschland→ Polen,   Großbritannien→ Spanien,

Abb. 6.5 Telefonie innerhalb Europas, 1983.

Notiz: Eigene Darstellung basierend auf Daten der International Telecommunication Union (ITU)

Frankreich→ Italien, Italien→ Rumänien). Die Anrufe von Migrant*innen in ihre Heimatländer könnten der Grund sein, warum die Verbindungspfeile der Telefonie bei einigen Dyaden in die umgekehrte Richtung weisen als bei der Personenmobilität (Verdery et al. 2018). Eine alternative Erklärung wären geschäftliche Telefonate, die der Richtung der Auslandsinvestitionen folgen, von den reichen Ländern in die ärmeren (Fernholz 2014).

　　Blicken wir nun zurück. Anfang der 1980er Jahre wurde sehr viel weniger innereuropäisch telefoniert (s. Abb. 6.5). Auslandsgespräche waren teuer, und nur im westlichen Teil des Kontinents gehörte das Telefon zur Haushaltsgrundausstattung. Gemessen am heutigen Gesprächsaufkommen, dieser pragmatische Maßstab liegt den Karten zugrunde, wies Europa damals nur wenige „nennenswerte" Verbindungen auf. Alle bestanden zwischen Ländern der „EU-Banane"

Abb. 6.6   Telefonie innerhalb Europas, 2000.

Notiz: Eigene Darstellung basierend auf Daten von TeleGeography

(vgl. hierzu auch Barnett und Choi 1995; Louch 1999, S. 92 f.), zusätzlich waren Schweden und Finnland eng miteinander verbunden. Das Gesprächsvolumen zwischen allen anderen Ländern war so gering, dass es nach heutigen Maßstäben als unerheblich eingestuft würde.[6]

In den nächsten Jahrzehnten (s. Abb. 6.6 für das Jahr 2000; weitere Karten auf www.network-europe.eu) wird immer mehr telefoniert: einerseits innerhalb

---

[6]Zu berücksichtigen ist, dass die Angaben für 1983 gerade für den Ostblock Lücken aufweisen. Angesichts des infrastrukturellen Rückstands (s. oben) ist es aber plausibel, für die damals sozialistischen Länder tatsächlich von einem sehr geringen grenzüberschreitenden Gesprächsvolumen auszugehen. Auch zwischen den Ostblockländern, für die Daten vorliegen, gab es keinen dichten Telefonverkehr.

der „EU-Banane", andererseits zwischen Zentrum und Peripherie (zum Beispiel Großbritannien→ Schweden; Großbritannien→ Griechenland; Portugal→ Frankreich; Deutschland→ Polen).[7] Einige mittlerweile postsozialistische Länder wie Polen und Rumänien sind erstmals relevante Netzwerkknoten, oftmals mit mehreren starken Verbindungen (das beobachten auch Barnett 1996; Barnett und Salisbury 1996). Trotz einer wachsenden Ausstattung mit Telefonanschlüssen ist der östliche Rand Europas zur Jahrtausendwende immer noch nur schwach ins Netzwerk integriert. Struktur und Entwicklung erinnern an die Migration (vgl. Kap. 3) und die Studierenden (Kap. 4), allerdings mit schnellerem Wachstum und teils mit umgekehrten Rollen: Bevorzugte *Ziel*länder der Personenmobilität wie Deutschland und Großbritannien sind zentrale *Sende*länder von Kommunikation. Die flächendeckende Verbreitung von Handys und Smartphones im Zusammenspiel mit gesunkenen Preisen für Auslandsgespräche haben schließlich das heutige (Daten von 2015), enorm verdichtete Netzwerk hervorgebracht, wie wir es eingangs beschrieben haben. Fast alle Länder sind nun kommunikativ eingebunden, wenn auch unterschiedlich stark.

6.3   Ausmaß der europäischen Telefonie und Netzwerkdichte

Die Karten illustrieren, dass die grenzüberschreitende Kommunikation in Europa immens angestiegen ist. Sie hat sich innerhalb der letzten 30 Jahre fast verneunfacht und folgte lange Zeit einer exponentiellen Wachstumskurve (Abb. 6.7, Panel A; vgl. auch Staple 1990, S. 4; Barnett 2001, S. 1648).[8] Wurden Anfang

---

[7]Die stärksten Verbindungen um die Jahrtausendwende waren immer noch die zwischen den westeuropäischen Ländern (TeleGeography 2001, S. 148, 2003, S. 110).

[8]Ab etwa 2007 wächst die Telefonie in Europa langsamer und entspricht nicht mehr einer exponentiellen Wachstumskurve (die gestrichelte Linie in Abb. 6.7, Panel A; s. auch Barnett 2012). Laut TeleGeography gibt es zwischen 2016 und 2018 (diese Daten standen uns nicht zur Verfügung) sogar erstmals einen Rückgang (Christian 2018b). Allerdings hat die transnationale Kommunikation over-the-top (OTT), also digital über Dienstleister wie Skype, Whatsapp oder den Facebook Messenger, ein Riesenwachstum erfahren (TeleGeography 2015) und 2017 in seinem Volumen den herkömmlichen Telefonverkehr nicht nur eingeholt, sondern um 40 % übertroffen (Christian 2018a). Daher ist auf jeden Fall weiterhin von einem starken Wachstum der innereuropäischen Telefonie auszugehen. Diese neuen, noch kostengünstigeren Formen der Kommunikation sind jedoch in den hier verwendeten Daten nicht enthalten (vgl. Kap. 2).

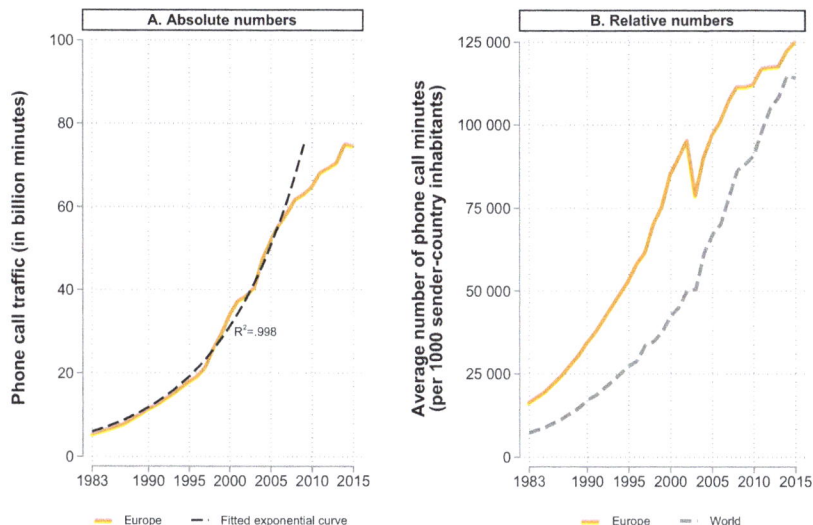

Abb. 6.7 Ausmaß des europäischen und globalen Telefonverkehrs, 1983–2015.

Notiz: Eigene Darstellung basierend auf Daten von ITU und TeleGeography

der 1980er Jahre rund neun Milliarden Gesprächsminuten gezählt, sind es heute 78 Mrd. Auch in Relation zur Bevölkerungsgröße ist das Wachstum beachtlich (Abb. 6.7, Panel B). In der Pro-Kopf-Betrachtung hat sich der innereuropäische Telefonverkehr verachtfacht, von ca. 15.000 Minuten pro 1000 Einwohner*innen im Jahr 1983 auf rund 125.000 Minuten im Jahr 2015. Noch wird innerhalb Europas etwas mehr grenzüberschreitend telefoniert als in der Welt insgesamt (vgl. auch Barnett 2012).

Wie dicht ist nun das Netzwerk geknüpft? Wie üblich geben uns die Dichte (Density) und der Durchschnittsgrad (Average Degree) wichtige Hinweise (Abb. 6.8). Mit dem wachsenden Telefonverkehr ist das europäische Netzwerk kohäsiver geworden. Anfang der 80er Jahre lag die Dichte bei 0,1, nur zwischen zehn Prozent der europäischen Länderpaare wurde in einem Umfang telefoniert, der den von uns festgelegten Relevanzschwellenwert überschritt. Bis 2015 hat sich dieser Anteil auf 22 % verdoppelt, entsprechend einer Dichte von 0,22.

Allerdings war das Netzwerk auch schon einmal kohäsiver, der bislang höchste Wert von 0,28 ergibt sich für das Jahr 2009.

Das durchschnittliche dyadische Telefonievolumen (Average Degree) ist noch stärker angewachsen (Abb. 6.8). Von 1983 bis zur Jahrtausendwende hat es sich zunächst verfünffacht, von rund 10.000 Minuten auf knapp 50.000 Minuten; danach verlangsamt sich das Wachstum etwas, bei einer weiteren Vervierfachung

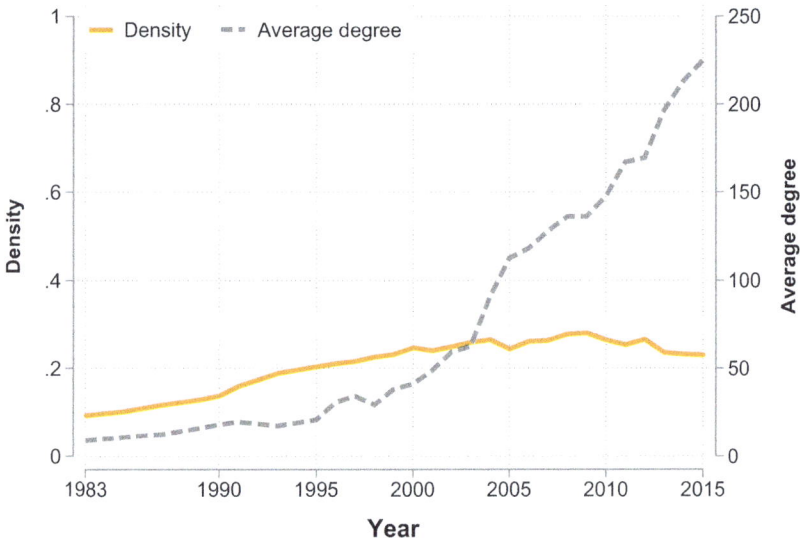

Abb. 6.8 Dichte des europäischen Telefonienetzwerks, 1983–2015.

Notiz: Der *Durchschnittsgrad* (Average degree) gibt an, wie hoch das durchschnittliche Gesprächs-volumen zwischen je zwei Ländern ist. Die *Dichte* (Density) gibt an, wie groß der Anteil der Länder-paare ist, deren gerichtetes Gesprächsvolumen über einem festzulegenden Schwellenwert liegt. Dieser Schwellenwert liegt hier bei 6300 Gesprächsminuten, was dem ersten Quintil der Verteilung im Jahr 2010 entspricht. Zur Kontrolle haben wir die Entwicklung der Netzwerkdichte mit anderen Schwellenwerten (dem zweiten, dritten und vierten Quintil) berechnet (vgl. Abb. 6.8A im Online-Anhang). Unabhängig vom gewählten Schwellenwert hat sich das Netzwerk über die Zeit verdichtet. Das Problem fehlender Werte (vgl. Kap. 2) führt dazu, dass wir die Dichte früherer Jahre eher unter-schätzen, den Durchschnittsgrad dagegen eher überschätzen. Die Diagnose einer zunehmenden Dichte des Netzwerks ist aber auf jeden Fall zutreffend: Auch wenn alle fehlenden Werte als Nullen in die Berechnung einbezogen werden, erhöht sich der Durchschnittsgrad über die Zeit (vgl. Abb. 6.8B im Online-Anhang). Eigene Darstellung basierend auf Daten von ITU und TeleGeography

auf 225.000 Minuten im Jahr 2015. Beide Maßzahlen zufolge ist das europäische
Telefonienetzwerk heute engmaschiger geknüpft als zu Beginn unseres Untersuchungszeitraums. Die vergleichsweise niedrigen Dichte-Werte könnten auch
datentechnische Gründe haben: Wie in Kap. 2 beschrieben, trägt Telegeography
in der Regel Angaben über die zwanzig bis dreißig volumenstärksten Verbindungen eines jeden Landes zusammen, schwächere Verbindungen werden erst
gar nicht berichtet; solche Berichtslücken machen sich definitionsgemäß bei der
Maßzahl der Dichte viel stärker bemerkbar als beim Durchschnittsgrad.

6.4   Die Struktur des europäischen Telefonienetzwerks

Die regionale Verteilung des Telefonverkehrs

Die Struktur des Netzwerks lässt sich zunächst darüber beschreiben, wie
gleichmäßig oder ungleichmäßig die einzelnen Länder am Telefonverkehr beteiligt sind. Tut man dies anhand der absoluten Gesprächsvolumina,
drücken die bevölkerungsreichen Länder dem Netzwerk ihren Stempel auf:
so Deutschland mit über 11 Mrd. eingegangenen Telefonminuten oder Polen,
Großbritannien, Italien, Frankreich und Spanien mit jeweils zwischen 8 und
5,8 Mrd. (Angaben für 2015). Ähnlich sieht es bei den ausgehenden Telefongesprächen aus. Aus diesem Grund verwenden wir im Folgenden relative
Gesprächsvolumina, also pro 1000 Einwohner*innen.

Nach dieser Betrachtung gehen in Luxemburg, Albanien, Irland, der Schweiz
sowie Belgien die meisten Telefonminuten aus dem europäischen Ausland ein
(relative *Eingangs*zentralität, vgl. Abb. 6.9). Das „superdiverse" (Berg et al.
2013) Luxemburg ragt heraus. Dass dort fast die Hälfte der Bevölkerung einen
Migrationshintergrund hat, davon der Großteil (85 %) aus der EU stammend,
macht die Ausnahmestellung des Fürstentums verständlich; zudem ist es Heimat
von EU-Institutionen sowie von Banken und Versicherungen, deren Geschäft
weitgehend internationalisiert ist. Ähnliche Charakteristika weisen auch die
Schweiz und Belgien auf. Albanien ist erst mit der jüngsten massiven Auswanderung ein bedeutendes Zielland innereuropäischer Telefonie geworden,
Anfang der 1980er Jahre lag es noch auf Platz 26. Polen kletterte von Platz 23 auf
6, Bosnien und Herzegowina, Rumänien sowie Kroatien kletterten ebenfalls um
einige Ränge – allesamt vormals sozialistische Länder. Unter den EU-15-Ländern
waren die Veränderungen weniger auffällig. Portugal und Griechenland verbesserten sich um einige Ränge, die skandinavischen Länder verschlechterten

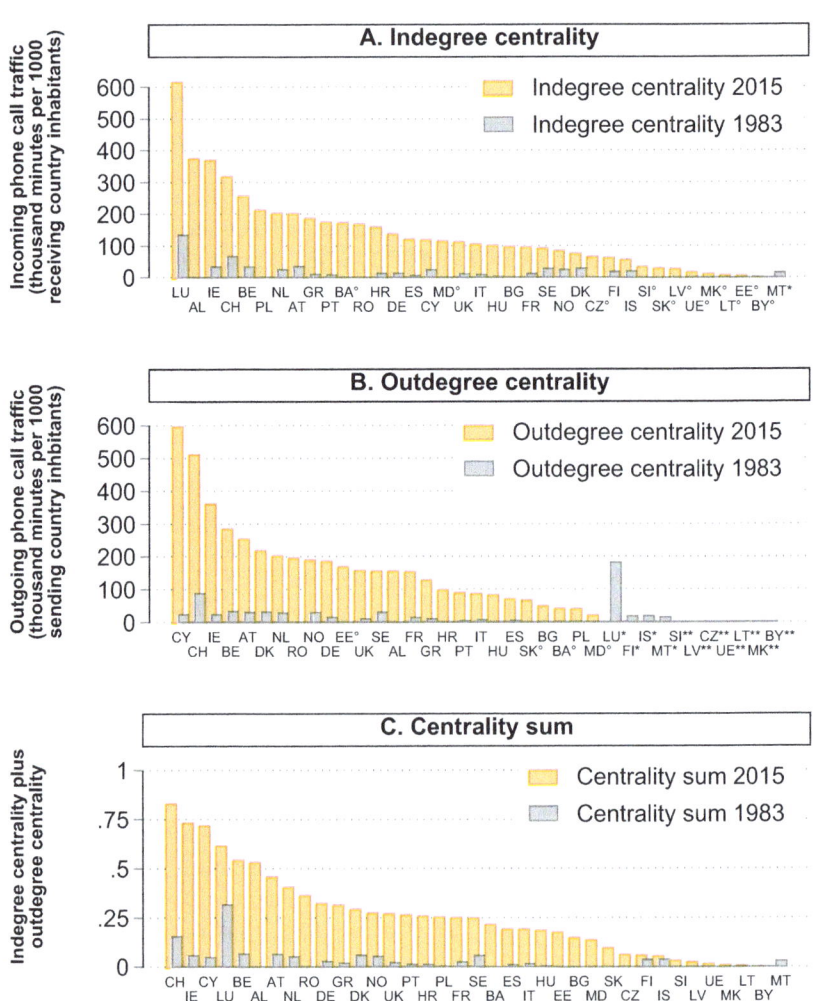

Abb. 6.9 Relative Zentralität der europäischen Länder, 1983 und 2015.

Notiz: Die *Eingangszentralität* (Indegree centrality) ergibt sich aus der Anzahl eingehender Gesprächsminuten (in Tausend) aus anderen europäischen Ländern, relativ zur Bevölkerungsgröße des Empfängerlandes; die *Ausgangszentralität* (Outdegree centrality) ergibt sich entsprechend aus der Anzahl der in andere europäische Länder ausgehenden Gesprächsminuten, relativ zur Bevölkerungsgröße des Sendelandes. Verwiesen sei an dieser Stelle auf das Problem fehlender Werte (vgl. Kap. 2). Zur Kontrolle der Zentrum-Peripherie-Positionen der Länder haben wir die Werte der dargestellten Jahre mit den Werten für 1996 (Abb. 6.9A im Online-Anhang) und 2004 (Abb. 6.9B im Online-Anhang) verglichen. Hierbei sind über die im Text erwähnten Unterschiede hinaus keine großen Abweichungen erkennbar. ** Daten für beide Jahre nicht vorhanden; * Daten für 2015 nicht vorhanden; ° Daten für 1983 nicht vorhanden. Eigene Darstellung basierend auf Daten von ITU und TelGgeography

sich um einige Ränge. Genauere Analysen belegen, dass die meisten dieser Veränderungen erst ab der großen EU-Osterweiterung beziehungsweise der Finanzkrise eingetreten sind (s. Abb. 6.9B im Online-Anhang).

Die Lorenzkurven und der Gini-Index in Abb. 6.10, Panel A erfassen genauer, wie konzentriert der eingehende Telefonverkehr ist. Zunächst gilt: Die aktuelle Verteilung auf die einzelnen Länder ist sehr ungleich, was einerseits an der

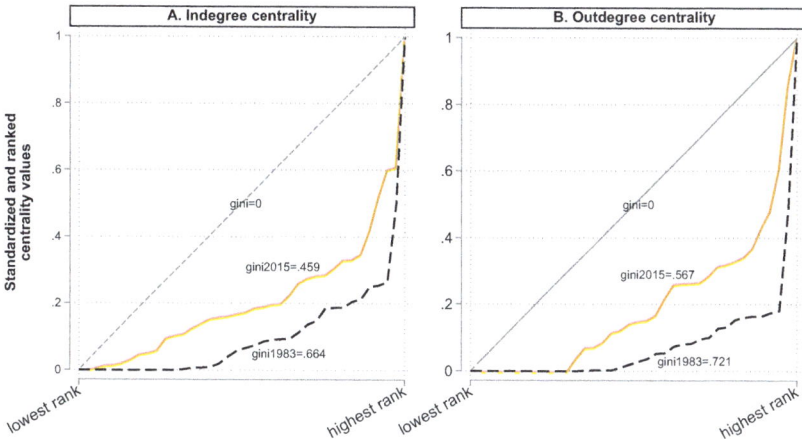

Abb. 6.10   Verteilung des innereuropäischen Telefonverkehrs, 1983 und 2015.

Notiz: Die Lorenzkurven stellen dar, wie sich das innereuropäische Telefonievolumen auf die einzelnen Länder verteilt. Die graue gestrichelte Diagonale gibt an, wie die Kurve bei vollkommener Gleichverteilung verlaufen würde (Gini-Index = 0). In diesem Fall würden sich die Gesprächsminuten vollkommen gleichmäßig auf alle Länder verteilen. Je stärker sich der Großteil auf wenige Länder konzentriert, umso mehr weicht die Lorenzkurve von der Diagonalen ab und umso höher ist der Gini-Wert. Beim – hypothetischen – Höchstwert von 1 würde sich das gesamt Telefonievolumen auf ein einziges Land konzentrieren. Die Werte für die Eingangs- beziehungsweise Ausgangszentralität sind standardisiert, d. h. durch den jeweils höchsten Wert aller europäischen Länder in dem entsprechenden Jahr geteilt, und nach der Größe sortiert. Auch hier müssen wir auf das Problem fehlender Werte hinweisen (vgl. die Notiz zu Abb. 6.9). Unsere Zusatzanalysen (vgl. Abbildung 6.10A und B im Online-Anhang) lassen darauf schließen, dass der Zentralisierungsgrad des Netzwerks durch die fehlenden Werte nicht verzerrt wurde: Sowohl die Gini-Werte für 1983 und 1996 als auch für 2015 und 2004 sind sich sehr ähnlich. Eigene Darstellung basierend auf Daten von ITU and TeleGeography

„bauchigen" Lorenzkurve abzulesen ist, andererseits am Gini-Wert von 0,46. Der
Großteil des eingehenden Telefonverkehrs (pro Kopf der Bevölkerung) geht also
auf das Konto einiger weniger Länder. Im langfristigen Zeitvergleich hat sich die
Ungleichheit aber verringert. Die Lorenzkurve für 1983 war noch bauchiger, der
Gini-Index mit 0,66 deutlich höher. Das Netzwerk hat sich also wie angenommen
dezentralisiert. Der größte Dezentralisierungsschub fällt noch in die 1990er Jahre
(Abb. 6.10A und B im Online-Anhang), zunächst getrieben vom Zusammenbruch
des Ostblocks und dem Einbezug der osteuropäischen Länder in das Telefonienetzwerk (vgl. Barnett 2001, 2012), später auch vom infrastrukturellen Aufholprozess (vgl. Staple 1991, S. 8; TeleGeography 2004, S. 32).

Das relativ zur Bevölkerung größte *ausgehende* Gesprächsvolumen (Abb. 6.9,
Panel B) haben aktuell Zypern, die Schweiz, Irland, Belgien sowie Österreich.
Anzumerken ist, dass die aktuellste Angabe für Luxemburg leider fehlt, das zu
allen früheren Zeitpunkten immer auf Rang 1 lag, so vermutlich auch 2015.
Die Top-10 des ausgehenden Telefonverkehrs ist insgesamt erstaunlich stabil,
nur Rumänien (aktuell auf Platz 8) ist hier neu. Für 1983 sind die Länder mit
dem geringsten ausgehenden Telefonievolumen aufgrund einiger fehlender
Werte nicht zweifelsfrei zu benennen; kurz nach der Jahrtausendwende (s.
Abb. 6.9A im Online-Anhang) waren das Belarus, Litauen, Kroatien, Ukraine
und Rumänien, also Länder aus dem Ostteil des Kontinents. Wie der eingehende
verteilt sich auch der ausgehende Telefonverkehr ungleich, aber nichtsdestotrotz
sehr viel gleichmäßiger als zu Beginn der 1980er Jahre. Die aktuelle Lorenzkurve
(Abb. 6.10) ist an die Diagonale herangerückt, der Gini-Index hat sich von 0,72
auf 0,57 verringert. Auch hier fällt der Großteil dieser Verringerung in die 1990er
Jahre (vgl. Abb. 6.10A und B im Online-Anhang; vgl. auch Barnett und Choi
1995; Barnett und Salisbury 1996). Die Dezentralisierungsthese hat sich also
für beide Richtungen der Telefonie bestätigt, wie wir es vor allem angesichts der
infrastrukturellen Konvergenz erwartet haben.[9]

Die Zentrum-Peripherie-Struktur

Der Vergleich von relativer Eingangs- und Ausgangszentralität enthüllt noch
ein weiteres Detail: Die meisten Länder haben eine konsistente Platzierung.

---

[9]Hier bildet Europa jedoch eine Ausnahme, denn weltweit scheint sich die Asymmetrie der
internationalen Telefonie zu verstärken, gleichbedeutend mit einer Zentralisierung (vgl.
Barnett 1998; Barnett 2012).

Dies lässt vermuten, dass beide Richtungen des Telefonverkehrs durch ähnliche Faktoren beeinflusst werden. Die soziometrische Position eines Landes im Netzwerk lässt sich deshalb zusammenfassend darstellen, indem man die *Summe* aus eingehenden und ausgehenden Telefonminuten proportional zur Bevölkerung bildet (Abb. 6.9, Panel C). Eine große Summe signalisiert dann eine zentrale Position, eine kleine eine periphere Position. Unter den zehn zentralsten Ländern rangieren sieben westeuropäische (die Schweiz, Irland, Luxemburg, Belgien, Österreich, die Niederlande und Deutschland) sowie drei südosteuropäische (Zypern, Albanien und Rumänien). Wie bereits erwähnt stünde allerdings Luxemburg auf Platz 1, gäbe es denn vollständige Daten. Zu den peripheren Ländern zählen mit Island und Finnland zwei nordische sowie eine Reihe postsozialistischer Länder, darunter mit zwei baltischen Republiken sowie der Ukraine und Weißrussland solche in östlicher Randlage.

Wie stark ist nun die Zentrum-Peripherie-Struktur des Telefonienetzwerks von der wirtschaftlichen Zentrum-Peripherie-Struktur Europas beeinflusst? Eine solche Beeinflussung ist immer noch naheliegend, da ökonomische Ressourcen traditionell eine bessere technologische Ausstattung bedeuten – wenn auch im Mobilfunkzeitalter weniger eindeutig als zu Festnetzzeiten. Je höher nun ein Land im Wohlstandsgefüge nach dem BIP pro Kopf rangiert, desto zentraler seine Position im Telefonienetzwerk (hierzu auch: Barnett 1998; Barnett 2012). Diese Daumenregel belegt ein aktueller Rangkorrelationskoeffizient von 0,49 im Jahr 2015 (vgl. Tab. 6.1, Zeile „BIP pro Kopf und Zentralitätssumme"). Allerdings war dieser Koeffizient bis vor wenigen Jahren noch deutlich größer, der bisherige Höchstwert war 0,84 im Jahr 2000. Die soziometrische Zentrum-Peripherie-Struktur Europas hat sich seitdem also zumindest teilweise

Tab. 6.1 Zusammenhang zwischen Wohlstands- und Telefonieranking in Europa

	1990	2000	2010	2015
BIP pro Kopf und relative Eingangszentralität	0,714***	0,815***	0,538***	0,263
BIP pro Kopf und relative Ausgangszentralität	0,732***	0,847***	0,874**	0,686***
BIP pro Kopf und Zentralitätssumme	0,717***	0,841***	0,770***	0,490**

Notiz: Eigene Darstellung basierend auf Zentralitätswerten (s. Abb. 6.9) und BIP (Bruttoinlandsprodukt pro Kopf in internationalen Dollars, World Bank 2018c). Einträge in den Zellen sind Rangkorrelationskoeffizienten nach Spearman (1990: N = 24; 2000: N = 37; 2010: N = 29 für Eingangszentralität und Summe, N = 36 für Ausgangszentralität; 2015: N = 36 für Eingangszentralität N = 26 für Ausgangszentralität und Summe). Signifikanzniveaus: *p < 0,05; **p < 0,01; ***p < 0,001.

von der wirtschaftlichen Struktur emanzipiert, insbesondere seit 2010. Tatsächlich ist ja auch die technologische Konvergenz inzwischen weit vorangeschritten – und weiter als die wirtschaftliche. Diese Emanzipation gilt insbesondere für die eingehende Telefonie, nicht aber für die ausgehende.

Die Determinierung der Telefonie durch Infrastruktur, Handel und Personenmobilität

Wir wollen nun noch genauer wissen, *warum* das Telefonienetzwerk seine derzeitige Gestalt hat. Zu Beginn des Kapitels haben wir die Rolle der „realen" Verflechtung der europäischen Gesellschaften durch wirtschaftliche Aktivität und personelle Mobilität angesprochen (vgl. auch Choi und Ahn 1997 sowie Barnett et al. 1999 für Handel; Staple 1993, S. 52 sowie Verdery et al. 2018 für Migration; Barnett et al. 2016 für Studierende; Staple und Mullins 1989, S. 26 für Reisende). Weil diese Art Verflechtungen grenzüberschreitende Kommunikation erst notwendig machen, sollten sie die Gestalt des Telefonienetzwerks prägen. Sporadisch haben wir in diesem Kapitel auf augenfällige Ähnlichkeiten mit den Netzwerkstrukturen der Personenmobilität, vor allem der Migration, hingewiesen. Diese Zusammenhänge erkunden wir nun systematisch in sogenannten MRQAP-Modellen, also Regressionsmodellen, die sich auf Netzwerkdaten anwenden lassen.[10] Die abhängige Variable ist dabei das europäische Telefonienetzwerk im Jahr 2010 in seiner kompletten dyadischen Struktur; die unabhängigen Variablen sind die Netzwerke der Personenmobilität (Migration, internationale Studierende und Tourismus) sowie das Netzwerk der volkswirtschaftlichen Handelsbeziehungen. Hinzu nehmen wir eine Reihe von Kontrollvariablen. Diese erfassen, ob die Länder geografisch nah beieinander liegen (d. h. ob es sich um Nachbarländer handelt), ob eine gemeinsame Sprache gesprochen wird, wie die Ausstattung mit Festnetzanschlüssen und Mobiltelefonen im Sender- und Empfängerland ist sowie das Pro-Kopf-Einkommen der Länder (s. Kap. 2 für genauere Informationen zu diesen Kontrollvariablen).

Das erste Modell (M1) in Tab. 6.2 enthält zunächst nur diese Kontrollvariablen ohne das Pro-Kopf-Einkommen. Dabei zeigt sich, dass mehr Telefonie zwischen

---

[10]Abschnitt 2.4 in diesem Buch enthält eine kurze Erklärung dieser Methode, die wir in Kap. 7 noch einmal anwenden. Für andere Anwendungen und technische Erläuterungen von MRQAP-Modellen s. Deutschmann et al. (2018) und Deutschmann et al. (2019).

Tab. 6.2 MRQAP-Modelle zur Vorhersage der Menge an Telefonminuten zwischen zwei Ländern in Europa im Jahr 2010

	M1	M2	M3	M4
Migration			0,006	-0,013
Studierende			0,446***	0,436***
Reisen			0,173**	0,148**
Handel			0,283***	0,220***
Nachbarland (1 = ja)	0,169***	0,172***		0,044*
Gemeinsame Sprache	0,300***	0,298***		0,205***
Telefonanschlüsse pro 100 Personen (Empfängerland)	0,120**	0,066		0,007
Telefonanschlüsse pro 100 Personen (Senderland)	0,090*	0,035		0,039
Mobiltelefonverträge pro 100 Personen (Empfängerland)	0,029	-0,014		0,001
Mobiltelefonverträge pro 100 Personen (Senderland)	0,002	-0,040		-0,014
BIP KKP pro Kopf (Summe Sender- und Empfängerland, logarithmiert)		0,127*		0,022
Intercept	0,000	0,000	0,000	0,000
N	1.332	1.332	1.332	1.332
Adjusted R^2	0,184	0,493	0,450	0,493

Notiz: Alle 37 europäischen Länder sind einbezogen. Alle Variablen beziehen sich auf das Jahr 2010. Eigene Darstellung. Die Quelle der Migrationsdaten ist die Weltbank (die entsprechenden Ergebnisse für die UN-Daten sind sehr ähnlich). Die weiteren Datenquellen sind im Kap. 2 beschrieben

europäischen Ländern stattfindet, die aneinander angrenzen und in denen die gleiche Sprache gesprochen wird. Bei der Telefonie-Infrastruktur ergibt sich ein gemischtes Bild: Bei den Festnetzanschlüssen, wo die Ausstattungsunterschiede zwischen den Ländern deutlich größer sind, gibt es einen signifikanten positiven Zusammenhang, bei der Verbreitung von Mobiltelefonen nicht. Allerdings verschwindet der Einfluss der Festnetzanschluss Penetrationsrate, sobald das Wohlstandsniveau einbezogen wird (Modell M2). In wohlhabenden Ländern wird also schlicht mehr telefoniert, und die Ausstattungsrate mit Festnetzanschlüssen selbst ist nur ein Ausdruck von Wohlstand. Modell M3 enthält nun nur die

„realen" Verflechtungen der Länder, die bis auf die Migration positiv mit der Telefonie zusammenhängen. Insbesondere der Studierendenaustausch und der Handel gehen mit vermehrter Telefonie einher. Wie Modell M4 zeigt, bleiben die Effekte der „realen" Verflechtung auch unter Hinzufügung der Kontrollvariablen bestehen.

Grenzüberschreitende Verflechtung resultiert also in vermehrter transnationaler Kommunikation – ausgenommen die Migration, was durchaus überrascht. Berechnet man die einfache QAP-Korrelation zwischen Migration und Telefonie, ergibt sich ein signifikanter, wenn auch schwacher, Zusammenhang (s. Abb. 7.8 in Kap. 7). Möglicherweise wird ein Migrationseffekt von den anderen Mobilitätsformen überdeckt, insbesondere von den internationalen Studierenden; die Gestalt dieser beiden Mobilitätsnetzwerke ist sehr ähnlich, und möglicherweise halten die Studierenden engeren Kontakt mit Bezugspersonen daheim als Migrant*innen (s. Verdery et al. 2018 zum Zusammenhang von Aufenthaltsdauer und Kontakthäufigkeit mit dem Heimatland). Ein ähnliches „Überdeckungs-Argument" ließe sich für den Tourismus (vgl. Belyi et al. 2017; Provenzano und Baggio 2017) oder die Handelsströme machen (vgl. Fagiolo und Mastrorillo 2014; Sgrignoli et al. 2015). Zumindest zeigen alle drei erwähnten Netzwerke eine mittelstarke Korrelation mit dem Migrationsnetzwerk (s. dazu auch Abb. 7.8). Eine andere Erklärung wäre, dass insbesondere Migrant*innen, die mit Familie und Freunden in ihren Herkunftsländern telefonieren, auf kostengünstige Alternativen zur klassischen Telefonie wie Skype, Whatsapp oder Facebook zurückgreifen, die gar nicht in den von uns verwendeten Statistiken auftauchen. Generell bestätigen die Ergebnisse aber unsere Annahme, dass die auf physischem Austausch basierenden Netzwerke dem Kommunikationsnetzwerk vorgeschaltet sind und es somit strukturell prägen.

6.5 Europäische und weltweite Telefonie

Interne Geschlossenheit und externe Offenheit des europäischen Telefonienetzwerks

Hat sich das Wachstum des grenzüberschreitenden Telefonverkehrs der Europäer*innen nun geografisch überwiegend auf den Kontinent beschränkt, oder sind die Verbindungen in die außereuropäische Welt noch stärker angestiegen? Um diese Frage zu beantworten, ermitteln wir im Folgenden zunächst, wie groß beim aus europäischen Ländern ausgehenden Telefonverkehr der intrakontinentale Anteil ist. Wir interessieren uns also auch hier wieder für die *interne*

Geschlossenheit des Netzwerks Europa. Anfang der 1980er Jahre betrug dieser innereuropäische Anteil über 80 %, nur knapp 20 % der Telefonminuten gingen in die außereuropäische Welt hinaus (Abb. 6.11). Heute liegt der innereuropäische Anteil bei nur noch 65 %, nach einem Tiefstwert von 57 % im Jahr 2010 (Abb. 6.11). Der von europäischen Ländern ausgehende Telefonverkehr hat sich also kontinuierlich *globalisiert,* nicht europäisiert – auch wenn sein regionaler Schwerpunkt immer noch in Europa liegt. Diese relative Globalisierung ist aber, wie oben gesehen, nicht der Tatsache geschuldet, dass die Menschen in Europa weniger miteinander telefonierten.

Der Grad der *externen Offenheit* des Netzwerks ist nicht einfach die Kehrseite der internen Geschlossenheit, denn nun geht es um die *eingehenden* Telefonate. Wir messen mit der Offenheit, wie groß beim in europäische Länder eingehenden grenzüberschreitenden Telefonverkehr der extrakontinentale Anteil ist. Unter

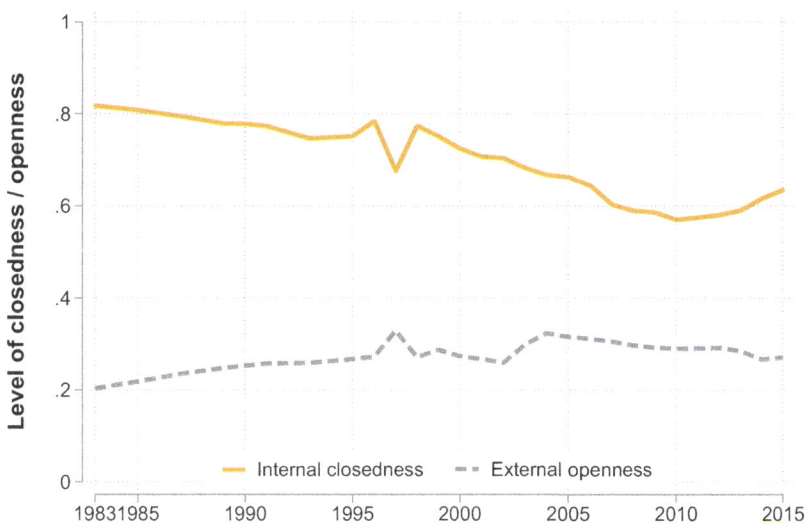

Abb. 6.11 Relative Geschlossenheit und Offenheit des europäischen Telefonienetzwerks, 1983–2015.

Notiz: Die *interne Geschlossenheit* (Internal closedness) des europäischen Netzwerks gibt an, wie groß beim aus europäischen Ländern ausgehenden Telefonvolumen der intrakontinentale Anteil ist. Die *externe Offenheit* (External openness) gibt an, wie groß beim in europäische Länder eingehenden Telefonievolumen der außerkontinentale Anteil ist. Eigene Darstellung basierend auf Daten von ITU und TeleGeography

diesem Gesichtspunkt betrachtet ist das Netzwerk Europa heute kommunikativ
geringfügig offener für die Welt als in den 1980er Jahren. Damals kamen etwa
20 % der eingehenden Auslandstelefonie aus der außereuropäischen Welt, heute
sind es knapp 30 %; zudem stagniert dieser Wert seit etwa zwei Jahrzehnten.
Langfristig gilt aber: In beiden Dimensionen, der internen Geschlossenheit
und der externen Offenheit, hat sich das europäische Telefonienetzwerk eher
globalisiert als europäisiert, vor allem vor der Jahrtausendwende. Diese Entwicklung unterscheidet das Telefonienetzwerk von den anderen untersuchten
Netzwerken. Der Löwenanteil der grenzüberschreitenden Telefonie, an der die
Bevölkerung Europas entweder als Sender oder Empfänger beteiligt ist, ist aber
immer noch intrakontinental.

Europa im globalen Telefonienetzwerk

Aufgrund dieses immer noch vorhandenen kontinentalen Schwerpunkts lässt sich
Europa recht gut als eigenständige Komponente im weltweiten Kommunikationsgeschehen identifizieren. Im Jahr 2015 untergliedert sich die Welt in fünf Tele-
foniecluster, die bis auf das größte jeweils recht eindeutig weltregional verortet
sind (vgl. Abb. 6.12). Diese sind (Länderanzahl in Klammer):

• Multiregionales Cluster (85 Länder, davon 3 europäische)
• Europa-Plus (48 Länder, davon 31 europäische)
• Muslimische Welt & Südasien (27 Länder)
• Osteuropa & Zentralasien (12 Länder, davon 3 europäische)
• Ostasien (5 Länder)

Mit Europa-Plus existiert eine Komponente, in die bis auf wenige Ausnahmen alle europäischen Länder eingebunden sind, darunter 25 der 28
EU-Mitgliedsstaaten. Gleichwohl greift Europa-Plus über die kontinentalen
Grenzen hinaus: nach Nordafrika, in den Nahen Osten, ins südliche Afrika und
nach Australien und Neuseeland. Insgesamt gehören knapp 65 % der Länder
in Europa-Plus zu Europa, die an 78 % des komponenteninternen Gesprächs-
volumens beteiligt sind. Die übrigen europäischen Länder gehören zwei verschiedenen Netzwerken an: Spanien und Portugal (im Übrigen erstmals seit
Beginn der Datenreihe 1983) sowie Malta sind Teil des multiregionalen Clusters
mit dem Zentrum USA, während Weißrussland, die Ukraine und Moldawien
in die Komponente Osteuropa & Zentralasien eingebunden sind. Alle hier
integrierten Länder waren früher Teilrepubliken der Sowjetunion.

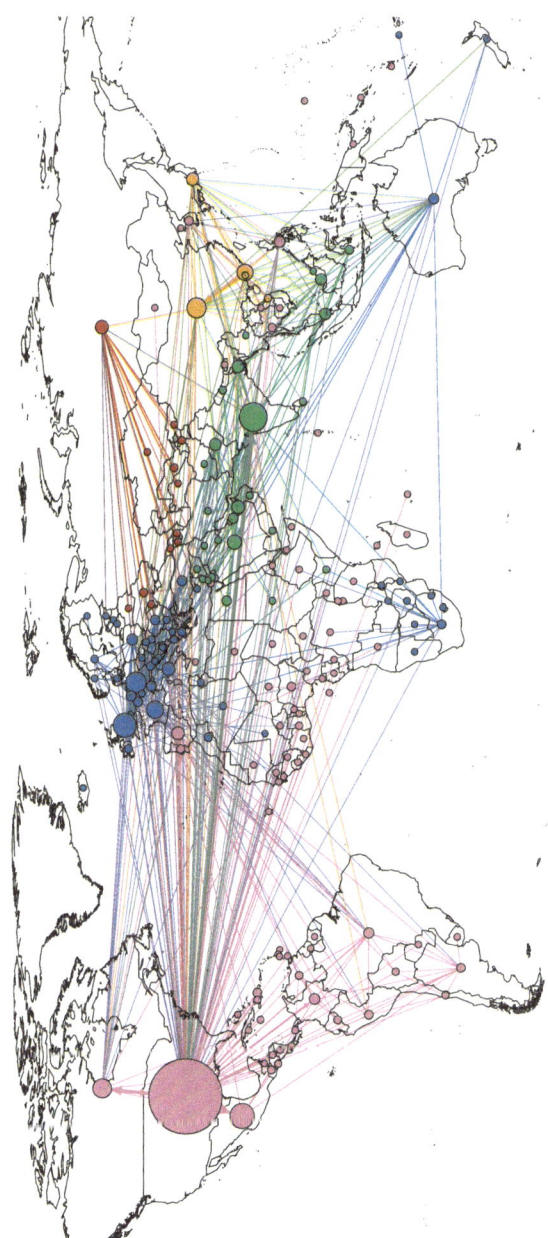

Abb. 6.12 Komponenten des globalen Telefonienetzwerks, 2015.

Notiz: Eigene Darstellung basierend auf Daten von ITU und TeleGeography. Es sind nur Verbindungen mit mehr als 58.500 Gesprächsminuten zwischen den Ländern (entsprechend dem dritten Quintil der Verteilung der Gesprächsminuten zwischen den Ländern in der innereuropäischen Telefonie im Jahr 2015) abgebildet. Die Stärke der Pfeile ist proportional zur Anzahl der Gesprächsminuten, die zwischen den Ländern in Pfeilrichtung telefoniert werden. Die Größe der Kreise ist proportional zur Summe der ein- und ausgehenden Gesprächsminuten. Die Modularitätsanalyse wurde mit dem Resolutionsfaktor 1.5 durchgeführt und hat fünf Faktoren ergeber (Modularitätsmaß = 0.448, Modularitätsmaß mit Resolutionsfaktor = 0,819). Farblegende der Komponenten: Multiregionales Cluster (magenta), Europa-Plus (blau), Muslimische Welt & Südasien (grün), Osteuropa & Zentralasien (rot), Ostasien (gelb)

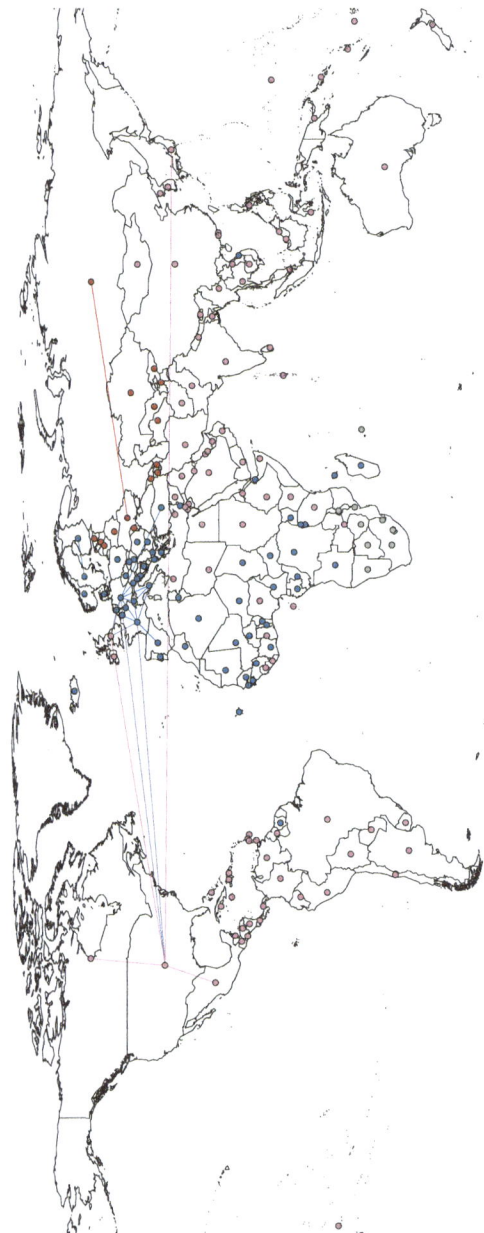

Abb. 6.13 Komponenten des globalen Telefonienetzwerks, 1983 (mit imputierten Werten).

Notiz: Eigene Darstellung basierend auf Daten von ITU und TeleGeography. Es sind nur Verbindungen mit mehr als 58.500 Gesprächsminuten zwischen den Ländern (entsprechend dem dritten Quintil der Verteilung der innereuropäischen Telefonie im Jahr 2015) abgebildet. Die Stärke der Pfeile ist proportional zur Anzahl der Gesprächsminuten, die zwischen den Ländern in Pfeilrichtung telefoniert werden. Die Größe der Kreise ist proportional zur Summe der ein- und ausgehenden Gesprächsminuten. Die Modularitätsanalyse wurde mit dem Resolutionsfaktor 1,5 durchgeführt und hat vier Faktoren ergeben (Modularitätsmaß = 0,325. Modularitätsmaß mit Resolutionsfaktor = 0,723). Farblegende der Komponenten: Multiregionales Cluster (magenta), Europa-Plus (blau), Ostblock (rot), Südliches Afrika (grau)

Zu Beginn der 1980er Jahre war die Welt kommunikativ in vier Komponenten unterteilt (s. Abb. 6.13, weitere Karten sind auf unserer Webseite www.network-europe.eu hinterlegt):[11]

- Multiregionales Cluster (94 Länder, davon 4 europäische)
- Europa-Plus (59 Länder, davon 27 europäische)
- Ostblock (15 Länder, davon 6 europäische)
- Südliches Afrika (9 Länder)

Europa-Plus war bereits identifizierbar, allerdings weniger scharf konturiert als heute. So gehörten zum einen etwas mehr europäische Länder, nämlich zehn, *nicht* zu Europa-Plus: Sechs osteuropäische Länder waren in das sowjetisch dominierte Ostblock-Netzwerk integriert, Großbritannien und Irland sowie Malta und Zypern gehörten dem US-dominierten multiregionalen Cluster an. Zum anderen waren mehr nicht-europäische Länder Teil von Europa-Plus, so einige afrikanische Länder sowie Vietnam und Französisch-Guayana, was unschwer als Erbe der Kolonialzeit zu sehen ist. Insgesamt ergab sich für die 1980er Jahre ein Anteil von knapp 46 % europäischer Länder in Europa-Plus (2015: 65 %), die aufgrund ihres technologischen Vorsprungs aber noch an 85 % der komponenteninternen Kommunikation beteiligt waren (zur Erinnerung: 2015 waren es 78 %).[12] Ohnehin gab es 1983 nur vier Komponenten: Neben Europa-Plus und dem riesigen multi-regionalen Cluster bildeten nur der damalige Ostblock sowie das subsaharische Afrika relativ eigenständige Telefonienetzwerke. Es existierte weder eine (ost-)asiatische noch eine muslimische Komponente. Zusammenfassend lässt sich für Europa sagen, dass sich die in den 1980er Jahren bereits identifizierbare Komponente Europa-Plus zumindest hinsichtlich der Länderzusammensetzung weiter europäisiert hat, unsere Regionalisierungsthese bestätigend.

---

[11]Um nicht zu viele Lücken zu haben, basiert diese Weltkarte teils auf imputierten Werten aus späteren Jahren; eine Karte ohne Imputationen findet sich im Online-Anhang (Abb. 6.13A). Als weiteren Robustheitsnachweis präsentieren wir im Anhang auch die Karte für das Jahr 2000, ein Zeitpunkt, für den die 1983 noch fehlende Verbindungen für die (ehemaligen) Sowjetrepubliken und (Ex-)Jugoslawien vorhanden sind (Abb. 6.13B). Die Netzwerkstrukturen für 2000 und 1983 (imputiert) ähneln sich sehr

[12]Diese Ergebnisse mit imputierten Werten werden durch andere Studien bestätigt: Diese betonen erstens die zentrale Stellung von Europa im Welttelefonienetzwerk (vgl. Staple 1991, S. 7; TeleGeography 2004, S. 12); zweitens Europas hohe intrakontinentale Dichte im Vergleich zu anderen Regionen; und drittens die Sonderstellung Großbritanniens als stark mit Nordamerika verbundenem Land (Staple 1990, S. 44).

Das Alluvial-Diagramm (Abb. 6.14) stellt diese Europäisierung von
Europa-Plus grafisch dar. Wie aus den anderen Kapiteln gewohnt sind nur die
europäischen Länder eingefärbt, je nach Zugehörigkeit. Der blaue Streifen der zu
Europa-Plus gehörenden europäischen Länder ist über die Zeit breiter geworden
und macht aktuell (im Jahr 2015) zwei Drittel dieser Komponente aus. Man
erkennt die etappenweisen Zugänge – und teils auch wieder Abgänge – anderer
europäischer Länder, aus dem Ostblock-Netzwerk einerseits (rot), aus dem multiregionalen Cluster andererseits (magenta). Die größten Zuströme aus letzterem
gab es zwischen 1990 und 1995 sowie zwischen 2000 und 2005. Großbritannien
beispielsweise wurde in der ersten Hälfte der 1990er Jahre Teil von Europa-Plus
und gehört seitdem, mit Ausnahme des Jahres 2010, dieser europäischen
Komponente an. Ob dies nach dem Brexit so bleibt?

Das zweite Alluvial-Diagramm (Abb. 6.15) stellt die Telefonvolumina dar.
Erst allmählich, dann ab der Jahrtausendwende rasant wachsen die Anteile der
grauen Blöcke (also Nicht-Europa) an, während die Anteile der farbigen Blöcke
(Europa) entsprechend schrumpfen (vgl. auch Louch 1999, S. 89 und Barnett
2012, wonach Europa im globalen Netzwerk an Zentralität eingebüßt hat).
Diese Verschiebung spiegelt zwei großflächige Veränderungen wider: zum einen
die extreme Dominanz der USA, die sich noch verstärkt hat; zum anderen den

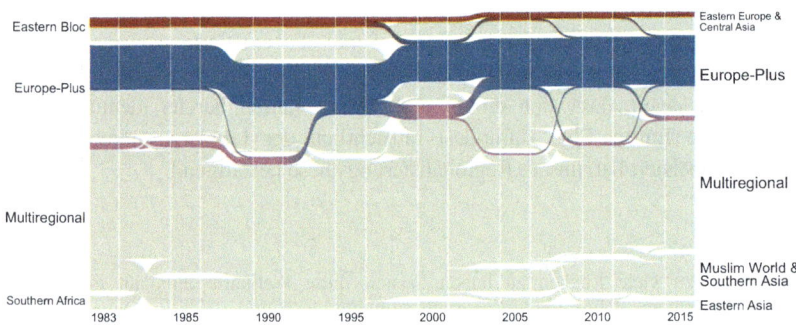

Abb. 6.14 Übergänge zwischen Komponenten des globalen Telefonienetzwerks, 1983–
2015 – Länderzuordnung.

Notiz: Eigene Darstellung basierend auf Daten von ITU und TeleGeography. Die Stärke der
Komponenten basiert auf der Anzahl der dort verorteten Länder. Die farblich hervorgehobenen
Bereiche zeigen den Anteil europäischer Länder in der jeweiligen Komponente: Multiregionales Cluster
(magenta), Europa-Plus (blau), Ostblock (rot)

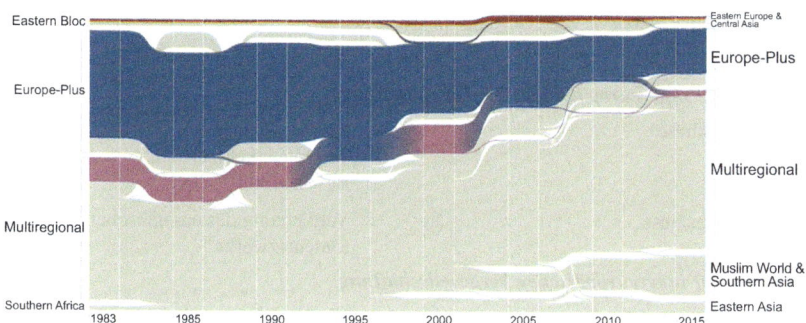

Abb. 6.15 Übergänge zwischen Komponenten des globalen Telefonienetzwerks, 1983–2015 – Volumenzuordnung.

Notiz: Eigene Darstellung basierend auf Daten von ITU und TeleGeography. Die Stärke der Komponenten basiert auf ihrem jeweiligen Anteil am weltweiten Telefonievolumen. Die farblich hervorgehobenen Bereiche zeigen die Anteile der europäischen Länder am gesamten Telefonievolumen: Multiregionales Cluster (magenta), Europa-Plus (blau), Ostblock (rot)

technologischen Aufholprozess der Schwellen- und Entwicklungsländer (vgl. hierzu die Abb. 6.13B im Online-Anhang sowie Barnett 2012). Aus der Warte Europas betrachtet bedeutet das: Nicht nur der komponenten-übergreifende Anteil der europäischen Länder am weltweiten Telefonverkehr hat sich mehr als halbiert, von 50 auf rund 20 %; auch der Anteil an der Kommunikation innerhalb von Europa-Plus ist etwas geschrumpft. Wohlgemerkt: Die Ursache ist keineswegs, dass die Europäer*innen untereinander weniger telefonieren, ganz im Gegenteil. Europa stellt die größte kontinental-regionalisierte Komponente im ansonsten sehr globalisierten und zugleich US-dominierten weltweiten Telefonverkehr dar.

6.6   Zusammenfassung

Für die Telefonie stellen sich die wichtigsten Ergebnisse wie folgt dar (vgl. auch Tab. 6.3): Was das *Ausmaß* der Vergesellschaftung anbelangt (die erste Leitfrage), so ist der innereuropäische Telefonverkehr stark angewachsen und das Netzwerk hat sich verdichtet – wie bei der Personenmobilität in den vorigen Kapiteln auch. Das Wachstum fällt bei der Telefonie noch stärker aus, weil sich Kommunikation aufgrund ihres nicht-physischen Charakters leicht steigern lässt, die entsprechende

Tab. 6.3 Die Ergebnisse zur Telefonie im Überblick

Hypothese	Ja/Nein	Hauptergebnis
Umfang der innereuropäischen Vergesellschaftung		
Wachstumsthese	Ja	Stark wachsender innereuropäischer Telefonverkehr, absolut und relativ zur Bevölkerung
Verdichtungsthese	Ja	Verdichtung des europäischen Telefonienetzwerks
Struktur der innereuropäischen Vergesellschaftung		
Dezentralisierungsthese	Ja	Gleichmäßigere, aber immer noch ungleiche Verteilung des eingehenden und ausgehenden Telefonverkehrs auf die Länder Europas
Deökonomisierungsthese	Ja	Sich abschwächender Zusammenhang zwischen der soziometrischen und der ökonomischen Zentrum-Peripherie-Struktur Europas (v. a. bei der eingehenden Telefonie)
Regionaler Schwerpunkt transnationaler Vergesellschaftung		
Schließungsthese	Nein	Abnehmende interne Geschlossenheit des europäischen Netzwerks (bei zunehmender externer Offenheit)
Regionalisierungsthese	Ja	Verstärkung einer spezifisch europäischen Komponente im weltweiten Telefonienetzwerk (Europa-Plus)

Notiz: Eigene Darstellung

Verbreitung der Endgeräte, erschwingliche Tarife und berufliche beziehungsweise private Nutzenstiftung vorausgesetzt. Alle drei Bedingungen treffen auf Europa zu, wie auch zunehmend auf die Welt insgesamt.

Was die *Struktur* des europäischen Telefonie-Netzwerks betrifft (die zweite Leitfrage), so sind vor allem die prosperierenden Länder der „EU-Banane" die Knotenpunkte der Kommunikation. Allerdings war die Beteiligung der einzelnen Bevölkerungen an der grenzüberschreitenden Telefonie in den 1980er Jahren noch ungleicher, seitdem – und vor allem nach der Jahrtausendwende – hat sich das Netzwerk dezentralisiert. Vermutlich macht sich hier maßgeblich die infrastrukturelle Konvergenz bemerkbar, womöglich auch die Brüsseler Preisregulierung, da die weniger wohlhabenden Bevölkerungen am meisten von den

Preissenkungen profitiert haben sollten. Folgerichtig entspricht die heutige soziometrische Zentrum-Peripherie-Struktur des Telefonienetzwerks auch nicht mehr ganz so eindeutig wie noch vor wenigen Jahren der wirtschaftlichen Zentrum-Peripherie-Struktur Europas.

Der *regionale Schwerpunkt* der Auslandstelefonie der Europäer*innen (unsere dritte Leitfrage) liegt nach wie vor innerhalb des Kontinents. Allerdings ist die Telefonie die einzige untersuchte Aktivitätsform, bei der die interne Geschlossenheit des Netzwerks Europa langfristig *abgenommen* hat – was vermutlich vor allem auf die wachsende US-Dominanz im globalen Kommunikationsgeschehen zurückzuführen ist und darauf, dass die nicht-westliche Welt heute sehr viel umfangreicher als früher an der weltweiten Kommunikation beteiligt ist. Um einen Begriff aus dem Tourismus-Kapitel umzumünzen: Die „communication divide" ist kleiner geworden. Unsere Schließungsthese hat sich jedenfalls nicht bestätigt. Trotzdem ist Europa heute im weltweiten Telefonverkehr fast vollständig in einer einzigen Komponente integriert und damit leichter denn je als eigenständiges Netzwerk identifizierbar. Während etwa die Hälfte aller Länder weltweit telekommunikativ *ein* großes Dorf, ein „global village" (McLuhan und Powers 1992), formen, bildet Europa ein Dorf für sich.

Europäische Vergesellschaftung: Bilanz und Bewertung

In diesem Buch sind wir der Frage nachgegangen, inwieweit es parallel zum politischen Zusammenwachsen Europas auch zu einem *sozialen Zusammenwachsen* gekommen ist, zu einer europäischen Vergesellschaftung über national-staatliche Grenzen hinweg. Ausgehend von einem relationalen Paradigma haben wir letztere allgemein als zunehmende grenzüberschreitende Verflechtung und damit über Austauschprozesse zwischen den Ländern Europas definiert, also im Sinne einer „horizontalen Europäisierung" (Heidenreich et al. 2012). Den Gegenstandsbereich haben wir eingegrenzt auf die soziale Transnationalisierung (Favell und Recchi 2019), also *grenzüberschreitende Aktivitäten*, die letztlich der Bevölkerung zuzurechnen sind: Formen der Personenmobilität wie Migration, Auslandsstudium und Auslandsreisen einerseits sowie der Kommunikation, in unserem Fall der Telefonie, andererseits. In diesen vier Bereichen haben wir konkret untersucht, wie stark Europa zusammengewachsen ist. Zu unserer Europadefinition zählten 37 Länder: die 28 EU-Mitgliedstaaten (Großbritannien noch mitgerechnet), drei westeuropäische EFTA-Länder sowie sechs weitere Länder aus Südost- und Osteuropa. Aufgrund ihres über das geografische Europa (weit) hinausgehenden Staatsgebiets nicht berücksichtigt haben wir Russland und die Türkei. Um herauszufinden, ob sich Europa als regionaler Cluster im weltweiten Netzwerk herausschält, haben wir zusätzlich die globale Struktur der Aktivitätsströme untersucht.

Unsere Untersuchung unterscheidet sich in mehreren Punkten von anderen zur sozialen Transnationalisierung, für die exemplarisch das EUCROSS-Projekt steht (vgl. Recchi et al. 2019a): EUCROSS basierte auf Umfragedaten und untersuchte grenzüberschreitende Aktivitäten von Individuen im Ländervergleich (sechs Länder); unsere Studie hingegen hat Prozessdaten verwendet, hatte als Untersuchungseinheit die nationalstaatlichen Bevölkerungen und hat Europa

© Springer Fachmedien Wiesbaden GmbH, ein Teil von Springer Nature 2020
J. Delhey et al., *Netzwerk Europa,* Neue Bibliothek der Sozialwissenschaften,
https://doi.org/10.1007/978-3-658-30042-5_7

als Ganzes betrachtet. Dieses Ganze beschreiben wir als *Netzwerk,* das durch die grenzüberschreitenden Ströme von Personenmobilität und Kommunikation konstituiert wird. Der Begriff des Netzwerks diente uns in diesem Buch also nicht nur als illustrative Metapher, sondern wir verwendeten die Netzwerkanalyse auch als methodisches Werkzeug, um das Austauschgeschehen in Europa und weltweit zu untersuchen. Wir *vergleichen* Europa nicht mit einem Netzwerk, Europa *ist* ein Netzwerk. Zugleich ist unsere Studie durch das Augenmerk auf die Verflechtungen etwas grundlegend anderes als die vielen makrosoziologischen Studien, die die Länder Europas sozialstrukturell oder kulturell auf Gemeinsamkeiten und Unterschiede hin abklopfen und nach Prozessen der Konvergenz oder Divergenz suchen (exemplarisch: Therborn 1995; Immerfall 2006; Gerhards 2007; Mau und Verwiebe 2010). Das vorliegende Buch bietet daher die Chance, die Sozialstruktur Europas neu zu entdecken, eben in ihrer relationalen Gestalt. Diese Neuentdeckung schließt auch ein, andere Formen von Ungleichheit in den Blick zu nehmen: nicht primär die Wohlstandsunterschiede, sondern die ungleichen Rollen von Zentrum und Peripherie, die die Länder im Netzwerk der Transnationalisierung einnehmen.

Noch in einem weiteren Punkt ist das vorliegende Buch einzigartig: dem langen Untersuchungsraum von 1960 bis heute. Dadurch konnten wir den *Prozesscharakter* der europäischen Vergesellschaftung einfangen, was der umfragebasierten sozialen Transnationalisierungsforschung in der Regel nicht gelingt. Veränderungen des Netzwerks Europa haben wir dabei mithilfe eines konzeptionellen Rahmens erklärt, der im Wesentlichen aus vier Elementen besteht: 1) den zumeist supranationalen, in erster Linie EU-induzierten institutionellen Regelungen und ihrer territorialen Geltungsweite; 2) der strukturellen Heterogenität des europäischen Sozialraums; 3) der Infrastruktur und 4) den Ressourcen und Kompetenzen für soziale Transnationalisierung. Aus diesen Rahmenbedingungen haben wir die Generalerwartung abgeleitet, dass Europa nicht nur eine geografisch unspezifische Zunahme grenzüberschreitender Aktivitäten erlebt hat (Transnationalisierung), sondern eine auf Europa konzentrierte (Europäisierung). Diese Erwartung haben wir hauptsächlich aus dem Wandel der institutionellen Rahmenbedingungen abgeleitet, der zu einem einschneidenden „'de-bordering and re-bordering' of the European territory" (Nelles und Walther 2011, ohne Seitenzahl) geführt hat.

Drei Leitfragen haben die konzeptionelle Ausarbeitung wie auch die Empirie in den einzelnen Kapiteln angeleitet, die alle auf die *Veränderung* des Netzwerks Europa über die Zeit abgestellt haben: Erstens, wie hat sich der Umfang der innereuropäischen Vergesellschaftung entwickelt? Zweitens, wie haben sich die Ungleichheit des Netzwerks und seine Struktur von Zentrum und Peripherie gewandelt? Drittens, bildet Europa im weltweiten Austauschgeschehen ein immer stärker integriertes und abgegrenztes Netzwerk? Die vierte Leitfrage, die wir formuliert hatten, lässt sich erst in diesem Schlusskapitel beantworten: Inwieweit ist allen grenzüberschreitenden Aktivitätsströmen ein ähnliches Grundmuster zu eigen, sodass es gerechtfertigt ist, vom Netzwerk Europa *in der Einzahl* zu sprechen?

Nach dieser Kurzzusammenfassung von Sinn und Zweck unserer Untersuchung ist es nun an der Zeit, die in den vorigen Kapiteln im Detail untersuchten Mobilitäts- und Kommunikationsformen zu vergleichen und die wichtigsten Ergebnisse zu einem Gesamtbild zusammenzuführen (Unterkapitel 7.1). Neben der Bilanzierung dient dieses Schlusskapitel der Einordnung und Diskussion. Die europäische Vergesellschaftung ist strukturell konfliktbehaftet und auch politisch durchaus umstritten. Populäre Diagnosen wie Krăstevs „Europadämmerung" (Krăstev 2017) legen sogar nahe, dass diese Konflikte und Widersprüche so groß sind, dass sie den Fortbestand des politischen Einigungsprozesses selbst infrage stellen. Leitmotiv unserer Schlussbetrachtung (Unterkapitel 7.2) ist daher der Begriff des *Pyrrhus-Sieges,* eines Erfolges, der teuer erkauft und deshalb nicht von Dauer ist. Bekanntermaßen geht dieser Begriff auf den antiken Molosserkönig Pyrrhus zurück, der in den Diadochenkriegen mehrere Schlachten unter so hohem Blutzoll der eigenen Soldaten gewann, dass er sich schließlich doch den verbündeten Heeren Roms und Karthagos geschlagen geben musste. Droht der europäischen Vergesellschaftung ein ähnliches Schicksal?

7.1 Zusammenschau der Ergebnisse

Wir bilanzieren im Folgenden die Hauptergebnisse zu Migration (Kap. 3), Studierendenmobilität (Kap. 4), Tourismus (Kap. 5) und Telefonie (Kap. 6). Zu diesem Zweck stellen wir die Reihenfolge unserer Leitfragen um und behandeln die dritte Leitfrage gleich nach der ersten. Wir tun dies, weil diese beiden Leitfragen jeweils aus unterschiedlicher Perspektive eine Antwort darauf geben, inwieweit es zu einer *Europäisierung* gekommen ist. Anschließend bilanzieren wir dann die Ungleichheitsdynamik und die Entwicklung der Zentrum-Peripherie-Struktur des europäischen Netzwerks (unsere zweite Leitfrage). Die Hauptergebnisse sind schematisch in Tab. 7.1 zusammengefasst. Am Ende unseres Überblicks erörtern wir, inwieweit es angebracht ist, vom Netzwerk Europa im Singular zu sprechen (unsere vierte Leitfrage).

Tab. 7.1 Schematische Darstellung der zentralen Ergebnisse

Aspekt	Migration	Studierende	Tourismus	Telefonie
Umfang der innereuropäischen Vergesellschaftung (Leitfrage 1)				
Austauschmenge (Wachstumsthese)	↑	↑	↑	↑
Austauschdichte (Verdichtungsthese)	↑	↑	↑	↑
Regionaler Schwerpunkt der transnationalen Vergesellschaftung (Leitfrage 3)				
Interne Geschlossenheit Europas (Schließungsthese)	↑	↑	→	↓
Integration Europas in eigenständiger Komponente (Regionalisierungsthese)	↑	↑	↑	↑
Struktur der innereuropäischen Vergesellschaftung (Leitfrage 2)				
Zentralisierungsgrad der Aktivitäten (Dezentralisierungsthese)	↓	↓	↓	(↓)
Zusammenhang mit wirtschaftlicher Zentrum-Peripherie-Struktur (Ökonomisierungs- bzw Deökonomisierungsthese)	↑	→*	→	↓

Notiz: Eigene Darstellung. *bei Studierenden: mit wissenschaftlicher Zentrum-Peripherie-Struktur. ↑ Zunahme; → Stagnation; ↓ Abnahme

Absolute Europäisierung: mehr transnationale Aktivitäten und ein verdichtetes Netzwerk

Der erste und einfachste Maßstab für den von uns untersuchten Ausschnitt europäischer Vergesellschaftung ist die *absolute Zunahme* transnationaler Aktivitäten, durch welche die Länder Europas mit der Zeit ein immer enger gewobenes Verflechtungsnetzwerk bilden. Die entsprechenden Prüfsteine waren eine *wachsende Austauschmenge* und *-dichte*. Bei allen vier untersuchten Mobilitäts- und Kommunikationsformen finden wir eine solche absolute Europäisierung, teils mit immensen Steigerungsraten. Die Menschen migrieren, studieren, reisen und kommunizieren immer mehr über die nationalstaatlichen Grenzen Europas hinweg.

Wie Abb. 7.1 zeigt, ist die Menge aller vier grenzüberschreitenden Aktivitäten stark angewachsen. Aus Gründen der besseren Vergleichbarkeit haben wir für diese Grafik das jeweilige Volumen im Jahr 2010 auf 1 gesetzt, sodass die unterschiedlichen Einheiten (etwa Einschreibungen bei den Studierenden oder

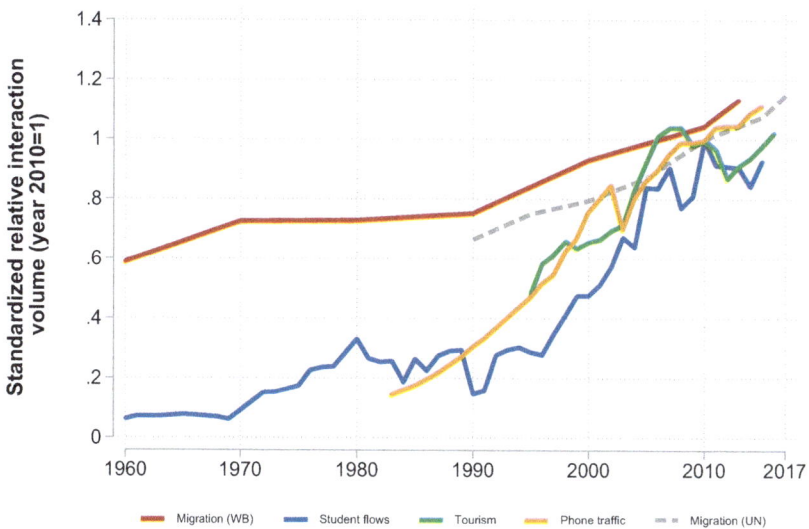

Abb. 7.1   Volumina der transnationalen Interaktionen in Europa im Vergleich.

Notiz: Dargestellt sind relative Migrations-, Studierenden-, Tourismus- und Telefonie-
zahlen (pro 1000 Einwohner*innen des Sendelandes), jeweils standardisiert am Wert des
Jahres 2010 (gleich 1 gesetzt). Für Migration ist nur der Wert der UN-Daten im Jahr 2010
auf 1 gesetzt, um den Unterschied zwischen den beiden Datenquellen aufrechtzuerhalten.
Eigene Darstellung, zu den Datenquellen s. Kap. 2

Gesprächsminuten bei der Telefonie) nicht stören. Gleich welchen Aktivitätstyp
wir nun betrachten, der Zuwachs ist eindeutig. Die beiden längeren Zeitreihen zur
Migration und den Studierenden geben auch Hinweise, wann ein starker Schub
einsetzte, nämlich Anfang (Migration) beziehungsweise Mitte (Studierende)
der 1990er Jahre, also unmittelbar nach dem Ende der politischen Teilung des
Kontinents. Aber auch nach der Jahrtausendwende, unmittelbar vor und nach
der großen Osterweiterung, geht es mit der Transnationalisierung aufwärts. Die
Migration zeigte dabei die schwächste Dynamik, die Studierendenmobilität die
stärkste; für Reisen und Telefongespräche ähnelt die Entwicklung eher derjenigen
der Studierendenmobilität als derjenigen der Migration. Allerdings haben die
Migrationsdaten als Bestandsgrößen auch einen anderen Charakter als die sonst
verwendeten Stromgrößen (s. Kap. 2). Das Bild starken Wachstums für Europa
deckt sich weitgehend mit dem weltweiten (vgl. Deutschmann 2016). Für das
jüngste Jahrzehnt ist auffällig, dass die Zahl der internationalen Studierenden und

der Reisen mittlerweile auf hohem Niveau stagniert und phasenweise sogar leicht zurückgegangen ist. Hier bleibt abzuwarten, ob dies eine kurzfristige, durch die Finanz- und Eurokrise bedingte Delle darstellt oder eine Sättigung dieser beiden Mobilitätsformen.

Abb. 7.2 zeigt die *Verdichtung* des innereuropäischen Austauschs, gemessen an der Dichte (Panel A) und dem Durchschnittsgrad (Panel B, hier sind die Werte wie oben standardisiert). Gleich welchen Indikator wir bei welcher Aktivität betrachten, die Linien weisen immer nach oben. Die Netzwerke haben sich also verdichtet, zum Teil deutlich, da zwischen mehr Ländern starke Verbindungen bestehen. Unabhängig von der gewählten Maßzahl fällt die Verdichtung für die Migration und den Tourismus moderat aus, hier waren bereits die jeweiligen Ausgangsniveaus beachtlich (für die Migration gilt wieder, dass Bestandsgrößen träger reagieren als Stromgrößen). Beim Tourismus gibt es ohnehin nicht mehr viel Spielraum für eine *weitere* Verdichtung. Das innereuropäische Studierendennetzwerk hat sich dagegen sehr stark verdichtet (und inzwischen auch nicht mehr viel Luft nach oben). Ohne dies auf die regulativen Veränderungen reduzieren zu wollen: Der Bologna-Prozess entfaltete bei den angehenden Akademiker*innen offenbar eine starke verhaltenslenkende Wirkung.

Wo man die Telefonie einordnet, hängt vom gewählten Indikator ab: Die Dichte zeigt ein eher moderates Enger-Werden des Telefonienetzwerks seit den 1980er Jahren an, während der Durchschnittsgrad eine sehr starke Verdichtung signalisiert, die stärkste aller untersuchten Aktivitätsformen. Der Hauptgrund für diese Diskrepanz dürfte in der Art der Datensammlung liegen: Wie in Kap. 2 beschrieben, trägt TeleGeography in der Regel Angaben über die 20 bis 30 volumenstärksten Verbindungen eines jeden Landes zusammen, sodass schwächere Verbindungen erst gar nicht berichtet werden. Solche Berichtslücken machen sich definitionsgemäß bei der Maßzahl der Dichte viel stärker bemerkbar als beim Durchschnittsgrad. Die Diskrepanz deutet außerdem darauf hin, dass ein Großteil des immensen Zuwachses an grenzüberschreitender Telefonie auf wenige Länderpaare zurückzuführen ist, denn nur in einer solchen Situation steigt der Durchschnittsgrad stark, ohne dass sich die Dichte in gleichem Maße erhöht.

Es ist nun müßig, nach dem *einen* Faktor zu suchen, der dieses Wachstum der innereuropäischen Transnationalisierung angetrieben hat. Sicherlich hat eine Reihe von Entwicklungen dazu geführt, dass sich der Aktionsradius menschlicher Aktivität mehr und mehr über den Nationalstaat hinaus ausdehnt, und zwar nicht nur in Europa. Dazu zählen ein Mehr an ökonomischen Ressourcen, diverse institutionell-regulative Veränderungen, die die nationalen Grenzen auf vielfache Weise durchlässiger gemacht haben (wenn nicht paneuropäisch, so doch EU-weit), verbesserte Infrastrukturen für Transnationalisierung (z. B.

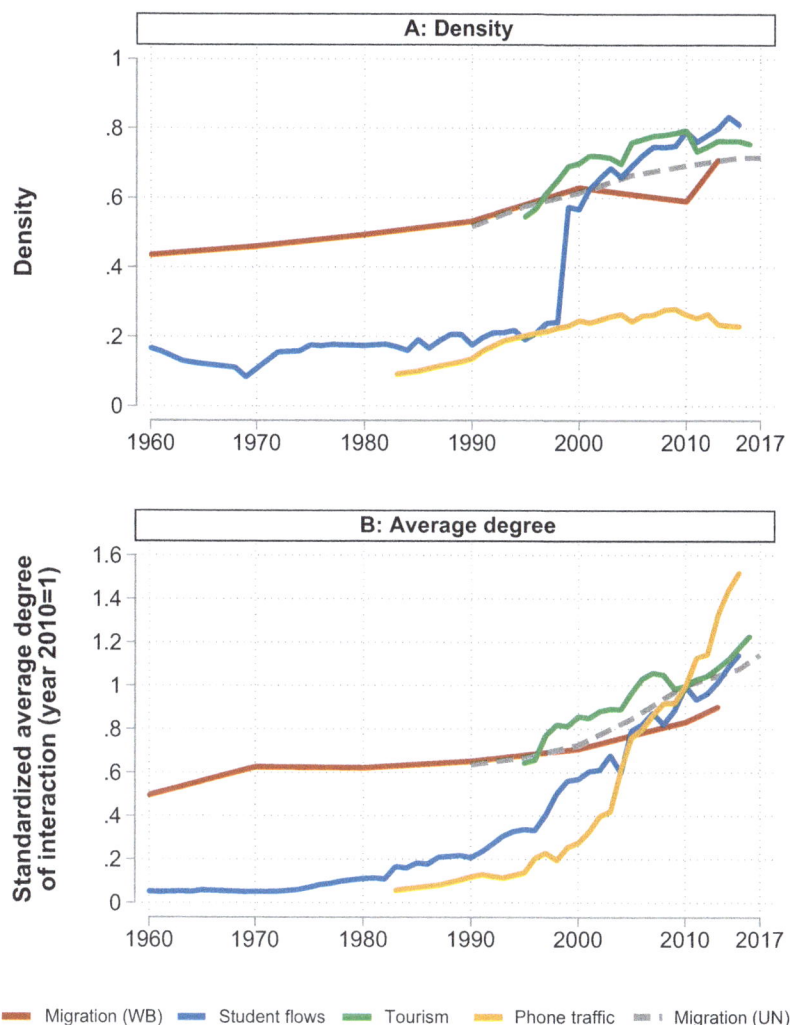

Abb. 7.2 Dichte der europäischen Aktivitätsnetzwerke im Vergleich, 1960–2017.

Notiz: Der Messung der Dichte (Density) liegen dichotomisierte Daten zugrunde (immer am 1. Quintil des Jahres 2010). Der Durchschnittsgrad (Average degree) wurde jeweils am Wert für das Jahr 2010 (gleich eins gesetzt) standardisiert. Für die Migration haben wir nur die Datenreihe der UN-Daten standardisiert, um den Unterschied zwischen den beiden Datenquellen aufrechtzuerhalten. Eigene Darstellung, zu den Datenquellen s. Kap. 2

Billigflieger) und gewachsene transnationale Kompetenzen, darunter die Fremdsprachenkenntnisse. Schließlich generiert die wirtschaftliche Internationalisierung
mehr Anlässe für die Mobilität von Personen und Informationen. Wenn man für
die längerfristige Personenmobilität einen Faktor hervorheben wollte, wären es
wohl die ausgeweiteten Mobilitätsrechte, da die EU-induzierte Arbeitnehmer-
beziehungsweise Personenfreizügigkeit ein weitreichendes Anrecht auf eine
dauerhafte Verlagerung des Lebensmittelpunkts etabliert. In diesem Zusammenhang war auch die Auflösung des Ostblocks eine wichtige Vorbedingung für das
soziale Zusammenwachsen; sie hat nicht nur die beiden Hälften des Kontinents
wechselseitig füreinander geöffnet (faktisch freilich mehr genutzt von Ost nach
West als andersherum), sondern war auch Voraussetzung für die territoriale Ausdehnung der EU-Mobilitätsrechte im Zuge der Osterweiterungen. Natürlich:
Auch in einem geteilten Kontinent und ohne supranationale Regelungen hätte es
einen Zuwachs transnationaler Aktivitäten gegeben, wie in anderen Weltregionen
auch (Deutschmann 2015, 2016), doch sicherlich nicht in diesem Umfang und
mit diesem Verdichtungsgrad.

Relative Europäisierung: Europa kristallisiert sich als Verflechtungsregion heraus

Den anspruchsvolleren Maßstab stellt das Konzept der *relativen Europäisierung*
dar. Hier geht es grundlegend darum, den geografischen Schwerpunkt der
transnationalen Aktivitäten der Menschen in Europa zu bestimmen. Liegt
dieser zunehmend in Europa, sodass wir tatsächlich von einem Prozess
der *Europäisierung* sprechen können? Zu diesem Zweck haben wir
zunächst die innereuropäischen grenzüberschreitenden Aktivitäten zu den
außereuropäischen in Relation gesetzt; dann haben wir die europäischen Länder
im Kontext des weltweiten Austauschgeschehens analysiert, um so eine mögliche europäisch-geprägte Komponente, gleichsam eine kontinentale Verdichtung,
im globalen Netzwerk aufzuspüren. Auch hier fügen sich die Einzelbefunde zu
einem stimmigen Gesamtbild einer spezifisch *europäischen* Vergesellschaftung
zusammen, wie wir im Folgenden zeigen.

Beginnen wir mit der *internen Geschlossenheit* – definiert als der Anteil der
von einem europäischen Land ausgehenden grenzüberschreitende Mobilität oder
Kommunikation, der auch ein europäisches Zielland hat und somit in Europa verbleibt (Abb. 7.3, Panel A). Bei der Migration und der Studierendenmobilität, hier
unter Schwankungen, haben sich diese Anteile langfristig erhöht, vor allem nach
1990. Seit der Jahrtausendwende verbleibt mehr als die Hälfte der europäischen

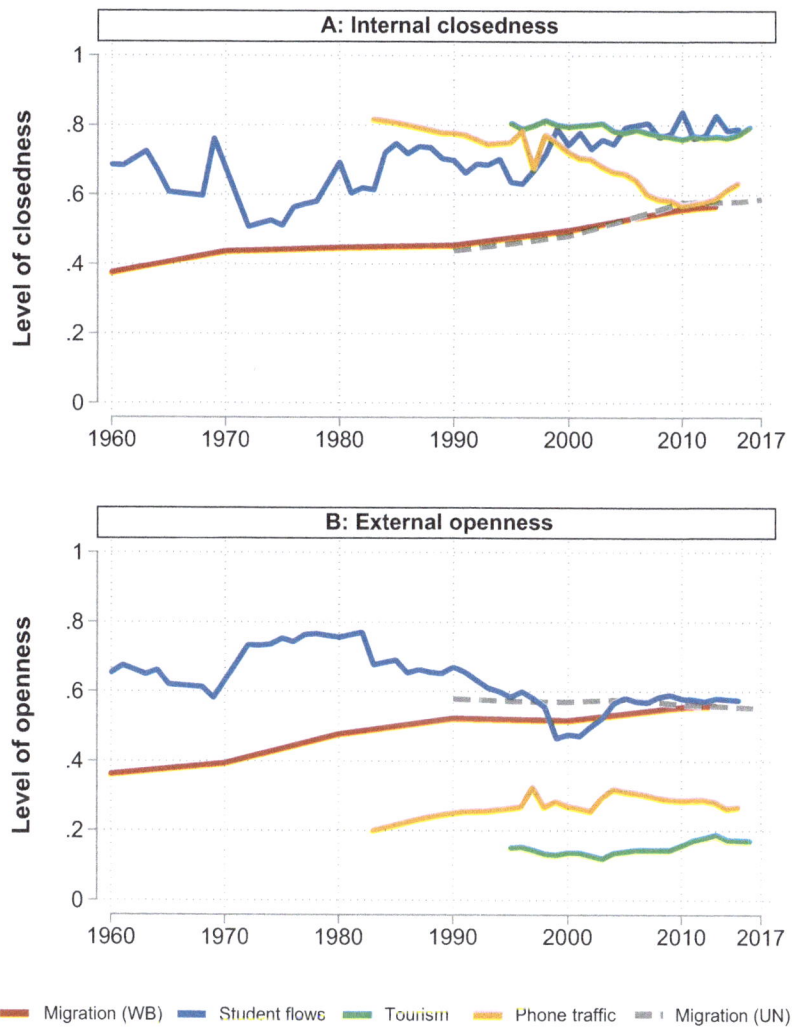

Abb. 7.3 Interne Geschlossenheit und externe Offenheit der europäischen Aktivitätsnetzwerke im Vergleich, 1960–2015.

Notiz: Die *interne Geschlossenheit* (Internal closedness) des europäischen Netzwerks gibt an, wie groß bei aus europäischen Ländern ausgehender Mobilität beziehungsweise Kommunikation der intrakontinentale Anteil ist. Die *externe Offenheit* (External openness) gibt an, wie groß bei in europäische Länder eingehender Mobilität beziehungsweise Kommunikation der außerkontinentale Anteil ist. In diese Berechnungen einbezogen sind alle Länderpaare mit einem Interaktionsvolumen, das mindestens dem ersten Quintil des Jahres 2010 entspricht. Eigene Darstellung, zu den Datenquellen s. Kap. 2

Migrant*innen und mehr als Dreiviertel der europäischen internationalen Studierenden in Europa. Der Grad der internen Geschlossenheit des europäischen Netzwerks hat sich hier also erhöht. Beim Tourismus sehen wir dagegen wenig Veränderung. Hier war Europa bereits zu Beginn des Untersuchungszeitraums intern sehr geschlossen und ist es heute noch. Nur bei der Telefonie stellt sich der alte Kontinent über die Jahre als kontinuierlich weniger intern geschlossen dar; ein schrumpfender Anteil der von Europa ausgehenden Auslandsgesprächsminuten entfällt auf innereuropäische Kommunikation. Dies hat möglicherweise mit der wirtschaftlichen Globalisierung und vermutlich auch mit dem Siegeszug der Mobiltelefonie zu tun. In den 1980er Jahren waren Telefone nur in der westlichen Welt und Japan flächendeckend verbreitet (vgl. Barnett und Choi 1995; Barnett 1998), weshalb ein Großteil des Telefonverkehrs innerhalb Europas anfiel; heute dagegen sind größere Teile der Weltbevölkerung erreichbar, was den europäischen Anteil an der Kommunikation verringert hat.

Aus der Warte der supranationalen Regelwerke betrachtet, hat sich die interne Geschlossenheit Europas bei den Aktivitätsformen erhöht, die rechtlich besonders voraussetzungsvoll sind und in denen die *inner*europäische Mobilität durch neu geschaffene Rechtsansprüche oder andere Harmonisierungen maßgeblich erleichtert oder erst ermöglicht wurden: Migration und Studierendenmobilität. Die Personenfreizügigkeit, bei den Studierenden zusätzlich der Bologna-Prozess, hat aufgrund ihrer Eingriffstiefe offenbar für diese beiden Aktivitäten eine weit stärkere – und genau so intendierte – verhaltensformende Wirkung entfaltet als das Schengen-Abkommen bei den Reisen oder günstige EU-interne Tarife bei der Telefonie. Ein Hinweis auf die Intentionalität ist auch, dass die Personenfreizügigkeit in den Kernverträgen der EU – Maastricht und Amsterdam – verankert wurde. Dagegen haben die supranationale Regulierung der Preise von Telefonie und Flügen sowie das Schengen-System zwar das Reisen in Europa organisatorisch etwas bequemer beziehungsweise billiger gemacht, aber nicht grundlegend revolutioniert. Für das Reisen gilt, dass die meisten europäischen Länder aufgrund ihres Status als wohlhabende Demokratien vergleichsweise „mächtige" Reisepässe ausgeben, die es ihren Bürger*innen erlauben, *weltweit* unkompliziert und kostengünstig zu reisen, nicht nur in Europa (Czaika und de Haas 2014a; Mau et al. 2015; Recchi et al. 2020). Ein entsprechendes Argument gilt für die Telefonie, denn im digitalen Zeitalter sinken die Kommunikationskosten für internationale Verbindungen weltweit.

Bei der *externen Offenheit* – also dem Anteil der in europäische Länder eingehenden Mobilität und Kommunikation, der aus dem nicht-europäischen Ausland kommt – ist die Entwicklung der Studierendenmobilität außergewöhnlich (Abb. 7.3, Panel B). Der Grad der externen Offenheit ist hier geschrumpft;

von allen internationalen Studierenden an europäischen Hochschulen kommt ein *sinkender* Anteil aus Übersee und damit ein steigender Anteil aus Europa. De facto hat sich das Studierendennetzwerk also sowohl intern als auch extern geschlossen. Dies aber nicht, weil sich Europa abgeschottet und Nicht-Europäer*innen den Zugang zu den Hochschulen erschwert hätte – mit Bologna wollte man durchaus mehr Studierende aus aller Welt anlocken (s. Kap. 4). Der Grund ist vielmehr, dass die Zahl der *innereuropäisch* mobilen Studierenden so stark angestiegen ist, dass sich die Anteile wie beschrieben verschoben haben (vgl. Abb. 4.7). Ein weiterer Grund mag sein, dass heute mehr Länder und Weltregionen um die internationalen Studierenden konkurrieren. Bei der Migration gibt es dagegen einen steigenden Anteil von Zugewanderten von außerhalb Europas, entsprechend ist die externe Offenheit des Migrationsnetzwerks gestiegen. Dies spiegelt die bekannte Tatsache wider, dass Europa nach dem zweiten Weltkrieg nach und nach zu einem Einwanderungskontinent geworden ist (z. B. de la Rica et al. 2013, S. 8; Czaika und de Haas 2014b, S. 314). In Sachen Migration erfährt Europa also ein Sowohl-als-auch von Europäisierung und Globalisierung (s. Kap. 3). Der Großteil der Globalisierung des Netzwerks ereignete sich allerdings vor dem Fall des Eisernen Vorhangs. Seitdem ist der Anteil der interkontinentalen Einwanderung nach Europa nicht weiter angestiegen.

Bei der Telefonie und insbesondere beim Tourismus ist der Grad der externen Offenheit Europas über die ganzen Jahre niedrig und hat sich nur geringfügig erhöht – das Gros der Reisen wie auch der Kommunikation kommt nach wie vor aus Europa selbst. In den Ergebnissen zum Reisen kommt zum Tragen, dass kurzfristige Mobilität generell stärker distanzsensitiv ist als langfristige (Deutschmann 2016), eine gut ausgebaute Reiseinfrastruktur voraussetzt und Europa ein Kontinent vieler kleiner Länder ist.[1] In der Folge sind in Europa intrakontinentale Reisen fünfmal so häufig wie interkontinentale; in Asien liegt dieser Faktor bei 4:1, in Nord- und Südamerika bei 3:1 (Recchi et al. 2019b). Bei der Telefonie erklärt sich die geringe externe Offenheit über die starke Prägung des Telefonienetzwerks durch Handel, Tourismus und Studierendenmobilität (vgl. Abschn. „Die Determinierung der Telefonie durch Infrastruktur, Handel und Personenmobilität"). Da diese Austauschströme, besonders Tourismus und Handel (dazu z. B. de Benedictis und Tajoli 2011; Krapohl und Fink 2013) stark europäisiert sind, ist es auch die Telefonie

---

[1](West-)Europa verfügt über ein sehr gut ausgebautes Luftverkehrs- und Bahnnetzwerk, dass im Vergleich zu Nordamerika und Ostasien viele Länder abdeckt, nicht nur wenige zentrale (Rodrigue et al. 2017).

Insgesamt ist sowohl bei der internen Geschlossenheit (Abb. 7.3, Panel A) als auch bei der externen Offenheit (Panel B) eine leichte Konvergenz über die vier Aktivitäten hinweg zu beobachten: Bei der internen Geschlossenheit verringerte sich die Spannweite von ca. 40–80 % auf ca. 60–80 %, hin zu einem verstärkten In-Europa-Verbleiben der transnational aktiven Europäer*innen. Bei der externen Offenheit verringerte sich die Spannweite ebenfalls, von ca. 20–80 % in den 1980er Jahren auf 20–60 % heute, hin zu einem stärker von innereuropäischer denn von außereuropäischer Verflechtung geprägtem Europa, auch wenn diese Einschätzung maßgeblich von der Studierendenmobilität geprägt ist. Beide Entwicklungen deuten im Gesamtbild – bei gegenläufigen Tendenzen bei *einzelnen* Aktivitätsformen – auf eine Europäisierung hin.

Eine relative Europäisierung lässt sich auch aus den Ergebnissen der eher „induktiven" Komponentenanalysen ableiten, für die wir die Austauschbeziehungen zwischen allen Länderpaaren weltweit berücksichtigt haben. Über die Jahrzehnte hat sich bei allen grenzüberschreitenden Aktivitäten ein europäisch dominiertes Unternetzwerk, eine von uns Europa-Plus getaufte Komponente, verstärkt oder etabliert. In den vorigen Kapiteln haben wir dieses Sich-Herauskristallisieren anhand von Weltkarten dargestellt und ausführlich beschrieben; für dieses Schlusskapitel haben wir einen *Regional Integration Index* (nachfolgend kurz: Integrationsindex) entwickelt, der uns über Stand und Entwicklung des makrosozialen Zusammenwachsens Europas im weltweiten Austauschgeschehen informiert (vgl. ausführlich Kap. 2). Der Integrationsindex hat zwei Bestandteile: den Grad der Konzentration (auf wie viele Komponenten verteilen sich die europäischen Länder?) und den Grad der Exklusivität (wie groß ist der Anteil der europäischen Länder in der für Europa wichtigsten Komponente?). Europa ist dann maximal integriert, wenn alle europäischen Länder einer einzigen Komponente angehören und dabei ganz unter sich sind.

Bezüglich der *Konzentration* ist das zentrale Ergebnis, dass sich die europäischen Länder zunehmend in *einer* Komponente gesammelt haben, was sich in einem steigenden Wert dieses Teilindex ausdrückt (Abb. 7.4, Panel A). Dies gilt, bei gewissen zwischenzeitlichen Schwankungen, für die Reisen, die Telefonie und die Studierendenmobilität. Bei der Migration gilt es zumindest bis 2010, anschließend wegen der Flüchtlings- und der Ukrainekrise nicht mehr. Für die *regionale Exklusivität* ist das zentrale Ergebnis, dass Europa-Plus über die Jahre tendenziell etwas stärker europäisch geprägt ist, wie der steigende Wert für diesen Teilindex anzeigt (Abb. 7.4, Panel B). Besonders deutlich ist diese Entwicklung bei der Migration, selbst in den letzten Jahren der starken Zuwanderung von außen, und beim Reisen. Europa-Plus enthält also anteilsmäßig immer mehr europäische Länder, als Faustregel derzeit rund 60 %. Diese Zahl, wiewohl

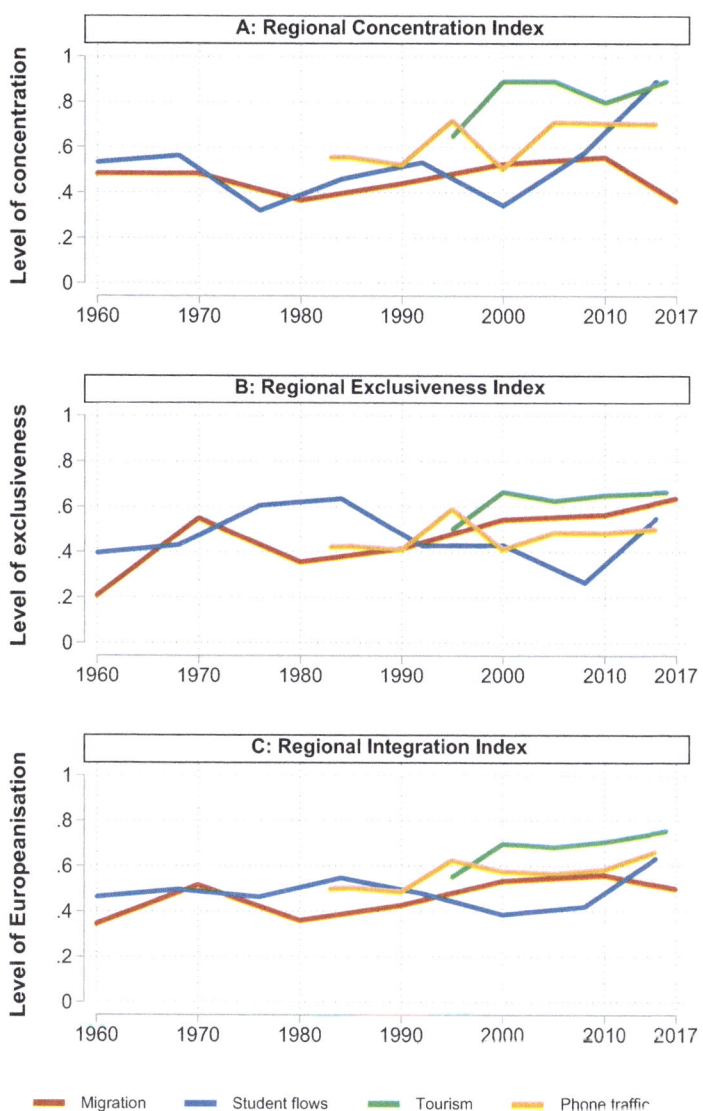

Abb. 7.4 Europäisierung in globaler Perspektive, 1960–2015.

Notiz: Eigene Darstellung, zu den Datenquellen s. Kap. 2. Die Berechnungen für die Migration basieren auf Weltbank-Daten, mit Ausnahme von 2017 (UN-Daten)

gestiegen, belegt, dass Europa weiterhin keine geschlossene „Festung Europa" darstellt, sondern mit vielen Ländern anderer Weltregionen eng verflochten ist.

Der *Integrationsindex* fasst nun diese beiden Gesichtspunkte, den Grad der Konzentration und der Exklusivität, zusammen. Die ansteigenden Indexwerte signalisieren das Zusammenwachsen Europas *als Verflechtungsregion*. (Abb. 7.4, Panel C). Langfristig betrachtet hat sich Europa bei allen Aktivitätsformen integriert. Zwar gab es bei Migration und Studierendenmobilität zwischenzeitlich auch Phasen der Desintegration (wir haben bereits gezeigt, dass diese beiden Aktivitätsnetzwerke eine beachtliche externe Offenheit kennzeichnet), doch immer liegt der heutige Wert des Integrationsindex über dem zu Beginn der jeweiligen Zeitreihe. Auch dieser Prüfstein spricht also für einen Prozess der Europäisierung. Europa ist heute eine klarer abgegrenzte weltregionale Komponente in den globalen Netzwerken transnationaler Mobilität und Kommunikation, als dies in den 1960ern bis 1980er Jahren der Fall war. Der Kontinent ist damit nicht nur politisch und wirtschaftlich zusammengewachsen, sondern auch sozial. Am wenigsten integriert stellt sich Europa derzeit bei der Migration dar, was an der jüngsten Häufung krisenbedingter Fluchtbewegungen liegt; wäre die (Migrations-)Welt weiter im „Normalbetrieb" gelaufen, läge der netzwerkbasierte Integrationsgrad Europas vermutlich höher. In diesem Zusammenhang sei daran erinnert, dass unser Verständnis von Integration ein rein empirisch-beschreibendes ist, kein normatives Statement. Ebenso wenig sagt die netzwerkanalytische Betrachtung etwas darüber aus, wie gut die Eingliederung Zugewanderter in die Aufnahmegesellschaften gelingt, wie sie in der Migrationssoziologie mit Begriffen wie Assimilation, Integration oder Inklusion thematisiert wird (z. B. Esser 2000; Amelina 2010; Hans 2016).

Welche sozialen Kräfte haben diese relative Europäisierung bewirkt? Auf den ersten Blick könnte man versucht sein, sie für selbstverständlich zu halten, einfach aufgrund von geografischer Nachbarschaft und kultureller Ähnlichkeit. Doch wir sprechen hier über einen Prozess, und einen Prozess kann man nicht durch (relativ) zeitinvariante Bedingungen erklären, wie es Geografie und kulturelle Prägungen nun einmal sind. Hierin kann also nicht der Schlüssel zur Erklärung liegen, warum sich Europa *stärker* integriert hat. Vielversprechender ist die Betrachtung der variablen Rahmenbedingungen, wobei es wiederum wenig plausibel wäre, jene in den Mittelpunkt zu stellen, die eine generelle Transnationalisierung befördern, wie etwa das wachsende Wohlstandsniveau oder die kognitive Mobilisierung der Bevölkerung. Wir müssen vielmehr bei jenen Veränderungen ansetzen, die geeignet sind, grenzüberschreitende Mobilität und Kommunikation speziell *innerhalb Europas* anzuregen. Dieses Kriterium erfüllen zuvorderst die rechtlich-institutionellen Rahmenbedingungen, also alle Maßnahmen, in denen Europa politisch-rechtlich immer umfassender als privilegierter Raum für transnationale Praktiken konstituiert worden ist: durch grundlegende Mobilitätsrechte (Personenfreizügigkeit, Unionsbürgerschaft), weitreichende institutionelle Vereinheitlichungen (Bologna) sowie kleinere Erleichterungen (Schengen, Euro) und „europafreundliche" Preisgestaltungen (z. B. bei der Telefonie). Diese zumindest EU-weiten institutionellen Rahmenbedingungen stellen plausibler Weise den wichtigsten Hebel für eine spezifisch europäische Vergesellschaftung dar. Ihre Lenkungswirkung ist dort besonders durchschlagend gewesen, wo es ohne grundlegende Mobilitätsrechte nicht oder nur schwer geht: bei der längerfristigen Personenmobilität in Form von Migration und Auslandsstudium. Doch auch hier ist es einleuchtend, dass die Auflösung des sozialistischen Blocks eine wichtige Vorbedingung dargestellt hat: Ohne sie würden die europäisierungsfördernden Regulative nur für die westliche Hälfte des Kontinents gelten. Mehr noch: Gerade weil im postsozialistischen Europa die „Rückkehr nach Europa" (Garton Ash und Badal 1990) von vielen geradezu herbeigesehnt wurde und auf eine große Mobilitätsbereitschaft traf (European Commission 2002, S. 290 ff.; Krieger und Maitre 2006; Barrell et al. 2007, S. 1), haben die EU-Mobilitätsrechte eine durchschlagende Wirkung entfaltet.

Gibt es alternative Erklärungen? Eine Möglichkeit wäre eine rein *emotional-identifikatorische Präferenzverschiebung*. Das soziale Zusammenwachsen Europas hätte sich dann deshalb ergeben, weil die Identifikation mit Europa stärker geworden wäre – und damit die Präferenz für europäische gegenüber anderen Destinationen als Urlaubs-, Lern-, Arbeits- und Lebensorte. Für eine solche massenhafte subjektive Präferenzverschiebung finden sich aber wenig empirische Anhaltspunkte. Zwar ist seit den 1970ern in den meisten EU-Ländern das Vertrauen in die Bevölkerungen anderer europäischer Länder gestiegen, aber das gilt offenbar auch für Bevölkerungen außerhalb Europas (Delhey 2004b). Ob die emotionale Bindung an Europa langfristig angestiegen ist, ist in der Forschung ebenfalls umstritten (pro Bruter 2005; contra Immerfall 2006, S. 100; Roose 2007; Risse 2010; Pötzschke und Braun 2019). Neueste Auswertungen zeigen jedenfalls, dass der Anteil derer, die sich „exklusiv" oder „stark" mit Europa identifizieren, seit den 1990er Jahren gesunken ist (Recchi 2019, S. 278). Vielleicht am wichtigsten: Die Selbstbeschreibung als Europäer*in, sofern vorhanden, scheint keine Abgrenzung nach außen zu bedeuten, denn die meisten sehen sich zugleich als Weltbürger*innen (Delhey et al. 2014; Cirlanaru 2015). Als Haupterklärung für das soziale Zusammenwachsen des Kontinents taugt die europäische Identität daher nicht.

Die Struktur der europäischen Vergesellschaftung: beharrliche Ungleichheit

Europa hat sich also vergesellschaftet. Im Folgenden zeigen wir, dass dieser Prozess europa-regional sehr ungleich von statten geht und mit einer ausgeprägten Zentrum-Peripherie-Struktur verbunden ist. Mit diesen *Verteilungs- und Strukturfragen* kehren wir zu einer ausschließlichen Betrachtung des innereuropäischen Geschehens zurück. Der erste Untersuchungsschwerpunkt war hier, ob sich an der ungleichen Verteilung der grenzüberschreitenden Aktivitäten auf die Länder etwas geändert hat. In den vorigen Kapiteln haben wir die Gini-Werte, mittels derer wir diese Verteilung quantifiziert haben, nur für den Anfangs- und Endzeitpunkt des jeweiligen Untersuchungsraums dargestellt, hier nun lückenlos für alle Jahre (Abb. 7.5). Die Werte liegen heute in einem Korridor zwischen etwa 0,4 bei der eingehenden wie ausgehenden Migration und 0,7 bei der eingehenden Studierendenmobilität und der ausgehenden Telefonie, was für eine weiterhin große regionale Ungleichverteilung der grenzüberschreitenden Aktivitäten spricht. Allerdings war diese Ungleichverteilung der Transnationalisierung auch schon höher, mit einem Gini-Korridor zwischen 0,5 (ausgehende Migration) und 0,9 (eingehende Studierende, hier allerdings mit Datenlücken und daher tendenziell überschätzt). Alles in allem hat sich die Ungleichverteilung über die Jahrzehnte etwas verringert, die Austauschnetzwerke haben sich ein Stück weit *dezentralisiert* – am eindeutigsten bei der Studierendenmobilität, insbesondere den Herkunftsländern (Abb. 7.5, Panel B). Wohin die jungen Europäer*innen allerdings zum Studium gehen, ist immer noch sehr ungleich verteilt (Panel A).

Wie ist die Größenordnung dieser Dezentralisierung einzuschätzen? Durch die zwei politischen Zäsuren von 1989 und 2004, den Zusammenbruch der sozialistischen Staatenwelt und die große EU-Osterweiterung, hat sich die Zahl der wechselseitig „erreichbaren" Länder quasi verdoppelt, und viele gesellschaftliche Indikatoren zeigen eine nachholende Modernisierung des östlichen Europa. Angesichts dessen ist die Fortdauer der Ungleichverteilung (Ausnahme Studierendenmobilität) bemerkenswert. Das Bild des Fahrstuhls drängt sich auf: Der grenzüberschreitende Austausch hat sich vervielfacht, die Asymmetrien sind – weitgehend – geblieben. Die Bilanz fällt noch ernüchternder aus, wenn man die im Lauf der Jahre verbesserte Datenqualität in Rechnung stellt. Da die Netzwerke mittlerweile vollständiger erhoben werden, können zusätzliche Verbindungen „auftauchen", die real vorher möglicherweise auch schon in ähnlichem Umfang existierten haben, jedoch durch keinen Datenpunkt repräsentiert wurden und

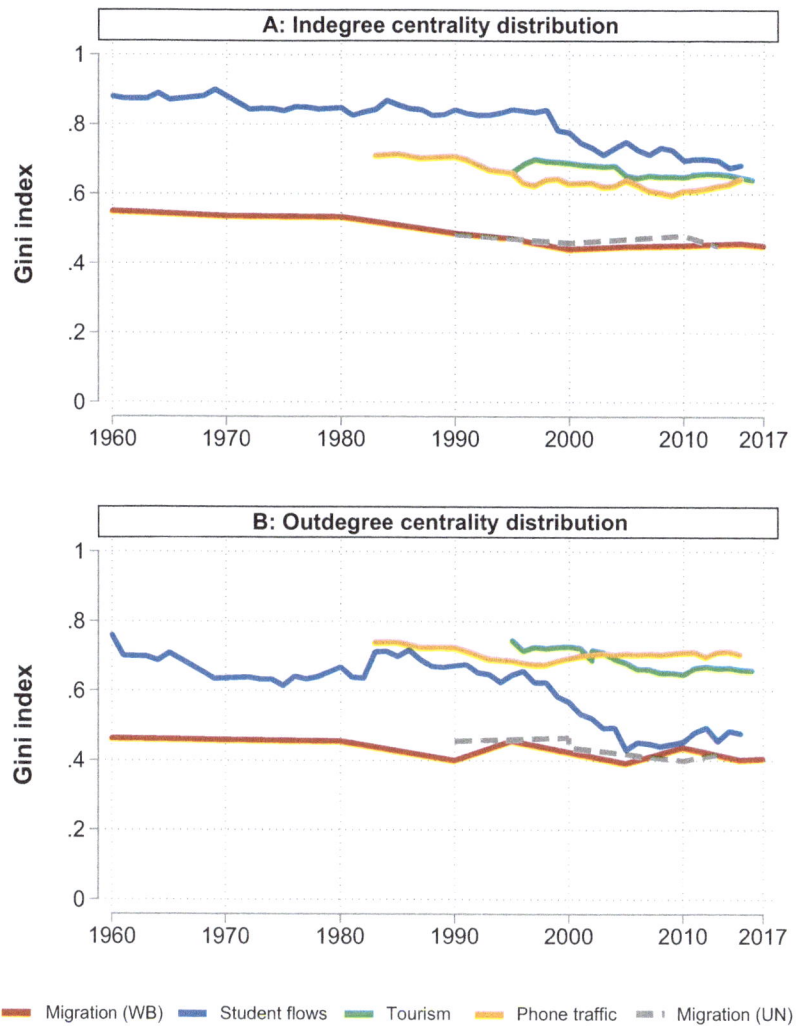

Abb. 7.5 Gini-Index von europäischen Aktivitäten im Vergleich, 1960–2017.

Notiz: Die Werte für die Eingangs- beziehungsweise Ausgangszentralität sind durch den jeweils höchsten Wert der dargestellten europäischen Länder geteilt und nach Größe sortiert. Ein Gini von 0 bedeutet absolute Gleichheit der Verteilung, ein Gini von 1 absolute Ungleichheit. Eigene Darstellung, zu den Datenquellen s. Kap. 2

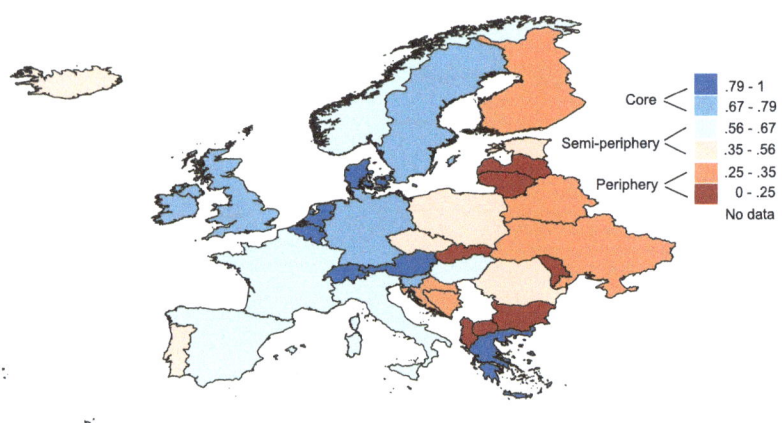

Abb. 7.6 Die Zentrum-Peripherie-Struktur des europäischen Netzwerks.

Notiz: Eigene Darstellung. Abgebildet ist die aktuelle (2015 für internationale Studierende und Telefonie, 2016 für Reisende und 2017 für Migration) Zentrum-Peripherie-Position der Länder in den vier Aktivitätsnetzwerken auf einem Index von 0 (absolut peripher) bis 1 (absolut zentral). Zur Bildung des Index s. Kap. 2, zur Einteilung in Zentrum, Semiperipherie und Peripherie s. die Legende

daher auch nicht in die Analyse einbezogen werden konnten (s. Kap. 2). Ein Teil der Dezentralisierung könnte also auch auf die verbesserte Datenlage zurückzuführen sein. Nur bei den internationalen Studierenden haben wir eine über den Fahrstuhleffekt hinausgehende spürbare Angleichung des Mobilitätsverhaltens.

In den Begriffen territorialer Disparitäten gesprochen (vgl. Seers et al. 1979; Rokkan et al. 1987) finden wir in den Aktivitätsnetzwerken ein ausgeprägtes *Zentrum-Peripherie-Muster* (vgl. dazu in Kap. 2 sowie in den jeweiligen Kapiteln die genaue Definition von Zentrum und Peripherie bei Migration und Studierenden einerseits und bei Reisen und Telefonie andererseits). Zur Illustration haben wir mit den jeweils aktuellsten Daten einen Zentralitätsindex aufsummiert, der die durchschnittliche Position der Länder in den vier Aktivitätsnetzwerken abbildet (Abb. 7.6). Der besseren Übersichtlichkeit wegen haben wir anhand dieses Index Zentrum, Semiperipherie und Peripherie als mathematisch äquidistante Gruppen gebildet. Auf den ersten Blick sieht man die weitgehende Trennung von West und Ost beziehungsweise von „alten" und „neuen" EU-Mitgliedstaaten.

Zum *Zentrum* des Netzwerks (insgesamt 14 Länder) gehören fast ausschließlich EU-15- beziehungsweise EWR-Länder, als einziges vormals sozialistisches Land schafft es Slowenien ins Zentrum. Besonders zentral positioniert sind Österreich, die Schweiz und Belgien, dicht gefolgt von den Niederlanden und Dänemark – ein Kreis kleinerer wohlhabender Länder, der um Deutschland als großen „Exporteur" insbesondere von Studierenden, Reisenden und Telefonie herum gruppiert ist. Aber auch Griechenland ist ein Zentrumsland, das einen *regional hub* vor allem für die Bevölkerung des Balkans darstellt. Weiterhin zählen unter anderem Deutschland, Großbritannien und Schweden zum Zentrum. Die *Semiperipherie* (11 Länder) setzt sich aus Ländern aus allen Großregionen Europas zusammen, dem Norden (z. B. Norwegen), Süden (z. B. Italien), Südosten (z. B. Zypern) und Ostmitteleuropa (z. B. Ungarn). In dieser Zwischenlage mischen sich also der – alte – politische Westen und Osten des Kontinents. Die *Netzwerkperipherie* (12 Länder) schließlich wird mit Ausnahme Finnlands exklusiv von ehemals sozialistischen Ländern gebildet, von denen manche EU-Mitgliedstaaten sind, andere nicht. Am periphersten sind Litauen und Lettland sowie Moldawien und Bulgarien eingebunden.

Wie lässt sich diese europäische Zentrum-Peripherie-Struktur erklären? Die Geografie spielt eine gewisse Rolle, denn eine Randlage begünstigt die Randständigkeit im Aktivitätsnetzwerk, wie man beispielhaft an Portugal, Island oder Finnland sieht. Auch der wirtschaftliche Wohlstand ist ein Faktor: Wo sich die Wirtschaftskraft bündelt, gehen auch mehr Menschen und Informationen ein. Die reichen Länder ziehen mehr Migration, internationale Studierende, Reisen und bis vor kurzem auch Telefonie an (Abb. 7.7, Panel A), und von ihnen gehen weniger Migration, aber mehr Reisen und mehr Telefonie aus (Abb. 7.7, Panel B). Die Position der Länder im Gesamtnetzwerk wie in den untersuchten Einzelnetzwerken hängt jeweils deutlich mit deren Wohlstandsposition (gemessen am pro-Kopf-BIP) zusammen. Die wirtschaftliche Hierarchie Europas, so lässt sich folgern, prägt nach wie vor in weiten Teilen die Hierarchie der Transnationalisierung.

Wie sich diese Prägung über die Zeit entwickelt hat, ist aber sehr unterschiedlich, vor allem seit 2010 (s. Abb. 7.7, Panel C). Beim Tourismus und bei der Telefonie hat die Wohlstandshierarchie das Netzwerk lange mit großer Kraft geprägt, in den letzten Jahren aber mit nachlassender, gerade bei der Telefonie: Zwar konzentriert sich der grenzüberschreitende Telefonverkehr, insbesondere der ausgehende, noch immer in den wohlhabenden Ländern, allerdings weniger stark als noch vor einem Jahrzehnt. Der Hauptgrund ist vermutlich der technologische Aufholprozess: Weil es bei der Verbreitung der Kommunikationsgeräte in Europa keine gravierenden Unterschiede mehr zwischen den reicheren

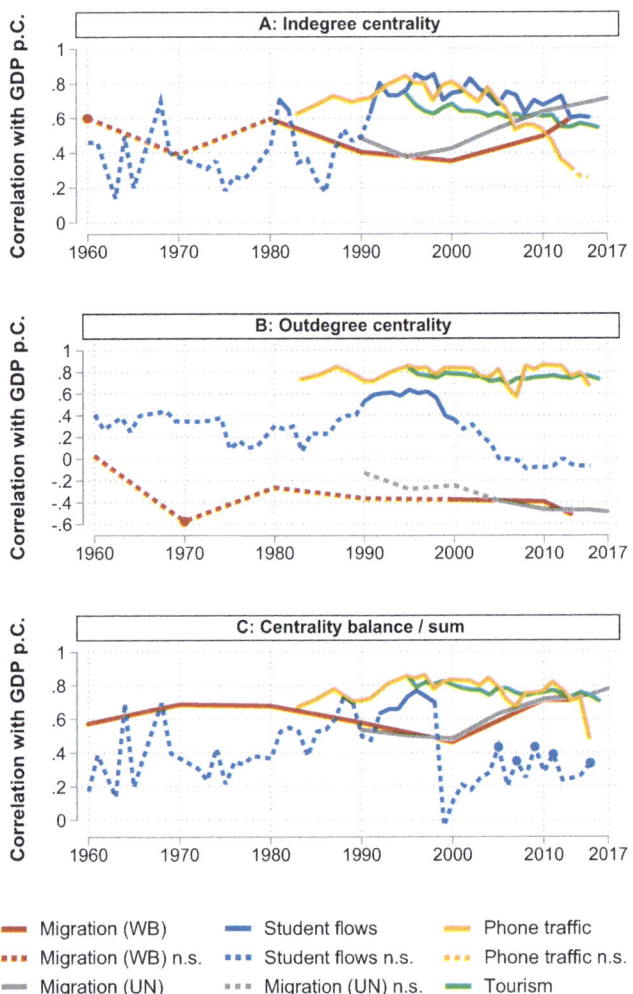

Abb. 7.7 Zusammenhang zwischen den Netzwerk-Zentralitäten der Länder und ihrer Wirtschaftskraft.

Notiz: Spearmans Rangkorrelationen; gestrichelte Linien: nicht signifikant, durchgezogene Linien: signifikant auf dem 95-%-Niveau. Länder, die in einem bestimmten Jahr keine Werte für mindestens eine der beiden korrelierten Variablen haben, wurden in die Analysen nicht einbezogen. Das N der Analysen variiert daher relativ stark zwischen 9 und 37 (für die signifikanten Ergebnisse). Die roten Punkte verweisen auf signifikante Zusammenhänge bei der Migration in einem Jahr in einer Reihe nicht-signifikanter Jahre, die blauen Punkte markieren das Gleiche bei den Studierenden. Eigene Darstellung, zu den Datenquellen s. Kap. 2

und ärmeren Ländern gibt, konzentriert sich die eingehende Telefonie, wie die Telefonie insgesamt, erwartungsgemäß weniger stark auf die wohlhabenden Länder (Deökonomisierung). Die Hierarchie des Studierendennetzwerks hat sich bis ca. Mitte der 1990er Jahre erst ökonomisiert, dann mit dem Fall des Eisernen Vorhangs radikal deökonomisiert; das Auslandsstudium ist kein Privileg des wohlhabenden Westens mehr. Konsequenterweise hatten wir bei der Studierendenmobilität auch die stärkste Dezentralisierung des Netzwerks gemessen (s. oben).

Die innereuropäische Migration schließlich stellt insofern eine Ausnahme dar, als sich hier die Prägung durch die wirtschaftliche Zentrum-Peripherie-Struktur Europas eher *erhöht* hat. Wir lesen dies als ein Dominant-Werden einer ökonomisch-wettbewerblichen Logik: Die Menschen zieht es – seit der Osterweiterung noch eindeutiger – vermehrt von der ökonomischen Peripherie ins Zentrum, wo die Erwerbs- und Einkommenschancen besser sind. Auch wenn letztlich nicht einfach zu bestimmen ist, welche Auswirkungen Aus- und Einwanderung haben: Die wirtschaftlichen Wachstumschancen wie die generelle Zukunftsfähigkeit von Regionen und Ländern hängen *auch* von der demografischen Entwicklung und der Verfügbarkeit von Fachkräften ab. Durch ihre „eingebaute" Ungleichheit führt die fortschreitende Vergesellschaftung Europas vermutlich dazu, die wirtschaftliche Zentrum-Peripherie-Struktur des Kontinents zu festigen.

Ein Netzwerk oder viele? Zur strukturellen Ähnlichkeit der Austauschnetzwerke

Abschließend widmen wir uns der vierten Leitfrage: Wie sehr ähneln sich die untersuchten Netzwerke strukturell? Ist die Verschiedenheit ihrer Gestalt zu betonen oder doch die Ähnlichkeit? Die Antwort auf diese Frage bestimmt letztlich, ob man von Netzwerken im Plural reden sollte oder von einem *Netzwerk Europa* im Singular, wie es ja auch der Buchtitel tut. Unser Hilfsmittel sind Korrelationsanalysen. Abb. 7.8 stellt für vier annähernd äquidistante Zeitpunkte, 1960, 1980, 1995 und 2015, sogenannte QAP-Korrelationen (erläutert in Kap. 2) zwischen den vier innereuropäischen Mobilitäts- und Kommunikationsnetzwerken sowie dem Handelsnetzwerk dar. Wie ähnlich die Netzwerke geknüpft sind, signalisieren die Korrelationskoeffizienten, die theoretisch zwischen -1 und + 1 liegen können. In der Abbildung sind die Koeffizienten numerisch und grafisch dargestellt, je höher die Zahl und je größer und dunkler die Kacheln, desto stärker der Zusammenhang.

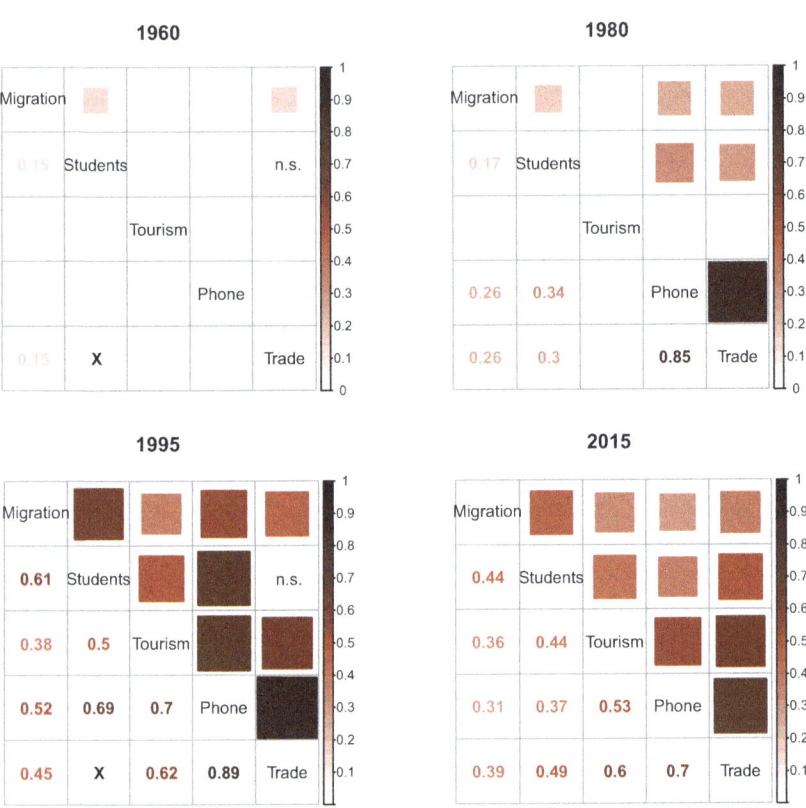

Abb. 7.8 QAP-Korrelationen zwischen den europäischen Austauschnetzwerken.

Notiz: Eigene Darstellung. Die Korrelationen für 1960 wurden mit den Handelsdaten von 1962, den frühesten verfügbaren Daten, berechnet. Die Korrelationen für 1980 wurden mit den Telefoniedaten von 1983, ebenfalls die frühesten verfügbaren Daten, berechnet. Für die Jahre 1960 und 1980 stammen die Migrationsdaten von der Weltbank, für 1995 und 2015 von den Vereinten Nationen. Weitere Datenquellen s. Kap. 2. Fehlende Werte wurden aus den Berechnungen ausgeschlossen

Im Jahr 1960 ist die Datenlage noch dünn. Die darstellbaren inner-europäischen Netzwerke ähneln sich kaum, sie sind entweder gar nicht (Studierende und Handel) oder nur sehr schwach positiv (Migration und Studierende; Migration und Handel) korreliert, entsprechend klein und blass sind in der Abbildung die Kacheln. Zwanzig Jahre später hat sich die Ähnlichkeit der

Netzwerke etwas erhöht, aber die Korrelationen sind immer noch recht schwach, ausgenommen die zwischen Handel und Telefonie (QAP-Korrelationskoeffizient von 0,85). Beide Netzwerke wurden seinerzeit von wenigen westeuropäischen Ländern dominiert und waren daher fast deckungsgleich (vgl. auch Louch et al. 1999, S. 84). Bei unserem nächsten Stopp im Jahr 1995 sind sich nun fast alle Austauschnetzwerke in ihrer Gestalt deutlich ähnlicher geworden, wie man an den steigenden Korrelationskoeffizienten und den dunkleren und größeren Kacheln ablesen kann. Würde man die Netzwerkkarten übereinanderlegen, sähe man eine große Entsprechung. Die Koeffizienten für die vier in diesem Buch hauptsächlich untersuchten transnationalen Aktivitäten liegen 1995 zwischen 0,38 (Migration und Tourismus) und 0,7 (Tourismus und Telefonie), die Ähnlichkeit ist also mittelstark bis stark. Die Aktivitätsnetzwerke haben auch eine ähnliche Gestalt wie der intrakontinentale Handel, allen voran Telefonie (nun mit einem QAP-Korrelationskoeffizienten von 0,89) und Tourismus (0,7). Im Jahr 2015 hat sich die strukturelle Ähnlichkeit zwischen den Netzwerken wieder etwas ver-ringert. Entsprechend sind die farbigen Kacheln wieder etwas heller geworden. Die Ähnlichkeit ist aber immer noch überwiegend mittelstark und positiv. Für die Telefonie sind, verglichen mit 1995, alle Korrelationen markant geschrumpft, was mit den bereits erwähnten neuen Möglichkeiten digitaler Telefonie zu tun haben könnte, welche die hier verwendeten Telefoniedaten nicht abbilden (s. dazu auch Kap. 2 und 6). Die Zusammenhänge zwischen den übrigen transnationalen Aktivitätsformen sowie dem Handel haben sich nur wenig abgeschwächt.

Die Resultate sprechen also für ein inzwischen *hinreichend ähnliches Grund-muster*, um wie im Titel dieses Buches vom *Netzwerk Europa* in der Einzahl zu sprechen. Verschiedene Phänomene der Transnationalisierung bilden eine ähn-liche relationale Struktur zwischen den Ländern, sodass sich eine generalisierbare Sozialstruktur Europas herausgebildet hat. Zugleich ist dieses Grundmuster aber nur ähnlich und nicht identisch, was wiederum den vergleichenden Ansatz dieses Buches rechtfertigt.

Zusammenfassung

Als zentrale Ergebnisse unserer Untersuchung halten wir fest:

- Das Netzwerk Europa ist über die Jahrzehnte kontinuierlich dichter geworden, mehr Menschen und Informationen bewegen sich über die Ländergrenzen des Kontinents hinweg (absolute Europäisierung).

- Europa formt durch die grenzüberschreitenden Aktivitäten der Bevölkerung heute eine klarer erkennbare Komponente im globalen Mobilitäts- und Kommunikationsgeschehen als früher, freilich ohne von der „Außenwelt" vollständig abgeschottet zu sein (relative Europäisierung).
- Das Netzwerk Europa ist nach wie vor ein ungleiches, in dem die Positionen von Zentrum und Peripherie geografisch recht klar verteilt und insgesamt eng an die wirtschaftliche Hierarchie Europas gekoppelt sind.

Mit diesen Ergebnissen fügen wir der Europasoziologie wichtige Erkenntnisse hinzu. Mit Blick auf die absolute Europäisierung sind wir nun in der Lage, die Entwicklung und die Steigerungsraten der grenzüberschreitenden Aktivitäten *für ganz Europa* genau zu beziffern und historisch zu verorten – und nicht nur eine generelle Zunahme zu postulieren (Favell und Recchi 2019). Diese Bezifferung ist unter anderem relevant für die Kontroverse, inwieweit „Europa" eigentlich ein reines Elitenprojekt ist, dem es an einer sozialen Basis mangelt (so z. B. Haller 2009). Auch wenn wir in unseren Daten Eliten und Normalbevölkerung nicht trennen können: Der starke Anstieg der sozialen Transnationalisierung lässt sich nur dadurch erklären, dass die breite Bevölkerung zumindest bis weit in die Mittelschichten hinein ihren Aktionsradius über die nationalen Grenzen hinaus ausgedehnt hat. Die Eliten allein können gar nicht so viel unterwegs sein und miteinander kommunizieren, um dieses dicht geknüpfte Netzwerk Europa entstehen zu lassen. Empirische Studien zeigen, dass die Inhaber*innen von Spitzenpositionen keineswegs so transnational aktiv sind, wie die Rede von den „globalen Eliten" suggeriert (Hartmann 2015; Schneickert 2015, 2018). Insofern trägt Europa *soziologisch* betrachtet doch eher Merkmale eines Massenprojekts als eines reinen Elitenprojekts, auch wenn es einen erkennbaren sozialen Gradienten der Transnationalisierung gibt, den wir auch im nächsten Unterkapitel (Kap. 7.2) diskutieren.

Mit Blick auf die Unterscheidung von europäischer und globaler Vergesellschaftung ist der Kontinent eindeutig zusammengewachsen. Reichweite und Ausrichtung der grenzüberschreitenden Aktivitäten der Bevölkerung haben eine (relative) Europäisierung bewirkt, nicht eine allgemeine Transnationalisierung, die die Konturen Europas verwischen würde und den Kontinent in einer globalen Netzwerkgesellschaft hätte aufgehen lassen. Was bislang vor allem für gesellschaftliche Funktionssysteme wie die Wirtschaft (vgl. Kim und Shin 2002; de Benedictis und Tajoli 2011; Krapohl und Fink 2013) oder die Wissenschaft (Gerhards und Rössel 1999) nachgewiesen wurde, ist nun auch für die Bevölkerung insgesamt belegt: die Herausbildung oder zumindest Konturierung Europas als Verdichtungsraum grenzüberschreitender Aktivitäten, als eigenständiges Netzwerk. Hier konnten wir die Vorteile der Netzwerkanalyse von

Prozessdaten voll ausspielen. Dieses Ergebnis findet eine interessante Parallele darin, dass laut anderen Studien Europa beziehungsweise andere europäische Länder für die Menschen auf dem Kontinent einen immer wichtigeren Referenzrahmen für die Bewertung der eigenen Lebensverhältnisse darstellen (Lahusen 2019; als Pionierstudie: Delhey und Kohler 2005; skeptischer: Recchi 2019). Das soziale Zusammenwachsen Europas vollzieht sich offenbar nicht nur im Denken der Menschen („thinking Europe"), sondern auch in ihrem Handeln (das „doing Europe", das wir in aggregierter Form untersucht haben).

Mit Blick auf die verursachenden Kräfte sprechen unsere Ergebnisse für eine *vergesellschaftende Wirkung* des politischen Projekts Europa. Zum einen durch die supranationalen institutionellen Erleichterungen für Transnationalisierung speziell innerhalb Europas, allen voran die EU-Mobilitätsrechte; zum anderen durch die EU-Erweiterungen, die die Geltung dieser Rechte territorial immer weiter ausgedehnt haben. Diese vergesellschaftende Wirkung, so glauben wir, hat die Soziologie bislang unterschätzt, und zwar aus verschiedenen Gründen: weil die Langfristperspektive gefehlt hat, weil vorrangig die soziale Transnationalisierung von Individuen im Ländervergleich untersucht wurde (aber nicht die Verbindungen zwischen den Ländern) und weil die europäischen Länder zu selten im Kontext der weltweiten Mobilitäts- und Kommunikationsströme betrachtet wurden. Eine historisch informierte makrosoziologische Netzwerkanalyse, wie mit diesem Buch vorgelegt, ist besser geeignet, die sozial-formative Wirkung aufzudecken, die vom politischen Einigungsprozess ausgeht. Natürlich bleibt es dabei, dass politische und soziale Integration substanziell verschieden sind (vgl. auch Delhey 2005; Favell und Recchi 2019); da die rechtlich-institutionellen Regelungen, wie wir argumentiert haben, aber den Handlungsrahmen für soziales (und auch wirtschaftliches) Handeln bilden, geht von ihnen eine gewisse formative Wirkung aus, und damit vom politischen Europa.

Mit Blick auf soziale Ungleichheiten können wir belegen, dass das Netzwerk Europa eine „eingebaute" und weitgehend persistente Ungleichheit aufweist, die eng an die wirtschaftlichen Unterschiede im europäischen Sozialraum gekoppelt ist. Die Rollen von Zentrum, Semiperipherie und Peripherie im Netzwerk Europa sind geografisch nach einem West Ost- und, etwas schwächer, nach einem Nord-Süd-Gradienten verteilt. Diese Zentrum-Peripherie-Struktur wird zu einem Gutteil durch das wirtschaftliche Gefälle geprägt, bei der Migration sogar in wachsendem Maße. Dies verweist auf ein Paradox in den Zielsetzungen der EU, die sich sowohl mehr Arbeitskräftemobilität als auch wirtschaftliche Konvergenz auf die Fahnen geschrieben hat (vgl. auch Haller 2014). Die Homologie zwischen der Ungleichheit des Wohlstands und des Verflechtungsgeschehens haben wir nun systematisch nachgewiesen. Damit ergänzen wir die bislang dominante Ungleichheitsperspektive der sozialen Transnationalisierungsforschung mit ihrem Fokus auf individuelle soziale Gradienten nach Bildung, Einkommen und Klassenlage (z. B. Salamońska und Recchi 2019) um die territoriale Dimension. Es ist nicht zuletzt diese Dimension, die uns in der abschließenden Diskussion beschäftigen wird.

Gestartet waren wir im Einleitungskapitel mit der Diagnose, dass es zwar keine europäische Gesellschaft gibt, aber Vergesellschaftung. Bedeuten unsere Befunde nun, dass sich der Kontinent *auf dem Weg* zu einer europäischen Gesellschaft befindet? Unsere Ergebnisse legen den Schluss nahe, dass Europa auf diesem Weg ein Stück vorangekommen ist. Damit fällt unsere Einschätzung anders aus als die von Recchi (2019, S. 280), der auf Grundlage des EUCROSS-Projekts ernüchtert von einem „three-quarters empty glass" spricht. Dieses Projekt ist aber erstens methodisch anders gestrickt als unseres und damit weniger geeignet, das soziale Zusammenwachsen Europas zu registrieren; zweitens sind die Austauschbeziehungen zwischen den Europäer*innen bei Recchi kein Kriterium einer europäischen Gesellschaft, sondern nur externe Grenzbildung, ökonomische Konvergenz, die Ähnlichkeit sozialer Praktiken und eine europäische Identität. Aus der Perspektive der relationalen Soziologie und insbesondere eines simmelschen Gesellschaftsbegriffs, der Gesellschaft über Wechselwirkungen definiert, ist das Kriterium der Austauschdichte aber wichtig. Ob sich damit auch andere Elemente einer europäischen Gesellschaft herausgebildet haben, bedarf freilich der eingehenden empirischen Analyse – ebenso wie es einer Erörterung bedarf, wie harmonisch oder konfliktbehaftet sich die europäische Vergesellschaftung vollzogen hat.

7.2   Erfolgsgeschichte oder Pyrrhus-Sieg?

Wir haben in diesem Buch das Geschehen in Europa mit nüchternem Blick untersucht, ohne der kosmopolitischen Versuchung zu erliegen, in Transnationalisierung etwas grundsätzlich Positives und „Fortschrittliches" zu sehen. Abschließend wollen wir nun erörtern, welche möglichen *Folgen* das Engerwerden des Netzwerks Europas sowie dessen strukturelle Ungleichheit hatten oder noch haben könnten. Ist die transnationale Vergesellschaftung eine „Erfolgsgeschichte", weil der Kontinent der vielzitierten Vision einer „immer engeren Union der Völker" nähergekommen ist? Oder hat sie doch so gravierende soziale Verwerfungen und Konflikte hervorgerufen, dass kein geeigneter europäischer „Konfliktrahmen" (Fehmel 2019) gefunden werden konnte, um sie zu bearbeiten? Trifft letzteres zu, könnte das soziale Zusammenwachsen des Kontinents ironischerweise mitverantwortlich sein für den grassierenden nationalistischen Populismus (vgl. Mudde 2004; Mudde und Rovira Kaltwasser 2017), der die Zukunftsaussichten der europäischen Staatengemeinschaft verdunkelt hat – und damit auch die einer weiteren Europäisierung. Die Gretchenfrage lautet daher: Gleicht die europäische Vergesellschaftung einem Pyrrhussieg?

Georg Simmel, dem großen Essayisten der aufkommenden Moderne, haben wir die Einsicht zu verdanken, dass Prozesse der Vergesellschaftung je nach Motivation der Beteiligten und sozialer Konstellation in Wechselwirkungen von unterschiedlicher Valenz bestehen. Er schrieb:

> „Gesellschaft existiert da, wo mehrere Individuen in Wechselwirkung treten. Diese Wechselwirkungen entstehen immer aus bestimmten Trieben heraus oder um bestimmter Zwecke willen. Erotische, religiöse oder bloß gesellige Triebe, Zwecke der Verteidigung wie des Angriffs, des Spiels wie des Erwerbes, der Hilfeleistung wie der Belehrung und unzählige andere bewirken, dass der Mensch in ein Zusammensein, ein Füreinander-, Miteinander-, Gegeneinander-Handeln [...] tritt, d. h. Wirkungen auf [andere] ausübt und Wirkungen von ihnen empfängt. Diese Wechselwirkungen bedeuten, dass aus den individuellen Trägern jener veranlassenden Triebe und Zwecke eine Einheit, eben eine Gesellschaft wird." (1908a, S. 17 f.)

Ebenso verhält es sich mit den Myriaden von Wirkungen, die als Folge grenzüberschreitender Aktivitäten in Europa entstehen; auch sie können in ein Für- und Miteinander der Menschen ebenso münden – gemündet haben – wie in ein Gegeneinander. Beide Richtungen wollen wir im Folgenden genauer erkunden. Wir beginnen mit letzterem, dem Gegeneinander, wobei wir mit Simmel argumentieren, dass das bloße Auftreten transnationaler Konflikte noch kein Indikator für eine „fehlgeschlagene" europäische Vergesellschaftung ist; erst Konflikte, die sich nicht institutionell einhegen und damit bearbeiten lassen (vgl. Dahrendorf 1972), deuten auf einen Pyrrhus-Sieg hin.

Gegeneinander: Konflikte und Verwerfungen

Je nach Aktivitätsform manifestiert sich das Gegeneinander, das aus der horizontalen Europäisierung erwachsen ist, in unterschiedlicher Brisanz, Organisationsform und europapolitischer Tragweite.

Telefonie. Weitgehend unproblematisch erscheint in diesem Kontext die grenzüberschreitende *Telefonie.* Die zunehmende kommunikative Dichte in Europa
an sich hat nicht zu einem Mehr an kollektiven Konflikten geführt, zumal sich
die ohnehin geringe öffentliche Sichtbarkeit transnationaler Telefonie durch
die zunehmende Nutzung von VoIP und Handyflatrates (über Smartphones und
Messenger-Dienste via WhatsApp und Skype) weiter verringert. Zwar gibt es in
allen größeren Städten Callshops, die überwiegend von Migrant*innen genutzt
werden. In einem solchen Callshop in Kassel wurde 2006 der in Deutschland geborene, türkischstämmige Besitzer Halit Yozgat durch die rechtsextreme
Terrorgruppe NSU (Nationalsozialistischer Untergrund) ermordet. Jedoch hat
diese Tat mehr mit Rassismus zu tun als mit der Telefonie selbst.

Auf der inhaltlichen Ebene der Mitteilung wird mit Kommunikation natürlich auch Streit und Unstimmigkeit ausgedrückt. Mit dem massiven Anstieg der
grenzüberschreitenden Gespräche hat sich sicherlich auch die Menge der negativ
konnotierten Mitteilungen proportional erhöht. Dies sollte aber ebenso für positiv
konnotierte Mitteilungen gelten, von Liebesbekundungen über Glückwünsche
zum Schulabschluss bis hin zu Genesungswünschen. Es scheint uns daher sinnvoll, dem Kommunikationsnetzwerk vereinendes *und* trennendes Potenzial zuzu-
schreiben – unabhängig von seinem Wachstum und seiner aktuellen Dichte:

> „The network is at once universal and parochial. It affords people great intimacy
> and yet can make a virtue out of their separateness. It is able to unify and to divide;
> to open new markets even as it razes old ones; to knit together a diaspora across
> the world while factionalizing a tightly knit community elsewhere. It is at once
> specialized and non-discriminatory; public and private; empowering politicians and
> pornographers, international conservation groups and local mining companies. It
> respects neither geography nor sovereignty and thus provides a common vehicle for
> both the centripetal (economic) and centrifugal (social and political) impulses of the
> day" (Staple 1993, S. 50).

Etwaige Streitigkeiten wie Zuneigungsbekundungen verbleiben in der Regel bei
den an der Kommunikation unmittelbar beteiligten Akteuren; den kommunikativen
Wechselwirkungen fehlt die kollektive Organisation ebenso wie die europäische,
geschweige denn europapolitische, Dimension – auch aufgrund einer fehlenden
gemeinsamen Sprache.

Tourismus. Mehr gesamtgesellschaftliche Brisanz steckt im Reisen. Um mit
dem Positiven zu beginnen: Der Tourismus füllt die Kassen und ist daher meist
willkommen. So formuliert Krăstev nicht ohne eine Portion Sarkasmus: „Der

Tourist ist der gute Ausländer. Er kommt, gibt Geld aus, lächelt, bewundert und geht wieder. Er gibt uns das Gefühl, mit der weiteren Welt verbunden zu sein, ohne dass er uns deren Probleme aufzwänge" (Krăstev 2017, S. 24). Gleichwohl kann der Tourismus zum Problem werden. Zeitungsberichte über die Auswüchse eines exzessiven Party- und „Sauftourismus", beispielsweise von deutschen Urlauber*innen auf Mallorca oder englischen in Amsterdam, sind Legion (und letztere in diversen Irvine-Welsh-Romanen literarisch verarbeitet). In jüngster Zeit allerdings hat der Unmut eine neue Qualität angenommen, weil er nicht mehr auf das ungebührliche Verhalten eines als problematisch empfundenen sozialen Milieus bezogen ist, sondern auf den Ansturm der Reisenden generell – „overtourism" ist das neue Schlagwort (Milano et al. 2019; Perkumienė und Pranskūnienė 2019). So kann Dubrovnik, Drehort der weltweit erfolgreichen Fernsehserie „Game of Thrones", im Sommer der Besuchermassen kaum mehr Herr werden (vgl. Foster 2017). Vor allem in den südeuropäischen Großstädten und Feriengebieten, aber auch in anderen europäischen Metropolen wächst der Verdruss über eine übermäßige Touristifizierung und deren Folgen: Kollaps der öffentlichen Infrastruktur, Investitionsboom bei Hotels und Ferienapartments (nicht aber beim normalen Wohnungsbau), in die Höhe schießende Immobilien-preise. „Dank" der neuen Plattformökonomie ist es leichter denn je, Wohnungen als Ferienapartments zu vermieten, was bezahlbaren Wohnraum weiter verknappt und die Mieten verteuert (z. B. Blanco-Romero et al. 2018; Joppe 2019, S. 254).

Vielerorts hat sich Widerstand formiert. In Palma de Mallorca sind seit einigen Jahren Plakate wie „Tourism kills the city", „Stop Airbnb" oder „Palma no se vende" ebenso zu lesen wie unmissverständliche Aufforderungen an die Gäste: „Tourist go home!". Mitglieder der Bürgerinitiative „Ciutat per qui l'habita" sperrten in Palma symbolisch das Tourismusministerium, um ihren Forderungen Nachdruck zu verleihen (vgl. Greife 2017; Geißler 2018). Ähnliche Aktions-bündnisse gibt es in Lissabon, Barcelona, Venedig, Dubrovnik und Athen (zu ver-schiedenen Formen des Anti-Tourismus s. Clancy 2020). Es ist sicher kein Zufall, dass diese Protestbewegung in Südeuropa entstanden ist, wo die Eurokrise zu den tiefsten wirtschaftlichen Einschnitten geführt hat (Heidenreich 2014; Bach 2019) – und dem Gefühl des Ausverkaufs. Nicht immer freilich sind die Proteste so radikal wie in Barcelona, wo Angehörige der linken Jugendorganisation „Arran" Reisebusse angegriffen und Leihfahrräder beschädigt haben (Rappold 2017).

Analytisch ist bedeutsam, dass sich die Protestbewegung nicht gegen den innereuropäischen Tourismus im Besonderen richtet, sondern den Massentouris-mus im Allgemeinen, zu dem nicht zuletzt auch die eigenen Landsleute bei-tragen. Der Protest ist lokal organisiert, nicht europäisch, und dadurch in seiner Schlagkraft begrenzt. Dass Beschwerden nicht an Brüssel adressiert werden, rührt sicher auch daher, dass die EU nicht der Hauptgrund für den Overtourism ist – ihn in mancherlei Hinsicht aber natürlich verstärkt hat, zum Beispiel durch die Liberalisierung des Luftverkehrs oder durch Schengen. Gleichwohl erscheint eine Bearbeitung auf supranationaler Ebene schwierig und derzeit wenig realistisch. Die programmatischen Verlautbarungen, die in der europäischen „Agenda for a sustainable and competitive European tourism" (COM/2007/0621 final) der „EC sustainable tourism initiative" formuliert wurden, scheinen das Spannungsverhältnis zwischen Massentourismus und lokaler Nachhaltigkeit jedenfalls eher zu verharmlosen als klar zu benennen. Auf dieser Grundlage sind tief greifende Konfliktregelungen schwer vorstellbar; etwa, dass der EuGH den einzelnen EU-Ländern feste Reisekontingente für jedes Urlaubsziel zuweist, die nicht überschritten werden dürfen. Schließlich stehen den negativen Begleiterscheinungen des Booms die enormen Umsätze und Gewinne gegenüber, die die Top-Destinationen erwirtschaften. Gerade in den Mittelmeerländern ist die Tourismusbranche eine der Stützen der Wirtschaft, weltweit hängt jeder zehnte Arbeitsplatz am Tourismus (WTTC 2019). Insofern überlagern sich hier die Interessen von Befürworter*innen und Gegner*innen – und oft genug sitzen erstere am längeren Hebel (vgl. Joppe 2019, S. 256 f.).

Studierendenmobilität. Die *internationale Studierendenmobilität* erscheint auf den ersten Blick weniger konfliktträchtig als der Tourismus, auch weil sie kein Massenphänomen ist und im gesellschaftlichen Alltag weniger sichtbar. Konflikte können sich zum Beispiel an der Praxis mancher Hochschulen entzünden, aus Profitinteresse ausländische Studierende inländischen vorzuziehen, wie dies zum Teil in Großbritannien der Fall ist (kritisch dazu: de Vita und Case 2003). Dies stellt vor allem dort ein Problem dar, wo die begehrtesten Universitäten privatwirtschaftlich geführt werden und damit gewinnorientiert arbeiten. Weil hier allerdings die Zulassungspraxis nationaler Hochschulen in der Kritik steht, ist auch die Konfliktbearbeitung vorrangig eine nationalstaatliche.

Aus europäischer Perspektive sind die Streitfälle bedeutsamer, bei denen es darum geht, dass mit Steuergeldern die akademische Ausbildung junger Leute anderer Nationalität finanziert wird. So geschehen in Österreich: Weil seit Jahren eine größere Zahl deutscher Studierender gerade in Fächern, die an den heimischen Universitäten mit einem hohen Numerus Clausus belegt waren, ins benachbarte Österreich ausgewichen waren, schottete sich die Alpenrepublik 2006 mit einer Quotenregelung ab: Drei Viertel der heimischen Studienplätze sind seitdem für Bewerber*innen aus Österreich reserviert, der Rest für Bewerber*innen aus der EU (ein Fünftel) beziehungsweise dem übrigen Ausland (fünf Prozent) (vgl. Mandl 2007; Gruber 2010). Interessanterweise hat die EU-Kommission diese Regelung nicht beanstandet, obwohl sie der EU-Freizügigkeit zuwiderläuft. Inhaltlich ähnlich gelagert sind politische und juristische Auseinandersetzungen darüber, wer für mobile EU-Bürger*innen Ausbildungsförderungsleistungen bezahlen muss – das Residenzland oder das Herkunftsland. Entsprechende Fälle wurden bereits mehrfach vom EuGH bearbeitet (de Witte 2015). Beides sind Beispiele für neue *transnationale Solidaritätskonflikte* im Bildungswesen in einem zunehmend grenzenlosen Kontinent. Die spaltende Wirkung dieser Konflikte dürfte allerdings begrenzt sein; mit dem EuGH steht eine supranationale Klärungsinstanz bereit, und der Bildungssektor sollte für die einzelnen Mitgliedstaaten nicht zentral genug sein, um die Konfrontation mit Brüssel zu suchen, selbst bei „offensiv-kosmopolitischer" Auslegung der Richtlinien durch den EuGH.

Migration. Die schärfsten Konflikte haben sich an der *Personenfreizügigkeit* und damit an der innereuropäischen Migration entzündet. Denn während Tourist*innen im besten Fall ordentlich Geld ausgeben und nach zwei oder drei Wochen wieder in ihr Heimatland zurückreisen, bleiben die Zugezogenen, was Fragen der Integration mit all ihren sozialen, kulturellen, politischen und wirtschaftlichen Facetten aufwirft (Esser 2000; Amelina 2010; Teney 2011; Hans 2016; Hainmueller et al. 2017; Joppke 2017; Witte 2018). Je nach Gemengelage – wer zieht wohin, wie viele, unter welchen konjunkturellen Vorzeichen – laufen die zugezogenen EU-Bürger*innen Gefahr, von Einheimischen als ökonomische oder kulturelle Bedrohung gesehen zu werden (Jeannet 2020), so konstruiert diese Bedrohung auch sein mag. Aus pragmatischen Gründen beschränken wir uns hier auf vier jüngere Konfliktbeispiele.

Bereits im Vorfeld der großen Osterweiterung gab es in den EU-15-Ländern, insbesondere in den Anrainerstaaten Deutschland und Österreich, mitunter die Befürchtung einer zu starken Zuwanderung aus den Beitrittsländern. Teile der Öffentlichkeit wie der Politik sorgten sich um einen zu großen Druck auf den Arbeitsmarkt und die Sozialsysteme sowie um die öffentliche Sicherheit (Baas et al. 2009). Deutschland und Österreich gehörten deshalb zu den Ländern, die durch *Übergangsregelungen* die Freizügigkeit für die Bevölkerung der neuen Mitgliedstaaten zunächst begrenzten (Nissen 2009), was die öffentliche Akzeptanz des nach Osten erweiterten Europas erhöhte.

In Frankreich und Italien, unserem zweiten Beispiel, entzünden sich soziale Konflikte um die starke Einwanderung aus Rumänien und Bulgarien, insbesondere von Angehörigen der Sinti und Roma. Beide Länder bringen jährlich bis zu zehntausend nicht erwünschte EU-Bürger*innen zurück in ihre

Heimatländer, teilweise in Zusammenarbeit mit den dortigen Polizeibehörden (Vräbiescu 2019). Die Regierungen nutzen dabei eine vage gehaltene Klausel in den EU-Bestimmungen, nach der Unionsbürger*innen dann ausgewiesen werden können, wenn sie eine Belastung für die Sozialsysteme darstellen. Wie Studien nachgewiesen haben, wenden der französische und italienische Staatsapparat gezielt Strategien der Kriminalisierung an, um die „deportability" (ebd.) der Eingewanderten aus Rumänien und Bulgarien zu erhöhen und damit ihre Abschiebepraxis zu legitimieren.

Das dritte Beispiel sind öffentliche Diskussionen und politisch-rechtliche Auseinandersetzungen um den Anspruch auf sozialstaatliche Leistungen – mithin um die soziale Dimension der Unionsbürgerschaft. In vielen Ländern der vormaligen EU-15 ist nach der Osterweiterung der öffentliche Unmut über vermeintlichen „Sozialtourismus" immer wieder artikuliert und teilweise auch von Parteien aufgegriffen worden. Hauptkritikpunkte sind der Zugang zu sozialstaatlichen Leistungsansprüchen im Fall von Arbeitslosigkeit und Arbeitsuche (Farahat 2019; vgl. auch Barbulescu und Favell 2020) sowie der Kindergeldbezug. Viele Mitgliedstaaten praktizieren inzwischen hier ihre eigene rechtliche Auslegung der Unionsbürgerschaft, was in der Regel auf einen erschwerten Zugang zu wohlfahrtsstaatlichen Leistungen für EU-Ausländer*innen hinausläuft (Shaw 2015).

Unser viertes und letztes Beispiel ist Großbritannien. Sich dem Wirtschaftsliberalismus verpflichtet fühlend, verzichtete die britische Regierung im Vorfeld der Osterweiterung als eine der wenigen auf eine Übergangsregelung und öffnete den britischen Arbeitsmarkt sofort und vollumfänglich – eine unerwartet hohe Zuwanderung war die Folge. Dominierte traditionell die Einwanderung aus Indien, war es bald die aus Polen, was anfangs niemanden störte. Mit der Finanzkrise 2008 kippte dann die Stimmung und für Teile der britischen Bevölkerung wandelte sich der sprichwörtlich gewordene „polnische Klempner" von der neutralen Symbolfigur der neuen intra-EU-Mobilität zur Hassfigur: „While initially Poles have been perceived as a ‚desirable' migrant group and labelled as ‚invisible' due to their whiteness, this perception shifted to the representation of these migrants as taking jobs from British workers, putting a strain on public services and welfare" (Rzepnikowska 2019, S. 61). Ökonomische Bedrohungsgefühle heizten die Stimmung auf und bereiteten den Boden für eine letztlich erfolgreiche Brexit-Kampagne, die die EU-Einwanderung zum Hauptthema machte. Nach dem Brexit-Referendum entluden sich die nationalistischen Ressentiments in einem Anstieg der Hassverbrechen gegenüber Menschen aus Osteuropa, aber auch gegenüber anderen Minderheiten. Die mit der intra-EU-Migration verbundenen Konflikte waren somit einer der Hauptgründe für den Austritt Großbritanniens, der nach langem, vor allem innenpolitischen Hin und Her schließlich zum 31. Januar 2020 vollzogen wurde.

Der gemeinsame Nenner dieser Beispiele sind Bedrohungsgefühle sowie Solidaritätskonflikte um die Teilhabe der „EU residents" an Arbeit, Wohlstand und sozialstaatlichen Leistungen. Der Unterschied liegt in verschiedenen Strategien der EU-Mitgliedstaaten, diese Konflikte politisch zu bearbeiten: Übergangsregeln, Ausnutzen von Schlupflöchern, restriktive Auslegung und Exit. *Übergangsregeln* (Beispiel 1) wirken präventiv angst- und konfliktdämpfend, können aber legitimer Weise nur einige Jahre in Kraft sein, bevor geltendes EU-Recht vollumfänglich angewandt werden muss. Beim *Ausnutzen von Schlupflöchern* (Beispiel 2) nutzen einzelne Mitgliedstaaten den Interpretationsspielraum, den die EU-Direktiven bieten, um innenpolitisch umstrittene Erscheinungsformen der Personenfreizügigkeit nachträglich zu korrigieren, womit sie de-facto bestimmte EU-Teilpopulationen von der Einlösung ihrer Mobilitätsrechte ausschließen. Bei der am häufigsten angewandten Strategie, der *restriktiven Auslegung* von EU-Bestimmungen zur Unionsbürgerschaft (Beispiel 3), nutzen einzelne Mitgliedstaaten ebenfalls den vorhandenen Interpretationsspielraum unter innenpolitischem Druck zu Ungunsten der „EU residents" aus. Ziel ist vor allem, den Zugang zu Sozialleistungen einzuschränken oder zumindest zu erschweren (vgl. Farahat 2019). „As a result, the social rights of EU movers with different combinations of origin and destination member states end up being quite significantly diverse" (Recchi 2019, S. 256; s. auch Bruzelius et al. 2018).

Diese Fragmentierung zulasten der „EU residents" ist offenbar der politische Preis, den die Kommission für ihr internes „de-bordering" zahlen muss – und zu zahlen bereit ist, um die *grundsätzliche* Akzeptanz der Mobilitätsrechte aufrecht zu erhalten. In diesem Zusammenhang ist interessant, dass der EuGH sozialpolitische Zugangsrechte in seinen jüngsten Urteilen wieder restriktiver ausgelegt hat, nachdem er lange Jahre einer progressiven Auslegungslinie gefolgt war. Beispielsweise hat der EuGH einen automatischen Ausschluss von Sozialleistungen bei fehlendem Aufenthaltsrecht für zulässig erklärt, womit er die *Möglichkeit* des Schutzes nationaler Wohlfahrtssysteme gestärkt hat: „Auf absehbare Zeit werden sich mobile Unionsbürger in prekärer sozialer Lage nicht mehr auf das Unionsrecht stützen können, um einen Anspruch auf Inklusion und Gleichbehandlung in ihrem Aufenthaltsstaat geltend zu machen. Die gilt jedenfalls für Unionsbürger, die arbeitssuchend sind" (Farahat 2019, S. 256). Es zeichnet sich also ab, dass die Freizügigkeit in Zukunft wieder stärker ein Privileg der wirtschaftlich Aktiven wird, wodurch sich der symbolische Gehalt der Unionsbürgerschaft auf den Markt verengen würde. Ob ein solcher sozial zurückgestufter Status gleichermaßen identitätsstiftend ist, ist fraglich (ebd.).

Während diese ersten drei Strategien insofern eine „erfolgreiche" Konfliktbearbeitung darstellen, als sie das EU-Regelwerk nicht *grundsätzlich* infrage stellen, trifft dies auf die *Exit-Strategie* (Beispiel 4, Großbritannien) nicht zu. Hier ist der Unmut über die intra-europäische Migration in eine Fundamentalopposition gegen die Personenfreizügigkeit umgeschlagen, für die es für eine knappe Mehrheit offenbar nur eine Lösung gab – die Staatengemeinschaft zu verlassen:

> „[I]t is important to remember that the origin of Brexit was deeply related to the migration of Eastern European workers. Their specific qualities, which included a very different language and a willingness and interest in working in low wage jobs threatened the perceptions of stability for the British worker. […] As can be seen in the case of Brexit, the impetus for xenophobic violence lies within the European continent" (Sudarshan 2017).

Zumindest für Großbritannien trifft also die Metapher vom Pyrrhus-Sieg der europäischen Vergesellschaftung zu – der starke Zuzug neuer EU-Bürger*innen hat die transnational-europäische Solidarität der Einheimischen überfordert und den ohnehin ausgeprägten Euroskeptizismus verstärkt; er hat damit zum Wunsch einer hauchdünnen Mehrheit beigetragen, die EU zu verlassen, um die nationale Souveränität insbesondere über die Einwanderungsfrage zurückzugewinnen (Dennison und Geddes 2018). Der kometenhafte Aufstieg einer Anti-EU-Partei sowie die Möglichkeit eines Referendums waren dabei wichtige politisch-institutionelle Voraussetzungen (Schimmelfennig 2018).

Dass viele Konflikte mit der EU-Osterweiterung aufgebrochen sind, hat zum einen natürlich mit der starken Ost-West-Wanderung zu tun, die gerade diese Beitrittsrunde gebracht hat (s. Kap. 3), wirft zum anderen aber auch ein Schlaglicht auf *symbolische Hierarchien* in Europa. Wie Umfragen zeigen, empfinden die Menschen in Europa die ost- und insbesondere die südosteuropäischen Bevölkerungen als weniger vertrauenswürdig als die west- und nordeuropäischen (Delhey 2007b). Diese Geografie des Vertrauens ist nur ein Beispiel für die vorherrschende „mental map" (Swindle et al. 2019), die die Menschen von ihrem Kontinent im Kopf haben: Sie schreiben Westeuropa nicht nur einen generell höheren Entwicklungsstand zu als Osteuropa, sondern auch einen größeren kulturellen Reichtum. Auch wenn die Personenfreizügigkeit und die Unionsbürgerschaft als generelle Prinzipien auf recht breite öffentliche Zustimmung stoßen (Gerhards und Lengfeld 2014; Recchi 2015), schwindet die europäische Gesinnung bei starker Zuwanderung aus der osteuropäischen Peripherie.

Zwischen der formal-rechtlichen Anerkennung der „Neuen" im Club und ihrer informell-symbolischen Anerkennung klafft eine Lücke.

Zentrum und Peripherie. Das mögliche Gegeneinander, vor allem durch die Zuwanderung, haben wir bislang vor allem aus der Perspektive der alten Mitgliedstaaten betrachtet. Den neuen hingegen stellt sich das spiegelbildliche Problem starker Abwanderung. Der „Aderlaß" ist groß: Seit dem Ende des Staatssozialismus verließen rund 20 Mio. Menschen die ost- und südosteuropäischen Länder, rund sechs Prozent der Bevölkerung (Atoyan et al. 2016, S. 8). So leben eine Million Bulgar*innen im Ausland, bei einer Bevölkerungszahl von sieben Millionen (European Data Journalism Network 2019). Dieser „Exodus" hat nach Krăstev (2017) die Beitrittsländer geschwächt – wirtschaftlich, sozial und zivilgesellschaftlich. Insbesondere die ländlichen Regionen sind demografisch geschrumpft und überaltert (ebd.). Diese demografische Schwächung scheint ein zentrales Versprechen der EU-Erweiterungspolitik zumindest erschwert zu haben, das der zügigen Konvergenz. Gleichwohl zeigen empirische Daten, dass die Beitrittsländer sozioökonomisch (Eurofound 2018) und auch im subjektiven Wohlbefinden (Helliwell et al. 2019) aufgeholt haben. Gerade die wachsende Lebenszufriedenheit im östlichen Teil Europas widerspricht dem pauschalisierenden Portrait der Zuhausegebliebenen als „vergessene Verlierer" (Krăstev 2017, S. 60).

Trotz dieser Relativierung: Das zentrale Problem des Netzwerks Europa ist seine Ungleichheit. Dementsprechend stellen sich die Konflikte und Probleme, die das soziale Zusammenwachsen Europas ausgelöst hat, sehr unterschiedlich dar: in den westlichen und nördlichen Ländern tendenziell im Aufstieg des Rechtspopulismus, basierend auf teils latenten, teils manifesten Sorgen um ein Zuviel an Migration in Teilen der Bevölkerung; in Südeuropa als Leiden am „overtourism" und dem „brain drain" vor allem junger Leute; und schließlich in Ost- und vor allem Südosteuropa als durch Abwanderung bedingte demografische Destabilisierung. Daraus erklärt sich auch, dass die Regierungen der neuen Mitgliedstaaten die EU-Mobilitätsrechte heute sehr viel kritischer sehen und mehr supranationalen Beistand im Kampf gegen die demografische Schrumpfung fordern (The Economist 2020a).

Diesen unterschiedlichen Problemlagen europapolitisch zu begegnen ist schwierig. Die Gelder, die die EU über die Strukturfonds ausschüttet, um die wirtschaftlich schwächeren Regionen und Länder voran zu bringen (Mau und Büttner 2008), sind offenbar nicht genug, um die Abwanderung aufzuhalten. Hier steht Brüssel vor einem ähnlichen Dilemma wie viele nationale Regierungen, die sich mit der wachsenden Kluft zwischen städtischen und ländlichen Räumen konfrontiert sehen: Mit Milliarden dagegenhalten? Oder die abgehängten Regionen aufgeben? Beide Optionen sind auf ihre Art teuer. Eine andere Möglichkeit, den Fluss der transnationalen Ströme zumindest partiell umzukehren – und mit ihnen den Fluss transnationaler Erfahrungen –, wären gezielte Programme, durch welche die Bevölkerung aus dem wohlhabenden Westeuropa für einige Zeit die Lebenswirklichkeit in den peripheren Ländern aus erster Hand kennen lernen könnte; eine solche Horizonterweiterung könnte zumindest das Problembewusstsein schärfen.

Transnationale und lokale Bevölkerungsgruppen. Die Ungleichheit *zwischen* den Ländern Europas ist aber nur *eine* Spaltungslinie, die mit der Transnationalisierung in Zusammenhang steht. Andere verlaufen *innerhalb* der Länder, genauer zwischen den Schichten und Generationen. Seit längerem ist der soziale Gradient grenzüberschreitender Aktivitäten nach Bildung, Beruf und Klasse bekannt (Fligstein 2008; Mau und Mewes 2008; Salamońska und Recchi 2019). Dieser Schichtgradient ist in den wohlhabenden EU-Ländern besonders ausgeprägt (Delhey et al. 2015; Kuhn 2015) – zum einen, weil schon die Mittelschicht über Ressourcen verfügt, die eine Vielfalt an transnationalen Aktivitäten erlaubt; zum anderen, weil ein transnationaler Habitus (Schneickert 2013) neue Prestigegewinne verspricht und sich daher bestens zur Distinktion eignet (vgl. dazu auch Hanquinet und Savage 2018). Ein Beleg dafür ist das Bestreben der Gutsituierten, ihre Kinder beim Erwerb transnationaler Kompetenzen und Erfahrungen zu unterstützen (Gerhards et al. 2016; Kuhn 2016), um ihnen einen Startvorteil in einer globalisierten Welt zu verschaffen. Bei unserer großformatigen Analyse des Netzwerks Europa konnten wir diese länderinternen Schichtunterschiede nicht abbilden – ebensowenig wie Spaltungen zwischen den Generationen, denn die Jüngeren machen im Schnitt mehr transnationale Erfahrungen als die Älteren (Delhey et al. 2015, Salamońska und Recchi 2019). Allerdings sind diese Ungleichheiten auch schon sehr gut erforscht.

Nicht nur die Chancen, *für sich selbst* die neuen Möglichkeiten des grenzenlosen Europas zu nutzen, sind sozialstrukturell ungleich verteilt; in ganz ähnlicher Weise ist zumindest vorstrukturiert, wie man von den transnationalen Praktiken *anderer* betroffen ist. Wer Kapital besitzt und akademisch gebildet ist, dem wird es leichter gemacht, in Zuwanderung eine Bereicherung zu sehen (auch wenn dies keineswegs alle tun); für Geringqualifizierte und Angehörige der Transferklassen ist es strukturell bedingt naheliegender, Zuwanderung mit Konkurrenz um Arbeitsplätze, Wohnraum und Sozialleistungen zu verbinden (auch wenn dies keineswegs alle tun). Wie Prozesse der Globalisierung ist auch die horizontale

Europäisierung in einem doppelten Sinne ungleich, Europa zumindest in Teilen ein Klassenprojekt (Fligstein 2008; vgl. auch Kuhn 2011).

Mit- und Füreinander: von der Vergesellschaftung zur Vergemeinschaftung

Die bisherige Diskussion der Konflikte und Probleme darf nicht dazu verleiten, einen wichtigen Umstand zu übersehen: dass viele Prozesse des sozialen Zusammenwachsens Europas geräuschlos von statten gegangen sind, also *ohne* dass daraus manifeste Spannungen erwachsen sind.

Miteinander als Normalmodus. Wie der alltägliche gesellschaftliche Fortschritt keinen Nachrichtenwert besitzt (vgl. Rosling et al. 2018), so schafft es auch die *gelingende* europäische Vergesellschaftung selten in die Schlagzeilen. Wo immer der Modus des pragmatischen *Miteinanders* vorherrscht, und das wird oft der Fall sein, gibt es für die Medien wenig zu berichten und für die Wissenschaft wenig zu forschen – denn auch der sozialwissenschaftliche Betrieb hat einen Negativitätsbias (Schröder 2019). Laut Umfragen unterstützen zwei Drittel der befragten EU-Bürger*innen grundsätzlich die Unionsbürgerschaft und die Freizügigkeit und erkennen damit ihre Mit-Europäer*innen zumindest auf dieser Basis als Gleichberechtigte an (Gerhards und Lengfeld 2014; European Commission 2018). Diese Einstellung ist eine durchaus tragfähige Grundlage für den unaufgeregten Modus des Miteinanders. In den Politikwissenschaften beschreibt der Begriff des „permissive consensus" genau diese grundlegende und meist passive Zustimmung der Bevölkerung zur europäischen Einigung. Mit Ausnahme Großbritanniens ist die Europäisierung kein *dauerhafter* öffentlicher Aufreger. Das ist durchaus nicht selbstverständlich, bedeutet doch die Unionsbürgerschaft, dass privilegierte Anrechte auf Lebenschancen nicht mehr nur für die eigenen Landsleute gelten, sondern von allen mobilen EU-Bürger*innen eingefordert werden können.

Subjektive Gemeinschaftsstiftung. Gibt es Belege für ein *Füreinander* durch Transnationalisierung? Diese wären wohl am ehesten in der Sphäre der subjektiven Vergemeinschaftung zu verorten: zum Beispiel ob die Europäer*innen sich als Teil einer Gemeinschaft verstehen, eine gemeinsame – europäische – Identität entwickeln und untereinander ähnlich solidaritätsbereit sind wie gegenüber den eigenen Landsleuten. Eine so verstandene Vergemeinschaftung gilt als wichtiger Teilbereich der europäischen Integration

(Münch 1996; Kohli 2000; Fligstein 2008; Habermas 2011; Gerhards und Lengfeld 2014). Umfragen zeigen beispielsweise, dass die EU-Bürger*innen in vielen Ländern einer europäischen Umverteilung, die über die derzeitigen Politiken hinausgeht, durchaus wohlwollend gegenüberstehen (Gerhards et al. 2019). Die innereuropäische Solidaritäts*bereitschaft* der breiten Bevölkerung könnte durchaus größer sein als von manchen Eliten vermutet, auch wenn unklar ist, inwieweit hier Aspekte des Austauschs oder der Transnationalisierung für die Ausbildung der solidarischen Einstellung eine Rolle gespielt haben. Andere Studien haben auf Individualebene genau dies nachgewiesen: Transnationale Praktiken gehen einher mit einer höheren emotionalen Bindung an Europa und die EU (Mau et al. 2008; Kuhn 2011; Recchi 2015). Allerdings ist der identitätsstiftende Effekt des „doing Europe" insgesamt überschaubar und unterscheidet sich von Praxis zu Praxis und von Land zu Land (Pötzschke und Braun 2019).

Doch gibt es einen gemeinschaftsstiftenden Effekt der Transnationalisierung auch auf einer kollektiven Ebene, also bezogen auf die Frage, wie freundlich sich die Bevölkerungen Europas gesonnen sind? Die vorliegenden Befunde hierzu sind disparat (Inglehart 1991; Delhey 2007b; Delhey und Deutschmann 2016) und konnten methodisch nicht den dyadisch-relationalen Charakter abbilden, der dieser Frage innewohnt. Im Folgenden gehen wir ausführlicher auf eine Untersuchung aus unserer eigenen Feder ein, die genau dies getan hat (vgl. im Folgenden Deutschmann et al. 2018). Wir wollten wissen, ob die grenzüberschreitende Mobilität und Kommunikation in Europa darauf ausstrahlen, wie zugeneigt die Bevölkerungen den anderen EU-Ländern gegenüber sind, zum Beispiel in Form von *transnationaler Verbundenheit*. Diese beschreibt die freundliche Einstellung einer Person aus Land *A*, die Land *B* eine positive Relevanz bescheinigt: Land *B* ist für die Person subjektiv bedeutsam (die kognitive Dimension von Verbundenheit) und emotional positiv besetzt (die affektive Dimension). Schon alltagssprachlich würden wir über ein Land, für das wir Antipathien hegen, nie sagen: Diesem Land fühle ich mich *verbunden*. Auf die Bevölkerung bezogen drückt transnationale Verbundenheit also eine Form des Gemeinschaftsgefühls zwischen zwei Ländern aus. Die transaktionalistische Integrationstheorie sieht darin ein wichtiges Fundament für ein friedvolles Zusammenleben der Nationen, erst recht in einer Staatengemeinschaft (Deutsch 1957; vgl. auch Delhey 2007b, 2010).

Mit Eurobarometer-Daten aus dem Jahr 2010 kann man die transnationale Verbundenheit innerhalb der EU untersuchen, basierend auf der Frage (Beispiel aus dem deutschen Fragebogen):

„Welchem anderen Land als Deutschland fühlen Sie sich am meisten verbunden?"

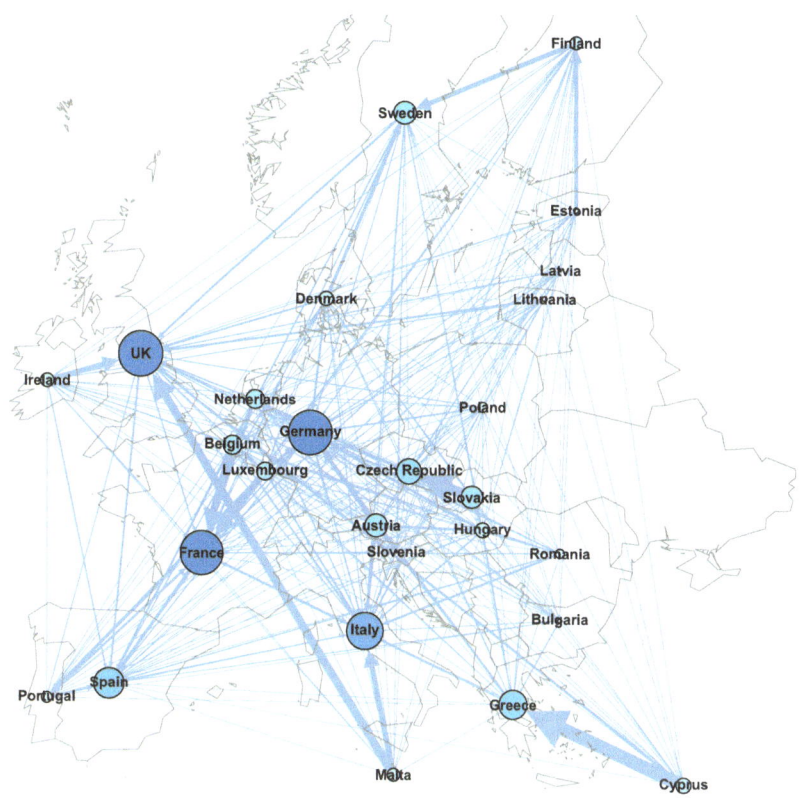

Abb. 7.9 Das europäische Netzwerk transnationaler Verbundenheit.

Notiz: Quelle Deutschmann et al. 2018: 976

Für die Auswertung berücksichtigen wir nur andere EU-Mitgliedsstaaten als Nennungen (von denjenigen, die sich überhaupt transnational verbunden fühlen, geben drei Viertel ein anderes EU-Land an, auch hier besteht also eine erkennbare Orientierung auf Europa). Abb. 7.9 stellt die EU als Netzwerk der transnationalen Verbundenheit dar. In bewährter Weise signalisiert dabei die Größe und dunklere Farbe der Kreise die Zentralität des jeweiligen Landes im Netzwerk insgesamt, während die Pfeilstärke anzeigt, wie sehr sich die Menschen in Land *A* mit Land *B* verbunden fühlen (zu lesen also in Pfeilrichtung).

Fünf populäre Länder dominieren das Netzwerk: Großbritannien, Frankreich, Deutschland, Italien und Spanien. Griechenland auf Platz 6 ist ebenfalls recht populär, aber seine Beliebtheit resultiert hauptsächlich aus der Verbindung Zypern → Griechenland. Die Top-5-Länder empfangen dagegen Verbundenheitsbekundungen aus vielen Ländern. Am unteren Ende der Beliebtheitsskala befinden sich überwiegend kleinere Länder in südöstlicher beziehungsweise nordöstlicher Randlage. Diese Zentrum-Peripherie-Struktur dürfte den Leser*innen dieses Buches mittlerweile bestens vertraut sein.

Der springende Punkt ist nun: Wer sich mit wem verbunden fühlt ist nicht nur eine Frage der Landesgröße, denn natürlich sind „Schwergewichte" wie Deutschland und Frankreich kognitiv präsenter; es ist auch eine Frage der *Austauschdichte*. Der Umfang von grenzüberschreitenden Reisen, Studierendenmobilität und Migration beeinflusst maßgeblich, wer sich wem verbunden fühlt (Tab. 7.2).[2] Den Strömen der *Personenmobilität* kann man hier die robusteste vergemeinschaftende Wirkung zusprechen, sie knüpfen offenbar auch ein emotionales Band zwischen den Ländern – unter Kontrolle einer Vielzahl anderer Merkmale der Länder beziehungsweise Länderpaare (s. dazu die Notiz zu Tab. 7.2), die ebenfalls das Verbundenheitsgefühl beeinflussen könnten, von wirtschaftlichen (z. B. das Wohlstandsniveau) über kulturelle (z. B. gemeinsame Sprache und Religion) bis hin zu politischen Merkmalen (z. B. historische Allianzen und Feindschaften). Keine Zusammenhänge ergeben sich für die Handelsbeziehungen und die Telefonie, die allerdings stark miteinander korreliert sind (s. Abb. 7.8). Schließt man die Telefonie aus der Analyse aus, haben Handelsbeziehungen ebenfalls einen signifikanten positiven Effekt auf die transnationale Verbundenheit (vgl. Deutschmann et al. 2018).

Einen positiven Effekt der Ströme der Personenmobilität erhält man auch dann, wenn man die EU-Bevölkerung nach ihrem Bildungsgrad unterteilt und das Netzwerk der Verbundenheit separat für einzelne Bildungsschichten untersucht. Sicher: Die Hochgebildeten fühlen sich in stärkerem Maße transnational verbunden als die anderen Bildungsschichten – ein Muster, das aus der Forschung zu europa- und kosmopolitischen Einstellungen wohlbekannt ist (Mau 2009; Hakhverdian et al. 2013; Teney und Deutschmann 2015). Aber bei allen drei Bildungsschichten finden wir den beschriebenen positiven Effekt der Ströme der Personenmobilität auf die kollektive transnationale Verbundenheit. Also eben keineswegs nur bei den besser Gebildeten, unter denen der Anteil

---

[2]Für die technischen Details der Analyse s. Kap. 2 und Deutschmann et al. (2018).

Tab. 7.2 MRQAP-Modelle zur Vorhersage der transnationalen Verbundenheit zwischen zwei EU-Mitgliedsländern im Jahr 2010

	(1) Bevölkerung insgesamt	(2) Nur primäre Bildung	(3) Nur sekundäre Bildung	(4) Nur tertiäre Bildung
Handel	-0,006	-0,059°	-0,020	0,027
Migration (UN)	0,191***	0,304***	0,188***	0,104*
Studierende	0,292***	0,173**	0,308***	0,309***
Reisen	0,373***	0,304***	0,379***	0,362***
Telefongesprächs-minuten	-0,028	0,045	-0,039	- 0,039
Kontrollvariablen	Ja	Ja	Ja	Ja
Intercept	0,000***	0,000***	0,000***	0,000***
N (Länderpaare)	702	702	702	702
Adjusted R^2	0,612	0,506	0,601	0,590

Notiz: MRQAP-Regressionsmodelle mit transnationaler Verbundenheit als abhängiger Variable. Zelleneinträge sind standardisierte Koeffizienten. Alle fünf unabhängigen Variablen sind relative Werte, bezogen auf 1000 Einwohner*innen des Sendelandes. °$p<0,1$; *$p<0,05$; **$p<0,01$; ***$p<0,001$. Eigene Darstellung, zu den Datenquellen s. Kap. 2. Alle Modelle unter Einbezug folgender Kontrollvariablen (s. auch Kap. 2): gemeinsame Grenze, territoriale Größe, historische Union, ehemaliger Konflikt, gemeinsame Sprache, religiöse Nähe, mediale Präsenz (Empfängerland), Lebensstandard (Empfängerland), Unterschied im Lebensstandard, gemeinsame Währung und Länge der EU-Mitgliedschaft

derjenigen, die selbst transnational aktiv sind, höher ist (Díez Medrano 2010; Delhey et al. 2015), und die von einem grenzenlosen Europa am meisten profitieren. Für Kritiker*innen der EU ist das Europäische Projekt „eine hochriskante Wette darauf, dass die Menschheit sich in Richtung einer demokratischeren und toleranteren Gesellschaft fortentwickeln wird" (Krastev 2017, S. 26). Befunde wie die gerade berichteten geben Anlass zur Hoffnung, dass diese Wette am Ende doch aufgeht – und dass die soziale Transnationalisierung dabei eine positive Rolle spielen kann.

Transnationale Partnerschaften. Weitere Belege für ein *Füreinander* in Europa lassen sich in Statistiken zu Partnerschaft und Familienbildung finden. Zwar hat sich die Zahl der „Euromarriages" längerfristig nur moderat erhöht (Díez Medrano et al. 2014; Gaspar et al. 2017), doch sind in der EU im Jahr

2017 immerhin neun Prozent der Ehen zwischen Personen verschiedener Nationalitäten geschlossen worden, darunter wiederum etwas mehr als ein Drittel zwischen Menschen aus zwei EU-Ländern (Eurostat 2017). In dieser Statistik wird leider nicht aufgeschlüsselt, ob diese Partnerschaften letztlich auf Migration, ein Studium im Ausland oder auf Reisen zurückgehen. Sicher ist aber: *Ohne* grenzüberschreitende Aktivität zumindest einer der involvierten Personen oder ihrer Vorfahren wären diese bi-nationalen Partnerschaften nicht zustande gekommen. Empirisch belegt ist in diesem Zusammenhang der Effekt von Studienaufenthalten im Ausland: Der Erasmus Impact Study 2014 zufolge haben ein Drittel der ehemaligen Erasmus-Studierenden eine*n Partner*in anderer Nationalität, fast dreimal so viele wie unter den immobilen Vergleichskohorten (European Commission 2014, S. 18). Man kann also mit Fug und Recht im Erasmus-Programm eine Art europäisches „Offline-Parship" für angehende Akademiker*innen sehen. Und es bleibt ja nicht bei den Partnerschaften, der Report spricht von einer Million Erasmus-Babys (Green 2014). Zu den demografischen Effekten eines kompletten Auslandsstudiums sind uns keine Zahlen bekannt, aber warum sollten sie geringer sein als bei Erasmus? Europa wächst also auch demografisch zusammen, wenngleich langsam (wären europäische Partnerschaften die Regel, würden wir auch über eine europäische *Gesellschaft* reden, nicht mehr „nur" über europäische Vergesellschaftung). Die Partnerschaftskonstellation prägt auch das soziale Bewusstsein, denn in binational-europäischen Partnerschaften ist die Wahrscheinlichkeit einer europäischen Identität höher als bei Partnerschaften, bei denen beide denselben Pass haben (van Mol et al. 2015).

Die Zukunft der europäischen Vergesellschaftung

Ambivalente Wirkungen. In der Gesamtschau erscheint das Zusammenwachsen Europas als ambivalenter Prozess, der gleichermaßen neue Problemlagen und Konflikte aufgeworfen hat wie er neue transnationale Verbundenheit und Solidarität stiftet. Diese Folgen sind aufgrund ihrer Unterschiedlichkeit schwer gegeneinander aufzurechnen. Aber noch einmal: Aus soziologischer Sicht sind Konflikte per se kein Beleg des Scheiterns, sondern nur solche, die nicht gebändigt werden können (Dahrendorf 1972).[3] Diese Einhegung – weiterhin – zu bewerkstelligen ist die gemeinsame Aufgabe der europäischen und nationalen Politik wie auch der Zivilgesellschaft. Nicht gelungen ist dies wie dargelegt im Sonderfall Großbritannien. In *diesem* Fall trifft, wie ausgeführt, das Bild vom Pyrrhus-Sieg zu, die intra-EU-Mobilität hat hier politische Desintegration bewirkt. Auf Basis unserer Netzwerkanalysen könnte man dem Brexit aber auch eine andere Interpretation abgewinnen, denn Großbritannien war das einzige große EU-Land, das bei der langfristigen Personenmobilität (Migration, internationale Studierende) *nicht* Teil der Komponente Europa-Plus geworden ist, auch nicht nach fast einem halben Jahrhundert EU-Mitgliedschaft. Zugespitzt könnte man sagen, dass die *politische* Trennung von der europäischen Staatengemeinschaft nur nachvollzogen hat, was *gesellschaftlich* schon immer der Fall war – das Nicht-richtig-Involviertsein Großbritanniens in das Netzwerk der kontinentalen Vergesellschaftung. Für die EU könnte es eine Arbeitserleichterung darstellen, dass in Zukunft eine größere Kongruenz zwischen dem formalen Geltungsraum der EU-Mobilitätsrechte und den faktischen Mobilitätsströmen („Europa-Plus") besteht. Und was einen möglichen Dominoeffekt anbelangt, so müssen nationalistische Eruptionen in einem Land nicht zwangsläufig eine gleichförmige Kettenreaktion anderswo in Gang setzen; auch ein politisches Zusammenrücken ist als Reaktion möglich. So hat die Wahl des Nationalisten Donald Trump zum US-Präsidenten nicht etwa die Unterstützung der EU-Bürger*innen für die EU geschwächt, sondern gestärkt (Minkus et al. 2019). Eine ähnliche Wirkung könnte auch der Brexit haben; mehrere Umfragen zeigen jedenfalls, dass die Popularität der europäischen Staatengemeinschaft seit dem Brexit-Referendum 2016 im Rest der EU kontinuierlich gestiegen ist (vgl. Deutschmann und Minkus 2018).

Die Migration von außen. Weit mehr als die innereuropäische Migration beschäftigt Europa die Zuwanderung *von außen,* die ihren bisherigen Höhepunkt 2015/2016 in der sogenannten Flüchtlingskrise fand. Mehr als 2,3 Mio. illegale Grenzübertritte an den Außengrenzen der EU in den Jahren 2015 und 2016

---

[3]Dieser Gedanke findet sich bereits bei Georg Simmel (1908a; s. auch Roose 2013b) und wurde kürzlich in ähnlicher Weise für die Konflikthaftigkeit heutiger Migrationsbewegungen formuliert. Nach El-Mataalani (2018) führt Zuwanderung paradoxerweise auch und gerade im Fall gelungener Integration zu Konflikten, das sogenannte Integrationsparadox. Umgekehrt gedacht würden nur *kein* Kontakt, *keine* Mobilität und *kein* Austausch ein konfliktfreies Nebeneinander der EU-Bürger*innen garantieren – aber eben nur ein Nebeneinander (vgl. Nye 1968).

(European Parliament 2019), verbunden mit einer massiven Mobilisierung durch rechte politische Kräfte, verstärkten in Teilen der europäischen Bevölkerung sowohl kulturell-zivilisatorische Abwehrreflexe („keine Islamisierung") als auch wohlfahrtschauvinistische („keine Armutseinwanderung"). Während für manche diese Form der Zuwanderung „für die bedrohliche Seite der Globalisierung" (Krăstev 2017, S. 24) steht, gab es auch eine beachtliche Mobilisierung humanitären zivilgesellschaftlichen Engagements. Die Flüchtlingskrise ist bis heute supranational schwer zu bearbeiten, weil sie einen Graben aufgerissen hat zwischen Befürworter*innen eines humanitär-offenen Europa und einer „Festung Europa". Unter anderem verläuft dieser Graben zwischen West und Ost. Die Festungsmentalität in Osteuropa bringt Krăstev (ebd.) mit der dortigen Massenauswanderung gen Westen ursächlich in Verbindung: Wo das demografische Verschwinden drohe, sei die Bereitschaft, Armutsgeflüchtete aus anderen Weltregionen aufzunehmen, eben gering. Folgt man dieser Erklärung, so strahlt die von uns aufgezeigte Zentrum-Peripherie-Struktur des Netzwerks Europa auch auf die Bearbeitung – oder Nicht-Bearbeitung – der Flüchtlingskrise aus. Ob allerdings die Länder Osteuropas *ohne* ihren demographischen Problemdruck tatsächlich aufnahmebereiter wären, weiß niemand. Die Ablehnung von Menschen anderer Hautfarbe und Religion kann auch durch ein kulturelles Erbe der Region bedingt sein, das durch die Bevölkerungsschrumpfung nur verstärkt wurde, oder durch die geringere existenzielle Sicherheit, in der weite Teile der Bevölkerung aufgewachsen sind. Was den Stand des Wertewandels betrifft, erweisen sich die ehemals sozialistischen Länder jedenfalls als deutlich konservativer als Westeuropa (Welzel 2013).

Andere Länder, die sich einen stärkeren „Festungscharakter" Europas wünschen, sind Italien und Griechenland, an deren Küsten ein Großteil der nach Europa Flüchtenden ankommen. Für Griechenland lässt sich zeigen, dass die Bevölkerungen der Inseln, auf denen viele Geflüchtete auf Booten ankamen, sich stärker gegen Migrant*innen und Menschen muslimischen Glaubens aussprachen sowie eine restriktive Migrationspolitik unterstützten (Hangartner et al. 2019). Doch nicht nur in den Ankunftsstaaten im Mittelmeerraum hat die Fluchtbewegung politische Gräben aufgerissen, europaweit sammeln die populistischen Parteien mit ihrer Wagenburgmentalität Stimmen. War die innereuropäische Zuwanderung, selbst die aus Osteuropa, offenbar noch zumutbar, ist es die außereuropäische für Teile des Wahlvolks nicht mehr, jedenfalls nicht im Umfang der letzten Jahre (vgl. European Commission 2019; Gerhards et al. 2019).

Als Konsequenz hat die Bedeutung von Grenzen für (EU-)Europa wieder zugenommen. Ganz offenkundig die der EU-Außengrenzen (King et al. 2017; Recchi 2019), wovon zum Beispiel die Gründung von Frontex zeugt; aber in einer Art national-protektionistischem Spillover auch die der EU-Binnengrenzen. Heutzutage, so bemerkt Recchi mit einem Unterton der Resignation (2019, S. 265), gebe es in Europa mehr Mauern und Zäune als im Kalten Krieg. „Freezing, if not reversing the intra-EU free movement logic that inspired European integration in previous decade", so deutet Recchi (ebd.: S. 266) den Zeitgeist.

Ein Blick voraus. Wie geht es mit der europäischen Vergesellschaftung weiter? Wie schon der bayerische Satiriker Karl Valentin süffisant bemerkte, sind Prognosen immer dann besonders schwierig, wenn sie die Zukunft betreffen. Um dennoch einen begründeten Blick voraus wagen zu können, halten wir uns an die beiden Rahmenbedingungen der Transnationalisierung, die unsere Analyse hauptsächlich angeleitet haben: die institutionellen Regelungen und die Heterogenität des Sozialraums Europa. Ein roter Faden dieses Buches war das Argument, dass die *politische* Integration Europas über territoriale Erweiterung und rechtlich-institutionelle Vertiefung den Möglichkeitsspielraum für eine spezifisch europäische Vergesellschaftung massiv vergrößert hat. Floriert die EU, ist ceteris paribus auch ein weiteres soziales Zusammenwachsen Europas zu erwarten. Werden die EU-Mobilitätsrechte dagegen eingeschränkt oder reißt der rechtspopulistische Furor die Staatengemeinschaft auseinander, wird Europa ein weniger transnationaler Kontinent sein. Letzteres lässt sich schon im Vorlauf zum Brexit beobachten: Weil sich mit dem Austritt der rechtliche Status von drei Millionen „EU residents" in Großbritannien radikal verschlechtert (Favell und Barbulescu 2018), haben viele anderswo nach Jobs gesucht.

Stehen der EU weitere Austritte ins Haus? So sehr manche politische Kräfte mit dieser Option geflirtet haben: Großbritannien mit seiner traditionellen Europaskepsis ist ein Sonderfall (vgl. Carl et al. 2019), und die Regierungen im Süden und Osten der Staatengemeinschaft wissen nur zu gut um den Nutzen der Milliardenbeträge aus Brüssel, die sie mit einer Beendigung der Mitgliedschaft verlieren würden. Auch die Wähler*innen sind keineswegs so EU-müde, wie man vermuten könnte. Im Herbst 2018 waren EU-weit 68 % der repräsentativ Befragten der Meinung, dass ihr Land von der Mitgliedschaft in der Europäischen Union profitiert hat, der höchste Wert seit 25 Jahren (Schulmeister et al. 2018). Das Gespenst der Desintegration Europas, das unmittelbar nach dem Brexit-Referendum in Brüssel umging, scheint seinen Schrecken verloren zu haben (vgl. Deutschmann und Minkus 2018). Projektiert ist, dass weitere Länder der südöstlichen Peripherie der Staatengemeinschaft beitreten, auch wenn die Erweiterungseuphorie der Alt-Mitgliedstaaten verflogen ist und der Beitrittsprozess diesmal kein Selbstläufer wird, vielleicht mit Ausnahme Serbiens und

Montenegros (vgl. The Economist 2020b). Da die geplante Balkanerweiterung – alle Länder liegen in dieser Region – in der Grundkonstellation den vorigen Osterweiterungen ähnelt, wird sie die Zentrum-Peripherie-Struktur des Netzwerks Europa tendenziell eher verstärken als abschwächen, gerade bei der Migration. Allerdings haben sich, wie unsere Analysen in den vorigen Kapiteln gezeigt haben, viele bereits auf den Weg gen Westen gemacht, der *zusätzliche* Mobilitätseffekt eines möglichen EU-Beitritts ist also nicht zu groß zu veranschlagen. Da es sich um relativ kleine Länder mit einer Gesamtbevölkerung von rund 25 Mio. handelt, würden selbst nach einer kompletten Balkanerweiterung weniger Menschen unter dem Dach der EU versammelt sein als in der EU-28 mit Großbritannien.

In der *Vertiefungsdimension* erscheint der Spielraum für weitere Schritte in Richtung eines kosmopolitisch-grenzenlosen Europa derzeit sehr klein. Konfrontiert mit der Gefahr, Stimmen an das nationalistisch-populistische Lager zu verlieren, schrecken die Eliten erkennbar davor zurück, den Leuten „mehr Europa" zuzumuten. Neue EU-Programme zur Förderung der Mobilität sind eher kleinteilig, so das kostenlose Interrail-Ticket für unter 25-Jährige. Ein Bewahren des Erreichten wäre bei den Mobilitätsrechten schon ein Erfolg, wie die neue Unsicherheit um die soziale Dimension der Unionsbürgerschaft andeutet (s. oben). Zusammen mit den temporären Einschränkungen des Schengen-Abkommens und einem mindestens symbolischen Bedeutungsgewinn der nationalen Grenzen spätestens seit dem Flüchtlingszustrom scheinen die institutionellen Pfade für Transnationalisierung in der letzten Dekade in der Tat etwas holpriger geworden zu sein (vgl. dazu auch Recchi 2019, S. 257). Allerdings haben sich die Europäer*innen, wie unsere Auswertungen eindrucksvoll zeigen, davon keineswegs abschrecken lassen. Den Willen zur vertieften politischen Zusammenarbeit gibt es nach wie vor, vor allem aber in Fragen der inneren Sicherheit, der externen Zuwanderung und der Verteidigung – allesamt Themen, die eine Schließung des Kontinents nach außen signalisieren.

Als zweiter wichtiger Motor der transnationalen Vergesellschaftung, insbesondere der längerfristigen Personenmobilität, hat sich in diesem Buch die *strukturelle Heterogenität* Europas erwiesen, vor allem das wirtschaftliche Gefälle (Arbeitsmigration) und das wissenschaftliche Gefälle (Studierendenmobilität). Kommt es in diesen beiden Bereichen zu Konvergenz, schwächt sich ceteris paribus ein wesentlicher Anreiz ab, längerfristig ins Ausland zu gehen; kommt es zu Divergenz, ist mehr grenzüberschreitende Mobilität zu erwarten, vor allem, wenn die Europäer*innen die nationalen Lebensverhältnisse tatsächlich immer stärker mit denen in Europa vergleichen (Lahusen 2019). Die Vergangenheit lehrt, dass eine moderate Konvergenz das wahrscheinlichste Szenario ist:

Dieser Motor der Transnationalisierung bleibt also durchaus am Laufen, eventuell allerdings nicht mehr so hochtourig. Auch die demografische Entwicklung wäre in das Szenario einzubeziehen, denn immer kleinere Geburtskohorten rücken nach, besonders in den peripheren Ländern (vgl. The Economist 2020a). Und schließlich ist schwer zu prognostizieren, ob der Euro-Raum stabil bleibt oder in eine neue Schuldenkrise schlittert. Der Vollständigkeit halber sei erwähnt, dass wirtschaftliche Konvergenz, sofern diese „aufwärtsgerichtet" ist, andere Phänomene der Transnationalisierung durchaus ankurbeln würde, zum Beispiel das Reisen.

Ungemach kann der europäischen Vergesellschaftung aus einer ganz anderen Richtung drohen, der *ökologischen Nachhaltigkeit*. Das Netzwerk Europa basiert auf einer enormen Mobilität zu Lande, zu Wasser und in der Luft (vgl. auch Recchi et al. 2019b). Entsprechend ist die Menge an Treibhausgasen stark angewachsen, gerade durch den Flugverkehr, der maßgeblich zum Klimawandel beiträgt. Der europäische Ausstoß von CO_2 durch den Flugverkehr wächst weiter an, trotz anderslautender politischer Ziele (Spero 2019). Insofern sind die transnational Mobilen nicht nur die Avantgarde des grenzenlosen Europas, sondern verursachen auch den Klimawandel maßgeblich mit. Gelingt es nicht, in absehbarer Zeit die Emissionen drastisch zu senken, droht eine „Hothouse Earth" und damit das Ende der menschlichen Zivilisation (Steffen et al. 2018; Spratt und Dunlop 2019). Europa zahlt also für sein *soziales* Zusammenwachsen, ebenso wie für sein wirtschaftliches, einen hohen *ökologischen* Preis. Die Nachhaltigkeit des mobilitätsbasierten Vergesellschaftungsmodells ist mit den vorhandenen Technologien jedenfalls nicht zu bewerkstelligen, ein ökologischer Pyrrhus-Sieg kündigt sich an. Karima Delli, EU-Parlamentarierin und Vorsitzende des Ausschusses für Verkehr und Tourismus, bringt dieses Dilemma auf den Punkt: „While the benefits of air transport for EU citizens are clear in terms of mobility and connectivity, the sector represents a growing challenge for the environment in the years to come" (zit. nach Spero 2019). Es wird eine Herkulesaufgabe, das Netzwerk Europa klimaneutral und damit „grün" zu machen. Gelingt das nicht, wird der Kontinent andere Formen des sozialen Zusammenwachsens finden müssen.

Literatur

Abel, G. J., & Sander, N. (2014). Quantifying global international migration flows. *Science, 343*(6178), 1520–1522.

Abels, G., & Wilde, G. (2016). Legitimationsprobleme europäischer Staatlichkeit. In H.-J. Bieling & M. Große Hüttmann (Hrsg.), *Europäische Staatlichkeit – Zwischen Krise und Integration* (S. 259–280). Wiesbaden: Springer VS.

Agenda for a sustainable and competitive European tourism COM/2007/0621 final.

Airey, J., Lauridsen, K. M., Räsänen, A., Salö, L., & Schwach, V. (2017). The expansion of English-medium instruction in the Nordic countries: Can top-down university language policies encourage bottom-up disciplinary literacy goals? *Higher Education, 73*(4), 561–576.

Alber, J. (2006). The European social model and the United States. *European Union Politics, 7*(3), 393–419.

Altman, I., & Horn, J. P. P. (1991). Introduction. In I. Altman & J. P. P. Horn (Hrsg.), *"To Make America": European Emigration in the Early Modern Period* (S. 1–29). Berkeley: University of California Press.

Amelina, A. (2010). Transnationale Migration jenseits von Assimilation und Akkulturation. *Berliner Journal für Soziologie, 20*(2), 257–279.

Ana, M.-I. (2017). Tourism industry in the new Europe: Trends, policies and challenges. *Proceedings of the International Conference on Business Excellence, 11*(1), 493–503.

Apolinarski, B., & Tasso, B. (2018). International Students in Germany 2016. http://www.sozialerhebung.de/archiv/soz_21_ba-report_eng.pdf. Zugegriffen: 9. Jan. 2020.

Ariu, A. (2018). Determinants and consequences of international migration. In B. Biagi, et al. (Hrsg.), *New frontiers in interregional migration research* (S. 49–60). Cham: Springer.

Atoyan, R., Christiansen, L. E., Dizioli, A., Ebeke, C., Ilahi, N., Ilyina, A., Mehrez, G., Qu, H., Raei, F., Rhee, A., & Zakharova, D. (2016). Emigration and Its economic impact on Eastern Europe. *Staff Discussion Notes* 16(7).

Axford, B., & Huggins, R. (2000). Towards a post-national polity: The emergence of the network society in Europe. *The Sociological Review, 48*(31), 173–206.

Azose, J. J., & Raftery, A. E. (2019). Estimation of emigration, return migration, and transit migration between all pairs of countries. *Proceedings of the National Academy of Sciences, 116*(1), 116–122.

© Springer Fachmedien Wiesbaden GmbH, ein Teil von Springer Nature 2020
J. Delhey et al., *Netzwerk Europa,* Neue Bibliothek der Sozialwissenschaften,
https://doi.org/10.1007/978-3-658-30042-5

Baas, T., Brücker, H., & Hauptmann, A. (2009). EU-Osterweiterung: Positive Effekte durch Arbeitsmigration. *IAB-Kurzbericht* 9.

Babones, S. (2005). The country-level income structure of the world-economy. *Journal of World-Systems Research, 11*(1), 29–55.

Babones, S. (2007). Studying globalization: Methodological issues. In G. Ritzer (Hrsg.), *The blackwell companion to globalization* (S. 144–161). Oxford: Blackwell.

Bach, M. (1999). *Die Bürokratisierung Europas: Verwaltungseliten, Experten und politische Legitimation in Europa.* Frankfurt a. M.: Campus.

Bach, M. (2001). Beiträge der Soziologie zur Analyse der europäischen Integration. Eine Übersicht über theoretische Konzepte. In W. Loth & W. Wessels (Hrsg.), *Theorien europäischer Integration* (S. 147–173). Opladen: Leske + Budrich.

Bach, M. (2019). Eurokrise und soziale Ungleichheit. In M. Eigmüller & N. Tietze (Hrsg.), *Ungleichheitskonflikte in Europa* (S. 139–149). Wiesbaden: Springer VS.

Bachleitner, R., & Aschauer, W. (2015). Unterwegs in der Freizeit. Zur Soziologie des Reisens. In R. Freericks & D. Brinkmann (Hrsg.), *Handbuch Freizeitsoziologie* (S. 325–352). Wiesbaden: Springer VS.

Bachleitner, R., & Schimany, P. (1999). Grenzenlose Gesellschaft – Grenzenloser Tourismus? In H. Schwengel & B. Höpken (Hrsg.), *Grenzenlose Gesellschaft?* (S. 273–298). Herbolzheim: Centaurus.

Bade, K. J. (2001). Einwanderungskontinent Europa: Migration und Integration am Beginn des 21. Jahrhunderts. In K. J. Bade (Hrsg.), *Einwanderungskontinent Europa* (S. 17–47). Osnabrück: Universitätsverlag Rasch.

Baláž, V., & Williams, A. M. (2005). International tourism as bricolage: An analysis of central Europe on the brink of European Union membership. *International Journal of Tourism Research, 7*(2), 79–93.

Baldoni, E. (2003). The Free Movement of Persons in the European Union: A Legal-historical Overview. *PIONEUR Working Paper* 2.

Barbulescu, R., & Favell, A. (2020). Commentary: A citizenship without social rights? EU freedom of movement and changing access to social rights. *International Migration, 58*(1), 151–165.

Barnett, G. A. (1998). The social structure of international telecommunications. In H. Sawhney & G. A. Barnett (Hrsg.), *Progress in communication sciences: Advances in telecommunication research* (Bd. 15, S. 151–186). Norwood: Ablex Publishing Corporation.

Barnett, G. A. (2001). A longitudinal analysis of the international telecommunication network, 1978–1996. *American Behavioral Scientist, 44*(10), 1638–1655.

Barnett, G. A. (2012). Recent developments in the global telecommunication network. In R. H. Sprague (Hrsg.), *Proceedings of the 45th Hawaii International Conference on System Science, Maui, Hawaii, 4-7 January* (S. 4435–4444). Piscataway: IEEE.

Barnett, G. A., & Choi, Y. (1995). Physical distance and language as determinants of the international telecommunications network. *International Political Science Review, 16*(3), 249–265.

Barnett, G. A., & Salisbury, J. G. T. (1996). Communication and globalization: A longitudinal analysis of the international telecommunication network. *Journal of World-Systems Research, 2*, 1–32.

Barnett, G. A., & Wu, R. Y. (1995). The international student exchange network: 1970 & 1989. *Higher Education, 30*(4), 353–368.

Barnett, G. A., Lee, M., Jiang, K., & Park, H. W. (2016). The flow of international students from a macro perspective: A network analysis. *Compare: A Journal of Comparative and International Education, 46*(4), 533–559.

Barrell, R., Riley, R., & Fitzgerald, J. (2007). EU enlargement and migration: Assessing the macroeconomic impacts. *NIESR Discussion Paper* 292.

Bastian, M., Heymann, S., & Jacomy, M. (2009). Gephi: An open source software for exploring and manipulating networks. In *Proceedings of the Third International AAAI Conference on Weblogs and Social Media*. Menlo Park: AAAI Press.

Batsaikhan, U., Darvas, Z., & Raposo, I. G. (2018). People on the move: Migration and mobility in the European Union. *Bruegel Blueprint Series* 28.

Baudelle, G., & Guy, C. (2004). The Peripheral Areas of Western Europe and EU Regional Policy: Prospective Scenarios. Paper presented at the Europe at the Margins: EU Regional Policy, Peripherality & Rurality Conference, Angers, 15–17 April.

Baumbach, A. (2017). Liberalisierung des EU-Luftverkehrs: Die Geburtsstunde der Billig-flieger. https://www.aerotelegraph.com/die-geburtsstunde-der-billigflieger. Zugegriffen: 11. Juli 2019.

Beck, U., & Delanty, G. (2006). Europe from a cosmopolitan perspective. In G. Delanty (Hrsg.), *Europe and Asia beyond east and west* (S. 11–23). London: Routledge.

Beck, U., & Grande, E. (2004). *Das kosmopolitische Europa*. Frankfurt a. M.: Suhrkamp.

Beck, U., & Grande, E. (2010). Jenseits des methodologischen Nationalismus: Außereuropäische und europäische Variationen der Zweiten Moderne. *Soziale Welt, 61*, 187–216.

Beckert, S. (2017). Telephone all over the world with this throwback AT&T advert. https://blog.telegeography.com/telephone-all-over-the-world-with-this-throwback-att-advert. Zugegriffen: 22. Okt. 2019.

Beckfield, J. (2009). Remapping inequality in Europe: The net effect of regional integration on total income inequality in the European Union. *International Journal of Comparative Sociology, 50*(5–6), 486–509.

Beine, M., Noël, R., & Ragot, L. (2014). Determinants of the international mobility of students. *Economics of Education Review, 41*, 40–54.

Beine, M., Bourgeon, P., & Bricongne, J.-C. (2017). Aggregate Fluctuations and International Migration. *CESifo Working Paper* 4379.

Beisheim, M., Dreher, S., Walter, G., Zangl, B., & Zürn, M. (1999). *Im Zeitalter der Globalisierung*. Baden-Baden: Nomos.

Belyi, A., Bojic, I., Sobolevsky, S., Sitko, I., Hawelka, B., Rudikova, L., Kurbatski, A., & Ratti, C. (2017). Global multi-layer network of human mobility. *International Journal of Geographical Information Science, 31*(7), 1381–1402.

Berg, C., Milmeister, M., & Weis, C. (2013). Superdiversität in Luxemburg? In H. Sieburg (Hrsg.), *Vielfalt der Sprachen – Varianz der Perspektiven. Zur Geschichte und Gegenwart der Luxemburger Mehrsprachigkeit* (S. 9–36). Bielefeld: transcript.

Berger, P. L. (1997). Four faces of global culture. *The National Interest, 49*, 23–29.

Bertoli, S., & Fernández-Huertas Moraga, J. (2015). The size of the cliff at the border. *Regional Science and Urban Economics, 51*, 1–6.

Biggiero, L., & Basevi, M. (2009). Testing the Gravity Model through Network Analysis. Paper presented at the European Trade Study Group Conference, 10–12 September, Rome.

Bilecen, B., & van Mol, C. (2017). Introduction: International academic mobility and inequalities. *Journal of Ethnic and Migration Studies, 43*(8), 1241–1255.

Blanco-Romero, A., Blázquez-Salom, M., & Cànoves, G. (2018). Barcelona, housing rent bubble in a tourist city. Social Responses and Local Policies. *Sustainability, 10*(6), 1–18.

Blondel, V. D., Guillaume, J.-L., Lambiotte, R., & Lefebvre, E. (2008). Fast unfolding of communities in large networks. *Journal of Statistical Mechanics: Theory and Experiment, 10*(P10008), 1–12.

Boccaletti, S., Bianconi, G., Criado, R., Del Genio, C. I., Gómez-Gardenes, J., Romance, M., Sendina-Nadal, I., Wang, Z., & Zanin, M. (2014). The structure and dynamics of multilayer networks. *Physics Reports, 544*(1), 1–122.

Bojic, I., Sobolevsky, S., Nizetic-Kosovic, I., Podobnik, V., Belyi, A., & Ratti, C. (2015). Sublinear scaling of country attractiveness observed from Flickr dataset. In WIECON-ECE (Hrsg.), *2015 IEEE International WIE Conference on Electrical and Computer Engineering, 19–20 December 2015, Dhaka, Bangladesh* (S. 305–308). Piscataway: IEEE.

Bona, M. & Ferrari, L. (2017). Beyond Erasmus – where and why European students travel. https://euobserver.com/education/139735. Zugegriffen: 6. Jan. 2020.

Borgatti, S. P., Everett, M. G., & Freeman, L. C. (2002). *Ucinet for windows: Software for social network analysis*. Harvard: Analytic Technologies.

Borgatti, S. P., Everett, M. G., & Johnson, J. C. (2013). *Analyzing social networks*. Los Angeles: Sage.

Börzel, T. A. (2005). European Governance – Markt, Hierarchie oder Netzwerk? In G. F. Schuppert, I. Pernice, & U. Haltern (Hrsg.), *Europawissenschaft* (S. 613–641). Baden-Baden: Nomos.

Brabandt, H., & Mau, S. (2013). Liberal cosmopolitanism and cross-border mobility: The case of visa policies. *Global Society, 27*(1), 53–72.

Brodersen, M. (2014). Mobility: Ideological Discourse and Individual Narratives. In J. Gerhards, S. Hans, & S. Carlson (Hrsg.), *Globalisierung, Bildung und grenzüberschreitende Mobilität* (S. 93–108). Wiesbaden: Springer VS.

Brubaker, R. (1991). International migration: A challenge for humanity. *International Migration Review, 25*(4), 946–957.

Brücker, H. (2005). EU-Osterweiterung: Übergangsfristen führen zur Umlenkung der Migration nach Großbritannien und Irland. *DIW Wochenbericht, 72*(22), 353–359.

Brunet, R. (1989). *Les villes européennes: Rapport pour la DATAR, Délégation à l'Aménagement du Territoire et à l'Action Régionale*. Paris: La Documentation Française.

Brunet, R. (2002). Lignes de force de l'espace Européen. *Mappe monde, 66*(2), 14–19.

Bruter, M. (2005). *Citizens of Europe? The emergence of a mass European identity*. Houndmills: Palgrave Macmillan.

Bruzelius, C., Jacqueson, C., & Seeleib-Kaiser, M. (2018). (Dis)united in diversity? Social policy and social rights in the EU. In F. Pennings & M. Seeleib-Kaiser (Hrsg.), *EU citizenship and social rights* (S. 51–75). Cheltenham: Elgar.

Bühlmann, M. (2011). The quality of democracy: From crises and success stories. Paper presented at the IPSA-ECPR joint conference, Sao Paolo, February 16–19.

Bundesnetzagentur. (2017). Aktuelle Roaming-Regelungen in der Europäischen Union: EU-Roaming-Verordnung. https://www.bundesnetzagentur.de/DE/Sachgebiete/Telekommunikation/Verbraucher/WeitereThemen/InternRoaming/EURoaming/EURoaming-node.html. Zugegriffen: 11. Juli 2019.

Bundeszentrale für politische Bildung. (2009). Entwicklung der Integration. https://www.bpb.de/internationales/europa/europaeische-union/42995/grafik-entwicklung. Zugegriffen: 10. Jan. 2020.

Burghouwt, G., de Leon, P. M., & de Wit, J. (2015). EU Air Transport Liberalisation Process, Impacts and Future Considerations. *OECD International Transport Forum Discussion Paper 4*.

Burkhart, S., & Wittersheim, U. (2017). Internationale Hochschulrankings und ihre Bedeutung für das Hochschulmarketing. *GATE-Schriftenreihe Hochschulmarketing 15*.

Büttner, S. M. (2019). Eurokratiekritik als Ausdruck eines Ungleichheitskonflikts? In M. Eigmüller & N. Tietze (Hrsg.), *Ungleichheitskonflikte in Europa* (S. 151–169). Wiesbaden: Springer VS.

Bygnes, S., & Flipo, A. (2017). Political motivations for intra-European migration. *Acta Sociologica, 60*(3), 199–212.

Cardillo, A., Zanin, M., Gómez-Gardeñes, J., Romance, M., del Amo, Alejandro J. García, & Boccaletti, S. (2013). Modeling the multi-layer nature of the European air transport network: Resilience and passengers re-scheduling under random failures. *The European Physical Journal Special Topics, 215*(1), 23–33.

Carl, N., Dennison, J., & Evans, G. (2019). European but not European enough: An explanation for brexit. *European Union Politics, 20*(2), 282–304.

Caruso, R., & de Wit, H. (2015). Determinants of mobility of students in Europe: Empirical evidence for the period 1998–2009. *Journal of Studies in International Education, 19*(3), 265–282.

Cassee, A. (2016). *Globale Bewegungsfreiheit: Ein philosophisches Plädoyer für offene Grenzen*. Berlin: Suhrkamp.

Castells, M. (2003). *Das Informationszeitalter. Bd. 1. Der Aufstieg der Netzwerkgesellschaft*. Opladen: Leske+Budrich.

Castles, S. (1986). The guest-worker in Western Europe – An obituary. *International Migration Review, 20*(4), 761–778.

Castles, S., de Haas, H., & Miller, M. J. (2014). *The age of migration: International population movements in the modern world*. Hampshire: Palgrave Macmillan.

CEPII Gravity Dataset. http://www.cepii.fr/CEPII/en/bdd_modele/presentation.asp?id=8. Zugegriffen: 14. Mai 2017.

Červová, L., & Pavlů, K. (2018). Film tourism as a destination promotion instrument: A case study of iceland. In V. Bevanda & S. Štetić (Hrsg.), *Modern management tools and economy of tourism sector in present Era* (S. 179–192). Belgrade: Association of Economists and Managers of the Balkans,

Charron, N. (2013). Impartiality, friendship-networks and voting behavior: Evidence from voting patterns in the eurovision song contest. *Social Networks, 35*(3), 484–497.

Chase-Dunn, C., Kawano, Y., & Brewer, B. D. (2000). Trade globalization since 1795: Waves of integration in the world-system. *American Sociological Review, 65*, 77–95.

Cheng, Z., Caverlee, J., Lee, K., & Sui, D. Z. (2011). Exploring millions of footprints in location sharing services. In *Proceedings of the Fifth International AAAI Conference on Weblogs and Social Media* (S. 81–88).

Chien, C.-L. (2016). *Introduction to the UNESCO Institute for Statistics*. Tokyo: Presented at the Asian Students Cultural Association.

Choi, Y., & Ahn, M. (1997). Telecommunication, transportation, and trade networks of 15 European countries. *International Communication Gazette, 58*(3), 189–204.

Christian, P. (2018a). Return of the rise of the apps. https://blog.telegeography.com/return-of-the-rise-of-the-apps. Zugegriffen: 8. Sept. 2019.

Christian, P. (2018b). Voice traffic's slump continued in a big way last year. https://blog.telegeography.com/voice-traffics-slump-continued-in-a-big-way-last-year. Zugegriffen: 8. Sept. 2019.

Christopoulos, D. C. (2008). The governance of networks: Heuristic or formal analysis? A reply to Rachel Parker. *Political Studies, 56*(2), 475–481.

Cirlanaru, K. (2015). A Europeanization of identities? Quantitative analysis of space-based collective identities in Europe. In V. Kaina, I. P. Karolewski, & S. Kuhn (Hrsg.), *European identity revisited: New approaches and recent empirical evidence* (S. 84–114). New York: Routledge.

Clancy, M. (2020). Overtourism and resistance: Today's anti-tourist movement in context. In H. Pechlaner, E. Innerhofer, & G. Erschbamer (Hrsg.), *Overtourism* (S. 14–24). New York: Routledge.

Coleman, D. (1996). Großbritannien und die internationale Migration: Die Bilanz hat sich geändert. In H. Fassmann & R. Münz (Hrsg.), *Migration in Europa* (S. 53–88). Frankfurt a. M: Campus.

Coscia, M., Giannotti, F., & Pedreschi, D. (2011). A classification for community discovery methods in complex networks. *Statistical Analysis and Data Mining, 4*(5), 512–546.

Craig, J. E. (1981). The expansion of education. *Review of Research in Education, 9*(1), 151.

Crossman, J. E., & Clarke, M. (2010). International experience and graduate employability: Stakeholder perceptions on the connection. *Higher Education, 59*(5), 599–613.

Czaika, M., & de Haas, H. (2014a). The effect of visa policies on international migration dynamics. *International Migration Institute Working Paper* 89.

Czaika, M., & de Haas, H. (2014b). The globalization of migration: Has the world become more migratory? *International Migration Review, 48*(2), 283–323.

Dahrendorf, R. (1972). *Konflikt und Freiheit: Auf dem Weg zur Dienstklassengesellschaft.* München: Piper.

Danchev, V., & Porter, M. A. (2018). Neither global nor local: Heterogeneous connectivity in spatial network structures of world migration. *Social Networks, 53,* 4–19.

Davis, D., & Gift, T. (2014). The positive effects of the schengen agreement on European trade. *The World Economy, 37*(11), 1541–1557.

Davis, K. F., D'Odorico, P., Laio, F., & Ridolfi, L. (2013). Global spatio-temporal patterns in human migration: A complex network perspective. *PloS one, 8*(1), e53723.

Dekker, A. (2007). The eurovision song contest as a 'friendship' network. *Connections, 27*(3), 53–58.

Dekker, D., Krackhardt, D., & Snijders, T. (2003). Multicollinearity robust QAP for multiple regression. Paper presented at the 1st annual conference of the North American Association for Computational Social and Organizational Science, 23–24 October, Tempe/Phoenix, USA.

Dekker, D., Krackhardt, D., & Snijders, T. A. B. (2007). Sensitivity of MRQAP tests to collinearity and autocorrelation conditions. *Psychometrika, 72*(4), 563–581.

Delanty, G. (1998). Social theory and European transformation: Is there a European society? *Sociological Research Online, 3*(1), 103–117.

Delanty, G., & Rumford, C. (2005). *Rethinking Europe: Social theory and the implications of Europeanization.* London: Routledge.

Delhey, J. (2001). *Osteuropa zwischen Marx und Markt. Soziale Ungleichheit und soziales Bewusstsein nach dem Kommunismus.* Hamburg: Krämer.

Delhey, J. (2004a). European social integration: From convergence of countries to transnational relations between peoples. *WZB Discussion Paper* 201.

Delhey, J. (2004b). Nationales und transnationales Vertrauen in der Europäischen Union. *Leviathan, 32*(1), 15–45.

Delhey, J. (2005). Das Abenteuer der Europäisierung. *Soziologie, 34*(1), 7–27.

Delhey, J. (2007a). Do enlargements make the European union less cohesive? An analysis of trust between EU nationalities. *Journal of Common Market Studies, 45*(2), 253–279.

Delhey, J. (2007b). Grenzüberschreitender Austausch und Vertrauen. Ein Test der Transaktionsthese für Europa. *Kölner Zeitschrift für Soziologie und Sozialpsychologie, Sonderheft, 47*, 141–162.

Delhey, J. (2010). Die osterweiterte EU – ein optimaler Integrationsraum? In M. Eigmüller & S. Mau (Hrsg.), *Gesellschaftstheorie und Europapolitik* (S. 194–212). Wiesbaden: VS Verlag.

Delhey, J., & Deutschmann, E. (2016). Zur Europäisierung der Handlungs- und Einstellungshorizonte: Ein makrosoziologischer Vergleich der EU-Mitgliedsstaaten. *Berliner Journal für Soziologie, 26*, 7–33.

Delhey, J., Deutschmann, E., Graf, T., & Richter, K. (2014). Measuring the Europeanization of everyday life: Three new indices and an empirical application. *European Societies, 16*(3), 355–377.

Delhey, J., Deutschmann, E., & Cirlanaru, K. (2015). Between 'class project' and individualization: The stratification of Europeans' transnational activities. *International Sociology, 30*(3), 269–293.

Delhey, J., & Kohler, U. (2005). From nationally bounded to pan-European inequalities? On the importance of foreign countries as reference groups. *European Sociological Review, 22*(2), 125–140.

Delhey, J., & Steckermeier, L. C. (2016). The good life, affluence, and self-reported happiness: Introducing the good life index and debunking two popular myths. *World Development, 88*, 50–66.

Delhey, J., Verbalyte, M., Aplowski, A., & Deutschmann, E. (2019). Free to move: The evolution of the European migration network, 1960–2017. In M. Heidenreich (Hrsg.), *Horizontal Europeanisation* (S. 63–88). Abingdon: Routledge.

Dennison, J., & Geddes, A. (2018). Brexit and the perils of 'Europeanised' migration. *Journal of European Public Policy, 25*(8), 1137–1153.

Derudder, B., & Witlox, F. (2005). An appraisal of the use of airline data in assessing the world city network: A research note on data. *Urban Studies, 42*(13), 2371–2388.

Deutsch, K. W. (1957). *Political community and the North Atlantic area: International organization in the light of historical experience.* Princeton: Princeton University Press.

Deutsch, K. W. (1960). The propensity to international transactions. *Political Studies, 8*(2), 147–155.

Deutsch, K. W., Burrel, S. A., Kann, R. A., Lee, M., Lichtermann, M., Lindgren, R., Loewenheim, F. L., & Van Wagen, W. E. Richard. (1966). Political community and the north atlantic area. In K. W. Deutsch, et al. (Hrsg.), *International political communities. An anthology* (S. 1–91). Garden City: Anchor Books.

Deutschmann, E. (2015). Regionalization and Globalization in Networks of Transnational Human Mobility 2000–2010. *SSRN Electronic Journal.*

Deutschmann, E. (2016). The spatial structure of transnational human activity. *Social Science Research, Special issue, 59,* 120–136.

Deutschmann, E. (2017). *Mapping the Transnational World: Towards a Comparative Sociology of Regional Integration.* Unpublished Doctoral Dissertation, Jacobs University/University of Bremen.

Deutschmann, E. (2019). Regionalization and globalization in networks of transnational human mobility, 1960–2010. *SocietàMutamentoPolitica, 10*(20), 139–154.

Deutschmann, E., & Minkus, L. (2018). How Trump and Brexit united Europe. https://theconversation.com/how-trump-and-brexit-united-europe-107945. Zugegriffen: 12. Juni 2019.

Deutschmann, E., Delhey, J., Verbalyte, M., & Aplowski, A. (2018). The power of contact: Europe as a network of transnational attachment. *European Journal of Political Research, 57*(4), 963–988.

Deutschmann, E., Recchi, E., & Bicchi, F. (2019). Mobility hub or hollow? Cross-border travelling in the Mediterranean, 1995–2016. *Global Networks* 9(2): Online first.

DeWaard, J., Kim, K., & Raymer, J. (2012). Migration systems in Europe: Evidence from harmonized flow data. *Demography, 49*(4), 1307–1333.

de Benedictis, L., & Tajoli, L. (2011). The world trade network. *The World Economy, 34*(8), 1417–1454.

de Haas, H., Natter, K., & Vezzoli, S. (2018). Growing restrictiveness or changing selection? The nature and evolution of migration policies. *International Migration Review, 52*(2), 324–367.

de la Rica, S., Glitz, A., & Ortega, F. (2013). Immigration in Europe: Trends, Policies and Empirical Evidence. *IZA Discussion Papers* 7778.

de Swaan, A. (2001). *Words of the world: The global language system.* Cambridge: Polity Press.

de Vita, G., & Case, P. (2003). Rethinking the internationalisation agenda in UK higher education. *Journal of Further and Higher Education, 27*(4), 383–398.

de Wit, H. (2002). *Internationalization of higher education in the United States of America and Europe: A historical, comparative, and conceptual analysis.* Westport: Greenwood Press.

de Witte, F (2015). *Justice in the EU: The emergence of transnational solidarity.* Oxford: Oxford University Press.

Dietz, B., Frevel, B., & Toens, K. (2015). *Sozialpolitik kompakt.* Wiesbaden: Springer VS.

Díez Medrano, J. (2010). A new society in the making: European integration and european social groups. *KFG (The Transformative Power of Europe) Working Paper* 12.

Díez Medrano, J. (2016). Globalization, transnational human capital, and employment in the European Union. *International Journal of Comparative Sociology, 57*(6), 449–470.

Díez Medrano, J., Cortina, C., Safranoff, A., & Castro-Martín, T. (2014). Euromarriages in Spain: Recent trends and patterns in the context of European integration. *Population, Space and Place, 20*(2), 157–176.

Dobruszkes, F. (2006). An analysis of European low-cost airlines and their networks. *Journal of Transport Geography, 14*(4), 249–264.

Dobruszkes, F. (2013). The geography of European low-cost airline networks: A contemporary analysis. *Journal of Transport Geography, 28*, 75–88.

Domschke, J.-P. (1997). *Ströme verbinden die Welt: Telegraphie – Telefonie – Telekommunikation*. Wiesbaden: Vieweg+Teubner.

Dreher, A., & Poutvaara, P. (2005). Student Flows and Migration: An Empirical Analysis. *CESifo Working Paper Series* 1490.

Dummer, N. (2018). Wie das Reisen vom Luxusgut zur Massenware wurde: Interview mit Hasso Spode. https://www.wiwo.de/politik/deutschland/kommerzialisierung-des-reisens-wie-das-reisen-vom-luxusgut-zur-massenware-wurde/22878400.html. Zugegriffen: 10. Sept. 2019.

East West Communications. (2017). East West Global Index 200. http://www.eastwestcoms.com/global_alpha_annual_2010.htm. Zugegriffen: 12. März 2017.

Eckardt, P. (2005). *Der Bologna-Prozess: Entstehung, Strukturen und Ziele der europäischen Hochschulreformpolitik*. Norderstedt: Books on Demand.

El-Mafaalani, A. (2018). *Das Integrationsparadox: Warum gelungene Integration zu mehr Konflikten führt*. Köln: Kiepenheuer & Witsch.

Esser, H. (2000). *Soziologie – Spezielle Grundlagen. Band 2: Die Konstruktion der Gesellschaft*. New York: Campus.

Ette, A., & Sauer, L. (2010). *Auswanderung aus Deutschland. Daten und Analysen zur internationalen Migration deutscher Staatsbürger*. Wiesbaden: VS Verlag.

Eurofound. (2018). Fortschritte bei der Konvergenz im sozioökonomischen Bereich. Beobachtung der Konvergenz in der EU. https://www.eurofound.europa.eu/sites/default/files/ef_publication/field_ef_document/ef18060de.pdf. Zugegriffen: 15. Nov. 2019.

Europäische Union. (2019). Roaming in der EU. https://europa.eu/youreurope/citizens/consumers/internet-telecoms/mobile-roaming-costs/index_de.htm. Zugegriffen: 11. Juli 2019.

European Asylum Support Office. (2016). Annual Report on the Situation of Asylum in the European Union 2015. https://www.easo.europa.eu/sites/default/files/public/EN_%20Annual%20Report%202015_1.pdf. Zugegriffen: 7. März 2017.

European Commission. (2002). Candidate Countries Eurobarometer 2002.1: Social Situation in the Countries Applying for European Union Membership. https://www.gesis.org/eurobarometer-data-service/survey-series/candidate-countries-eb/study-profiles/cc-eb-20021. Zugegriffen: 20. Nov. 2019

European Commission. (2014). The Erasmus Impact Study: Effects of mobility on the skills and employability of students and the internationalisation of higher education institutions. https://ec.europa.eu/programmes/erasmus-plus/resources/documents/erasmus-impact-study_de. Zugegriffen: 12. Dez. 2019.

European Commission. (2016). Standard Eurobarometer 84, Autumn 2015: European Citizenship. Report. https://ec.europa.eu/commfrontoffice/publicopinion/index.cfm/Survey/getSurveyDetail/instruments/STANDARD/surveyKy/2098. Zugegriffen: 21. Nov. 2019.

European Commission. (2018). Standard Eurobarometer 89. Public Opinion in the European Union. https://ec.europa.eu/commfrontoffice/publicopinionmobile/index.cfm/Survey/getSurveyDetail/surveyKy/2180. Zugegriffen: 20. Nov. 2019.

European Commission. (2019). Standard Eurobarometer 91. Public Opinion in the European Union. https://ec.europa.eu/commfrontoffice/publicopinionmobile/index.cfm/Survey/getSurveyDetail/surveyKy/2253. Zugegriffen: 30. Nov. 2019.

European Commission/EACEA/Eurydice. (2018). *The European higher education area 2018: Bologna process implementation report*. Luxembourg: Publications Office of the European Union.

European Data Journalism Network. (2019). How many Bulgarians live in Europe? And what are the trends in their mobility? https://www.europeandatajournalism.eu/eng/News/Data-news/How-many-Bulgarians-live-in-Europe-And-what-are-the-trends-in-their-mobility. Zugegriffen: 11. Jan. 2020.

European Parliament. (2018). Acquisition and loss of citizenship in EU Member States: Key trends and issues. https://www.europarl.europa.eu/RegData/etudes/BRIE/2018/625116/EPRS_BRI(2018)625116_EN.pdf. Zugegriffen: 20. Jan. 2020.

European Parliament. (2019). Asylum and migration in the EU: Facts and figures. https://www.europarl.europa.eu/news/en/headlines/priorities/refugees/20170629STO78630/asylum-and-migration-in-the-eu-facts-and-figures. Zugegriffen: 5. Febr. 2020.

European Travel Commission. (2018). European Tourism in 2018: Trends & Prospects. *Quaterly Report* Q1/2018.

European University at St. Petersburg. (2015). Friends and Enemies: Foreign Students in Late Soviet Universities. https://eusp.org/en/news/druzya-i-vragi-inostrannye-studenty-v-pozdnesovetskikh-universitetakh. Zugegriffen: 12. Jan. 2020.

Eurostat. (2013). Archive: Telecommunication Statistics. https://ec.europa.eu/eurostat/statistics-explained/index.php?title=Archive:Telecommunication_statistics&oldid=153514. Zugegriffen: 20. Juni 2019.

Eurostat. (2017). Marriages by citizenship of bride and groom (Code: demo_marcz). https://data.europa.eu/euodp/en/data/dataset/npkl8UefW8YASbkG5dA. Zugegriffen: 12. Jan. 2020.

Eurostat. (2018a). Statistics Explained: Asylum Statistics. http://ec.europa.eu/eurostat/statistics-explained/index.php/Asylum_statistics#Citizenship_of_first-time_applicants:_most_from_Syria_and_Iraq. Zugegriffen: 21. Juni 2018.

Eurostat. (2018b). Unemployment by sex and age – annual average (Code: une_rt_a). https://data.europa.eu/euodp/en/data/dataset/Ra0dEQf68N4T5Za9DZUkNg. Zugegriffen: 18. Nov. 2019.

Eurostat. (2019a). Number of establishments and bed-places (Code: tin00181). https://data.europa.eu/euodp/en/data/dataset/96czw63dlmnEyi5fAP6T6g. Zugegriffen: 8. Juni 2019.

Eurostat. (2019b). Number of foreign languages known (self-reported) by age (Code: edat_aes_l22). https://data.europa.eu/euodp/en/data/dataset/bMjK3hlFrnnRmKrZzZawNQ. Zugegriffen: 11. Nov. 2019.

Eurostat. (2019c). Number of trips (Code: tour_dem_tttot). https://data.europa.eu/euodp/en/data/dataset/VhmK9rUhpn0VgPG7qOLyA. Zugegriffen: 21. Dez. 2019.

Eurostat. (2019d). Participation in tourism for personal purposes (tourists as share of total population) (Code: tin00186). https://data.europa.eu/euodp/en/data/dataset/2lrevmRG4p jX1z4jGt6g. Zugegriffen: 8. Juni 2019.

Eurostat. (2019e). Population on 1st January by Age, Sex and Type of Projection (Code: proj_15npms). https://data.europa.eu/euodp/en/data/dataset/g33Nsv6Vud3AmmX9EJeOw. Zugegriffen: 6. Aug. 2019.

Eurostat. (2019f). Statistics Explained: Acquisition of Citizenship Statistics. https://ec.europa.eu/eurostat/statistics-explained/index.php/Acquisition_of_citizenship_statistics. 20. Jan. 2020.

Eurostat. (2019g). Statistics Explained: Enlargement Countries – Information and Communication Technology Statistics. https://ec.europa.eu/eurostat/statistics-explained/index.php/Enlargement_countries_-_information_and_communication_technology_statistics#Mobile_phone_subscriptions. Zugegriffen: 1. März 2019.

Eurostat. (2019h). Statistics Explained: Tourism Trips of Europeans. https://ec.europa.eu/eurostat/statistics-explained/index.php?title=Tourism_trips_of_Europeans. Zugegriffen: 19. Dez. 2019.

Eurostat. (2019i). Statistics Explained: Tourism Statistics – Participation in Tourism. https://ec.europa.eu/eurostat/statistics-explained/index.php?title=Tourism_statistics_-_participation_in_tourism#Half_of_the_Europeans_who_did_not_make_tourism_trips_mentioned_financial_reasons. Zugegriffen: 20. Dez. 2019.

Eurostat-Pressestelle. (2016). Fremdsprachenerwerb: 60% der Schüler im Sekundarbereich I erlernten 2014 mehr als eine Fremdsprache. https://ec.europa.eu/eurostat/documents/2995521/7146714/3-01022016-AP-DE.pdf/ce9c8961-c786-4566-963a-fd30b26fc39d. Zugegriffen: 8. Aug. 2019.

Fagiolo, G., & Mastrorillo, M. (2013). International migration network: Topology and modeling. *Physical Review, 88*(1), e012812.

Fagiolo, G., & Mastrorillo, M. (2014). Does human migration affect international trade? *A complex-network perspective. PloS one, 9*(5), e97331.

Fan, T. (2006). Improvements in intra-European inter-city flight connectivity: 1996–2004. *Journal of Transport Geography, 14*(4), 273–286.

Farahat, A. (2019). Konflikte um Solidarität und Inklusion vor dem EuGH: Zum Bedeutungswandel der Unionsbürgerschaft. In M. Eigmüller & N. Tietze (Hrsg.), *Ungleichheitskonflikte in Europa* (S. 233–262). Wiesbaden: Springer VS.

Fassmann, H., & Münz, R. (1994). European East-West Migration, 1945–1992. *International Migration Review, 28*(3), 520–538.

Fassmann, H., & Münz, R. (1996). Europäische Migration – ein Überblick. In H. Fassmann & R. Münz (Hrsg.), *Migration in Europa* (S. 13–52). Frankfurt a. M.: Campus.

Favell, A. (2005). Europe's identity problem. *West European Politics, 28*(5), 1109–1116.

Favell, A. (2008a). *Eurostars and Eurocities: Free movement and mobility in an integrating Europe*. Malden: Blackwell.

Favell, A. (2008b). The new face of east-west migration in Europe. *Journal of Ethnic and Migration Studies, 34*(5), 701–716.

Favell, A. (2017). European Union versus European Society: Sociologists on 'Brexit' and the 'Failure' of Europeanization. In W. Outhwaite (Hrsg.), *Brexit* (S. 193–199). London: Anthem Press.

Favell, A., & Barbulescu, R. (2018). Brexit, 'Immigration' and Anti-discrimination. In P. Diamond, et al. (Hrsg.), *The Routledge handbook of the politics of Brexit* (S. 118–133). London: Routledge.

Favell, A., & Recchi, E. (2009). Pioneers of European Integration: An introduction. In E. Recci & A. Favell (Hrsg.), *Pioneers of European integration* (S. 1–25). Cheltenham: Elgar.

Favell, A., & Recchi, E. (2019). Introduction: Social transnationalism in an unsettled continent. In E. Recchi, et al. (Hrsg.), *Everyday Europe* (S. 1–33). Bristol: Policy Press.

Fedyuk, O., & Kindler, M. (2016). Migration of Ukrainians to the European Union: Background and key issues. In M. Kindler & O. Fedyuk (Hrsg.), *Ukrainian migration to the European Union: Lessons from migration studies* (S. 1–14). Amsterdam: Springer.

Fehérváry, K. (2002). American Kitchens, Luxury Bathrooms, and the Search for a 'Normal' Life in Postsocialist Hungary. *Ethnos Journal of Anthropology, 67*(3), 369–400.

Fehmel, T. (2019). *Grundlagen und Wandel sozialer Sicherung. Von nationaler Umverteilungsbereitschaft zu postnationaler Redistribution.* Bielefeld: transcript.

Fernández, J. J., Eigmüller, M., & Börner, S. (2016). Domestic transnationalism and the formation of pro-European sentiments. *European Union Politics, 17*(3), 457–481.

Fernholz, T. (2014). This map of international phone calls explains globalization. https://qz.com/290868/this-map-of-international-phone-calls-explains-globalization/. Zugegriffen: 16. Juni 2017.

Fligstein, N. (2008). *Euroclash: The EU, European identity, and the future of Europe.* New York: Oxford University Press.

Flora, P. (2000). Externe Grenzbildung und interne Strukturierung – Europa und seine Nationen. *Berliner Journal für Soziologie, 10*(2), 151–165.

Foster, J. (2017). Crowds and cruise ships have 'ruined' Dubrovnik. https://www.telegraph.co.uk/travel/destinations/europe/croatia/dubrovnik/articles/dubrovnik-faces-overcrowding-cruise-ship-visitors-/. Zugegriffen: 18. Aug. 2019.

Freedom House. (2019). Freedom in the World: Democracy in Retreat. https://freedomhouse.org/report/freedom-world/2019/democracy-retreat. Zugegriffen: 11. Juni 2020.

Freyer, W. (2011). *Tourismus. Einführung in die Fremdenverkehrsökonomie.* München: Oldenbourg.

Friedman, T. L. (2005). *The world is flat: A brief history of the twenty-first century.* New York: Farrar, Straus and Giroux.

Gabrielli, L., Deutschmann, E., Natale, F., Recchi, E., & Vespe, M. (2019). Dissecting global air traffic data to discern different types and trends of transnational human mobility. *EPJ Data Science, 8*(1), 1–24.

Garton Ash, T., & Badal, Y. (1990). *Ein Jahrhundert wird abgewählt. Aus den Zentren Mitteleuropas 1980–1990.* München: Hanser.

Gaspar, S., Ferreira, A. C., & Ramos, M. (2017). European bi-national marriages in Portugal and EU social integration. *Portuguese Journal of Social Science, 16*(3), 393–410.

Gasser, H. (2010). Woher kommt die Reiselust? Interview mit Hasso Spode. https://www. sueddeutsche.de/reise/nachgefragt-woher-kommt-die-reiselust-1.252316. Zugegriffen: 17. Sept. 2018.

Geddes, A. (2018). The politics of European Union migration governance. *Journal of Common Market Studies, 56*(3–4), 120–130.

Geißler, M. (2018). „Tourism kills Mallorca": Inselbewohner protestieren. https://www. reisereporter.de/artikel/4741-mallorca-bewohner-und-linke-gruppen-protestieren-gegen-massentourismus-mit-plakaten-am-flughafen-und-graffiti. Zugegriffen: 17. Juli 2019.

Geißler, R. (2014). *Die Sozialstruktur Deutschlands.* Wiesbaden: Springer.

Gengnagel, V., Beyer, S., Baier, C., & Münch, R. (2019). Europeanisation and global academic capitalism. The case of the European Research Council. In M. Heidenreich (Hrsg.), *Horizontal Europeanisation* (S. 129–152). Abingdon: Routledge.

Gerhards, J. (2007). *Cultural overstretch? Differences between old and new member states of the EU and Turkey.* London: Routledge.

Gerhards, J. (2010). *Mehrsprachigkeit im vereinten Europa. Transnationales sprachliches Kapital als Ressource in einer globalisierten Welt.* Wiesbaden: Springer.

Gerhards, J., & Hans, S. (2013). Transnational human capital, education, and social inequality. Analyses of international student exchange. *Zeitschrift für Soziologie, 42*(2), 99–117.

Gerhards, J., Hans, S., & Carlson, S. (2014). *Globalisierung, Bildung und grenzüberschreitende Mobilität.* Wiesbaden: Springer VS.

Gerhards, J., & Rössel, J. (1999). Zur Transnationalisierung der Gesellschaft der Bundesrepublik: Entwicklungen, Ursachen und mögliche Folgen für die europäische Integration. *Zeitschrift für Soziologie, 28*(5), 325–344.

Gerhards, J., Hans, S., & Carlson, S. (2016). *Klassenlage und transnationales Humankapital: Wie Eltern der mittleren und oberen Klassen ihre Kinder auf die Globalisierung vorbereiten.* Wiesbaden: Springer VS.

Gerhards, J., Hans, S., Carlson, S., & Drewski, D. (2017). The globalisation of labour markets: A content analysis of the demand for transnational human capital in job advertisements. *Soziale Welt, 68*(1), 25–44.

Gerhards, J., & Lengfeld, H. (2014). In welchem Maße ist die Europäische Union eine sozial integrierte Gesellschaft? In M. Heidenreich (Hrsg.), *Krise der europäischen Vergesellschaftung? Soziologische Perspektiven* (S. 201–226). Wiesbaden: Springer VS.

Gerhards, J., Lengfeld, H., Ignácz, Z., Kley, F. K., & Priem, M. (2019). *European solidarity in times of crisis: Insights from a thirteen-country survey.* London: Routledge.

González, C. R., Bustillo Mesanza, R., & Mariel, P. (2011). The determinants of international student mobility flows: An empirical study on the Erasmus programme. *Higher Education, 62*(4), 413–430.

Goodhart, D. (2017). *The road to somewhere: The populist revolt and the future of politics.* London: Hurst.

Grabbe, H. (2000). The sharp edges of Europe: Extending schengen eastwards. *International Affairs, 76*(3), 519–536.

Green, C. (2014). EU's Erasmus study abroad programme is 'responsible for 1m babies'. https://www.independent.co.uk/student/news/eus-erasmus-study-abroad-programme-responsible-for-1m-babies-9751749.html. Zugegriffen: 19. Aug. 2019.

Greife, L. (2017). „Tourist go home!" – Proteste gegen Urlauber in Spanien. https://www.reisereporter.de/artikel/2079-tourists-go-home-spanien-radikale-proteste-gegen-urlauber. Zugegriffen: 18. Aug. 2019.

Gruber, K. H. (2010). Wem der Numerus clausus droht: Unis in Österreich. https://www.zeit.de/2010/18/A-Bildungspolitik. Zugegriffen: 18. Nov. 2019.

Grund, T. (2017). Network analysis using STATA. https://nwcommands.wordpress.com/. Zugegriffen: 1. Juli 2017.

Gülzau, F., Mau, S., & Zaun, N. (2016). Regional mobility spaces? Visa waiver policies and regional integration. *International Migration, 54*(6), 164–180.

Gürüz, K. (2008). *Higher education and international student mobility in the global knowledge economy.* Albany: State University of New York Press.

Haas, E. B., & Schmitter, P. C. (1964). Economics and differential patterns of political integration: Projections about unity in Latin America. *International Organization, 18*(4), 705–737.

Habermas, J. (2011). *Zur Verfassung Europas: Ein Essay.* Berlin: Suhrkamp.

Hainmueller, J., Hangartner, D., & Pietrantuono, G. (2017). Catalyst or crown: Does naturalization promote the long-term social integration of immigrants? *American Political Science Review, 111*(2), 256–276.

Hakhverdian, A., van Elsas, E., van der Brug, W., & Kuhn, T. (2013). Euroscepticism and education: A longitudinal study of 12 EU member states, 1973–2010. *European Union Politics, 14*(4), 522–541.

Hall, P. (2009). Magic carpets and seamless webs: Opportunities and constraints for high-speed trains in Europe. *Built Environment, 35*(1), 59–69.

Haller, M. (2009). *Die Europäische Integration als Elitenprozess: Das Ende eines Traums?* Wiesbaden: VS Verlag.

Haller, M. (2014). Vertiefung oder Erweiterung? Wie die Integration selbst zur Entstehung neuer sozialer Spaltungen in Europa führte und warum ihre Fortführung verhängnisvoll wäre. In M. Heidenreich (Hrsg.), *Krise der europäischen Vergesellschaftung? Soziologische Perspektiven* (S. 87–120). Wiesbaden: Springer VS.

Hangartner, D., Dinas, E., Marbach, M., Matakos, K., & Xefteris, D. (2019). Does exposure to the refugee crisis make natives more hostile? *American Political Science Review, 113*(2), 442–455.

Hanquinet, L., & Savage, M. (2018). Feeling European in a globalised world and the role of mobility, networks, and consumption: A comparative approach to British exceptionalism. *European Journal of Cultural and Political Sociology, 68*(1), 1–32.

Hans, S. (2016). Theorien der Integration von Migranten – Stand und Entwicklung. In H. U. Brinkmann & M. Sauer (Hrsg.), *Einwanderungsgesellschaft Deutschland* (S. 23–50). Wiesbaden: Springer.

Hargittai, E., & Centeno, M. A. (2001). Mapping globalization. *American Behavioral Scientist, 44*(10), 1541–1774.

Harris, J. R., & Todaro, M. P. (1970). Migration, unemployment and development: A two-sector analysis. *The American Economic Review, 60*(1), 126–142.

Hartmann, F. (2006). *Globale Medienkultur: Technik, Geschichte, Theorien.* Wien: WUV.

Hartmann, M. (2015). Topmanager 2015. Die transnationale Klasse – Mythos oder Realität revisited. *Soziale Welt, 66*(1), 37–53.

Hauschildt, K., Gwość, C., Netz, N., & Mishra, S. (2015). *Social and economic conditions of student life in Europe: Synopsis of indicators/EUROSTUDENT V 2012–2015*. Bielefeld: Bertelsmann.

Hauschildt, K., Vögtle, E. M., & Gwość, C. (2018). *Social and economic conditions of student life in Europe: Synopsis of indicators/EUROSTUDENT VI 2016–2018*. Bielefeld: wbv Media.

Hawelka, B., Sitko, I., Beinat, E., Sobolevsky, S., Kazakopoulos, P., & Ratti, C. (2014). Geo-located twitter as proxy for global mobility patterns. *Cartography and Geographic Information Science, 41*(3), 260–271.

Hazans, M., & Philips, K. (2010). The post-enlargement migration experience in the baltic labor markets. In M. Kahanec & K. F. Zimmermann (Hrsg.), *EU labor markets after post-enlargement migration* (S. 255–304). Berlin: Springer.

Hedberg, C. (2007). Direction Sweden: Migration fields and cognitive distances of Finland Swedes. *Population, Space and Place, 13*(6), 455–470.

Heidenreich, M. (2003). Regional Inequalities in the Enlarged Europe. *Journal of European Social Policy, 13*(4), 313–333.

Heidenreich, M. (2014). *Krise der europäischen Vergesellschaftung?: Soziologische Perspektiven*. Wiesbaden: Springer VS.

Heidenreich, M. (2015). The end of the honeymoon: The increasing differentiation of (long-term) unemployment risks in Europe. *Journal of European Social Policy, 25*(4), 393–413.

Heidenreich, M. (2016). The Europeanization of income inequality before and during the eurozone crisis: Inter-, supra- and transnational perspectives. In M. Heidenreich (Hrsg.), *Exploring inequality in Europe: Diverging income and employment opportunities in the crisis* (S. 22–47). Cheltenham: Elgar.

Heidenreich, M. (2019). The Europeanisation of social fields and the social space. In M. Heidenreich (Hrsg.), *Horizontal Europeanisation* (S. 9–35). Abingdon: Routledge.

Heidenreich, M., Delhey, J., Lahusen, C., Gerhards, J., Mau, S., Münch, R., & Pernicka, S. (2012). Europäische Vergesellschaftungsprozesse: Horizontale Europäisierung zwischen nationalstaatlicher und globaler Vergesellschaftung. *Pre-prints of the DFG Research Unit „Horizontal Europeanization"* 1.

Heintel, M., Husa, K., & Spreitzhofer, G. (2005). Migration als globales Phänomen. In H. Wagner (Hrsg.), *Migration und Integration* (S. 2–10). Wien: Ed. Hölzel.

Heller-Schuh, B., Barber, M., & Henriques, L. (2011). *Analysis of networks in European framework programmes (1984–2006)*. Luxembourg: Publications Office.

Helliwell, J. F., Layard, R., & Sachs, J. D. (2019). World Happiness Report 2019. https://worldhappiness.report/ed/2019/. Zugegriffen: 3. Jan. 2020.

Henley & Partners. (2019). *Henley Passport Index and Global Mobility Report*. Henley & Partners.

Henschel, K. (2016). *Internationaler Tourismus*. Berlin: De Gruyter.

Herman, E. S., & Chomsky, N. (1988). *Manufactoring consent: The political economy of the mass media*. New York: Pantheon.

Hirst, P., & Thompson, G. (1999). *Globalization in question: The international economy and the possibilities of governance*. Cambridge: Polity Press.

Högselius, P. (2005). *The dynamics of innovation in Eastern Europe: Lessons from Estonia*. Cheltenham: Elgar.

Holland, D., Fic, T., Rincon-Aznar, A., Stokes, L., & Paluchowski, P. (2011). Labour mobility within the EU – The impact of enlargement and the functioning of the transitional arrangements. *National Institute of Economic and Social Research* 2978.

Hopkins, T. K., & Wallerstein, I. M. (1982). *World-systems analysis: Theory and methodology*. Beverly Hills: Sage.

Hradil, S., & Immerfall, S. (2013). *Die westeuropäischen Gesellschaften im Vergleich*. Wiesbaden: VS Verlag.

Hunn, K. (2005). *„Nächstes Jahr kehren wir zurück…": Die Geschichte der türkischen „Gastarbeiter" in der Bundesrepublik*. Göttingen: Wallstein Verlag.

Huntington, S. P. (1996). *The clash of civilizations and the remaking of world order*. New York: Simon & Schuster.

Immerfall, S. (1995). *Einführung in den europäischen Gesellschaftsvergleich: Ansätze – Problemstellungen – Befunde*. Passau: Rothe.

Immerfall, S. (2000). Fragestellungen einer Soziologie der Europäischen Integration. *Kölner Zeitschrift für Soziologie und Sozialpsychologie, Sonderheft, 40*, 481–503.

Immerfall, S. (2006). *Europa – politisches Einigungswerk und gesellschaftliche Entwicklung*. Wiesbaden: VS Verlag.

Inglehart, R. (1991). Trust between nations: Primordial ties, societal learning and economic development. In K. Reif & R. Inglehart (Hrsg.), *Eurobarometer: The dynamics of European public opinion. Essays in honour of Jacques-Rene Rabier* (S. 145–185). London: Macmillan.

International Telecommunications Union. (2018a). Country ICT data. https://www.itu.int/en/ITU-D/Statistics/Pages/stat/default.aspx. Zugegriffen: 16. Juli 2019.

International Telecommunications Union. (2018b). Global and regional ICT estimates. https://www.itu.int/en/ITU-D/Statistics/Pages/stat/default.aspx. Zugegriffen: 16. Juli 2019.

Ipsos. (2019). Holiday Barometer among Europeans & Americans. https://www.ipsos.com/sites/default/files/ct/publication/documents/2019-06/2019-holiday-barometer-ipsos-europ-assistance.pdf. Zugegriffen: 20. Dez. 2019.

Jeannet, A.-M. (2020). A threat from within? Perceptions of immigration in an enlarging European Union. *Acta Sociologica* 58(3): Online First.

Jessop, B. (2004). Multi-level governance and multi-level metagovernance: Changes in the European Union as integral moments in the transformation and reorientation of contemporary statehood. In I. Bache & M. V. Flinders (Hrsg.), *Multi-level governance* (S. 49–74). Oxford: Oxford University Press.

Joppe, M. (2019). The roles of policy, planning and governance in preventing and managing overtourism. In R. Dodds & R. Butler (Hrsg.), *Overtourism* (S. 250–261). Berlin: De Gruyter.

Joppke, C. (2017). Civic Integration in Western Europe: Three Debates. *West European Politics, 40*(6), 1153–1176.

Kaczmarczyk, P., & Okólski, M. (2008). Economic impacts of migration on Poland and the Baltic states. *Fafo-Paper* 1.

Kaelble, H. (2000). Wie kam es zum Europäischen Sozialmodell? In A. Aust, S. Leitner, & S. Lessenich (Hrsg.), *Sozialmodell Europa: Konturen eines Phänomens* (S. 39–53). Wiesbaden: VS Verlag.

Kahanec, M., Pytlikova, M., & Zimmermann, K. F. (2016). The free movement of workers in an enlarged European Union: Institutional underpinnings of economic adjustment. In M. Kahanec, K. F. Zimmermann, & K. F. Zimmermann (Hrsg.), *Labor migration, EU enlargement, and the great recession* (S. 1–34). Berlin: Springer..

Kahanec, M., Zaiceva, A., & Zimmermann, K. F. (2010). Lessons from migration after EU enlargement. In M. Kahanec & K. F. Zimmermann (Hrsg.), *EU labor markets after post-enlargement migration* (S. 3–45). Berlin: Springer.

Kaushal, N., & Lanati, M. (2019). International Student Mobility: Growth and Dispertion. *NBER Working Paper* 25921.

Kim, S., & Shin, E.-H. (2002). A longitudinal analysis of globalization and regionalization in international trade: A social network approach. *Social Forces, 81*(2), 445–468.

King, R. (2002). Towards a new map of European migration. *International Journal of Population Geography, 8*(2), 89–106.

King, R., & Ruiz-Gelices, E. (2003). International student migration and the European 'Year Abroad': Effects on European identity and subsequent migration behaviour. *International Journal of Population Geography, 9*(3), 229–252.

King, R., Findlay, A., & Ahrens, J. (2010). *International student mobility literature review: Project report.* Bristol: Higher Education Funding Council for England.

Koehn, P. H., & Rosenau, J. N. (2002). Transnational competence in an emergent epoch. *International Studies Perspectives, 3*(2), 105–127.

Kohli, M. (2000). The battlegrounds of European identity. *European Societies, 2*(2), 113–137.

Kondakci, Y., Bedenlier, S., & Zawacki-Richter, O. (2018). Social network analysis of international student mobility: Uncovering the rise of regional hubs. *Higher Education, 75*(3), 517–535.

Krackhardt, D. (1988). Predicting with networks: Nonparametric multiple regression analysis of dyadic data. *Social Networks, 10*(4), 359–381.

Krapohl, S., & Fink, S. (2013). Different paths of regional integration: Trade networks and regional institution-building in Europe, Southeast Asia and Southern Africa. *Journal of Common Market Studies, 51*(3), 472–488.

Krăstev, I. (2017). *Europadämmerung: Ein Essay.* Berlin: Suhrkamp.

Krieger, H., & Maitre, B. (2006). Patterns of East-West migration in Europe. In J. Alber & W. Merkel (Hrsg.), *Europas Osterweiterung* (S. 333–357). Berlin: Ed. Sigma.

Kuhn, T. (2011). Individual transnationalism, globalisation and euroscepticism: An empirical test of Deutsch's transactionalist theory. *European Journal of Political Research, 50*(6), 811–837.

Kuhn, T. (2012). Why educational exchange programmes miss their mark: Cross-Border mobility, education and European identity. *Journal of Common Market Studies, 50*(6), 994–1010.

Kuhn, T. (2015). *Experiencing European integration: Transnational lives and European identity.* Oxford: Oxford University Press.

Kuhn, T. (2016). The social stratification of European schoolchildren's transnational experiences: A cross-country analysis of the International Civics and Citizenship Study. *European Sociological Review, 32*(2), 266–279.

Laborie, L. (2006). A missing link? Telecommunications networks and European Integration 1945-1970. In E. van der Vleuten & A. Kaijser (Hrsg.), *Networking Europe* (S. 187-215). Sagamore Beach: Science History Publications.

Lahusen, C. (2019). *Das gespaltene Europa: Eine politische Soziologie der Europäischen Union.* Frankfurt a. M.: Campus.

Lambiotte, R., Delvenne, J.-C., & Barahona, M. (2009). Laplacian dynamics and multiscale modular structure in networks. *IEEE Transactions on Network Science and Engineering, 1*(2), 76–90.

Lee, E. S. (1966). A theory of migration. *Demography, 3*(1), 47–57.

Leidner, R., & Bender, M. (2007). *The European tourism industry in the enlarged Community: Gaps are potentials and opportunities.* Luxembourg: Publications Office of the European Union.

Lepsius, M. R. (2000). Die Europäische Union als rechtlich konstruierte Verhaltensstrukturierung. In H. Dreier (Hrsg.), *Rechtssoziologie am Ende des 20. Jahrhunderts* (S. 289–305). Tübingen: Mohr Siebeck.

Li, F. L. N., Findlay, A. M., Jowett, A. J., & Skeldon, R. (1996). Migrating to learn and learning to migrate: A study of the experiences and intentions of international student migrants. *International Journal of Population Geography, 2*(1), 51–67.

Liston-Heyes, C., & Pilkington, A. (2004). Inventive concentration in the production of green technology: A comparative analysis of fuel cell patents. *Science and Public Policy, 31*(1), 15–25.

Lockwood, D. (1964). Social integration and system integration. In G. K. Zollschan & W. Hirsch (Hrsg.), *Explorations in social change* (S. 244–257). London: Routledge & Kegan.

Louch, H., Hargittai, E., & Centeno, M. A. (1999). Phone calls and fax machines: The limits to globalization. *The Washington Quarterly, 22*(2), 83–100.

Maddison, D. (2001). In search of warmer climates? The impact of climate change on flows of British tourists. *Climatic Change, 49*(1–2), 193–208.

Maggioni, M. A., & Uberti, T. E. (2007). Inter-regional knowledge flows in Europe: An econometric analysis. In K. Frenken (Hrsg.), *Applied evolutionary economics and economic geography* (S. 230–255). Cheltenham: Elgar.

Malang, T., Brandenberger, L., & Leifeld, P. (2019). Networks and social influence in European legislative politics. *British Journal of Political Science, 49*(4), 1475–1498.

Mandl, B. (2007). Einige meiner besten Freunde sind Ösis: Medizinstudenten in Wien. https://www.spiegel.de/lebenundlernen/uni/medizinstudenten-in-wien-einige-meiner-besten-freunde-sind-oesis-a-512306.html. Zugegriffen: 18. Nov. 2019.

Mann, M. (1998). Is there a society called Euro? In R. Axtmann (Hrsg.), *Globalization and Europe* (S. 184–207). London: Pinter.

Mason, K., Morrison, W. G., & Stockmann, I. (2016). Liberalisation of air transport in Europe and the evolution of "Low Cost" airlines. In H. Wolf, et al. (Hrsg.), *Liberalization in Aviation* (S. 141–156). London: Taylor & Francis.

Matesanz, D., & Ortega, G. J. (2015). Sovereign public debt crisis in Europe. A network analysis. *Physica A: Statistical mechanics and its applications, 436,* 756–766.

Mattes, M. (2005). *„Gastarbeiterinnen" in der Bundesrepublik: Anwerbepolitik, Migration und Geschlecht.* Frankfurt a. M.: Campus.

Mau, S. (2006). Nationalstaatliche Entgrenzung und kosmopolitische Politisierung. *WZB Discussion Paper* 12.

Mau, S. (2007). *Transnationale Vergesellschaftung*. Frankfurt a. M.: Campus.

Mau, S. (2009). Who are the globalizers? The role of education and educational elites. In L. Meier & H. Lange (Hrsg.), *The new middle classes* (S. 65–79). Dordrecht: Springer.

Mau, S. (2010). *Social transnationalism: Lifeworlds beyond the nation-state*. London: Routledge.

Mau, S. (2015). Horizontale Europäisierung – eine soziologische Perspektive. In U. Liebert & J. Wolff (Hrsg.), *Interdisziplinäre Europastudien* (S. 93–113). Wiesbaden: Springer.

Mau, S. (2017). *Das metrische Wir: Über die Quantifizierung des Sozialen*. Berlin: Suhrkamp.

Mau, S., & Büttner, S. (2008). Regionalisierung sozialer Ungleichheiten im europäischen Integrationsprozess. In A. Sterbling & M. Bach (Hrsg.), *Soziale Ungleichheit in der erweiterten Europäischen Union* (S. 205–230). Hamburg.: Krämer

Mau, S., & Mewes, J. (2008). Ungleiche Transnationalisierung? Zur gruppenspezifischen Einbindung in transnationale Interaktionen. In P. A. Berger & W. Anja (Hrsg.), *Transnationalisierung sozialer Ungleichheit* (S. 259–282). Wiesbaden: Springer.

Mau, S., & Mewes, J. (2012). Horizontal Europeanisation in contextual perspective: What drives cross-border activities within the European Union? *European Societies, 14*(1), 7–34.

Mau, S., & Verwiebe, R. (2010). *European societies: Mapping structure and change*. Bristol: Policy Press.

Mau, S., Mewes, J., & Zimmermann, A. (2008). Cosmopolitan attitudes through transnational social practices? *Global Networks, 8*(1), 1–24.

Mau, S., Gülzau, F., Laube, L., & Zaun, N. (2015). The global mobility divide: How visa policies have evolved over time. *Journal of Ethnic and Migration Studies, 41*(8), 1192–1213.

Mayer, T., & Zignago, S. (2011). Notes on CEPII's distances measures: The GeoDist database. *CEPII Working Paper* 25.

McKercher, B., Chan, A., & Lam, C. (2008). The impact of distance on international tourist movements. *Journal of Travel Research, 47*(2), 208–224.

McLuhan, M. (1962). *The Gutenberg galaxy: The making of typographic man*. Toronto: University of Toronto Press.

McLuhan, M., & Powers, B. R. (1992). *The global village: Transformations in world life and media in the 21th century*. New York: Oxford University Press.

Melitz, J., & Toubal, F. (2014). Native language, spoken language, translation and trade. *Journal of International Economics, 93*(2), 351–363.

Merkel, W. (1994). Systemwechsel: Probleme der demokratischen Konsolidierung in Ostmitteleuropa. *Aus Politik und Zeitgeschichte* (18/19): 3–11.

Migration Data Portal. (2018). International students. https://migrationdataportal.org/themes/international-students. Zugegriffen: 15. Okt. 2018.

Milano, C., Novelli, M., & Cheer, J. M. (2019). Overtourism and Tourismphobia: A journey through four decades of tourism development, planning and local concerns. *Tourism Planning & Development, 16*(4), 353–357.

Miller, D. (2016). *Strangers in our midst: The political philosophy of immigration*. Cambridge: Harvard University Press.

Minkus, L., Deutschmann, E., & Delhey, J. (2019). A Trump effect on the EU's popularity? The U.S. presidential election as a natural experiment. *Perspectives on Politics, 17*(2), 399–416.

Mudde, C. (2004). The Populist Zeitgeist. *Government and Opposition, 39*(4), 541–563.

Mudde, C., & Rovira Kaltwasser, C. (2017). *Populism: A very short introduction.* New York: Oxford University Press.

Münch, R. (1996). Between nation-state, regionalism and world society: The European integration process. *Journal of Common Market Studies, 34*(3), 379–401.

Münch, R. (2000). Strukturwandel der Sozialintegration durch Europäisierung. *Kölner Zeitschrift für Soziologie und Sozialpsychologie, Sonderheft, 40,* 205–225.

Münch, R. (2013). The colonialization of the academic field of rankings: Restricted diversity and obstructing the progress of knowledge. In T. Erkkilä (Hrsg.), *Global university rankings* (S. 196–219). New York: Palgrave Macmillan.

Münch, R., & Schäfer, L. O. (2014). Rankings, diversity and the power of renewal in science. A comparison between Germany, the UK and the US. *European Journal of Education, 49*(1), 60–76.

Myrhol, F. K. (2014). Norwegian students prefer English-speaking countries. https://partner.sciencenorway.no/diku-education-forskningno/norwegian-students-prefer-english-speaking-countries/1399460. Zugegriffen: 28. Nov. 2019.

Nelles, J., & Walther, O. (2011). Changing European Borders: From Separation to Interface? An Introduction. *Articulo – Journal of Urban Research, 6.*

Newman, M. E. J. (2006). Modularity and community structure in networks. *Proceedings of the National Academy of Sciences, 103*(23), 8577–8582.

Nissen, S. (2009). Arbeitnehmerfreizügigkeit. Gebremste Europäisierung des Arbeitsmarkts. In S. Nissen & G. Vobrula (Hrsg.), *Die Ökonomie der Gesellschaft* (S. 173–204). Wiesbaden: VS Verlag.

Noulas, A., Scellato, S., Lambiotte, R., Pontil, M., & Mascolo, C. (2012). A tale of many cities: Universal patterns in human urban mobility. *PloS one, 7*(5), e37027.

Nuscheler, F. (1995). Historische Verortung von Flucht und Migration. In F. Nuscheler (Hrsg.), *Internationale Migration* (S. 44–53). Leske + Budrich: Opladen.

Nye, J. S. (1968). Comparative regional integration: Concept and measurement. *International Organization, 22*(4), 855–880.

O'Brien, R. (1992). *Global financial integration: The end of geography.* London: Royal Institute of International Affairs.

OECD. (2017). OECD handbook for internationally comparative education statistics. https://www.oecd-ilibrary.org/docserver/9789264279889-7-en.pdf?expires=1580073807&id=id&accname=guest&checksum=778B125CB6CB458848A1CD1A72459090. Zugegriffen: 20. Okt. 2019.

OECD. (2019a). Better Life Index. oecdbetterlifeindex.org. Zugegriffen: 13. Mai 2019.

OECD. (2019b). *Education at a glance 2019: OECD indicators.* Paris: OECD Publishing.

Opaschowski, H. W. (2002). Wer wann wie wohin reist. Tourismusanalysen. In H. W. Opaschowski (Hrsg.), *Tourismus. Eine systematische Einführung.* Wiesbaden: VS Verlag.

Ortega, F., & Peri, G. (2013). The effect of income and immigration policies on international migration. *Migration Studies, 1*(1), 47–74.

Özden, Ç., Parsons, C., Schiff, M., & Walmsley, T. (2011). Where on earth is everybody? The evolution of global bilateral migration 1960–2000. *World Bank Economic Review, 25*(1), 12–56.

Paldino, S., Bojic, I., Sobolevsky, S., Ratti, C., & González, M. C. (2015). Urban magnetism through the lens of geo-tagged photography. *EPJ Data Science, 4*(1), 727.

Palm, R. (2002). International telephone calls: Global and regional patterns. *Urban Geography, 23*(8), 750–770.

Palmer, J. R. B., & Pytliková, M. (2015). Labor market laws and intra-european migration: The role of the state in shaping destination choices. *European Journal of Population, 31*(2), 127–153.

Papatsiba, V. (2006). Making higher education more European through student mobility? Revisiting EU initiatives in the context of the Bologna Process. *Comparative Education, 42*(1), 93–111.

Patberg, M. (2019). Can disintegration be democratic? The European Union between legitimate change and regression. *Political Studies, 51*(215): Online first.

Peace Research Institute Oslo. (2018). Vanhanen's Index of Democracy: The Polyarchy dataset, 1810–2000. https://www.prio.org/Data/Governance/Vanhanens-index-of-democracy/. Zugegriffen: 21. Juni 2018.

Pearce, D. G. (1987). Spatial patterns of package tourism in Europe. *Annals of Tourism Research, 14*(2), 183–201.

Penninx, R. (2017). Migration and its regulation in an integrating Europe. In S. Marino, J. Roosblad, & R. Penninx (Hrsg.), *Trade unions and migrant workers* (S. 43–65). Cheltenham: Elgar.

Perkumienė, D., & Pranskūnienė, R. (2019). Overtourism: Between the Right to Travel and Residents' Rights. *Sustainability, 11*(7), 2138.

Pikulicka-Wilczewska, A. (2017). Introduction. In A. Pikulicka-Wilczewska & G. Uehling (Hrsg.), *Migration and the Ukraine crisis: A two-country perspective* (S. 1–4). Bristol: E-International Relations.

Plane, D. A., & Mulligan, G. F. (1997). Measuring spatial focusing in a migration system. *Demography, 34*(2), 251–262.

Plunkett, J. W. (2010). *Plunkett's telecommunications industry almanac*. Houston: Plunkett Research.

Pötzschke, S., & Braun, M. (2019). Social transnationalism and supranational identifications. In E. Recchi, et al. (Hrsg.), *Everyday Europe* (S. 115–136). Bristol: Policy Press.

Powell, W. (1990). Neither market nor hierarchy. *Research in Organizational Behavior, 12*, 295–336.

Pries, L. (1996). Transnationale Soziale Räume. *Zeitschrift für Soziologie, 25*(6), 456–472.

Princeton's International Networks Archive. https://www.princeton.edu/~ina/data/index.html. Zugegriffen: 16. Juli 2017.

Pro Asyl (2019). Tod an Europas Außengrenzen. https://www.proasyl.de/thema/tod-an-den-aussengrenzen/. Zugegriffen: 3. Nov. 2019.

Provenzano, D., & Baggio, R. (2017). The contribution of human migration to tourism: The VFR travel between the EU28 member states. *International Journal of Tourism Research, 19*(4), 412–420.

Provenzano, D., Hawelka, B., & Baggio, R. (2018). The mobility network of European tourists: A longitudinal study and a comparison with geo-located Twitter data. *Tourism Review, 73*(1), 28–43.

Radaelli, C. M. (2003). The Europeanization of Public Policy. In Featherstone (Hrsg.), *The Politics of Europeanization* (S. 27–56). New York: Oxford University Press.

Rappold, E. (2017). Proteste in Spanien: "Tourist go home!". https://www.spiegel.de/reise/europa/barcelona-und-mallorca-proteste-gegen-massentourismus-werden-vehementer-a-1161072.html. Zugegriffen: 16. Jan. 2020.

Recchi, E. (2015). *Mobile Europe: The theory and practice of free movement in the EU.* Basingstoke: Palgrave Macmillan.

Recchi, E. (2019). Is social transnationalism fusing European societies into one? In E. Recchi, et al. (Hrsg.), *Everyday Europe* (S. 255–289). Bristol: Policy Press.

Recchi, E., & Salamońska, J. (2015). Bad times at home, good times to move? The (Not So) changing landscape of intra-EU migration. In H.-J. Trenz, C. Ruzza, & V. Guiraudon (Hrsg.), *Europe's prolonged crisis: The making or the unmaking of a political union* (S. 124–145). London: Palgrave Macmillan.

Recchi, E., Apaydin, F., Barbulescu, R., Favell, A., Braun, M., & Ciornei, I. (2019a). *Everyday Europe: Social transnationalism in an unsettled continent.* Bristol: Policy Press.

Recchi, E., Deutschmann, E., & Vespe, M. (2019b). Estimating Transnational Human Mobility on a Global Scale. *EUI RSCAS Working Paper* 2019/30.

Recchi, E., Deutschmann, E., Gabrielli, L., & Kholmatova, N. (2020). Assessing Visa Costs on a Global Scale. *EUI RSCAS Working Paper* 2020/18.

Reyes, V. (2013). The structure of globalized travel: A relational country-pair analysis. *International Journal of Comparative Sociology, 54*(2), 144–170.

Rhoades, S. A. (1993). The Herfindahl-Hirschman Index. *Federal Reserve Bulletin, 79,* 188.

Richtlinie 2004/38/EG des Europäischen Parlaments und des Rates vom 29. April 2004 über das Recht der Unionsbürger und ihrer Familienangehörigen, sich im Hoheitsgebiet der Mitgliedstaaten frei zu bewegen und aufzuhalten.

Risse, T. (2010). *A community of Europeans? Transnational identities and public spheres.* Ithaca: Cornell University Press.

Rodrigue, J.-P., Contois, C., & Slack, B. (2017). *The geography of transport systems.* London: Routledge.

Rokkan, S. (2000). *Staat, Nation und Demokratie in Europa: Die Theorie Stein Rokkans aus seinen gesammelten Werken rekonstruiert und eingeleitet von Peter Flora.* Frankfurt a. M.: Suhrkamp.

Rokkan, S., Urwin, D., et al. (1987). *Centre-Periphery structures in Europe.* Frankfurt a. M.: Campus.

Ronen, S., Gonçalves, B., Hu, K. Z., Vespignani, A., Pinker, S., & Hidalgo, C. A. (2014). Links that speak: The global language network and its association with global fame. *Proceedings of the National Academy of Sciences, 111*(52), E5616–E5622.

Roose, J. (2007). Die Identifikation der Bürger mit der EU und ihre Wirkung für die Akzeptanz von Entscheidungen. In J. Nida-Rümelin (Hrsg.), *Europäische Identität* (S. 123–150). Baden-Baden: Nomos.

Roose, J. (2010). *Vergesellschaftung an Europas Binnengrenzen: Eine vergleichende Studie zu den Bedingungen sozialer Integration.* Wiesbaden: VS Verlag.

Roose, J. (2013a). How European is European Identification? Comparing Continental Identification in Europe and Beyond. *Journal of Common Market Studies, 51*(2), 281–297.

Roose, J. (2013b). Was wir von Simmel über die Chancen einer sozialen Integration Europas lernen können. Integration durch Konflikt als Weg für die EU – eine Diagnose. In H.-G. Soeffner (Hrsg.), *Transnationale Vergesellschaftungen* (S. 215–229). Wiesbaden: Springer.

Rosamond, B. (2016). Brexit and the problem of European disintegration. *Journal of Contemporary European Research, 12*(4), 864–871.

Rosen, S. (1970). The USSR and International Education: A brief overview. *The Phi Delta Kappan, 51*(5), 247–250.

Rosling, H., Rosling, O., & Rönnlund, A. R. (2018). *Factfulness: Ten reasons we're wrong about the world and why things are better than you think.* London: Sceptre.

Rosvall, M., & Bergstrom, C. T. (2010). Mapping change in large networks. *PloS one, 5*(1), e8694.

Rumford, C. (2001). Social spaces beyond civil society: European integration, globalization and the sociology of European society. *Innovation: The European Journal of Social Science Research, 14*(3), 205–218.

Rzepnikowska, A. (2019). Racism and xenophobia experienced by Polish migrants in the UK before and after Brexit vote. *Journal of Ethnic and Migration Studies, 45*(1), 61–77.

Sabzalieva, E. (2019). International students from the former Soviet space. https://emmasabzalieva.com/2019/08/13/international-students-from-the-former-soviet-space/. Zugegriffen: 12. Nov. 2019.

Sailer, M. (2009). *Anforderungsprofile und akademischer Arbeitsmarkt: Die Stellenanzeigenanalyse als Methode der empirischen Bildungs- und Qualifikationsforschung.* Münster: Waxmann.

Salamońska, J., & Recchi, E. (2019). The social structure of transnational practices. In E. Recchi, et al. (Hrsg.), *Everyday Europe* (S. 61–86). Bristol: Policy Press.

Savage, M., Cunningham, N., Reimer, D., & Favell, A. (2019). Cartographies of social transnationalism. In E. Recchi, et al. (Hrsg.), *Everyday Europe* (S. 35–59). Bristol: Policy Press.

Schäfer, A. (2005). Verfassung und Wohlfahrtsstaat: Sozialpolitische Dilemmas Europäischer Integration. *Internationale Politik und Gesellschaft, 4,* 120–141.

Schäfers, B. (1999). Komparative und nicht-komparative Ansätze zur Analyse der Europäisierung der Sozialstrukturen. *WZB Discussion Paper* 407.

Schaper, R. (2014). Europa funktioniert jetzt wie Berlin: Kurzzeittourismus mit Easyjet. https://www.tagesspiegel.de/berlin/kurzzeittourismus-mit-easyjet-europa-funktioniert-jetzt-wie-berlin/9810318.html. Zugegriffen: 15. Juli 2019.

Schimmelfennig, F. (2018). Brexit: Differentiated disintegration in the European Union. *Journal of European Public Policy, 25*(8), 1154–1173.

Schmidt, S. K. (1998). *Liberalisierung in Europa: Die Rolle der Europäischen Kommission.* Frankfurt a. M.: Campus.

Schneickert, C. (2013). Globaler Habitus? Der Habitusbegriff in der Globalisierungs-forschung. In A. Lenger, C. Schneickert, & F. Schumacher (Hrsg.), *Pierre Bourdieus Konzeption des Habitus* (S. 377–395). Wiesbaden: Springer VS.

Schneickert, C. (2015). *Nationale Machtfelder und globalisierte Eliten*. Konstanz: UVK.

Schneickert, C. (2018). Globalizing political and economic elites in national fields of power. *Historical Social Research/Historische Sozialforschung, 43*(3), 329–358.

Schröder, M. (2019). Der blinde Fleck der Soziologie: Das Leben wird besser, doch niemand spricht darüber. *Soziologie, 48*(1), 52–63.

Schuetze, C. F. (2013). Osteuropa, ein Magnet für Medizinstudenten. https://voxeurop.eu/de/content/article/4069271-osteuropa-ein-magnet-fuer-medizinstudenten. Zugegriffen: 18. Sept. 2019.

Schulmeister, P., Defourny, E., Maggio, L., Hallaouy, S., Büttner, M., Chiesa, A., & van Gasse, B. (2018). Parlemeter 2018: Taking up the challenge: From silent support to actual change. Eurobarometer Survey 90.1. https://www.europarl.europa.eu/at-your-service/files/be-heard/eurobarometer/2018/parlemeter-2018/report/en-parlemeter-2018.pdf. Zugegriffen: 12. Sept. 2019.

Schulze, G. (2005). *Die Erlebnisgesellschaft: Kultursoziologie der Gegenwart*. Frankfurt a. M.: Campus.

Seers, D., Schaffer, B. B., & Kiljunen, M.-L. (1979). *Underdeveloped Europe: Studies in core-periphery relations*. Atlantic Highlands: Humanities Press.

Sgrignoli, P., Metulini, R., Schiavo, S., & Riccaboni, M. (2015). The relation between global migration and trade networks. *Physica A: Statistical Mechanics and its Applications, 417*, 245–260.

ShanghaiRanking Consultancy. (2018). Academic Ranking of World Universities. http://www.shanghairanking.com/index.html. Zugegriffen: 11. Nov. 2018.

Shaw, J. (2015). Between law and political truth? Member state preferences, EU Free movement rules and national immigration law. *Cambridge Yearbook of European Legal Studies, 17*, 247–286.

Shields, R. (2013). Globalization and international student mobility: A network analysis. *Comparative Education Review, 57*(4), 609–636.

Shields, R. (2016). Reconsidering regionalisation in global higher education: Student mobility spaces of the European higher education area. *Compare: A Journal of Comparative and International Education, 46*(1), 5–23.

Sigalas, E. (2010). Cross-border mobility and European identity: The effectiveness of intergroup contact during the ERASMUS year abroad. *European Union Politics, 11*(2), 241–265.

Simmel, G. (1908a). Das Problem der Soziologie. In G. Simmel (Hrsg.), *Soziologie. Untersuchungen über die Formen der Vergesellschaftung* (S. 1–31). Berlin: Duncker & Humblot.

Simmel, G. (1908b). Exkurs über den Fremden. In G. Simmel (Hrsg.), *Soziologie. Untersuchungen über die Formen der Vergesellschaftung* (S. 509–512). Berlin: Duncker & Humblot.

Skeldon, R. (1997). *Migration and development: A global perspective*. Harlow: Longman.

Spero, J. (2019). European Airline Emissions Grow despite Targets. https://www.ft.com/content/285d31c6-1fbe-11e9-b126-46fc3ad87c65. Zugegriffen: 2. Febr. 2020.

Spode, H. (2009). Der Aufstieg des Massentourismus im 20. Jahrhundert. In H.-G. Haupt & C. Torp (Hrsg.), *Die Konsumgesellschaft in Deutschland 1890–1990* (S. 114–128). Frankfurt a. M.: Campus.

Spode, H. (2013). Homogenisierung und Differenzierung. Zur Ambivalenz touristischer Chronotopie-Konstruktion. In B. Schnepel, F. Girke, & E.-M. Knoll (Hrsg.), *Kultur all inclusive* (S. 93–114). Berlin: De Gruyter & transcript.

Spratt, D., & Dunlop, I. (2019). Existential Climate-Related Security Risk: A Scenario Approach. *Policy Paper of Breakthrough – National Centre for Climate Restoration.*

Staple, G. C. (1990). *The global telecommunication traffic boom: A quantitative brief on cross-border markets and regulation.* London: International Institute of Communications.

Staple, G. C. (1991). *The global telecommunications traffic report 1991.* London: International Institute of Communications.

Staple, G. C. (1992). *Telegeography 1992: Global telecommunications traffic statistics & commentary.* London: International Institute of Communications.

Staple, G. C. (1993). Telegeography and the explosion of space. In G. C. Staple (Hrsg.), *TeleGeography 1993: Global telecommunications traffic statistics & commentary* (S. 49–56). London: International Institute of Communications.

Staple, G. C. (1994). International telecommunicatons: The challange of convergence. In TeleGeography (Hrsg.), *Global telecommunications traffic statistics & commentary* (S. 11–37). Washington: TeleGeography & International Institute of Communications.

Staple, G. C., & Mullins, M. (1989). *Global telecommunication traffic flows and market structures: A quantitative review.* London: International Institute of Communications.

Staple, G. C., & Schrag, Z. (1995). Introduction. In TeleGeography (Hrsg.), *Global telecommunications traffic statistics & commentary* (pp. xi–xvi). Washington: TeleGeography & International Institute of Communications.

Stark, O., & Taylor, J. E. (1989). Relative deprivation and international migration. *Demography, 26*(1), 1–14.

State, B., Weber, I., & Zagheni, E. (2013). Studying international mobility through IP geolocation. In *Proceedings of the Sixth ACM International Conference on Web Search and Data Mining* (S. 265–274). New York: Association for Computing Machinery.

Statistics Sweden. (2017). Among young people in Sweden, one out of three has been abroad for learning purposes. https://www.scb.se/en/finding-statistics/statistics-by-subject-area/education-and-research/education-of-the-population/analysis-and-statistics-concerning-education-of-the-population/pong/statistical-news/youth-learning-mobility-in-sweden/. Zugegriffen: 28. Nov. 2019.

Steffen, W., Rockström, J., Richardson, K., Lenton, T. M., Folke, C., Liverman, D., Summerhayes, C. P., Barnosky, A. D., Cornell, S. E., & Crucifix, M. (2018). Trajectories of the earth system in the anthropocene. *Proceedings of the National Academy of Sciences, 115*(33), 8252–8259.

Stola, D. (2005). Das kommunistische Polen als Auswanderungsland. *Zeithistorische Forschungen, 2*(3), 345–365.

Stopczynski, A., Sekara, V., Sapiezynski, P., Cuttone, A., Madsen, M. M., Larsen, J. E., & Lehmann, S. (2014). Measuring large-scale social networks with high resolution. *PloS one, 9*(4), e95978.

Sudarshan, R. (2017). Understanding the Brexit Vote: The Impact of Polish Immigrants on Euroscepticism. https://www.humanityinaction.org/knowledge_detail/understanding-the-brexit-vote-the-impact-of-polish-immigrants-on-euroscepticism/?lang=de. Zugegriffen: 11. Sept. 2019.

Sun, X., Wandelt, S., Dzikus, N., & Linke, F. (2016). Air passenger flow communities between countries. In J. Chen & Q. Zhao (Hrsg.), *Proceedings of the 35th Chinese Control Conference* (S. 9276–9281). Piscataway: IEEE.

Swindle, J., Dorius, S., & Melegh, A. (2019). The mental map of national hierarchy in Europe. *International Journal of Sociology, 50*(3), 1–22.

Teichler, U. (2019). Bologna and student mobility: A fuzzy relationship. *Innovation: The European Journal of Social Science Research, 32*(4), 429–449.

TeleGeography. (1997). *Report 1996/1997: Global telecommunications traffic statistics & commentary.* Washington: TeleGeography.

TeleGeography. (1998). *Report 1997/1998: Global telecommunications traffic statistics & commentary.* Washington: TeleGeography.

TeleGeography. (1999). *Global telecommunications traffic statistics & commentary.* Washington: TeleGeography.

TeleGeography. (2000). *Global telecommunications traffic statistics & commentary.* Washington: TeleGeography.

TeleGeography. (2001). *Global telecommunications traffic statistics and commentary.* Washington: TeleGeography.

TeleGeography. (2002). *Global telecommunications traffic statistics & commentary.* Washington: TeleGeography.

TeleGeography. (2003). *Global telecommunications traffic statistics and commentary.* Carlsbad: PriMetrica.

TeleGeography. (2004). *Global telecommunications traffic statistics and commentary.* Carlsbad: PriMetrica.

TeleGeography. (2015). *TeleGeography Report.* Washington: PriMetrica.

TeleGeography. (2017). Report and Database. https://www2.telegeography.com/telegeography-report-and-database. Zugegriffen: 24. Jan. 2018.

Teney, C. (2011). Endorsement of assimilationism among ethnic minority and majority youth in a multination-multiethnic context: The case of Brussels. *European Sociological Review, 27*(2), 212–229.

Teney, C. (2012). Space matters. The group threat hypothesis revisited with geographically weighted regression. The case of the NPD 2009 electoral success. *Zeitschrift für Soziologie, 41*(3), 207–226.

Teney, C. (2019). Immigration of highly skilled European professionals to Germany: Intra-EU brain gain or brain circulation? *Innovation: The European Journal of Social Science Research, 115*(3), 1–25.

Teney, C., & Deutschmann, E. (2015). Transnational social practices: A quantitative perspective. In M. Buchmann, S. M. Kosslyn, & R. A. Scott (Hrsg.), *Emerging trends in the social and behavioral sciences* (S. 1–15). Hoboken: Wiley.

The Economist. (2020a). Ageing Europe. *The Economist,* 11 January 2020: 57–58.

The Economist. (2020b). Charlemagne. *The Economist,* 18 January 2020: 26.

The Economist Intelligence Unit. (2019). Democracy Index 2018: Me too? Political participation, protest and democracy. http://www.eiu.com/Handlers/WhitepaperHandler.ashx?fi=Democracy_Index_2018.pdf&mode=wp&campaignid=Democracy2018. Zugegriffen: 15. Okt. 2019.

The Migration Observatory. (2019). Migrants in the UK: An Overview. https://migrationobservatory.ox.ac.uk/resources/briefings/migrants-in-the-uk-an-overview/. Zugegriffen: 13. Nov. 2019.

Therborn, G. (1995). *European modernity and beyond: The trajectory of European societies, 1945–2000*. London: Sage.

Therborn, G. (2000). *Die Gesellschaften Europas 1945–2000*. Frankfurt a. M.: Campus.

Therborn, G. (2013). Europas künftige Stellung – Das Skandinavien der Welt? In S. Hradil & S. Immerfall (Hrsg.), *Die westeuropäischen Gesellschaften im Vergleich* (S. 573–600). Wiesbaden: VS Verlag.

Threlfall, M. (2003). European social integration: Harmonization, convergence and single social areas. *Journal of European Social Policy, 13*(2), 121–139.

Tkalec, M., Zilic, I., & Recher, V. (2017). The effect of film industry on tourism: Game of Thrones and Dubrovnik. *International Journal of Tourism Research, 19*(6), 705–714.

Tömmel, I. (2008). Governance und Policy-Making im Mehrebenensystem der EU. In I. Tömmel (Hrsg.), *Die Europäische Union* (S. 13–35). Wiesbaden: VS Verlag.

Török, I. (2017). Migration patterns and core–periphery relations from the central and Eastern-European perspective. *European Review, 25*(03), 388–405.

Tranos, E., Gheasi, M., & Nijkamp, P. (2015). International migration: A global complex network. *Environment and Planning B: Planning and Design, 42*(1), 4–22.

Trenz, H.-J. (2005). *Europa in den Medien: Die europäische Integration im Spiegel nationaler Öffentlichkeit*. Frankfurt a. M.: Campus.

Trenz, H.-J., & Triandafyllidou, A. (2017). Complex and dynamic integration processes in Europe: Intra EU mobility and international migration in times of recession. *Journal of Ethnic and Migration Studies, 43*(4), 546–559.

Tsai, W., & Ghoshal, S. (1998). Social capital and value creation: The role of intrafirm networks. *Academy of Management Journal, 41*(4), 464–476.

Tsvetkova, N. (2008). International education during the cold war: Soviet social transformation and American social reproduction. *Comparative Education Review, 52*(2), 199–217.

UK Office of National Statistics. (2017a). Living abroad: Migration between Britain and Spain. https://www.ons.gov.uk/peoplepopulationandcommunity/populationandmigration/internationalmigration/articles/livingabroad/migrationbetweenbritainandspain/pdf. Zugegriffen: 7. März 2018.

UK Office of National Statistics. (2017b). What's happening with international student migration? https://www.ons.gov.uk/peoplepopulationandcommunity/populationandmigration/internationalmigration/articles/whatshappeningwithinternationalstudentmigration/2017-08-24#international-student-migration-has-changed-over-the-last-10-years. Zugegriffen: 10. Okt. 2019.

UK Office of National Statistics. (2019). Population of the UK by country of birth and nationality: Dataset. https://www.ons.gov.uk/peoplepopulationandcommunity/populationandmigration/internationalmigration/datasets/populationoftheunitedkingdombycountryofbirthandnationality. Zugegriffen: 13. Nov. 2019.

UNESCO. (2018). Inbound internationally mobile students by country of origin. http://data.uis.unesco.org/Index.aspx?queryid=171. Zugegriffen: 12. Nov. 2018.

UNHCR. (2000). Global Report 1999. http://www.unhcr.org/publications/fundraising/4a0d20356/global-report-1999.html. Zugegriffen: 4. Juni 2018.

UNHCR. (2019a). Operational Portal Refugee Situations: Mediterranean Situation. https://data2.unhcr.org/en/situations/mediterranean. Zugegriffen: 16. Dez. 2019.

UNHCR. (2019b). Time series, 1951–2018. http://popstats.unhcr.org/en/time_series. Zugegriffen: 7. März 2018.

United Nations. (2016). Comtrade database. http://comtrade.un.org/. Zugegriffen: 13. Nov. 2016.

United Nations. (2017). Trends in International Migrant Stock: The 2017 Revision. United Nations Database. http://www.un.org/en/development/desa/population/migration/data/estimates2/estimates17.shtml. Zugegriffen: 6. März 2018.

United Nations. (2018). International Migration. https://www.un.org/en/development/desa/population/migration/data/estimates2/estimates17.asp. Zugegriffen: 11. Dez. 2018.

UNWTO. (2017). *Methodological Notes to the Tourism Statistics Database*. Madrid: World Tourism Organization.

UNWTO. (2018a). Outbound Tourism Data. https://www.e-unwto.org/toc/unwtotfb/current. Zugegriffen: 12. Nov. 2018.

UNWTO. (2018b). *UNWTO Tourism Highlights. 2018 Edition*. Madrid: World Tourism Organization.

van Mol, C., de Valk, H. A. G., & van Wissen, L. (2015). Falling in love with(in) Europe: European bi-national love relationships, European identification and transnational solidarity. *European Union Politics, 16*(4), 469–489.

van Nuffel, N., Saey, P., Derudder, B., Devriendt, L., & Witlox, F. (2010). Measuring hierarchical differentiation: Connectivity and dominance in the European urban network. *Transportation Planning and Technology, 33*(4), 343–366.

Verdery, A. M., Mouw, T., Edelblute, H., & Chavez, S. (2018). Communication flows and the durability of a transnational social field. *Social Networks, 53,* 57–71.

Vertovec, S. (2007). Super-diversity and its implications. *Ethnic and Racial Studies, 30*(6), 1024–1054.

Verwiebe, R., Wiesböck, L., & Teitzer, R. (2014). New forms of intra-European migration, labour market dynamics and social inequality in Europe. *Migration Letters, 11*(2), 125–136.

Vobruba, G. (1997). *Autonomiegewinne: Sozialstaatsdynamik, Moralfreiheit, Transnationalisierung*. Wien: Passagen.

Vobruba, G. (2003). The enlargement crisis of the European Union: Limits of the dialectics of integration and expansion. *Journal of European Social Policy, 13,* 35–62.

Vögtle, E. M. (2019). 20 years of Bologna – a story of success, a story of failure. *Innovation: The European Journal of Social Science Research, 39*(3), 1–23.

Vögtle, E. M., & Windzio, M. (2016). Networks of international student mobility: Enlargement and consolidation of the European transnational education space? *Higher Education, 72*(6), 723–741.

Vrăbiescu, I. (2019). Devised to punish: Policing, detaining and deporting Romanians from France. *European Journal of Criminology:* Online First.

Wächter, B. (2013). Recent trends in student mobility in Europe. In B. Streitwieser (Hrsg.), *Internationalisation of higher education and global mobility. Oxford studies in comparative education* (S. 87–98). Didcot: Symposium Books.

Wei, H. (2013). An empirical study on the determinants of international student mobility: A global perspective. *Higher Education, 66*(1), 105–122.

Wellman, B. (1997). Structural analysis: From method and metaphor to theory and substance. *Contemporary Studies in Sociology, 15,* 19–61.

Welzel, C. (2013). *Freedom rising: Human empowerment and the quest for emancipation.* Cambridge: Cambridge University Press.

Westermayer, T. (2003). Der Netzwerkbegriff in M. Castells „Der Aufstieg der Netzwerkgesellschaft". http://www.till-westermayer.de/uni/tw-castells-essay.pdf. Zugegriffen: 9. Sept. 2019.

Windzio, M. (2018). The network of global migration 1990–2013. *Social Networks, 53,* 20–29.

Windzio, M., Teney, C., & Lenkewitz, S. (2019). A network analysis of intra-EU migration flows: How regulatory policies, economic inequalities and network migration-topology shape the intra-EU migration space. *Journal of Ethnic and Migration Studies, 3,* 1–19.

Witte, N. (2018). *Negotiating the Boundaries of Belonging: The Intricacies of Naturalisation in Germany.* Wiesbaden: Springer VS.

Wolter, H. (2009). *„Ich harre aus im Land und geh, ihm fremd".* Die Geschichte des Tourismus in der DDR. Frankfurt a. M.: Campus.

World Bank. (2015). Population, total. https://data.worldbank.org/indicator/SP.POP.TOTL. Zugegriffen: 12. Mai 2015.

World Bank. (2016). Surface area (sq. km). https://data.worldbank.org/indicator/AG.SRF.TOTL.K2. Zugegriffen: 20. Mai 2016.

World Bank. (2017). Access to mobile phones and the internet around the world. https://globalfindex.worldbank.org/chapters/access-mobile-phones-and-internet-around-world. Zugegriffen: 8. Dez. 2019.

World Bank. (2018a). Fixed broadband subscriptions (per 100 people). https://data.worldbank.org/indicator/IT.NET.BBND.P2. Zugegriffen: 16. Juli 2019.

World Bank. (2018b). Fixed telephone subscriptions (per 100 people). https://data.worldbank.org/indicator/IT.MLT.MAIN.P2. Zugegriffen: 16. Juli 2019.

World Bank. (2018c). GDP (current US $). https://data.worldbank.org/indicator/NY.GDP.MKTP.CD . Zugegriffen: 13. Juni 2018.

World Bank. (2018d). Migration and Remittances Data. https://www.worldbank.org/en/topic/migrationremittancesdiasporaissues/brief/migration-remittances-data. Zugegriffen: 11. Nov. 2018.

World Bank. (2018e). Mobile-cellular subscriptions. https://data.worldbank.org/indicator/IT.CEL.SETS.P2. Zugegriffen: 16. Juli 2019.

World Bank. (2019a). Education Statistics – All Indicators. https://databank.worldbank.org/source/education-statistics-%5e-all-indicators. Zugegriffen: 12. Okt. 2019.

World Bank. (2019b). GDP per capita, PPP (current international $). https://data.worldbank.org/indicator/NY.GDP.PCAP.PP.CD. Zugegriffen: 8. Dez. 2019.

WTTC. (2019). Economic Impact. https://www.wttc.org/economic-impact/. Zugegriffen: 19. Sept. 2019.

Yang, Y., Liu, H., & Li, X. (2019). The world is flatter? Examining the relationship between cultural distance and international tourist flows *Journal of Travel Research, 58*(2), 224–240.

Zapf, W., & Delhey, J. (2002). Deutschland und die vierte EU-Erweiterung. In Günter Burkhard & Jürgen Wolf (Hrsg.), *Lebenszeiten* (S. 359–371). Wiesbaden: Springer Fachmedien.

Zapka, K. (2012). *Binnenmarkt ohne Wohlfahrt? Zu den institutionellen Perspektiven eines europäischen Gemeinwohls*. Wiesbaden: VS Verlag.

Zielonka, J. (2003). *Europe unbound: Enlarging and reshaping the boundaries of the European Union*. London: Routledge.

Zimmermann, K. F. (1996). European migration: Push and pull. *International Regional Science Review, 19*(1–2), 95–128.

The manufacturer's authorised representative in the EU is Springer
Nature Customer Service Centre GmbH, Europaplatz 3, 69115 Heidelberg,
Germany. If you have any concerns regarding our products, please
contact ProductSafety@springernature.com

Printed and bound by CPI Group (UK) Ltd, Croydon, CR0 4YY

24/04/2026

02096337-0002